Luis F. Copertari

Investigación de Operaciones

Luis F. Copertari

Investigación de Operaciones

Editorial Académica Española

Imprint

Any brand names and product names mentioned in this book are subject to trademark, brand or patent protection and are trademarks or registered trademarks of their respective holders. The use of brand names, product names, common names, trade names, product descriptions etc. even without a particular marking in this work is in no way to be construed to mean that such names may be regarded as unrestricted in respect of trademark and brand protection legislation and could thus be used by anyone.

Cover image: www.ingimage.com

Publisher:
Editorial Académica Española
is a trademark of
Dodo Books Indian Ocean Ltd. and OmniScriptum S.R.L publishing group

120 High Road, East Finchley, London, N2 9ED, United Kingdom
Str. Armeneasca 28/1, office 1, Chisinau MD-2012, Republic of Moldova, Europe
Managing Directors: Ieva Konstantinova, Victoria Ursu
info@omniscriptum.com

Printed at: see last page
ISBN: 978-620-0-02355-1

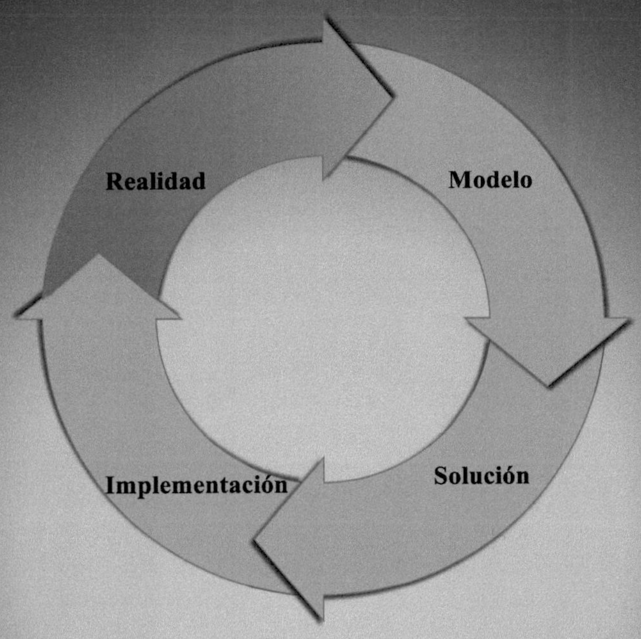

Investigación de Operaciones

Luis F. Copertari

Dedico este libro a mi esposa Velia,

y a la memoria de mi madre y padre.

Es indomable, inalcanzable; golpea y se retira, tenaz. En las noches de luna llena luce plateado y cuando el sol del mediodía resplandece, sus azules y verdes casi transparentes se mecen sobre las plácidas arenas que lo contienen. Por milenios el hombre lo contempló y él siguió igual ante el curso de la historia. Fue testigo insondable de hechos y logros; de muertes y derrotas.

Por siglos receptó el desecho que la humanidad no pudo mantener en tierra firme; todo lo pudo absorber y transformar, pero ahora no, ya no puede con tanta perfección y se está enfermando.

En un atardecer tranquilo, la arena tibia, y mirar a lo lejos, donde cielo y mar se confunden en uno solo, y la humanidad entera bulle y se debate sobre sí misma; construye y destruye; descubre y olvida; avanza y retrocede; y todo tan aprisa, ni siquiera un chispazo de eternidad.

Recordar sería como vivir lo ya conocido y en un día como éstos nada nuevo podría descubrirse, sí abrir los ojos al mañana…

¿Cuál mañana entonces?

Recordemos que hemos amado con demasiado fervor a las estrellas como para temer a la noche.

Luis F. Copertari se graduó con honores (*Summa Cum Laude*) de la Carrera de Ingeniería Industrial y de Sistemas del Tecnológico de Monterrey (ITESM o simplemente Tec), Zacatecas, México. Realizó una Maestría en Administración con especialidad en Finanzas en la Universidad Virtual del Tec, Zacatecas, México. Completó exitosamente estudios de Doctorado en Ciencias Administrativas y Sistemas de Información en McMaster University, Hamilton, Canadá. También realizó trabajo posdoctoral en Inteligencia Artificial en Auckland University, Auckland, Nueva Zelanda. Sus intereses de investigación son la Investigación de Operaciones (especialmente Administración de Proyectos y la intersección entre Ciencias Administrativas y Sistemas de Información), Inteligencia Artificial, Finanzas, Economía, así como Exploración y Colonización Espacial. Actualmente se desempeña como docente-investigador de tiempo completo en el Programa de Ingeniería en Computación de la Universidad Autónoma de Zacatecas (UAZ), Zacatecas, México, con una antigüedad laboral de poco más de dos décadas.

Tabla de Contenido

Presentación

En un mundo cada vez más complejo y competitivo, la toma de decisiones óptimas se ha convertido en un imperativo para el éxito de organizaciones de todo tipo. La Investigación de Operaciones emerge como una disciplina que, desde sus orígenes en la Segunda Guerra Mundial, ha proporcionado un arsenal de herramientas y técnicas para abordar problemas complejos y encontrar soluciones eficientes. Este texto busca adentrarse en los fundamentos y aplicaciones de esta poderosa disciplina, ofreciendo al lector una guía sólida para enfrentar los desafíos de un entorno dinámico y exigente. La Investigación de Operaciones no es una teoría abstracta, sino una herramienta práctica que se aplica en una amplia gama de sectores, desde la manufactura hasta la logística, pasando por las finanzas y la salud. Este libro tiene como objetivo capacitar al lector para modelar y resolver problemas reales, utilizando las técnicas más avanzadas de la Investigación de Operaciones. A través de ejemplos y casos prácticos, se explorarán las diversas aplicaciones de esta disciplina y se demostrará su valor como un aliado estratégico para la toma de decisiones. La Investigación de Operaciones es una disciplina que se encuentra en la intersección de las matemáticas, la estadística y la informática. Este texto presenta un enfoque riguroso y fundamentado en los principios teóricos de la disciplina. Se explorarán los modelos matemáticos más relevantes, los algoritmos de optimización más eficientes y las herramientas computacionales más utilizadas. El objetivo es proporcionar al lector una comprensión profunda de los fundamentos de la Investigación de Operaciones y las habilidades necesarias para desarrollar modelos matemáticos propios.

Yo soy Ingeniero Industrial y de Sistemas, lo que es otra manera de decir que me dedico a las Ciencias Administrativas y, más generalmente, al área de la Investigación de Operaciones. Esa es la razón por la cual este libro es tan importante para mí, puesto que refleja lo que aprendí durante mi carrera profesional. También tengo una Maestría en Administración con especialidad en Finanzas, lo que significa simplemente profundizar en las Ciencias Administrativas con un punto de vista desde las Finanzas. Finalmente, mi Doctorado (Ph.D.) es en Ciencias Administrativas y Sistemas de Información, es decir, más de Ciencias Administrativas, pero ahora agregándole el componente de los Sistemas de Información, puesto que desde joven he tenido el pasatiempo de escribir programas de computadora y hasta librerías enteras de componentes, lo cual, en mi vida profesional, ha probado ser muy útil para complementar con software creado especialmente para ser de utilidad en mis actividades de investigación.

Este libro explica ampliamente lo que el área de la Investigación de Operaciones (IO) abarca, incluso desde un punto de vista histórico. Aunque el material cubierto es bastante complejo, no es posible cubrir todas las áreas de la IO, pues el que mucho abarca, poco aprieta. Así pues, se escogen las áreas de la IO consideradas más relevantes a efectos de darle un tratamiento más profundo a cada una. Se hace primero una introducción a la IO y luego de exploran diferentes tipos de modelos, clasificados en Modelos Determinísticos, Modelos Híbridos y Modelos Estocásticos.

Lo que abarca este libro es resultado de varios de mis apuntes de mi carrera profesional en el Tec (ITESM o Tecnológico de Monterrey), así como lo aprendido en mi doctorado y el trabajo desarrollado a partir de mi tesis doctoral. En específico, cuando hablo de administración de proyectos (CPM/PERT), hago mi propia aportación, que emana de mi tesis doctoral. He desarrollado software, llamado "Schedule" y he obtenido derechos de autor de un par de algoritmos clave para tal desarrollo. El lector puede bajar mi software "Schedule" de mi página web: www.copertari.net/schedule. Al paso de los años, me he dado cuenta que incluso este desarrollo relativamente reciente puede mejorarse, pero he decidido, por lo pronto, dejarlo así. El libro está escrito de forma tal que se pueda, por un lado, lograr un buen nivel de profundidad en los temas y, por el otro, explicar las cosas paso a paso, en algunas circunstancias incluso detallando la lógica matemática seguida e ilustrando con ejemplos y problemas de ejercicio, estudio y análisis.

Luis F. Copertari
Enero, 2025
Zacatecas, México

PRIMERA PARTE: INTRODUCCIÓN

1. Historia de la Investigación de Operaciones

¿Por qué enseñar Investigación de Operaciones? La mayor parte de la teoría de la Investigación de Operaciones (IO) es relativamente antigua. Sin embargo, la IO es una vasta área del conocimiento humano que incluye una gran variedad de diferentes técnicas para resolver problemas. El objetivo de la IO no es aprender las técnicas en sí mismas, sino seguir el proceso de razonamiento que va llevando de una cosa a otra a fin de aprender a pensar racionalmente. Este es precisamente el objetivo y el enfoque de este libro. No es tanto aprender alguna técnica de IO en especial (de hecho, son demasiadas incluso como para cubrirlas todas en este texto), sino aprender a usar diferentes procesos mentales para resolver problemas. Tal como se puede ir deduciendo la solución a algún problema específico, se espera que el lector aprenda a aplicar diferentes enfoques analíticos para resolver diferentes tipos de problemas en la esperanza de que en el proceso de hacerlo así pueda extender esas habilidades a los problemas que luego irá enfrentando en el mundo real. La portada de este libro muestra el ciclo: Realidad → Modelo → Solución → Implementación, que luego de la Implementación regresa a la Realidad. Este esquema simplificado es el mismo que típicamente se aplica en todas las áreas de la IO y se espera que el lector aprenda a aplicar el mismo ciclo de razonamiento a los problemas que enfrente en la vida real (laboral o no).

Las primeras áreas de desarrollo de la IO se remontan a la Segunda Guerra Mundial, cuando los aliados (Inglaterra y los Estados Unidos de América principalmente, aunque la mayor parte de las muertes de la guerra las enfrentó Rusia, la cual también formó parte de los aliados) se ven forzados a optimizar el uso de sus recursos al enfrentar a las potencias del eje (Alemania y Japón fundamentalmente, aunque Italia también estuvo involucrada). Sin embargo, el desarrollo y uso de la computadora digital se dio precisamente durante esta época. En la película "The Imitation Game" ("El Código Enigma"), se ilustra pictóricamente la epopeya vivida por Alan Turing en el desciframiento de la máquina Enigma, clave de las operaciones militares estratégicas alemanas y cómo al desarrollar su "computadora" digital pudo descifrar el código de comunicación alemán y, según clama la película, filtrar los datos para las batallas decisivas de la guerra. Sin embargo, lo que sí es cierto es que Alan Turing fue no sólo el padre de la computadora digital, sino incluso el precursor de lo que hoy se llama Inteligencia Artificial (IA) tradicional.

Es muy probable que el primer desarrollo de IO (llamada en Inglaterra Investigación Operacional) hayan sido los métodos de transporte y asignación de recursos, pues claramente era posible utilizar un enorme pizarrón para tener decenas de fuentes (renglones) y decenas de destinos (columnas) para la asignación de recursos escasos. Resolver problemas de transporte y asignación se puede hacer de manera relativamente fácil en tal matriz de manera manual.

A partir de los desarrollos teóricos que generó la guerra, se fueron creando las distintas áreas de la IO, hasta llegar al conjunto de técnicas que se conocen hoy en día. Claramente, no es posible abordar seriamente todas estas áreas en este texto, pero se abordan aquí las consideradas más relevantes. Destaca en primer lugar la Programación Lineal, que permite resolver problemas de programación lineal con variables fraccionarias, variables enteras y variables cero-uno.

Después de los desarrollos derivados de los esfuerzos de la guerra, se observó que la IO se podía aprovechar no sólo para cuestiones militares sino también en el ámbito empresarial. Es clara la tendencia, primero se desarrolla la tecnología con fines militares y/o de inteligencia y luego se generaliza y se aplica en el ámbito empresarial y ciudadano. Hoy en día el promedio de demora entre el tiempo en el que aparece por primera vez un desarrollo tecnológico y el tiempo en el que éste se generaliza es de una década, aunque lo anterior varía de caso en caso.

El evento que se considera el más importante aún en los tiempos modernos fue la Revolución Industrial, surgida en Inglaterra, en el siglo XIX. La Revolución Industrial permitió que tareas que antes solamente se realizaban de manera manual, pudieran ahora ser realizadas de forma automatizada con el uso de la máquina de vapor. Este cambio liberó una enorme cantidad de mano de obra, dejándola desempleada. Sin embargo, con el tiempo, dicha mano de obra se fue educando y pudo dedicarse a trabajar en las nuevas plantas de producción, cada vez más automatizadas.

La revolución industrial tuvo enormes consecuencias. En los Estados Unidos de América permitió la construcción del sistema ferroviario del siglo XIX, lo cual unió la costa del Atlántico con la del Pacífico y permitió la conquista de la frontera del oeste americano. En México, Porfirio Díaz contrató europeos para la construcción de las vías ferroviarias que unieron a México en el siglo XX. Es de hacer notar que fue, precisamente, la construcción del tren a vapor lo que ayudó la causa de la Revolución Mexicana, pues los "bandoleros revolucionarios" se subían al tren para tomar control de éste y lo usaban para llevar provisiones de un lado a otro. Es de orden alegórico, aunque probablemente muy cierto, que la Revolución Mexicana triunfó gracias a la incorporación de las mujeres en la lucha (la famosa "Adelita" en la canción que va: "Si mi Adelita se fuera con otro, la buscaría por tierra y por mar, si por mar en un buque de guerra, si por tierra en un tren militar…"). La película "Old Gringo" ("Gringo Viejo") bellamente ilustra esta época.

Aún más, la Revolución Industrial permitió que se construyeran de forma masiva no sólo artículos manufacturados, sino también armas. Este hecho fue decisivo en la derrota de los estados esclavistas del sur de los EUA por los "yankees" de los estados industrializados del noreste.

El hecho de facilitar la construcción de armas hizo que Europa se llenara de armas. Solamente faltó la excusa del asesinato de un aristócrata del Imperio Autro-Húngaro para que se desatara la primera guerra mundial en Europa. Después de la guerra, la nación vencedora (Inglaterra) impuso enormes pagos compensatorios de la guerra a Alemania. Después de un par de décadas aproximadamente, la venida de Hitler y el surgimiento del nazismo con la idea inicial (y popular) de dejar de pagarle a Inglaterra sus cuotas compensatorias llevó a Hitler al poder y a Alemania (y Japón e Italia) a la Segunda Guerra Mundial. La caída de Alemania y la división de Berlín en Berlín Oeste (capitalista) y Berlín Este (comunista) trajo la era de la Guerra Fría entre el Mundo Occidental y el de la Unión de Repúblicas Socialistas Soviéticas (URSS), sin contar con la era de la bomba atómica. La caída del muro de Berlín y eventualmente de la URSS a finales de los 1980's y principios de los 1990's (convirtiéndose la última en Federación Rusa, habiendo perdido enorme parte de su territorio) marcó el inicio del siglo XXI. Aún hoy en día los fantasmas de la Guerra Fría siguen teniendo enorme impacto socio-económico y geopolítico.

El desarrollo de la IO al final de la segunda guerra mundial tuvo ejemplos muy influyentes, como es el caso del método simplex (parte de la programación lineal), desarrollado por George Dantzig en 1947 (Hillier & Lieberman, 1997). También el progreso en el desarrollo de la computadora digital fue muy influyente en el desarrollo y aplicación de la IO.

Los hechos históricos destacados anteriormente hicieron que las organizaciones productivas (sean éstas militares, empresariales o civiles) pasaran de ser pequeños talleres artesanales a enormes corporaciones multimillonarias. Este cambio hizo que se requieran técnicas que permitan la administración "científica" (es decir, racional) de las operaciones de las organizaciones. La IO precisamente trata acerca de tal esfuerzo racional de administración de operaciones.

La naturaleza multidisciplinaria de la IO implica que no es posible que un solo individuo sea un experto en todas las áreas de la organización. La IO involucra la especialización y los esfuerzos multidisciplinarios de modelación y solución de problemas. Hoy en día, en plena sociedad del conocimiento, las innovaciones y nuevos desarrollos tecnológicos se desarrollan en organizaciones capaces de involucrar varios individuos, cada uno de los cuales es experto en una o dos áreas especializadas del conocimiento. Es precisamente en la construcción de los diálogos entre expertos cuando se descubren nuevas oportunidades de desarrollo, pues se necesita que cada experto explique a los otros exactamente a qué se refiere al hablar de sus temas. Esto hace que a algunos expertos que tienen la "mente vacía" en el área de conocimiento del otro se les ocurran ideas novedosas, pues no están adoctrinados ni tienen ideas preconcebidas respecto a dicha área.

2. Áreas de la Investigación de Operaciones

¿Qué es la IO? Se la puede definir como "la administración científica de las operaciones de una organización". Sin embargo, esta definición puede aplicarse de igual manera a otras áreas del conocimiento. Así pues, es mejor definir la IO como la "investigación de las operaciones de las organizaciones", lo cual implícitamente hace énfasis en el carácter multidisciplinario de la IO y de la innovación tecnológica tan importante en el siglo XXI.

Existen esencialmente tres tipos de modelos de IO: 1) determinísticos, que son aquellos que tienen parámetros y variables dadas que no dependen de la probabilidad; 2) estocásticos, que son lo que tienen parámetros y/o variables de naturaleza aleatoria o probabilística; y 3) híbridos, que son modelos que combinan elementos determinísticos y estocásticos dependiendo de la naturaleza o enfoque que se le dé al modelo y a su solución.

La Figura 2.1 ilustra esquemáticamente las áreas y disciplinas de la IO.

Figura 2.1. Áreas y disciplinas de la IO.

El esquema de la Figura 2.1 es de orden conceptual. Es posible que algunas disciplinas de la IO se dejen de lado o no se mencionen explícitamente en esta sección debido a la enorme complejidad y variedad de técnicas de la IO.

2.1. Modelos determinísticos

Los modelos determinísticos pueden ser de optimización no lineal y de optimización lineal.

2.1.1. Optimización no lineal

La optimización no lineal es aquella en la que se utilizan variables no lineales, tales como variables con exponentes no iguales a uno, multiplicaciones de una o más variables, variables dentro de funciones trigonométricas, logarítmicas o exponenciales, entre otras.

La primera técnica de la optimización no lineal son los llamados **métodos clásicos**. Por métodos clásicos se pueden entender muchas cosas, pero para ilustrarlo véase el caso de las ecuaciones diferenciales para encontrar máximos y mínimos de funciones poligonales. Supóngase la ecuación (2.1). La ecuación (2.1) se puede factorizar como se muestra en la ecuación (2.1a).

$$y = f(x) = x^3 - 3x^2 - 13x + 15 \tag{2.1}$$
$$y = f(x) = (x + 3)(x - 1)(x - 5) \tag{2.1a}$$

Se observa en la ecuación (2.1a) que la variable "y" es cero cuando x = -3, x = 1 y cuando x = 5. Debido a que la curva cruza el eje de las "y" tres veces, claramente tiene un máximo y un mínimo por tratarse de una ecuación cúbica.

Derivando con respecto a x e igualando a cero se obtienen los valores del máximo y el mínimo. La primera derivada se muestra en la ecuación (2.2). Aplicando la ecuación (2.3) de la fórmula cuadrática, en donde a = 3, b = -6 y c = -13, se calcula el máximo y el mínimo (o mínimo y máximo) de la ecuación (2.1).

$$y' = f'(x) = 3x^2 - 6x - 13 \tag{2.2}$$
$$x = \frac{-b \pm \sqrt{b^2 - 4ac}}{2a} \tag{2.3}$$

En este caso, aunque todavía no se sepa cuál es el máximo y cuál el mínimo, se observa que $x_1 = (6+\sqrt{192})/6 \approx 3.309401077$ y que $x_2 = (6-\sqrt{192})/6 \approx -1.309401077$. Para definir si x_1 y x_2 son máximos o mínimos se utiliza la segunda derivada. Si la segunda derivada evaluada en x_1 y en x_2 es negativa, se trata de un máximo, si es positiva se trata de un mínimo. La ecuación (2.4) muestra la segunda derivada de "y".

$$y'' = f''(x) = 6x - 6 \tag{2.4}$$

Evaluando se tiene que $f''(x_1) \approx 13.85640646$, y por ser positiva, x_1 se trata de un mínimo. Además, $f''(x_2) \approx -13.85640646$, y por ser negativa, indica que x_2 es un máximo. La Figura 2.2 muestra una gráfica de la ecuación (2.1) que va desde x = -4 a x = 6. Nótese que f(-4) = -45 y f(6) = 45.

Figura 2.2. Máximo y mínimo de y = f(x).

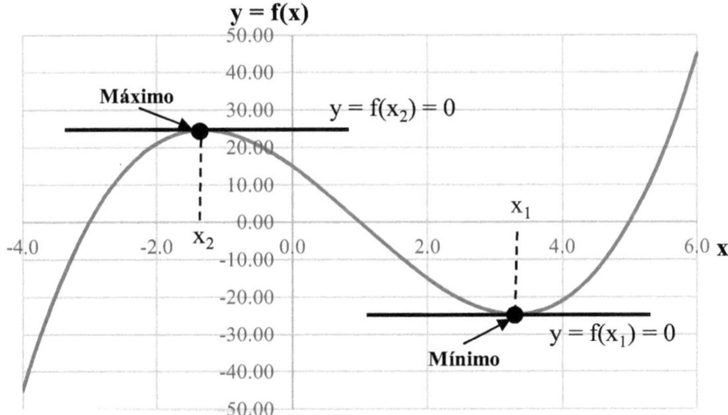

Se puede observar en el máximo, que si se evalúa y = f(x) para una x ligeramente menor o ligeramente mayor a x_2, como por ejemplo f(x=-2) = 21 y f(x=-1) = 24, si tales valores son menores a $f(x_2) \approx 24.63361149$ se tiene un máximo en x_2. En el caso de x_1, $f(x_1) \approx -24.63361149$ y f(x=3) = -24 y f(x=4) = -21. Como estos últimos valores son mayores a $f(x_1)$ se tiene un mínimo en x_1.

Los **métodos de búsqueda** pueden referirse a muchas cosas. Posiblemente una de las más novedosas e importantes son los métodos de búsquedas usados por los buscadores de Google, de los cuales se ha beneficiado la humanidad entera. Pero refiriéndose a algo más sencillo, podemos revisar los métodos por los cuales se encuentran las raíces de un polinomio, es decir, aquellos valores de x en los cuales la función cruza el eje de las x cuando $y = f(x) = 0$. En el caso de la ecuación (2.1a) queda claro cuáles son las raíces del polinomio debido a que la ecuación (2.1a) es la factorización de la ecuación (2.1). Sin embargo, ¿qué pasaría si no conocemos la factorización de un polinomio? Podemos recurrir a métodos de búsqueda de raíces. Los más sencillos son los de interpolación. Se escogen dos puntos y luego se va reduciendo la distancia entre ellos a la mitad hasta que el valor obtenido de $y = f(x) \approx 0$ (con un cierto error ε).

Hay muchos métodos de interpolación, pero el más interesante de todos es el método de Newton-Raphson, que es un método de convergencia asegurada. La ecuación (2.5) describe este método.

$$x_{i+1} = x_i - \frac{f(x_i)}{f'(x_i)} \tag{2.5}$$

Claramente, se debe comenzar con un valor inicial x_0. También se requiere la ecuación original o $f(x)$ y su derivada o $f'(x)$. Consideremos como ecuación original de ejemplo la ecuación (2.1) y su derivada, la ecuación (2.2). La Tabla 2.1 muestra las primeras cinco iteraciones y las últimas 5 iteraciones para encontrar los tres valores de x. En estos casos, $x_1 = -3$, $x_2 = 1$ y $x_3 = 5$. Para encontrar x_1 se comienza con $x_0 = -4$, para x_2 con $x_0 = 0$ y para x_3 con $x_0 = 6$.

Tabla 2.1. Ejemplo de método de convergencia asegurada de Newton-Raphson.

i	x_i	$f(x_i)$	$f'(x_i)$	i	x_i	$f(x_i)$	$f'(x_i)$	i	x_i	$f(x_i)$	$f'(x_i)$
0	- 4.00	- 45.00	59.00	0	0.00	15.00	- 13.00	0	6.00	45.00	59.00
1	- 3.24	1.63	37.86	1	1.15	12.54	- 15.93	1	5.24	- 1.63	37.86
2	- 3.28	- 10.50	38.97	2	1.94	- 3.99	- 13.34	2	5.28	10.50	38.97
3	- 3.01	3.15	32.26	3	1.64	- 13.90	- 14.76	3	5.01	- 3.15	32.26
4	- 3.11	- 4.89	34.64	4	0.70	- 7.48	- 15.73	4	5.11	4.89	34.64
5	- 2.97	2.86	31.22	5	0.23	5.75	- 14.20	5	4.97	- 2.86	31.22
49	- 3.00	0.01	32.00	63	1.00	0.03	- 16.00	50	5.00	0.01	32.00
50	- 3.00	- 0.01	32.00	64	1.00	0.01	- 16.00	51	5.00	- 0.01	32.00
51	- 3.00	0.01	32.00	65	1.00	- 0.02	- 16.00	52	5.00	0.01	32.00
52	- 3.00	- 0.01	32.00	66	1.00	- 0.02	- 16.00	53	5.00	- 0.00	32.00
53	- 3.00	0.00	32.00	67	1.00	- 0.00	- 16.00	54	5.00	0.00	32.00

La **programación no lineal** es parecida en esencia a la programación lineal, solamente que se utilizan variables no lineales. La API de Lindo Systems (www.lindo.com)

incluye código fuente en una amplia variedad de lenguajes para trabajar con algunos tipos de ejemplos de programación no lineal.

2.1.2. Optimización lineal

La optimización lineal se refiere a aquella en la que todas las variables tienen como exponente un uno y como coeficientes valores numéricos dados.

La **programación lineal** (Winston, 1994; Hillier & Lieberman, 1986, 1997; Fogarty, Hoffman & Stonebreaker, 1989; Winston & Albright, 1997; Render & Stair, 1997; Anderson, Sweeney & Williams, 1992; Vanderbei, 2008) es posiblemente una de las técnicas más importantes de la IO y se dedica la segunda parte en este texto a su estudio. La programación lineal esencialmente busca optimizar (maximizar o minimizar) una función llamada función objetivo que consta de coeficientes y variables sujeto a un conjunto de restricciones también lineales del tipo de desigualdades o igualdades. De manera general, las variables a utilizar pueden tomar valores fraccionarios, aunque es posible restringirlas a que tomen solamente valores enteros (**programación entera**) o valores que o bien sean 0 ó 1 (**programación 0-1**). Aunque en este texto no se revisa la teoría necesaria para resolver problemas de programación entera o 0-1, el uso de LINDO/LINGO permite definir algunas o todas las variables de un problema como enteras ó 0-1, por lo que, en cierto sentido, la programación entera y 0-1 se revisa al menos a efectos de poder resolver problemas de este tipo. La **programación por metas** (Render & Stair, 1997; Anderson, Sweeney & Williams, 1992; Winston & Albright, 1997) es lo mismo que la programación lineal, sólo que, en lugar de tener un solo objetivo o función objetivo, se tienen dos o más, las cuales pueden estar en conflicto; por ejemplo, minimizar costos y maximizar calidad: a mayor calidad tiende a costar más, por lo que se debe encontrar una solución matemática que equilibre estos dos objetivos encontrados y encuentre el balance óptimo.

Redes (Render & Stair, 1997; Winston & Albright, 1997; Winston, 1994) se refiere a una temática que es bastante amplia, pero baste explicar que se trabaja con redes cuando se utilizan representaciones en las que existen nodos y flechas. Generalmente hablando, hay dos tipos de redes, acíclicas y cíclicas. Las redes acíclicas no tienen ciclos y pueden identificarse porque se puede acomodar de forma tal que todas las flechas comiencen en un nodo menor numéricamente al nodo al que se dirigen. Las redes cíclicas son teóricamente más poderosas. Se refieren a redes en las que no ocurre que toda flecha pueda dibujarse yendo desde un nodo menor a un nodo mayor. Las redes cíclicas permiten pues que existan fenómenos de retroalimentación. Cuando existe retroalimentación el problema se complica mucho más desde el punto de vista teórico. La Figura 2.3a ilustra una red acíclica y la Figura 2.3b ilustra una red cíclica.

Figura 2.3. Tipos de redes.

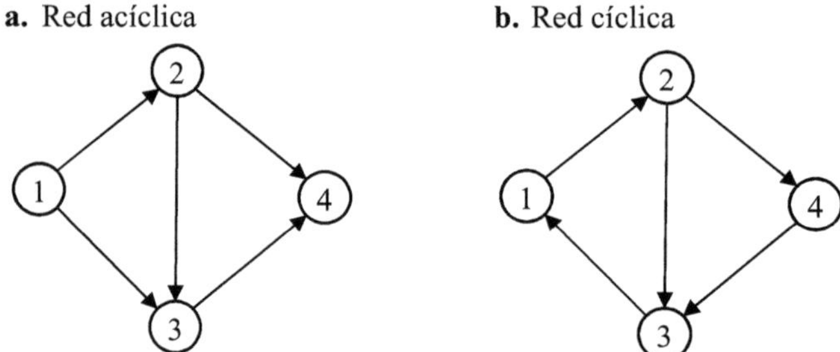

Nótese que en la Figura 2.3b, la flecha que va desde el nodo 4 al nodo 3 podría arreglarse llamándole nodo 4 al nodo 3 y nodo 3 al nodo 4, de forma que no exista ciclicidad, pues en ese caso la red terminaría en el nodo 4 (que ahora sería el nodo de abajo). Sin embargo, la flecha que va desde el nodo 3 al nodo 1 no permite forma alguna de renombrar los nodos y eso convierte la red de la Figura 2.3b en cíclica.

Los **modelos de transporte y asignación de productos** (Anderson, Sweeney & Williams, 1992; Render & Stair, 1997; Hillier & Lieberman, 1986, 1997; Winston, 1994) son probablemente los más viejos de la IO, ya que se pueden utilizar para asignar una distribución óptima de orígenes y destinos para los recursos y no requieren de mucho esfuerzo computacional, por lo que es posible que este tipo de métodos sean precisamente los que se desarrollaron y utilizaron primero durante la Segunda Guerra Mundial. Existen varios métodos de transporte y asignación de productos. Dos algoritmos que destacan son el algoritmo de asignación y el método de índices. El algoritmo de asignación simplemente asigna fuentes a destinos, en donde el número de fuentes y destinos es el mismo. El método de índices es mucho más útil y un poco más completo; permite asignar diferentes números de orígenes y destinos, además de considerar restricciones de tiempos disponibles, costos por hora, entre otros. Aunque el segundo método es más útil en la realidad, se explicará un solo ejemplo del algoritmo de asignación a efectos ilustrativos solamente.

Para el método de asignación es posible maximizar o minimizar, pero se requiere que se tenga el mismo número de trabajos (renglones) que de máquinas (columnas) y cada asignación es completa, es decir, si se asigna el trabajo 1 a la máquina 3, todo el trabajo 1 se hace en la máquina 3, no es posible hacer porcentajes del trabajo 1 en diferentes máquinas. Del mismo modo que se asignan trabajos a máquinas se pueden asignar fuentes de abastecimiento a destinos de consumo, aplicando las mismas ideas del algoritmo.

Supóngase que se tienen 4 trabajos que se van a realizar en 4 máquinas. Los trabajos van numerados en los renglones del 1 al 4 y las máquinas van indicadas en las columnas de la A a la D. En cada celda se tiene el costo de asignar el trabajo i a la máquina j. La Tabla 2.2 muestra el planteamiento inicial del problema. Claramente se trata de un problema de minimizar el costo.

Tabla 2.2.   Tabla inicial de costos de asignación.

	A	B	C	D
1	3	5	7	4
2	6	4	7	2
3	2	5	3	5
4	8	2	6	1

El primer paso es seleccionar por renglones cuál máquina tiene el más bajo costo. En el caso de la Tabla 2.2 vemos que para el trabajo 1 la máquina A es la del menor costo (3). Así pues, se le resta 3 a todo el renglón 1. Luego, para el segundo trabajo el menor costo es el de la máquina D (2). Para el tercer trabajo el menor costo es el de la máquina A (2), restando 2 a todo este renglón. Finalmente, para el trabajo 4, el menor costo es el de la máquina D (1), por lo que se le resta 1 a todos los costos del cuarto renglón. El resultado se muestra en la Tabla 2.3.

Tabla 2.3.   Cálculo de los costos de oportunidad por renglones.

	A	B	C	D
1	0	2	4	1
2	4	2	5	0
3	0	3	1	3
4	7	1	5	0

El segundo paso es hacer lo mismo, pero por columnas. Las máquinas A y B ya tienen costos de cero. Sin embargo, la máquina B tiene un mínimo costo de oportunidad de 1 para el trabajo 4, por lo que se le resta 1 a toda la columna B. También la máquina C tiene un costo de oportunidad mínimo de 1, por lo que se resta 1 a toda la columna C. El resultado se muestra en la Tabla 2.4.

Tabla 2.4.   Cálculo de los costos de oportunidad por columnas.

	A	B	C	D
1	0	1	3	1
2	4	1	4	0
3	0	2	0	3
4	7	0	4	0

Ahora se busca hacer las asignaciones sin asignar de manera repetida buscando aquellas celdas que tengan ceros. La asignación óptima se muestra en la Tabla 2.5. Se subrayan y se marcan en negrita aquellas asignaciones ya hechas.

Tabla 2.5.   Asignaciones óptimas para minimizar los costos.

	A	**B**	**C**	**D**
1	**0**	1	3	1
2	4	1	4	**0**
3	0	2	**0**	3
4	7	**0**	4	0

El método anterior no garantiza obtener una solución, pues típicamente se encuentran más de un cero en un renglón o columna. Sin embargo, en el caso de la Tabla 2.5 sí es posible hacer la asignación. Observamos que en la columna B solamente hay un cero, por lo que debe asignarse el trabajo 4 a la máquina B, cancelándose así el trabajo 4. Al cancelarse el trabajo 4, vemos que en la columna D solamente queda un cero restante, por lo que el trabajo 2 se asigna a la máquina D. También vemos que la máquina C solamente tiene un cero correspondiente al trabajo 3 para ser asignado, por lo que se asigna la máquina 3 al trabajo C. Al asignar el trabajo 3, solamente queda un cero para la máquina A, por lo que el trabajo 1 se asigna a la máquina A. Así pues, el trabajo 1 se asigna a la máquina A a un costo de \$3, el trabajo 4 se asigna a la máquina B a un costo de \$2, el trabajo 3 se asigna a la máquina C a un costo de \$3 y el trabajo 2 se asigna a la máquina D a un costo de \$2. El costo total es de \$10.

Obsérvese que no es necesario tener en la realidad exactamente el mismo número de fuentes que de destinos. Por ejemplo, podrían tenerse 3 proveedores y 10 destinos. En ese caso, se podría establecer una carga estándar y cada uno de los proveedores podría ser fuente de dos o más cargas. Claramente, lo que se produce debe ser exactamente igual a lo que se consume, por lo que el número de cargas debería ser el mismo para fuentes y destinos. De este modo el problema se transformaría a uno con el requerimiento de tener el mismo número de renglones (que no necesariamente de fuentes) y de columnas (que no necesariamente de destinos). Un enfoque de este tipo podría realizarse de manera manual haciendo lo cálculos en un pizarrón. Esta es la razón por la que se considera de que métodos de transporte y asignación de productos fueron precisamente los primeros en ser utilizados durante la segunda guerra mundial y fueron los que dieron origen a la IO.

2.2. Modelos estocásticos

La **teoría de colas** (Winston, 1994; Hillier & Lieberman, 1986, 1997; Fogarty, Hoffman & Stonebraker, 1989; Winston & Albright, 1997; Render & Stair, 1997; Stevenson, 1993; Anderson, Sweeney & Williams, 1992) es un área de estudio considerablemente importante. Se refiere al análisis de sistemas en los que se forman colas a fin de encontrar el balance adecuado entre calidad en el servicio (número de clientes perdidos si el servicio no es ágil) y costo (número de servidores habilitados). La teoría de colas se aplica en un sinnúmero de situaciones, desde las colas que se forman en los bancos, los supermercados, las estaciones de servicio, el cine, entre otros fenómenos. Esta técnica se verá con bastante profundidad en la cuarta parte.

La **programación estocástica** (Birge & Louveaux, 1997) se refiere a una técnica de optimización que trata con las variables y parámetros en cuestión de manera probabilística.

La programación estocástica es completamente dependiente del tipo específico de problema que se busca resolver y los resuelve tratando de convertir el problema estocástico en determinístico. Aunque existen variadas técnicas para resolver problemas de programación estocástica, típicamente se requiere de considerable esfuerzo y paciencia para solucionar problemas específicos. En ocasiones se buscan límites determinísticos para las variables que dan solución al problema.

Los **procesos estocásticos** o cadenas de Markov (Hillier & Lieberman, 1986, 1997; Winston, 1994) consideran puntos discretos en el tiempo y una variable aleatoria para el sistema que caracteriza el estado de dicho sistema en cada tiempo dado. La familia de las variables aleatorias forma un proceso estocástico. Los estados en el tiempo de hecho representan los resultados (exhaustivos y mutuamente excluyentes) del sistema en ese tiempo. El número de estados puede ser finito o infinito.

La **teoría de juegos** (Render & Stair, 1997; Hillier & Lieberman, 1986, 1997; Winston, 1994), a diferencia de los modelos típicos de IO que se desarrollan bajo la hipótesis de que la "naturaleza" es el oponente, trata de decisiones con incertidumbre involucrando dos o más oponentes inteligentes en donde cada oponente aspira a optimizar su propia decisión, pero a costa de los otros. Ejemplos típicos son el desarrollo de campañas publicitarias de artículos en la presencia de competencia. Cada jugador tiene un número finito o infinito de elecciones, llamadas estrategias. Los resultados o pagos de un juego se resumen como funciones de las diferentes estrategias para cada jugador.

El **análisis de decisión** es un término un poco vago que incluye una serie de metodologías racionales para la toma de decisiones frente a la incertidumbre. Permite a un gerente o administrador elegir entre alternativas de una manera óptima, tomando en cuenta el valor de la adquisición de datos experimentales para reducir la incertidumbre. Ejemplos de análisis de decisión son los modelos de pronósticos, que se cubren de manera bastante exhaustiva en la cuarta parte de este texto.

2.3. Modelos híbridos

Los **inventarios** (Schroeder, 1992; Winston, 1994; Hillier & Lieberman, 1986, 1997; Winston & Albright, 1997; Stevenson, 1993; Anserson, Sweeney & Williams, 1992; Riggs, 1990; Elsayed & Boucher, 1994) son modelos que resuelven problemas ya sea de tipo determinístico o con componentes probabilísticos en donde se busca cuánto se debe tener de cada producto, cada cuánto pedirlo, qué servicio se le da al cliente, entre otros. Puede ser que se esté considerando un producto que va a ser producido o un producto que va a ser ordenado al proveedor.

La **programación dinámica** (Winston, 1994; Hillier & Lieberman, 1986, 1997; Render & Stair, 1997) es una técnica de IO en la que se resuelven problemas ya sea de índole determinística o probabilística en la cual se trabaja con una serie de etapas y se va resolviendo el problema de atrás hacia adelante, considerando la variable tiempo.

La **simulación** (Coss Bu, 1991; Anderson, Sweeney & Williams, 1992; Render & Stair, 1997; Winston & Albright, 1997; Fogarty, Hoffman & Stonebraker, 1989; Hillier & Lieberman, 1986, 1997; Winston, 1994) es una técnica de la IO muy versátil. La simulación puede resolver problemas con componentes determinísticos y probabilísticos al generar una serie de casos en los que a cada caso se le asigna un valor, típicamente siguiendo una distribución probabilística y cada caso se resuelve como si se tratara de un problema determinístico suponiendo que los valores de las variables para ese caso son dados. Luego se puede resumir la información utilizando histogramas y/o medidas de tendencia central y de dispersión. La simulación se aborda de manera exhaustica en la tercera parte de este texto.

El **PERT** y el **CPM** (Meredith & Mantel, 1995; Anderson, Sweeney & Williams, 1992; Render & Stair, 1997; Fogarty, Hoffman & Stonebraker, 1989; Hillier & Lieberman, 1986, 1997; Winston, 1994) son técnicas de administración de proyectos para estimar la duración de un proyecto. El CPM es de naturaleza determinística y el PERT tiene componentes probabilísticos. Ambos se revisan con detalle en la tercera parte de este texto. Se hace una contribución a la teoría de la IO al desarrollar una metodología que permite evaluar las duraciones de las actividades en un proyecto mediante una distribución beta sin asumir que la media es la duración al término de cada actividad, sino que las actividades y sus términos siguen distribuciones beta. La ventaja del enfoque propuesto es que se puede resolver en tiempo poligonal, pues no requiere hacer integraciones estocásticas para la duración de las actividades.

Segunda Parte: Modelos Determinísticos

3. Fundamentos de Programación Lineal

La programación lineal es una de las técnicas más importantes de la IO. En la programación lineal se busca optimizar (maximizar o minimizar) una función llamada función objetivo compuesta de n variables lineales con restricciones (igualdades o desigualdades) también lineales. Las restricciones de tipo lineal son de demanda, recursos, cuestiones tecnológicas, entre muchas otras.

La programación lineal está incluida en el modelo general de la IO de Realidad→Modelo→Solución→Implementación. Sin embargo, en el caso de la programación lineal, el enfoque planteado en este texto es mucho más específico. Se busca partir de la realidad, entenderla, crear el modelo de programación lineal con el formato general, en su caso crear el modelo para LINDO/LINGO, resolverlo y regresar a la realidad a implementar la solución, de forma tal que si se requieren hacer cambios en el planteamiento del problema se pueda regresar a esta etapa en un ciclo de mejora continua que nunca termina. La Figura 3.1 ilustra el enfoque de programación lineal planteado.

La primera etapa es la "situación real". Pero, ¿qué es la realidad? No intento ponerme filosófico al respecto, pero piense el lector por un momento acerca de la definición de realidad. Claramente, lo "real" no es una cuestión objetiva independiente del sujeto que la analiza, sino una cuestión subjetiva dependiente de la(s) persona(s) que interpreta(n) la realidad. Así pues, el sistema asumido es una ideación basada en las percepciones de la realidad que sean consideradas, mismas que se incorporan a lo que se llama sistema asumido, que es una explicación utilizando texto, tablas y figuras (de ser necesarias) de lo que se alcanza a conceptualizar como la explicación de lo que consiste la realidad vislumbrada.

Los analistas de la programación lineal luego pueden pasar a formular el problema de programación lineal definiendo objetivos y variables de decisión, así como decidiendo los valores de los parámetros relevantes. En base a esta formulación se llega al modelo matemático de la programación lineal que está en formato libre, es decir, puede haber variables en las restricciones del lado derecho, se pueden utilizar paréntesis para facilitar la comprensión del modelo matemático al que se ha llegado, entre otras variedades.

Luego, el modelo matemático de programación lineal se convierte al formato de LINDO/LINGO (www.lindo.com) para poder dar solución al problema. La solución es interpretada por los analistas de programación lineal y en caso de necesidad por los tomadores de decisiones a fin de llegar a una implementación en la realidad del problema. Es muy posible que haya que hacer ajustes y cambios en el sistema asumido debido a interpretaciones erróneas o que requieren revisión, así como actualizaciones de los parámetros, en un proceso de mejora continua sin fin.

Figura 3.1.   Enfoque de la programación lineal.

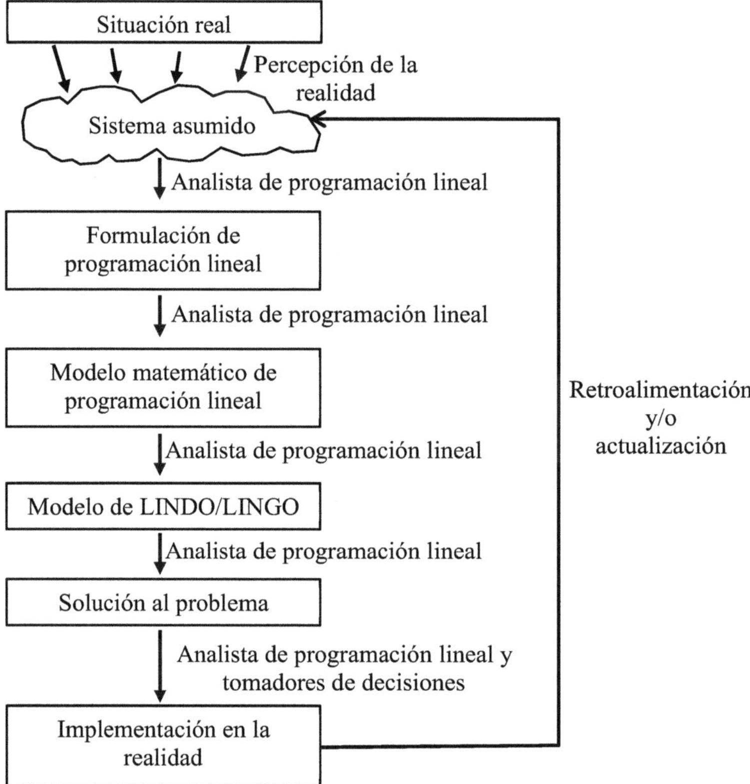

El modelo de programación lineal tiene un formato estandarizado. En primer lugar, está la función objetivo (llamada z o x_0), que puede ser de maximización o de minimización.

A continuación, se ejemplifica dicha función objetivo.

```
Optimizar (maximizar o minimizar):
z = c₁x₁+c₂x₂+...+cₙxₙ
```

Todas las c_j, $j = 1, 2, ..., n$ son los coeficientes de la función objetivo.

Esta función objetivo está sujeta a una serie de restricciones estructurales que tienen la siguiente forma.

$$a_{11}x_1+a_{12}x_2+...+a_{1n}x_n \begin{pmatrix} \leq \\ = \\ \geq \end{pmatrix} b_1$$

$$a_{21}x_1+a_{22}x_2+...+a_{2n}x_n \begin{pmatrix} \leq \\ = \\ \geq \end{pmatrix} b_2$$

$$\vdots$$

$$a_{m1}x_1+a_{m2}x_2+...+a_{mn}x_n \begin{pmatrix} \leq \\ = \\ \geq \end{pmatrix} b_m$$

Las a_{ij} son los coeficientes tecnológicos, para $i = 1, 2, ..., m$ y $j = 1, 2, ..., n$. Las b_i, para $i = 1, 2, ..., m$ son llamados los recursos.

También es importante mencionar que, a efectos de solucionar el problema de programación lineal, no es posible tener variables negativas. Todas las variables deben ser 0 o positivas. Así, pues, se entiende la existencia de la restricción técnica, que se ilustra a continuación.

```
x₁, x₂, ..., xₙ ≥ 0
```

La formulación de LINDO/LINGO es parecida, pero no se pone la restricción técnica, sino simplemente la palabra END. Después de END es posible definir cuáles variables son enteras utilizando GIN y/o cuáles son 0-1 utilizando INT. Si ninguna de estas opciones se utiliza, se presupone que todas las variables pueden tomar valores fraccionarios. Al inicio de la formulación en LINDO/LINGO se pone MAXIMIZE o MAX o en su defecto MINIMIZE o MIN. La función objetivo se escribe sin utilizar z =, sino simplemente la descripción de la función objetivo. Por ejemplo:

```
MAX 2x1+3x2
```

Las restricciones se anotan precedidas por la palabra reservada SUBJECT TO o ST. El $\leq$ se escribe como <=, el $\geq$ se escribe como >= y el igual como =. Si las restricciones no se nombran, la primera será la restricción 2), la segunda la 3) y así sucesivamente. Esto se debe a que la función objetivo, a efectos de solucionar el problema, es la restricción 1). Si las restricciones se nombran deben comenzar por una letra seguido de letra o número y no puede exceder de 8 caracteres. Por ejemplo:

```
SUBJECT TO
  R1)  2x1+3x2 >=  3
  R2)  3x1-5x2 <=  5
  R3)  4x1+7x2 =  8
END
```

Al utilizar GIN se puede poner un número r indicando que las primeras r variables que aparezcan en la formulación son enteras o, alternativamente, se pueden listar las variables enteras. Lo mismo ocurre con INT para indicar variables que son 0-1. Si las variables se ponen con mayúsculas o minúsculas no importa. Tampoco importa que los coeficientes estén o no pegados a sus respectivas variables.

A continuación, se ejemplifica una formulación en el formato de programación lineal a efectos ilustrativos.

```
Max  z  =  3x₁+2x₂+6x₃
Sujeto a:
 x₁+ x₂+ x₃ ≥  6
2x₁      +3x₃ =  10
2x₁-4x₂+6x₃ ≤  20
x₁,  x₂,  x₃ ≥  0
```

Las variables podrían por ejemplo ser el número de mesas (x_1), el número de sillas (x_2) y el número de bancos (x_3) a fabricar. La función objetivo por ejemplo podría indicar la maximización de las ganancias totales generadas, de forma tal que las mesas contribuyen cada una con \$3 de ganancia, las sillas con \$2 y los bancos con \$6. La primera restricción pudiera ser de demanda, de forma tal que se espera al menos producir 6 unidades de lo que sea. La segunda restricción pudiera ser de mano de obra, de forma tal que se tienen 10 horas disponibles, en donde las mesas requieren 2 horas por unidad y los bancos requieren 3 horas por unidad. Las sillas no requieren de mano de obra, quizá porque todo el proceso para producirlas esté automatizado. Finalmente, la tercera restricción pudiera referirse a los litros de pintura a utilizar, que no debe exceder de 20. Se observa en esta restricción el coeficiente negativo de -4 para las sillas. Quizá, al fabricante se le dan 4 litros de pintura por cada silla que fabrica.

La cuestión clave en toda formulación de programación lineal y la que va guiando el proceso de planteamiento y solución del problema es que las unidades del lado izquierdo de la desigualdad o igualdad deben coincidir con las unidades del lado derecho. Por ejemplo, si los recursos están dados en horas al mes (horas/mes) y las variables están dadas en unidades al mes (unidades/mes), no es posible tener recursos tecnológicos dados en unidades por hora (unidades/hora), puesto que la multiplicación de los recursos tecnológicos por las variables daría (unidades/hora)×(unidades/mes) = (unidades^2/hora×mes). Este problema se resuelve simplemente tomando el recíproco de los recursos tecnológicos, de forma tal que $1/a_{ij}$ esté dado en horas por unidad (horas/unidad); al multiplicar resulta (horas/~~unidades~~)(~~unidades~~/mes) ($\leq,=,\geq$) (horas/mes).

3.1. Suposiciones de la programación lineal

La primera suposición de la programación lineal es la de **proporcionalidad**. Esta suposición indica que no deben, por lo menos a efectos prácticos, de existir economías de escala en el problema a abordar; es decir, que si una unidad contribuye \$x, producir n unidades debe contribuir \$nx.

Para ilustrar esta suposición, hablemos de lo que son las economías de escala. Existen economías de escala cuando el costo por unidad va decreciendo a medida que el número de unidades a producir va aumentando. Por ejemplo, ¿qué se requiere para producir clavos? Claramente, se requiere de una máquina que produzca clavos, así como del metal y la energía necesarios para producir dichos clavos. Si la máquina para producir clavos cuesta \$M y el metal y la energía cuesta por clavo \$C, ¿cuál es el costo unitario por clavo? Si no se producen clavos el costo unitario es de \$0. Si se produce un clavo, el costo de producir un clavo es de \$M+\$C. Si se producen dos clavos, el costo de producir un clavo es de \$M/2+\$C. Producir n clavos costaría por clavo \$M/n+\$C. Suponiendo que el costo de la máquina para producir clavos es significativamente mayor al costo del metal y la energía por clavo, lo cual es razonable, resulta la línea gris continua de la Figura 3.2. La línea negra continua es el costo unitario incluyendo el costo variable. Sin embargo, si el costo fijo (M) es relativamente pequeño comparado con el costo variable (C), casi resulta el ideal (costo proporcional), el cual es graficado en la Figura 3.2 con líneas punteadas negras.

Obsérvese que, si M es suficientemente pequeña comparado con C, la línea del costo unitario fijo sería casi horizontal, y solamente el costo unitario variable sería el que contribuyera al costo unitario total, en cuyo caso, se podría decir que la situación satisface la suposición de proporcionalidad.

En problemas reales, se debe asignar un costo unitario variable, digamos K, a cada unidad producida. Si eso es posible hacerlo con un mínimo de rigurosidad contable, se puede decir que la suposición de proporcionalidad es satisfecha o al menos suficientemente satisfecha. Esta situación en realidad está relacionada con la solución del problema. Si la cantidad de clavos a producir debe ser de 1.5 claros, claramente hay mucha diferencia entre producir 1 clavo o 2 clavos. Sin embargo, si la cantidad de clavos a producir es de 1'000,000.5, prácticamente no hay diferencia entre producir 1'000,000 de clavos ó 1'000,001 de clavos, en cuyo caso sí se cumpliría la suposición de proporcionalidad por no haber, a efectos prácticos, economías de escala.

Figura 3.2.   Costos de economías de escala y de proporcionalidad.

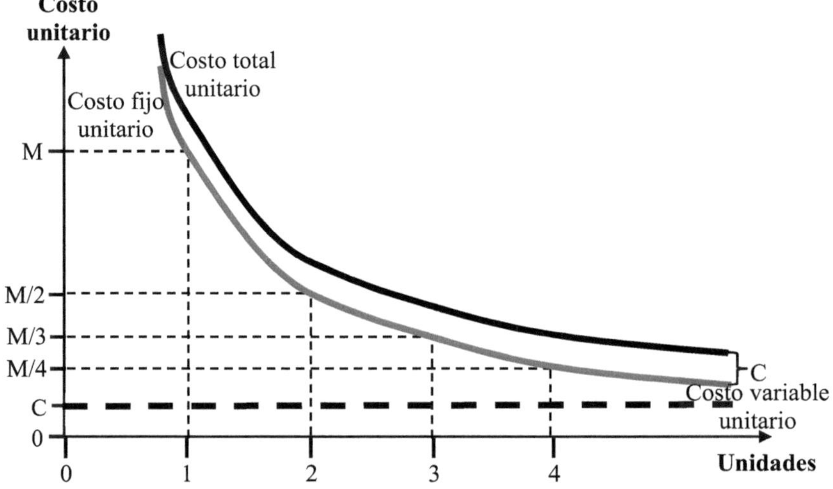

La segunda suposición de la programación lineal es la **aditividad**. La aditividad se refiere a que en la función objetivo, cada variable de decisión contribuye siendo afectada por su propia constante de manera aditiva, es decir, sumándose (o restándose) al total de la función objetivo indicada por la variable z o x_0.

La tercera suposición de la programación lineal es la **divisibilidad**. Esta suposición se refiere a que las variables de decisión deben poder tomar valores fraccionarios. Esta suposición no aplica si se restringen las variables a ser enteras, como en el caso de la programación entera o más aún, 0-1, como en el caso de la programación 0-1. Claramente, la suposición de divisibilidad depende del resultado obtenido. Por ejemplo, si x_1 resulta ser igual a 1,000.5, no hay demasiada diferencia ni impacto en el problema si x_1 se hace igual a 1,000 o a 1,001 al momento de dar respuesta al problema suponiendo que la variable x_1 no pueda tomar valores fraccionarios. Alternativamente, si se resuelve el problema con LINDO/LINGO, basta con hacer la variable x_1 entera cuando, después del END del planteamiento del problema en formato de LINDO/LINGO, se declara GIN X1. De otro modo, si por ejemplo el problema contiene cinco variables, x_j, $j = 1, \ldots, 5$, y se desea que las cinco sean enteras, se puede declarar GIN 5 después del END.

3.2. Limitaciones de la programación lineal

La primera limitación de la programación lineal es que es una técnica **determinística**, es decir, sus parámetros o variables no pueden depender de la probabilidad. Aunque los valores de la solución son desconocidos hasta que se resuelve el problema, dicha solución es la misma, al menos la función objetivo, puesto que es posible hallar soluciones múltiples, es decir, múltiples conjuntos de soluciones para las variables de decisión, todos los cuales conducen a la misma función objetivo.

La segunda limitación de la programación lineal es que los modelos son **estáticos**, es decir, las variables no están en función del tiempo. Eso no quiere decir que el tiempo no pueda ser modelado de alguna forma, pero depende del caso a tratar y si se trabaja con tiempo en las variables, tales variables no dependen del tiempo, sino simplemente arrojan soluciones óptimas para ciertos valores que pueden referirse al tiempo.

La tercera limitación de la programación lineal es que no **sub optimiza**, es decir, u obtiene la solución óptima o no puede obtener ninguna solución, a diferencia de otras técnicas de búsqueda de soluciones que pueden obtener soluciones que no sean óptimas, como, por ejemplo, los algoritmos genéticos (Haupt & Haupt, 2004). Una de las ventajas de los algoritmos genéticos, en el caso de problemas extremadamente complejos, es que en todo momento tienen la mejor solución hallada, y a medida que pasa el tiempo, dicha solución puede mejorar debido a mutaciones aleatorias en el "genoma" de las soluciones. Sin embargo, si se trata de un problema extremadamente complejo que no tiene una solución óptima, la programación lineal no puede hallar una solución sub óptima, sino que arroja un error en el proceso de solución del problema, dejando al usuario, a pesar del tiempo invertido en buscar la solución, sin nada que resuelva el problema, ni siquiera medianamente resuelto. Aún así, el LINDO/LINGO ofrece la alternativa de rastrear la fuente del error a través de un proceso llamado "debug" o removimiento de errores.

3.3. Manipulación de problemas de programación lineal

Como se verá en la sección 3.4, el formato del problema de programación lineal es importante. Así pues, se hace necesario tener la capacidad de manipular los planteamientos de los problemas de programación lineal. El primer tipo de modificación es la función objetivo; cambiar de maximizar a minimizar o de minimizar a maximizar. El segundo tipo de modificación es cambios en los tipos de desigualdades o igualdades de las restricciones. El tercer tipo de cambio es "permitir" la existencia de variables negativas.

3.3.1. Cambios en la función objetivo

Los cambios en la función objetivo son de dos tipos posibles: cambiar de maximización a minimización o de minimización a maximización. Para hacer estos cambios, simplemente se multiplica la función objetivo por -1. Para pasar de Maximizar z a Minimizar, se tiene Minimizar $z' = -z$. Por ejemplo, si la función objetivo está dada por Maximizar: $z = 6X_1-2X_2+5X_3$ se puede pasar a Minimizar: $z' = -z = -6X_1+2X_2-5X_3$. Para ilustrar, supóngase que ya se obtuvo la solución objetivo al problema de maximización y resultó en $z = 7$. Maximizar: $z = 7$ es lo mismo que Minimizar: $z' = -z = -7$. En ambos casos, se busca que la suma sea lo más grande posible en valor absoluto. Si el problema es de maximización, se busca el mayor valor de z, si el problema se cambia a minimizar, se busca el valor más negativo de z'. Ambos problemas son equivalentes.

Para pasar de Minimizar z a Maximizar, se utiliza la misma técnica, esto es, multiplicar por -1 la función objetivo y cambiarla de Minimizar a Maximizar. Por ejemplo, si la función objetivo es Minimizar: $z = 6X_1-2X_2+5X_3$ se pasa a una función objetivo de Maximizar: $z' = -z = -6X_1+2X_2-5X_3$. Para ilustrar, supóngase que la función objetivo resultó ser de $z = 7$. Si la función objetivo era Minimizar: $z = 7$, se estaba buscando el menor valor posible de z, el cual no resultó de cero seguramente debido a las restricciones estructurales que restringían el menor valor que z podía tomar. Para pasar a maximización se multiplica por -1, esto es, Maximizar: $z' = -z = -7$. En este caso, también se busca que la z' sea lo más pequeña posible en valor absoluto, es decir, lo más cercana a cero que sea posible, y el hecho de que queda negativa nuevamente es debido a las restricciones estructurales que se podrían tener.

3.3.2. Cambios en las restricciones

Es posible que se desee pasar de menor o igual ($\leq$) a mayor o igual ($\geq$). En ese caso simplemente se multiplica toda la desigualdad por -1 y se invierte la desigualdad al haberla cambiado de signo. Por ejemplo: $3X_1+5X_2-8X_3 \leq 40$ se convierte en: $-3X_1-5X_2+8X_3 \geq -40$. Para ilustrar que lo anterior funciona veamos un ejemplo numérico. Si se tiene que $3 \leq 5$, lo cual es cierto, y se multiplica por -1, volteando la desigualdad, queda $-3 \geq -5$, lo cual es también igualmente cierto.

Si se desea pasar de mayor o igual ($\geq$) a menor o igual ($\leq$), se hace lo mismo, se multiplica por -1 y se voltea la desigualdad. Por ejemplo: $3X_1+5X_2-8X_3 \geq 40$ se modifica y queda: $-3X_1-5X_2+8X_3 \leq -40$. Nuevamente, para ilustrar numéricamente, si se tiene que, por ejemplo, $5 \geq 3$, lo que es cierto, se cambia a $-5 \leq -3$, lo que es igualmente cierto.

Si se desea convertir de menor o igual ($\leq$) a igual ($=$), se suma lo que se le llama una variable de holgura. Por ejemplo, si se tiene: $3X_1+5X_2-8X_3 \leq 40$, se le suma X_4, que es la variable de holgura, quedando: $3X_1+5X_2-8X_3\underline{+X_4} = 40$. Para ilustrar numéricamente, si se tiene que $3 \leq 5$, lo que es cierto, se pasa a $3\underline{+2} = 5$, lo que es igualmente cierto, haciendo el 2 las veces de la variable de holgura. La variable de holgura indica lo que tiene la desigualdad de holgura u ocio, es decir, recurso no utilizado.

Si se desea convertir de mayor o igual ($\geq$) a igual, se le resta una variable de holgura. Así pues, por ejemplo, si se tiene: $3X_1+5X_2-8X_3 \geq 40$, se convierte en la siguiente restricción: $3X_1+5X_2-8X_3\underline{-X_4} = 40$, donde X_4 es la variable de holgura indicando en este caso el exceso que tiene la restricción. Numéricamente, si se tiene que $5 \geq 3$, lo que es cierto, se convertiría a $5-2 = 3$, igualmente cierto.

Quizá el cambio de restricción más difícil de entender es pasar de igualdad (=) a desigualdad ($\neq$). Para hacerlo, se cambia la igualdad por dos desigualdades. Por ejemplo, si se tiene: $3X_1+5X_2-8X_3 = 40$, se convierte en dos desigualdades: $3X_1+5X_2-8X_3 \geq 40$ y $3X_1+5X_2-8X_3 \leq 40$ al mismo tiempo. Lo anterior es más difícil de comprender. Solamente un ejemplo numérico puede arrojar luz sobre esta cuestión. Si por ejemplo se tiene que $2=2$, lo que es cierto, se convierte en $2 \geq 2$ y $2 \leq 2$ al mismo tiempo. ¿Por qué es esto válido? Porque el único caso en el que ambas desigualdades se cumplen es precisamente en el caso de la igualdad, lo que hace que ambos casos sean equivalentes.

3.3.3. Permitir variables negativas

En algunos problemas específicos, es posible que la variable que se desea modelar en la realidad pueda tomar valores negativos. Un ejemplo, sería la temperatura en grados centígrados, que puede ser positiva o negativa. Pero ya se dijo que la programación lineal no permite el uso de variables negativas. ¿Cómo se puede resolver este problema?

Si existe una variable X_3 que deba poder tomar valores positivos o negativos, se sustituye la X_3 en todos los lugares en donde aparezca por la diferencia $(X_3^{+}-X_3^{-})$, en donde ambas variables $(X_3^{+}$ y $X_3^{-})$ son siempre positivas, pero la diferencia puede ser negativa. Al momento de plantear el problema para su solución se utiliza la diferencia $X_3^{+}-X_3^{-}$, pero a la hora de implementar la solución se obtiene el valor de X_3 por la diferencia $X_3^{+}-X_3^{-}$. Numéricamente, se puede tener $5-3 = 2$, lo que sería un valor positivo, pero también se puede tener $2-7 = -5$, lo que sería un valor negativo. Sin embargo, el 5, el 3, el 2 y el 7 son positivos.

Tomando el ejemplo del principio de la sección 3, se tenía:

```
Max  z  =  3x₁+2x₂+6x₃
Sujeto a:
 x₁+ x₂+ x₃ ≥ 6
2x₁     +3x₃ = 10
2x₁-4x₂+6x₃ ≤ 20
x₁,  x₂,  x₃ ≥ 0
```

Si se desea que x_3 pueda tomar valores negativos, se sustituye x_3 del siguiente modo:

```
Max  z = 3x₁+2x₂+6(x₃⁺-x₃⁻)
Sujeto a:
 x₁+ x₂ + (x₃⁺-x₃⁻) ≥ 6
2x₁    +3(x₃⁺-x₃⁻) = 10
2x₁-4x₂+6(x₃⁺-x₃⁻) ≤ 20
x₁, x₂, x₃⁺, x₃⁻ ≥ 0
```

En formato de LINDO/LINGO quedaría:

```
MAX 3X1+2X2+6X3MAS-6X3MENOS
SUBJECT TO
   X1 +X2 +X3MAS -X3MENOS >= 6
   2X1    +3X3MAS-3X3MENOS = 10
   2X1-4X2+6X3MAS-6X3MENOS <= 20
END
```

Al momento de hacer la implementación se calcula X3 = X3MAS-X3MENOS.

3.4. Los formatos canónico y estándar

Se hizo notar en la sección anterior que todo problema puede expresarse de la manera que se desee: maximizar, minimizar, ≥, ≤, =, e incluso variables "negativas". La importancia de esto radica en que es posible presentar cualquier problema en el formato que se desee. Existen dos formatos importantes en programación lineal: el formato canónico y el formato estándar.

3.4.1. El formato canónico

El formato canónico consiste en tener todas las restricciones del tipo menor o igual para un objetivo de maximización, y todas las restricciones del tipo mayor o igual para un objetivo de minimización. La importancia del formato canónico es que si un problema está en formato canónico es mucho más fácil pasar desde la formulación del problema **primo** al problema **dual** y viceversa. El formato primo está enfocado hacia las actividades y el formato dual hacia los recursos. Se discutirá la cuestión de la **dualidad** de los problemas de programación lineal en el capítulo 9.

Sin embargo, existe otra cuestión muy importante relacionada con el formato canónico. Si un problema está expresado en formato canónico y no tiene ningún parámetro negativo, **siempre** tendrá una solución óptima. Ilustrar este concepto es un poco complicado, pero es posible hacerlo perfectamente recurriendo a problemas de una sola variable.

Supóngase el siguiente problema, en donde la función objetivo fue numerada ⓪ y la única restricción fue numerada ①.

```
Maximizar: z = x  ⓪
Sujeto a:
  x ≤ 3  ①
  x ≥ 0
```

Para ilustrar este problema se recurre a gráficas unidimensionales en donde se grafica en el eje de las x a la variable x. La Figura 3.3 muestra el esquema correspondiente al problema anterior.

Figura 3.3.　Problema de maximización con una sola restricción del tipo menor o igual.

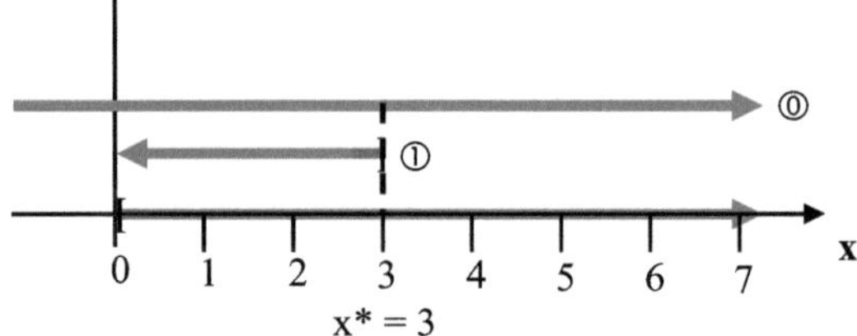

La restricción técnica (no numerada, sobre el eje de las x) hace que x no pueda ser negativa. Además, la restricción ① hace que no pueda ser mayor o igual a 3, pero la función objetivo (⓪) pide el valor máximo para x. ¿En dónde coinciden todas estas líneas? En el punto óptimo x* = 3. Si hubiera una segunda restricción tal como $2x \leq 8$ (que es igual a $x \leq 4$), el punto óptimo permanecería igual debido a la restricción ① que no permite valores para x mayores a 3. Si hubiera otra restricción tal como $3x \leq 6$ (que es igual a $x \leq 2$), la solución óptima cambiaría a x* = 2, debido a que esta última restricción no permitiría valores de x mayores a 2.

¿Qué pasa cuando existen restricciones del tipo mayor o igual en problemas de maximización? La respuesta: depende. Depende de la restricción en cuestión. Supóngase ahora el siguiente problema.

```
Maximizar: z = x ⓪
Sujeto a:
  x ≤ 3 ①
  x ≥ 5 ②
  x ≥ 0
```

Ahora la situación cambia a la mostrada en la Figura 3.4.

Figura 3.4. Problema de maximización con una restricción del tipo menor o igual y otra del tipo mayor o igual.

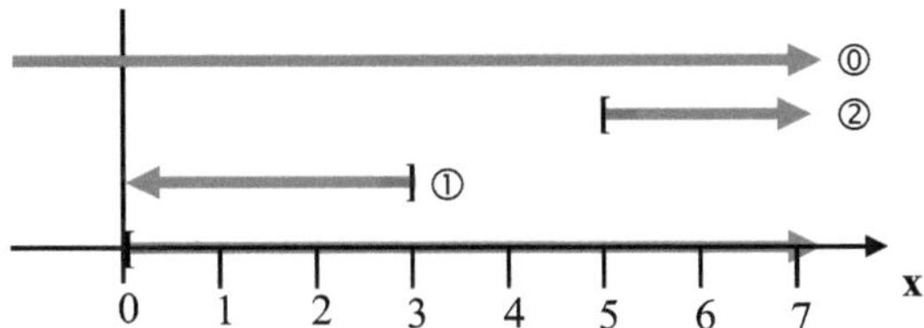

Ahora la situación cambia. La restricción ② hace que no exista ninguna área común a ambas restricciones, por lo que el problema arroja lo que se llama **solución inexistente**, que quiere decir que no hay espacio en común a todas las restricciones. En programación lineal se dice que no se forma **conjunto convexo**. Si la restricción ② fuera en cambio x ≥ 2, habría un espacio en común entre 2 y 3 y la función objetivo haría que la solución fuera la mayor posible, en este caso x* = 3.

¿Qué hay con los problemas de minimización? La situación es muy similar, excepto que ahora la función objetivo buscaría el menor valor posible y las restricciones del tipo mayor o igual indicarían cuál puede ser el valor mínimo posible aceptable de acuerdo al conjunto convexo formado por el espacio en común de estas restricciones. Si hubiera en este hipotético problema de minimización restricciones del tipo menor o igual pudiera pasar algo similar a lo que sucede en la Figura 3.4 en donde no se formaría conjunto convexo, sólo que ahora todas las flechas (con excepción de la restricción técnica) apuntarían en direcciones contrarias.

Considérese el siguiente problema.

```
Minimizar: z = x ⓪
Sujeto a:
  x ≥ 5 ①
  x ≥ 0
```

Esta situación se ilustra en la Figura 3.5.

Figura 3.5.   Problema de minimización con una restricción del tipo mayor o igual.

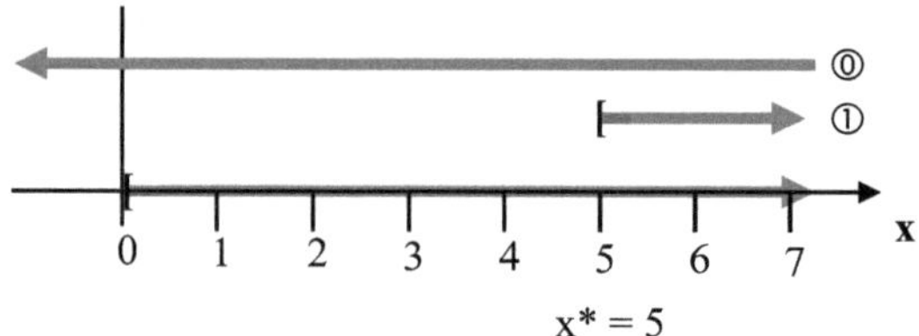

En la Figura 3.5 se puede ver que la función objetivo busca el valor de x más pequeño posible, mientras que la primera restricción presiona para que dicho valor sea mayor o igual a 5, por lo que la solución óptima es x* = 5. Si hubiera otra restricción como por ejemplo $2x \geq 12$ ($x \geq 6$), la solución óptima sería x* = 6, puesto que esta otra restricción forzaría al valor de x a ser mayor o igual a 6.

3.4.2. El formato estándar

El formato estándar se da cuando independientemente del tipo de función objetivo (maximización o minimización), todas las restricciones son del tipo de igualdad. Este tipo de formato se utilizar para resolver algorítmicamente los problemas de programación lineal usando el **método simplex**, el cual se revisará en el capítulo 7. Dependiendo del problema, a veces el algoritmo del método simplex se complica un poco y se requieren consideraciones adicionales explicadas al ver el **método de las M's y el de las dos fases** en el capítulo 8.

4. La Formulación en Programación Lineal

La formulación de problemas de programación lineal es la parte más importante y crítica de la programación lineal. Permite pasar desde las percepciones de la realidad a través de las descripciones del sistema asumido al modelo matemático del problema y, si se utiliza LINDO/LINGO, incluso obtener la solución del problema, implementarla y retroalimentar el ciclo sin fin de mejora continua ilustrado en la Figura 3.1.

A efectos de ilustrar la formulación, se utilizarán ejemplos en una serie de áreas, a fin de que el lector adquiera destreza para pasar del sistema asumido al modelo de la programación lineal y al modelo de LINDO/LINGO. Se hace uso de las facilidades que ofrece LINDO/LINGO así como de algunos trucos en el uso de LINDO/LINGO aprendidos con el uso y la práctica del software.

Típicamente, se tiende a definir primero cuáles son las variables de decisión, haciendo especial énfasis en las unidades de medida utilizadas. Sin embargo, a veces es mejor pensar en cuál es el objetivo que se desea optimizar primero y luego definir las variables de decisión. También es posible combinar estas estrategias y pasar de una a otra hasta alcanzar la formulación correcta del problema.

Existen diferentes tipos de restricciones estructurales que pueden tenerse: a) **restricciones de capacidad:** limitan el valor de las variables debido a la disponibilidad de horas-hombre, horas-máquina, entre otros; b) **restricciones de mercado:** surgen de los valores máximos y mínimos en las ventas o el uso del producto o actividad a realizar; c) **restricciones de entradas:** son limitantes debido a la escasez de materias primas, mano de obra, entre otros; d) **restricciones de calidad:** son restricciones que limitan las mezclas de ingredientes, definiendo usualmente la calidad de los artículos a manufacturar; e) **restricciones de balance de materiales:** definen las salidas de un proceso en función de las entradas, tomando en cuenta generalmente cierto porcentaje de merma o desperdicio; f) **restricciones internas:** son las que definen a una variable dada en la formulación interna del problema, tal como, por ejemplo, el inventario.

Ciertamente, existen otros tipos de restricciones, pero éstas son las más frecuentes. Recuérdese también que existe la restricción técnica implícita en todo problema, de forma tal que, si alguna variable debe ser irrestricta en signo, se sustituya por la diferencia de dos variables no negativas.

Los sistemas asumidos se ponen entre líneas horizontales para separarlos de su solución.

4.1. Producción departamental

La compañía Ance, S.A., produce una línea de artículos de peltre para uso en el hogar, la cual consta de cuatro productos. El sistema de manufactura se divide en cinco etapas: cortado, troquelado, esmaltado, acabado y empacado. La información relevante, tanto del sistema productivo como del producto se muestra en la Tabla 4.1 y la Tabla 4.2, respectivamente.

Tabla 4.1. Índice de producción (unidades/hora).

Departamento	Producto 1	Producto 2	Producto 3	Producto 4	Capacidad (horas/mes)
Cortado	25	6	20	10	400
Troquelado	14	8	20	10	380
Esmaltado	17	9	33	8	490
Acabado	20	4	-	8	450
Empacado	50	13	50	20	400

Tabla 4.2. Información sobre el producto.

Producto	Precio de venta ($/unidad)	Costo de venta ($/unidad)	Demanda mensual (unidades) Mínimo	Demanda mensual (unidades) Máximo
1	100	50	500	5,000
2	300	200	750	6,000
3	160	100	650	8,000
4	250	150	0	3,500

Adicionalmente se sabe que en el siguiente mes sólo se dispondrá de 1,200 m^2 de la lámina que consumen los productos 1 y 2. El producto 1 requiere de 0.50 m^2 por unidad y el producto 2 requiere por unidad 0.80 m^2. Formular este problema como un modelo de programación lineal.

En este problema las actividades que pueden realizarse consisten en fabricar los productos 1, 2, 3 y 4, por lo que las variables deben ser los niveles de cada una de estas actividades, es decir, el número de unidades de cada producto a manufacturar en el mes siguiente. Por lo tanto,

X_1: Unidades del producto 1 a fabricar el próximo mes.

X_2: Unidades del producto 2 a fabricar el próximo mes.

X_3: Unidades del producto 3 a fabricar el próximo mes.

X_4: Unidades del producto 4 a fabricar el próximo mes.

El objetivo del problema es obtener los niveles de producción de los diferentes artículos, que maximicen las ventas y minimicen los costos, en pocas palabras, que maximicen la utilidad total. Tomando en cuenta la información sobre el producto, se define el objetivo como la suma de las diferencias entre precio de venta y costo de venta de cada artículo. Existen restricciones de capacidad de producción (obsérvese que para que las unidades coincidan, se tomó el recíproco de los índices de producción dados en unidades/hora, quedando en horas/unidad). También existen restricciones de mercado y finalmente restricciones de entrada debidas a la cantidad de lámina disponible. A continuación, se plantea el modelo en el formato del analista de programación lineal.

```
Maximizar:
   Z = (100-50)X₁+(300-200)X₂+(160-100)X₃+(250-150)X₄
Sujeto a:
a) En capacidad de producción:
```

$$\frac{1}{25}X_1+\frac{1}{6}X_2+\frac{1}{20}X_3+\frac{1}{10}X_4 \le 400 \quad \text{(Cortado)}$$

$$\frac{1}{14}X_1+\frac{1}{8}X_2+\frac{1}{20}X_3+\frac{1}{10}X_4 \le 300 \quad \text{(Troquelado)}$$

$$\frac{1}{17}X_1+\frac{1}{9}X_2+\frac{1}{33}X_3 +\frac{1}{8}X_4 \le 490 \quad \text{(Esmaltado)}$$

$$\frac{1}{20}X_1+\frac{1}{4}X_2 \qquad +\frac{1}{8}X_4 \le 450 \quad \text{(Acabado)}$$

$$\frac{1}{50}X_1+\frac{1}{13}X_2+\frac{1}{50}X_3+\frac{1}{20}X_4 \le 400 \quad \text{(Empacado)}$$

```
b) De mercado (demanda):
500 ≤ X₁ ≤ 5,000
750 ≤ X₂ ≤ 6,000
650 ≤ X₃ ≤ 8,000
  0 ≤ X₄ ≤ 3,500

c) En entradas (materia prima: lámina):
0.5X₁ + 0.8X₂ ≤ 1,200

Xⱼ ≥ 0, j = 1, 2, 3, 4
```

El planteamiento anterior se pone en formato de LINDO/LINGO a continuación. Se hace observar que debido a que no es posible tener productos fraccionarios, se definen las cuatro variables como enteras. En lugar de Maximize se usa MAX (para Minimze sería MIN) y en lugar de SUBJECT TO (Sujeto a) se usa ST. A las restricciones se les pone nombre. Tal nombre debe de comenzar con una letra y no excederse de 8 caracteres. Los comentarios se ponen después del símbolo de cierre de exclamación (!).

```
MAX 50X1+100X2+60X3+100X4
ST
!a) En capacidad de producción:
  CORTADO)     0.04X1+0.1667X2  +0.05X3  +0.1X4 <=  400
  TROQLADO) 0.0714X1 +0.125X2   +0.05X3  +0.1X4 <=  380
  ESMTADO)  0.0588X1+0.1111X2+0.0303X3+0.125X4  <=  490
  ACABADO)     0.05X1 +0.25X2            +0.125X4 <=  450
  EMPACADO)    0.02X1+0.0769X2 +0.02X3 +0.05X4  <=  400
!b) De mercado (demanda):
  MINX1) X1 >=  500
  MAXX1) X1 <=  5000
  MINX2) X2 >=  750
  MAXX2) X2 <=  6000
  MINX3) X3 >=  650
  MAXX3) X3 <=  8000
  MAXX4) X4 <=  3500
!c) En entradas (materia prima: lámina):
  LAMINA) 0.5X1+0.8X2 <=  1200
END
GIN 4
```

La solución a este problema se muestra abajo. Se observa que la utilidad total (óptima) que puede obtenerse es de $Z^* = \$400,660$. Los valores óptimos son:

$X_1^* = 500$

$X_2^* = 750$

$X_3^* = 5,011$

$X_4^* = 0$

La restricción de cortado tiene una holgura de 4.424993 horas/mes, la restricción de troquelado tiene una holgura de prácticamente 0 (no es exactamente cero por la restricción de que las variables tomen valores enteros), la restricción de esmaltado tiene una holgura de 225.441696 horas/mes, la restricción de acabado tiene una holgura de 237.5 horas/mes y la restricción de empacado tiene una holgura de 232.105011 horas/mes. De no ser por los valores mínimos de X_1, X_2 y X_3, este problema estaría en formato canónico, lo que garantizaría su solución. Sin embargo, a pesar de la existencia de estas restricciones del tipo mayor o igual para una función objetivo del tipo maximizar, LINDO/LINGO obtuvo una solución al problema.

```
LP OPTIMUM FOUND AT STEP        5
 OBJECTIVE VALUE =    400660.000

 FIX ALL VARS.(     1)   WITH RC >   0.000000E+00

 NEW INTEGER SOLUTION OF     400660.000      AT BRANCH       0 PIVOT        6
 BOUND ON OPTIMUM:  400660.0
 ENUMERATION COMPLETE. BRANCHES=      0 PIVOTS=       6

 LAST INTEGER SOLUTION IS THE BEST FOUND
 RE-INSTALLING BEST SOLUTION...

        OBJECTIVE FUNCTION VALUE

        1)       400660.0

  VARIABLE          VALUE          REDUCED COST
        X1       500.000000        -50.000000
        X2       750.000000       -100.000000
        X3      5011.000000        -60.000000
        X4         0.000000       -100.000000


        ROW     SLACK OR SURPLUS     DUAL PRICES
   CORTADO)          4.424993         0.000000
   TROQLADO)        -0.000005         0.000000
   ESMTADO)        225.441696         0.000000
   ACABADO)        237.500000         0.000000
  EMPACADO)        232.105011         0.000000
     MINX1)          0.000000         0.000000
     MAXX1)       4500.000000         0.000000
     MINX2)          0.000000         0.000000
     MAXX2)       5250.000000         0.000000
     MINX3)       4361.000000         0.000000
     MAXX3)       2989.000000         0.000000
     MAXX4)       3500.000000         0.000000
     LAMINA)       350.000000         0.000000

 NO. ITERATIONS=        6
 BRANCHES=      0 DETERM.=   1.000E      0
```

La holgura de la disponibilidad de lámina es de 350 m^2. La holgura de X_1 es de 4,500 unidades al mes por debajo del máximo de 5,000. La holgura de X_2 es de 5,250 unidades al mes por debajo del máximo de 6,000. El surplus y holgura de X_3 son de 4,361 por arriba del mínimo de 650 y de 2,989 por abajo del máximo de 8,000, respectivamente. La holgura de X_4 es de 3,500 por abajo del máximo de 3,500.

4.2. Mezcla alimenticia

Un ganadero va a elaborar una mezcla para alimento de animales a partir de alfalfa, sorgo, avena, maíz, soya y harinolina. De cada 100 kilogramos de mezcla desea que al menos 30 kilogramos sean proteínas, no más de 40 kilogramos sean calcio y a lo sumo 35 kilogramos sean de fósforo. La información del contenido y los precios de los ingredientes a combinar se presenta en la Tabla 4.3.

Tabla 4.3. Contenido y precio de los ingredientes.

Ingredientes	Proteína (%)	Calcio (%)	Fósforo (%)	Precio ($/kg)
Alfalfa	25	50	25	7
Sorgo	40	20	40	9
Avena	10	30	60	8
Maíz	65	15	20	20
Soya	40	20	40	5
Harinolina	30	20	50	15

Además, no se pueden usar más de 10 kilogramos de harinolina ni más de 12 kilogramos de soya por cada 100 kilogramos de mezcla. Formular como un problema de programación lineal.

En este problema las incógnitas son los kilogramos de cada ingrediente a utilizar en los 100 kilogramos de mezcla. Así pues, las variables se definen como:

X_1: Kilogramos de alfalfa a utilizar en los 100 kilogramos de mezcla.

X_2: Kilogramos de sorgo a utilizar en los 100 kilogramos de mezcla.

X_3: Kilogramos de avena a utilizar en los 100 kilogramos de mezcla.

X_4: Kilogramos de maíz a utilizar en los 100 kilogramos de mezcla.

X_5: Kilogramos de soya a utilizar en los 100 kilogramos de mezcla.

X_6: Kilogramos de harinolina a utilizar en los 100 kilogramos de mezcla.

El objetivo del problema es minimizar los costos y obtener una dieta de mínimo costo. En consecuencia, el problema queda planteado como sigue.

```
Minimizar: Z = 7X₁+9X₂+8X₃+20X₄+5X₅+15X₆
Sujeto a:
a) De calidad (nutricionales):
0.25X₁+0.40X₂+0.10X₃+0.65X₄+0.40X₅+0.30X₆ ≥ 30 (Proteína)
0.50X₁+0.20X₂+0.30X₃+0.15X₄+0.20X₅+0.20X₆ ≤ 40 (Calcio)
0.25X₁+0.40X₂+0.60X₃+0.20X₄+0.40X₅+0.50X₆ ≤ 35 (Fósforo)
b) De entradas (disponibilidad):
X₆ ≤ 10 (Harinolina)
X₅ ≤ 12 (Soya)
c) De capacidad (en la mezcla total):
X₁+X₂+X₃+X₄+X₅+X₆ = 100
Xⱼ ≥ 0, j = 1, 2, …, 6
```

En este caso, las variables pueden tomar valores fraccionarios, por lo que no es necesario restringirlas a valores enteros. La formulación en LINDO/LINGO queda como sigue.

```
MINIMIZE 7X1+9X2+8X3+20X4+5X5+15X6
SUBJECT TO
!a) De calidad (nutricionales):
  PROTEINA)  0.25X1+0.40X2+0.10X3+0.65X4+0.40X5+0.30X6 >= 30
  CALCIO)    0.50X1+0.20X2+0.30X3+0.15X4+0.20X5+0.20X6 <= 40
  FOSFORO)   0.25X1+0.40X2+0.60X3+0.20X4+0.40X5+0.50X6 <= 35
!b) De entradas (disponibilidad):
  HNOLINA) X6 <= 10
  SOYA)    X5 <= 12
!c) De capacidad (en la mezcla total):
  MEZCLA) X1+X2+X3+X4+X5+X6 = 100
END
```

La solución al problema se muestra a continuación.

```
LP OPTIMUM FOUND AT STEP        4

        OBJECTIVE FUNCTION VALUE

    1)        718.6667

    VARIABLE          VALUE           REDUCED COST
         X1         66.666664            0.000000
         X2         21.333334            0.000000
         X3          0.000000            0.000000
         X4          0.000000           10.366667
         X5         12.000000            0.000000
         X6          0.000000            6.133333


       ROW     SLACK OR SURPLUS      DUAL PRICES
  PROTEINA)         0.000000          -1.333333
    CALCIO)         0.000000           6.000000
   FOSFORO)         5.000000           0.000000
   HNOLINA)        10.000000           0.000000
      SOYA)         0.000000           4.000000
    MEZCLA)         0.000000          -9.666667

NO. ITERATIONS=        4
```

No se hizo análisis de sensibilidad en este caso, porque la temática del análisis de sensibilidad se deja para el capítulo 10. De acuerdo a los resultados obtenidos, el costo óptimo mínimo es de \$718.67. Se deben producir 66.67 kilogramos de alfalfa, 21.33 kilogramos de sorgo, 0 kilogramos de avena y maíz, 12 kilogramos de soya y 0 kilogramos de harinolina, lo que hace el total de 66.67+21.33+12 = 100 kilogramos de cada mezcla producida. La restricción de fósforo tiene una holgura de 5 (kilogramos), mientras que la restricción de la harinolina tiene una holgura de 10 (kilogramos). Obsérvese que, nuevamente, aunque este problema no esté en formato canónico, sí tiene solución óptima.

4.3. Selección de productos

Una compañía fabricante de televisores tiene que decidir entre el número de televisores de alta definición y convencionales que debe producir. Una investigación de mercado indica que por mes se pueden vender a lo más 1,000 unidades de televisores de alta definición y 4,000 unidades de televisores convencionales. El número máximo de horas-hombre disponibles es de 50,000 por mes. Un televisor de alta definición requiere de 20 horas-hombre y uno convencional requiere de 15 horas-hombre. La ganancia por unidad de los televisores de alta definición y convencionales es de \$60 y \$30, respectivamente. Se desea encontrar el número de unidades de cada tipo de televisor que la compañía debe producir para maximizar su ganancia.

El objetivo es determinar el número de televisores a producir para maximizar ganancias. Las variables de decisión son X_1 y X_2, indicando el número de televisores de alta definición y el número de televisores convencionales a producir, respectivamente. En este caso, las variables deben ser números enteros.

La formulación del analista de programación lineal se indica a continuación.

```
Maximizar: Z = 60X₁+30X₂ ⓪
Sujeto a:
  X₁ ≤ 1,000 ①
  X₂ ≤ 4,000 ②
  20X₁+15X₂ ≤ 50,000 ③
  X₁, X₂ ≥ 0
```

Este problema está en formato canónico, pues para un objetivo de maximización, todas las restricciones son del tipo menor o igual, todos los coeficientes son positivos y todas las variables son positivas y, aunque deberían considerarse en principio como variables enteras, pues no es posible producir televisores fraccionarios, por el momento consideraremos que las dos variables son números reales.

El problema es característico de un tipo de caso en el cual no es posible aumentar la producción, pues existe una restricción que limita el número máximo de televisores a producir, en este caso, las restricciones ① y ②. Sin embargo, estas dos restricciones solamente se aplican a cada una de las variables, respectivamente. Es posible resolver el problema utilizando el concepto de **costo marginal**. El **costo marginal** es el costo en el que se incurre para producir una unidad adicional de cierto producto. En nuestro caso, tendríamos el caso de **ganancia marginal**, que sería la ganancia que se puede obtener por cada hora-hombre adicional utilizada. Así pues, para los televisores de alta definición (X_1) tenemos: \$60/20 horas-hombre = \$3/hora-hombre, mientras que para los televisores convencionales sería: \$30/15 horas-hombre = \$2/hora hombre. Debido a que la ganancia marginal es más alta para los televisores de alta definición que para los convencionales, deberían de producirse todos los televisores de alta definición que se puedan producir.

Así pues, volteamos nuestra atención a la restricción ③. ¿Es posible producir el máximo de 1,000 televisores de alta definición que marca la restricción ①? Veamos: $20\times1,000 = 20,000$; $50,000-20,000 = 30,000$. En consecuencia, es posible utilizar un máximo de 30,000 horas hombre en la producción de televisores convencionales, por lo que $X_2 = 30,000/15 = 2,000$. Dado que $X_1{}^* = 1,000$ y $X_2{}^* = 2,000$, tenemos la solución al problema. La función objetivo tiene un valor de $Z = 60\times1,000+30\times2,000 = \$120,000$.

Ciertamente, no es posible producir más de 1,000 televisores de alta definición y 4,000 televisores convencionales, por lo que no tiene caso tener horas-hombre por encima de estas restricciones. ¿Cuánto es el máximo de horas-hombre a tener? Viendo la restricción ③, tenemos: $20\times1,000+15\times4,000 = 80,000$. Así pues, dado que las restricciones de mercado marcan el máximo de televisores de alta definición y convencionales que se pueden vender, no tiene caso que la planta tenga una capacidad en horas-hombre mayor a 80,000, pues no es posible vender más televisores.

A continuación, se procede a formular el problema para su solución en LINDO/LINGO.

```
MAXIMIZE  60X1+30X2
SUBJECT TO
  HD)       X1 <= 1000
  CONV)     X2 <= 4000
  MANHOURS)20X1+15X2 <= 50000
END
GIN 2
```

La salida de LINDO/LINGO para la solución a este problema se indica a continuación.

```
LP OPTIMUM FOUND AT STEP        2
 OBJECTIVE VALUE =    120000.000


 NEW INTEGER SOLUTION OF     120000.000       AT BRANCH        0
PIVOT        2
 BOUND ON OPTIMUM:  120000.0
 ENUMERATION COMPLETE. BRANCHES=        0 PIVOTS=        2

 LAST INTEGER SOLUTION IS THE BEST FOUND
 RE-INSTALLING BEST SOLUTION...

        OBJECTIVE FUNCTION VALUE

    1)        120000.0

    VARIABLE          VALUE          REDUCED COST
         X1       1000.000000        -60.000000
         X2       2000.000000        -30.000000


        ROW    SLACK OR SURPLUS     DUAL  PRICES
        HD)          0.000000          0.000000
      CONV)       2000.000000          0.000000
  MANHOURS)          0.000000          0.000000

 NO. ITERATIONS=        2
 BRANCHES=       0 DETERM.=  1.000E        0
```

La solución al problema arroja una ganancia de \$120,000, produciendo 1,000 televisores de alta definición y 2,000 televisores convencionales. La única holgura es en la restricción de los televisores convencionales, en los que quedan sin asignarse a producción 2,000 televisores del total de 4,000 como máximo a producir.

4.4. Asignación de productos a máquinas

Un fabricante de acero produce cuatro tamaños de vigas (pequeña, mediana, grande y extragrande). Estas vigas se pueden producir en cualquiera de tres tipos de máquinas (A, B y C). En la Tabla 4.4 se indican las longitudes (en metros) de las vigas que pueden producir las máquinas por hora.

Tabla 4.4. Longitudes (en metros) de las vigas que pueden producir las máquinas por hora.

Viga	Máquina		
	A	B	C
Pequeña (1)	300	600	800
Mediana (2)	250	400	700
Grande (3)	200	350	600
Extragrande (4)	100	200	300

Supóngase que cada máquina se puede usar hasta 50 horas por semana y que los costos de operación por hora de éstas son $30, $50 y $80, respectivamente. Supóngase además que semanalmente se requieren 10,000, 8,000, 6,000 y 6,000 metros de los distintos tamaños de las vigas. Formular el problema de asignación de máquina como un problema de programación lineal.

El objetivo del problema es minimizar costos. Las variables de decisión son X_{ij}, donde i es el tipo de máquina (A, B o C) y j es el tamaño de la viga (pequeña, mediana, grande y extragrande para j = 1, 2, 3 y 4, respectivamente). El problema se plantea directamente en formato de LINDO/LINGO para su solución. Las variables pueden tomar valores fraccionarios, pues es posible tener horas fraccionarias, es decir, minutos, segundos y fracciones de segundos.

```
MIN  30XA1+30XA2+30XA3+30XA4+
     50XB1+50XB2+50XB3+50XB4+
     80XC1+80XC2+80XC3+80XC4
ST
  MAQA)  XA1+XA2+XA3+XA4  <=  50
  MAQB)  XB1+XB2+XB3+XB4  <=  50
  MAQC)  XC1+XC2+XC3+XC4  <=  50
  PEQ)   300XA1+600XB1+800XC1  >=  10000
  MED)   250XA2+400XB2+700XC2  >=  8000
  GDE)   200XA3+350XB3+600XC3  >=  6000
  EGDE)  100XA4+200XB4+300XC4  >=  6000
END
```

La solución de LINDO/LINGO de este problema, sin hacer análisis de sensibilidad, se ilustra en seguida. El costo mínimo óptimo es de $4,047.62. Se deben asignar 16.666666 horas a la máquina B para producir la viga pequeña, 11.428572 horas a la máquina C para producir la viga mediana, 10 horas a la máquina C para producir la viga grande y 30 horas a la máquina B para producir la viga extragrande. Obsérvese que, aunque el problema no esté en formato canónico, tiene sin embargo solución óptima.

```
LP OPTIMUM FOUND AT STEP        5

            OBJECTIVE FUNCTION VALUE

        1)        4047.619

    VARIABLE          VALUE           REDUCED COST
        XA1           0.000000            5.000000
        XA2           0.000000            1.428571
        XA3           0.000000            3.333333
        XA4           0.000000            5.000000
        XB1          16.666666            0.000000
        XB2           0.000000            4.285714
        XB3           0.000000            3.333333
        XB4          30.000000            0.000000
        XC1           0.000000           13.333333
        XC2          11.428572            0.000000
        XC3          10.000000            0.000000
        XC4           0.000000            5.000000


        ROW     SLACK OR SURPLUS      DUAL PRICES
      MAQA)         50.000000           0.000000
      MAQB)          3.333333           0.000000
      MAQC)         28.571428           0.000000
       PEQ)          0.000000          -0.083333
       MED)          0.000000          -0.114286
       GDE)          0.000000          -0.133333
      EGDE)          0.000000          -0.250000

NO. ITERATIONS=        5
```

4.5. Asignación estratégica de recursos humanos

El gran jefe "Garza Enojado" está estudiando su próximo ataque al fuerte blanco "El proveedor de cabelleras". El plan básicamente consiste en combinar las estrategias empleadas en combates anteriores, las cuales pueden resumirse como sigue:

Estrategia 1 (formación en t): Cada indio necesita dos cuchillos, un hacha y dos lanzas. Los gastos ascienden a medio búfalo por atacante, y se logra acabar con dos soldados por cada indio combatiente.

Estrategia 2 (tradicional): Se necesita por cada indio un caballo, dos arcos, cien flechas y cuatro lanzas. Los gastos se calculan en 0.75 búfalos por indio, y el número de soldados eliminados se estima en tres por cada indio.

Estrategia 3 (último adelanto): Es necesario un caballo y un rifle por indio. El costo es de un búfalo y se estiman cinco bajas enemigas por guerrero.

Estrategia 4 (ataque nocturno): Con dos cuchillos y un hacha se eliminan 25 soldados por indio. Este ataque es patrocinado por la "Asociación de Reservaciones Indias" y por lo tanto el costo es de cero búfalos.

Estrategia 5 (ataque nuclear): Se debe disponer por cada indio de un caballo, un rifle, quince cuchillos, cinco lanzas, un arco y cuarenta flechas (encendidas). En este devastador ataque se estima que caen 75 soldados por indio, aunque el costo es de 3 búfalos por indio.

Se cuenta con los recursos siguientes: 1,500 indios, 300 rifles, 15,000 flechas, 750 caballos, 1,000 lanzas, 1,000 cuchillos, 200 hachas y 1,000 arcos. Adicionalmente se estima que en el fuerte viven 20,000 soldados y el presupuesto de guerra llega a 5,000 búfalos. Formular como un problema de programación lineal para que el gran jefe "Garza Enojado" resuelva su problema.

El objetivo de este problema es maximizar la matanza de blancos. Las variables de decisión son X_1, X_2, X_3, X_4 y X_5, donde cada una es el número de indios asignados a la estrategia 1, 2, 3, 4 y 5, respectivamente. El modelo planteado en formato de LINDO/LINGO sigue a continuación. Se considera que las variables sólo pueden tomar valores enteros.

```
MAX             2X1+3X2        +5X3 +25X4 +75X5
ST
   INDIOS)      X1 +X2         +X3   +X4    +X5 <=  1500
   CUCHILLO)    2X1                 +2X4 +15X5 <=  1000
   ARCOS)          2X2                    +X5 <=  1000
   LANZAS)      2X1+4X2 +                5X5 <=  1000
   RIFLES)                     X3        +X5 <=   300
   HACHAS)      X1                 +X4        <=   200
   CABALLOS)       X2         +X3        +X5 <=   750
   FLECHAS)       100X2              +40X5 <= 15000
   BUFALOS) 0.5X1 + 0.75X2   +X3       +3X5 <=  5000
   SOLDADOS)    2X1      +3X2 +5X3 +25X4 +75X5 >= 20000
END
GIN 5
```

Nótese que este problema estaría en formato canónico, lo cual garantizaría su
solución, de no ser por la restricción del mínimo de soldados a matar. Esta restricción surge
de la información proporcionada acerca del número de soldados existentes en el fuerte y se
aplica bajo la idea de que la combinación de estrategias debería acabar con todos los
blancos. Al tratar de solucionar este problema se obtiene el mensaje de error de la Figura
4.1.

Figura 4.1. Mensaje de error para el problema de asignación estratégica de recursos
humanos.

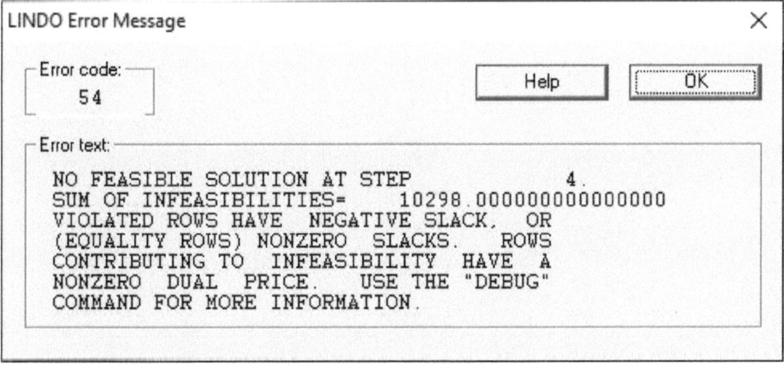

El mensaje dice que no se encuentra solución factible, es decir, el conjunto de solución no está constituído por un conjunto coherente de restricciones. También recomienda usar el comando "DEBUG".

Al usar el comando "Solve|Debug" se obtiene el siguiente resultado:

```
SUFFICIENT SET (ROWS), CORRECT ONE OF:
  SOLDADOS)   2 X1 + 3 X2 + 5 X3 + 25 X4 + 75 X5 >=    20000
  CUCHILLO)   2 X1 + 2 X4 + 15 X5 <=    1000
 NECESSARY SET (ROWS), CORRECT ONE OF:
  RIFLES)   X3 + X5 <=    300
  FLECHAS)   100 X2 + 40 X5 <=    15000
```

La opción de corrección de errores dice que o bien se debe corregir el mínimo de soldados a matar o aumentar el número de cuchillos disponibles. Si se desea matar al menos 20,000 soldados, será necesario aumentar mucho más que la cantidad de cuchillos disponibles. Además, ¿cuántos cuchillos se necesitaría? Suponiendo que se aumentara el número de cuchillos, la segunda parte habla de corregir la cantidad de rifles y de flechas.

Así pues, ¿qué hacer? Obsérvese que la restricción del número de soldados a matar es la única del tipo mayor o igual que es la que hace que el problema no esté en formato canónico. ¿Qué pasaría si se elimina esta restricción? Como la función objetivo indica el número de soldados que se matarían, y se está buscando maximizar este valor, la solución al problema modificado daría la cantidad de soldados que se pueden matar como máximo. Así pues, el problema queda como sigue. Ahora la última restricción queda como comentario.

```
MAX          2X1+3X2        +5X3 +25X4 +75X5
ST
  INDIOS)      X1 +X2        +X3   +X4    +X5 <= 1500
  CUCHILLO)   2X1                  +2X4 +15X5 <= 1000
  ARCOS)          2X2                     +X5 <= 1000
  LANZAS)     2X1+4X2 +                  5X5 <= 1000
  RIFLES)                    X3          +X5 <= 300
  HACHAS)      X1                  +X4        <= 200
  CABALLOS)       X2         +X3         +X5 <= 750
  FLECHAS)      100X2                  +40X5 <= 15000
  BUFALOS) 0.5X1 + 0.75X2   +X3         +3X5 <= 5000
  !SOLDADOS)   2X1     +3X2 +5X3 +25X4 +75X5 >= 20000
END
GIN 5
```

Para resolver este problema se debe replantear como se muestra abajo. En este caso el valor de la función objetivo es de 9,702 soldados. Así pues, es posible modificar la última restricción de este modo, obteniéndose el planteamiento corregido.

```
MAX            2X1+3X2        +5X3 +25X4 +75X5
ST
  INDIOS)      X1 +X2         +X3   +X4    +X5 <= 1500
  CUCHILLO)    2X1                  +2X4 +15X5 <= 1000
  ARCOS)          2X2                      +X5 <= 1000
  LANZAS)      2X1+4X2 +                   5X5 <= 1000
  RIFLES)                     X3           +X5 <= 300
  HACHAS)      X1                    +X4        <= 200
  CABALLOS)       X2          +X3          +X5 <= 750
  FLECHAS)        100X2                   +40X5 <= 15000
  BUFALOS) 0.5X1 + 0.75X2     +X3          +3X5 <= 5000
  SOLDADOS)    2X1      +3X2 +5X3 +25X4 +75X5 >= 9702
END
GIN 5
```

La solución a este problema arroja el mismo resultado que el problema modificado, solamente que ahora está también la restricción de soldados con una holgura de cero. La solución óptima consiste en destinar 0 indios a la primera estrategia, 134 indios a la segunda estrategia, 260 indios a la tercera estrategia, 200 indios a la cuarta estrategia y 40 indios a la quinta estrategia, logrando con lo anterior un valor para la función objetivo de 9,702 soldados blancos muertos.

A continuación, se muestra la solución de LINDO/LINGO obtenida para este problema. Obsérvese que dicha solución indica que el número óptimo de soldados muertos es de $Z = 9{,}702$. También indica que hay una holgura de 866 indios, 0 cuchillos, 692 arcos, 264 lanzas, 0 rifles, 0 hachas, 316 caballos, 0 flechas y 4,519 búfalos. También dice que existe un excedente de soldados a matar de cero, lo cual hace sentido, pues sabemos que ese es el número máximo de soldados que se pueden matar (indicado en la función objetivo) que es igual (en sus coeficientes) a la última restricción (SOLDADOS).

```
LP OPTIMUM FOUND AT STEP        5
 OBJECTIVE VALUE =     9702.00000

 FIX ALL VARS.(      1)  WITH RC >  0.000000E+00

 NEW INTEGER SOLUTION OF      9702.00000     AT BRANCH        0
PIVOT       6
 BOUND ON OPTIMUM:  9702.000
 ENUMERATION COMPLETE. BRANCHES=       0 PIVOTS=         6

 LAST INTEGER SOLUTION IS THE BEST FOUND
 RE-INSTALLING BEST SOLUTION...

        OBJECTIVE FUNCTION VALUE

        1)        9702.000

      VARIABLE           VALUE        REDUCED COST
            X1        0.000000         -2.000000
            X2      134.000000         -3.000000
            X3      260.000000         -5.000000
            X4      200.000000        -25.000000
            X5       40.000000        -75.000000


           ROW    SLACK OR SURPLUS     DUAL PRICES
       INDIOS)       866.000000         0.000000
     CUCHILLO)         0.000000         0.000000
        ARCOS)       692.000000         0.000000
       LANZAS)       264.000000         0.000000
       RIFLES)         0.000000         0.000000
       HACHAS)         0.000000         0.000000
     CABALLOS)       316.000000         0.000000
      FLECHAS)         0.000000         0.000000
      BUFALOS)      4519.500000         0.000000
     SOLDADOS)         0.000000         0.000000

 NO. ITERATIONS=          6
 BRANCHES=       0 DETERM.=   1.000E       0
```

4.6. Modelo de asignación de operarios a trabajos

Este es un típico modelo de transporte y asignación. El gerente de la línea de producción de una empresa electrónica debe asignar personal a cinco tareas. Existen cinco

operadores disponibles para asignarlas. El gerente de línea tiene a su disposición datos de
prueba que reflejan una calificación numérica de productividad para cada uno de los cinco
trabajadores en cada uno de los trabajos. Estos datos se obtuvieron a través de un examen
de operación y prueba administrado por el departamento de ingeniería industrial.
Suponiendo que un operador puede ejecutar un solo trabajo, plantee un modelo que
conduzca a la asignación óptima de tareas. La Tabla 4.5 muestra los índices de
productividad.

Tabla 4.5.   Calificación numérica de productividad.

Número de operador	Número de trabajo				
	1	2	3	4	5
1	12	16	24	8	2
2	6	8	20	14	8
3	10	6	16	18	12
4	2	4	2	24	20
5	7	10	6	6	18

Se tiene que cada operador puede ser asignado a una sola tarea y cada tarea puede ser
ejecutada por solamente un solo operador. En consecuencia, las variables de decisión,
definidas como X_{ij}, donde $i = 1, \ldots, 5$ es el operador y $j = 1, \ldots, 5$ es el trabajo, son
variables del tipo 0-1. Así pues, este problema es de programación 0-1, no de programación
lineal (ni siquiera entera). Afortunadamente, LINDO/LINGO trabaja con todas estas
variantes. Se puede utilizar la instrucción INT seguida por el número de variables 0-1 o una
lista de aquellas variables que son 0-1.

El objetivo es maximizar la calificación de productividad, asignando al operador
adecuado al trabajo adecuado. El problema, planteado en formato de LINDO/LINGO,
queda como sigue.

```
MAX  12X11+16X12+24X13 +8X14 +2X15+
      6X21 +8X22+20X23+14X24 +8X25+
     10X31 +6X32+16X33+18X34+12X35+
      2X41 +4X42 +2X43+24X44+20X45+
      7X51+10X52+ 6X53 +6X54+18X55
ST
   OPER1)  X11+X12+X13+X14+X15 = 1
   OPER2)  X21+X22+X23+X24+X25 = 1
   OPER3)  X31+X32+X33+X34+X35 = 1
   OPER4)  X41+X42+X43+X44+X45 = 1
   OPER5)  X51+X52+X53+X54+X55 = 1
   TRAB1)  X11+X21+X31+X41+X51 = 1
   TRAB2)  X12+X22+X32+X42+X52 = 1
   TRAB3)  X13+X23+X33+X43+X53 = 1
   TRAB4)  X14+X24+X34+X44+X45 = 1
   TRAB5)  X15+X25+X35+X45+X55 = 1
END
INT 25
```

La solución a este problema se presenta en seguida.

Obsérvese que los valores óptimos de las X's que son diferentes de cero son $X_{12}^* = 1$, $X_{23}^* = 1$, $X_{31}^* = 1$, $X_{44}^* = 1$, $X_{55}^* = 1$. Nótese que aparecen todos los operadores, puesto que están todos los números del primer índice listados en las variables anteriores, a saber, se tiene i = 1, 2, 3, 4 y 5, y también aparecen todos los trabajos listados, pues j = 2, 3, 1, 4 y 5 en la lista de variables anteriores, respectivamente.

```
LP OPTIMUM FOUND AT STEP       13
  OBJECTIVE VALUE =    88.0000000


 NEW INTEGER SOLUTION OF    88.0000000     AT BRANCH        0
PIVOT       13
 RE-INSTALLING BEST SOLUTION...

          OBJECTIVE FUNCTION VALUE

      1)       88.00000

   VARIABLE           VALUE          REDUCED COST
        X11          0.000000         -12.000000
        X12          1.000000         -16.000000
        X13          0.000000         -24.000000
        X14          0.000000          -8.000000
```

```
                 X15          0.000000            -2.000000
                 X21          0.000000            -6.000000
                 X22          0.000000            -8.000000
                 X23          1.000000           -20.000000
                 X24          0.000000           -14.000000
                 X25          0.000000            -8.000000
                 X31          1.000000           -10.000000
                 X32          0.000000            -6.000000
                 X33          0.000000           -16.000000
                 X34          0.000000           -18.000000
                 X35          0.000000           -12.000000
                 X41          0.000000            -2.000000
                 X42          0.000000            -4.000000
                 X43          0.000000            -2.000000
                 X44          1.000000           -24.000000
                 X45          0.000000           -20.000000
                 X51          0.000000            -7.000000
                 X52          0.000000           -10.000000
                 X53          0.000000            -6.000000
                 X54          0.000000            -6.000000
                 X55          1.000000           -18.000000


              ROW    SLACK OR SURPLUS      DUAL PRICES
            OPER1)         0.000000           0.000000
            OPER2)         0.000000           0.000000
            OPER3)         0.000000           0.000000
            OPER4)         0.000000           0.000000
            OPER5)         0.000000           0.000000
            TRAB1)         0.000000           0.000000
            TRAB2)         0.000000           0.000000
            TRAB3)         0.000000           0.000000
            TRAB4)         0.000000           0.000000
            TRAB5)         0.000000           0.000000

 NO. ITERATIONS=          13
 BRANCHES=      0 DETERM.=   1.000E      0
```

Se obtiene un puntaje de calificación numérica de productividad agregado de 88, asignando al operador 1 el trabajo 2, al operador 2 el trabajo 3, al operador 3 el trabajo 1, al operador 4 el trabajo 4 y al operador 5 el trabajo 5.

4.7. Elaboración de una campaña publicitaria

Una compañía fabricante de automóviles piensa lanzar al mercado una nueva marca.
El mercado primario para este nuevo automóvil está integrado por familias de ingresos
medios y altos. La compañía ha pedido a su departamento de mercadotecnia que elabore
una campaña publicitaria para este efecto. Después de considerar los posibles canales de
comunicación y el mercado a ser cubierto, el jefe de mercadotecnia ha recomendado
preliminarmente restringir la publicidad del primer mes a cinco fuentes. A final de mes se
revisará la estrategia basándose en los resultados obtenidos. Mediante un minucioso estudio
se han obtenido datos acerca del número de familias potencialmente compradoras que
reciben el mensaje, el costo por anuncio, el número máximo de veces que está disponible y
la "exposición esperada" para cada una de las cinco fuentes de comunicación. La
exposición esperada se mide en términos de una unidad de exposición (una evaluación
subjetiva de la alta dirección del valor relativo de un mensaje en cada uno de los medios de
publicidad). Dicha evaluación está basada fundamentalmente en factores como el perfil de
la audiencia (edad, ingreso, nivel educativo, entre otros), la imagen presentada y la calidad
del anuncio. La información recolectada se muestra en la Tabla 4.6.

Tabla 4.6. Datos del estudio de mercado.

Medio publicitario	Número de familias potencialmente compradoras	Costo por anuncio ($)	Disponibilidad mensual	Unidades de exposición esperada
TV matutina (1 min.)	10,000	100,000	20	50
TV nocturna (30 seg.)	50,000	150,000	10	90
Periódico diario (1 página)	30,000	60,000	25	35
Periódico dominical (1/2 página)	70,000	120,000	4	70
Radio noticiero (30 seg.)	5,000	20,000	30	25

La empresa ha establecido un presupuesto de $4'000,000 para la campaña publicitaria
del primer mes. Adicionalmente, el consejo de administración ha sugerido al departamento
de mercadotecnia los siguientes lineamientos: 1) Debe utilizarse por lo menos 20
comerciales de televisión, 2) Por lo menos debe recibir el mensaje 2'500,000 familias

potencialmente compradoras, 3) Deben anunciarse por lo menos un domingo en un periódico, 4) No debe gastarse más de \$2'000,000 en televisión. ¿Cuál debe ser la campaña publicitaria para este primer mes?

El objetivo es maximizar la llegada del mensaje en función de la unidad de exposición esperada. Las variables de decisión son el número de anuncio por medio publicitario, denotado por X_j ($j = 1,\ldots,5$), donde la j se refiere a TV matutina ($j = 1$), TV nocturna ($j = 2$), periódico diario ($j = 3$), periódico dominical ($j = 4$) y finalmente radio noticiero ($j = 5$). Las variables deben ser enteras, pues no es posible tener anuncios fraccionarios. Así pues, la formulación en formato de LINDO/LINGO queda como sigue:

```
MAX  50X1+90X2+35X3+70X4+25X5
ST
   DTVMAT)    X1 <= 20
   DTVNOC)    X2 <= 10
   DPDIARIO)  X3 <= 25
   DPDOM)     X4 <= 4
   DRADIO)    X5 <= 30
   PRESUP)    100000X1+150000X2+60000X3+120000X4+20000X5 <= 4000000
   COMTV)     X1+X2 >= 20
   MENSAJE)   10000X1+50000X2+30000X3+70000X4+5000X5 >= 2500000
   DOMINICL)  X4 >= 1
   GASTOTV)   100000X1+150000X2 <= 2000000
END
GIN 5
```

Obsérvese que ahora hay tres restricciones del tipo mayor o igual que hacen que el problema no esté en formato canónico, es decir, no se garantiza una solución. De hecho, al tratar de resolverlo, se obtiene el error indicado en la Figura 4.2. Se debe pues, utilizar la opción de debug con el menú "Solve|Debug". Dicha opción arroja el siguiente mensaje.

```
SUFFICIENT SET (ROWS), CORRECT ONE OF:
   MENSAJE)    10000 X1 + 50000 X2 + 30000 X3 + 70000 X4 + 5000 X5 >=
2500000
 NECESSARY SET (ROWS), CORRECT ONE OF:
    PRESUP)    100000 X1 + 150000 X2 + 60000 X3 + 120000 X4 + 20000 X5
       <=    4000000
```

Figura 4.2. Mensaje de error para el problema de elaboración de una campaña publicitaria.

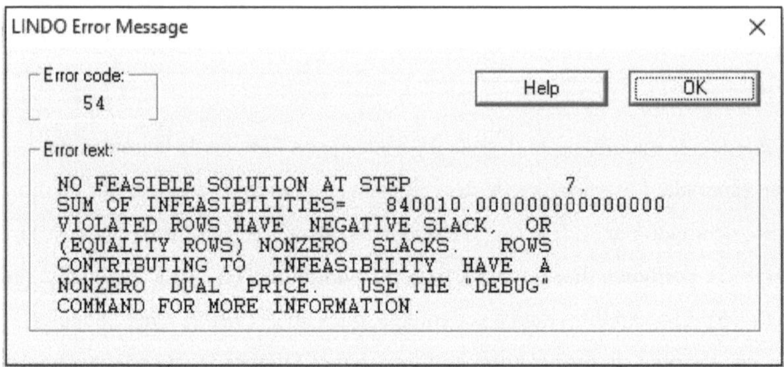

El mensaje del debug indica que se deben cambiar al menos una de dos restricciones. O bien se reduce el número de familias potencialmente compradoras o se aumenta el presupuesto. ¿Qué es más factible que los tomadoras de decisiones prefieran: reducir el indicador de familias potencialmente compradoras o aumentar el presupuesto? Claramente, es más razonable ajustar el número de familias potencialmente compradoras. Además, si se aumentara el presupuesto, se correría el riesgo de que otras restricciones del tipo menor o igual den problema. ¿Cómo podemos saber cuál es el número de familias potencialmente compradoras máximo? Una opción es prueba y error. Pero es posible hacer algo similar al problema de la sección 4.5. Sin embargo, dado que la función objetivo no es la misma que la restricción del número de familias potencialmente compradoras (llamada MENSAJE), se puede simplemente omitir la restricción MENSAJE y cambiar la función objetivo por la restricción de MENSAJE, lo cual se muestra en el siguiente planteamiento modificado.

```
MAX 10000X1+50000X2+30000X3+70000X4+5000X5
ST
  DTVMAT)    X1 <= 20
  DTVNOC)    X2 <= 10
  DPDIARIO)  X3 <= 25
  DPDOM)     X4 <= 4
  DRADIO)    X5 <= 30
  PRESUP)    100000X1+150000X2+60000X3+120000X4+20000X5 <=
4000000
  COMTV)     X1+X2 >= 20
  !MENSAJE)   10000X1+50000X2+30000X3+70000X4+5000X5 >=
2500000
  DOMINICL)  X4 >= 1
  GASTOTV)   100000X1+150000X2 <= 2000000
END
GIN 5
```

Ahora la solución a este problema arroja una función objetivo de 1,235,000 familias potencialmente compradoras. Es decir, basta con cambiar el lado derecho de la restricción MENSAJE de 2'500,000 a 1'235,000. El problema corregido queda como sigue.

```
MAX 50X1+90X2+35X3+70X4+25X5
ST
  DTVMAT)    X1 <= 20
  DTVNOC)    X2 <= 10
  DPDIARIO)  X3 <= 25
  DPDOM)     X4 <= 4
  DRADIO)    X5 <= 30
  PRESUP)    100000X1+150000X2+60000X3+120000X4+20000X5 <=
4000000
  COMTV)     X1+X2 >= 20
  MENSAJE)   10000X1+50000X2+30000X3+70000X4+5000X5 >= 1235000
  DOMINICL)  X4 >= 1
  GASTOTV)   100000X1+150000X2 <= 2000000
END
GIN 5
```

La solución a este problema corregido se muestra a continuación.

```
LP OPTIMUM FOUND AT STEP        8
 OBJECTIVE VALUE =    2180.00000


 NEW INTEGER SOLUTION OF    2180.00000      AT BRANCH        0
PIVOT      10
 BOUND ON OPTIMUM:  2180.000
 ENUMERATION COMPLETE. BRANCHES=        0 PIVOTS=        10

 LAST INTEGER SOLUTION IS THE BEST FOUND
 RE-INSTALLING BEST SOLUTION...

         OBJECTIVE FUNCTION VALUE

        1)        2180.000

   VARIABLE           VALUE          REDUCED COST
         X1        20.000000          -50.000000
         X2         0.000000          -90.000000
         X3        25.000000          -35.000000
         X4         4.000000          -70.000000
         X5         1.000000          -25.000000


       ROW    SLACK OR SURPLUS      DUAL PRICES
    DTVMAT)         0.000000          0.000000
    DTVNOC)        10.000000          0.000000
   DPDIARIO)        0.000000          0.000000
     DPDOM)         0.000000          0.000000
    DRADIO)        29.000000          0.000000
    PRESUP)         0.000000          0.000000
     COMTV)         0.000000          0.000000
    MENSAJE)        0.000000          0.000000
   DOMINICL)        3.000000          0.000000
    GASTOTV)        0.000000          0.000000

 NO. ITERATIONS=         10
 BRANCHES=       0 DETERM.=   1.000E       0
```

Esta solución indica que el número óptimo de unidades de exposición esperada es de $Z^* = 2{,}180$. El número óptimo de comerciales de TV matutina debe ser de $X_1^* = 20$, el número óptimo de comerciales de TV nocturna debe ser de $X_2^* = 0$, el número óptimo de anuncios de periódico diario debe ser de $X_3^* = 25$, el número óptimo de anuncios en periódico dominical debe ser de $X_4^* = 4$ y el número óptimo de anuncios en radio noticiero debe ser de $X_5^* = 1$. Así es posible resolver un problema que, de haberse apegado a los lineamientos iniciales del sistema asumido, no hubiera podido ser resuelto. Se supone que en este caso se consultó a los tomadores de decisiones para cambiar el sistema asumido, en particular, el número de familias potencialmente compradoras. Si los tomadores de decisiones se hubieran mantenido firmes en el número de familias potencialmente compradoras, hubiera sido necesario aumentar el presupuesto y probablemente hacer otros cambios a otras restricciones, con la venia de los tomadores de decisiones.

4.8. Selección de un portafolio de inversión

Un grupo industrial está analizando la posibilidad de diversificar sus inversiones hacia sectores diferentes de donde se encuentra operando actualmente. El presupuesto disponible para inversiones de esta naturaleza se ha fijado en $100'000,000. Tomando en cuenta las áreas de inversión actuales, el director de finanzas ha recomendado que las nuevas inversiones sean en la industria petrolera, la siderúrgica y en Certificados de la Tesorería General del Estado (CETES). Se han identificado las siguientes oportunidades de inversión, así como las tasas de rendimiento esperadas. Dicha información se da en la Tabla 4.7.

Tabla 4.7.   Tasas de rendimiento.

Opciones de inversión	Tasa de rendimiento (%)
Petróleo y Derivados, S.A.	50
Industria Petrolera, S.A.	75
Petróleos del Norte, S.A.	40
Aceros Monclova, S.A.	70
Siderúrgica Nacional, S.A.	45
Hierro y Acero, S.A.	55
CETES	60

El consejo de administración ha impuesto la siguiente estrategia de inversión: 1) No se debe destinar más del 50% del total de la inversión a una industria en particular, 2) La inversión en CETES debe ser por lo menos el 25% del total invertido en siderúrgica, 3) La inversión en Industria Petrolera, S.A., no puede exceder al 50% del total a invertir en el sector petrolero, y 4) El total a invertir en siderurgia debe ser por lo menos igual al invertido en petróleo.

¿Qué recomendaciones de este portafolio pueden hacerse?

El objetivo es maximizar la rentabilidad obtenida. Las variables de decisión son las cantidades a invertir en cada industria, X_j para $j = 1, 2, \ldots, 7$, donde las industrias son Petróleo y Derivados, S.A., Industria Petrolera, S.A., Petróleos del Norte, S.A., Aceros Monclova, S.A., Siderúrgica Nacional, S.A., Hierro y Acero, S.A. y CETES, respectivamente. Debido a que las variables de decisión son dinero, se permiten valores fraccionarios para estas variables.

La función objetivo claramente es la suma de las cantidades a invertir multiplicadas por sus respectivos rendimientos. El total a invertir no debe exceder los 100 millones (TOTINVER). Del mismo modo y considerando que los CETES no son una industria, el total de petróleo (TOTPETR), así como el total de siderurgia (TOTSIDR), no debe exceder los 50 millones. Además, lo invertido en CETES (X_7) debe ser mayor o igual a lo invertido en siderurgia: $X_7 \geq 0.25(X_4+X_5+X_6)$, restricción anotada como MINCETES. También se tiene que lo invertido en Industria Petrolera, S.A. (X_2) debe ser menor o igual al 50% de lo invertido en petróleo: $X_2 \leq 0.5(X_1+X_2+X_3)$, denotado como la restricción MAXIPSA. Finalmente, lo invertido en siderurgia debe ser mayor o igual a lo invertido en petróleo: $X_4+X_5+X_6 \geq X_1+X_2+X_3$ (BALANCE).

Dejando despejado el lado derecho y poniendo todas las variables del lado izquierdo resulta el siguiente planteamiento:

```
MAX 0.5X1+0.75X2+0.4X3+0.7X4+0.45X5+0.55X6+0.6X7
ST
   TOTINVER)  X1+X2+X3+X4+X5+X6+X7 <= 100000000
   TOTPETR)   X1+X2+X3 <= 50000000
   TOTSIDR)   X4+X5+X6 <= 50000000
   MINCETES)  -0.25X4-0.25X5-0.25X6+X7 >= 0
   MAXIPSA)   -0.5X1+0.5X2-0.5X3 <= 0
   BALANCE)   -X1-X2-X3+X4+X5+X6 >= 0
END
```

El resultado de este planteamiento sin análisis de sensibilidad de muestra enseguida.

```
LP OPTIMUM FOUND AT STEP        4

          OBJECTIVE FUNCTION VALUE

      1)       0.6593750E+08

   VARIABLE          VALUE           REDUCED COST
         X1   18750000.000000          0.000000
         X2   18750000.000000          0.000000
         X3          0.000000          0.100000
         X4   50000000.000000          0.000000
         X5          0.000000          0.250000
         X6          0.000000          0.150000
         X7   12500000.000000          0.000000


        ROW    SLACK OR SURPLUS      DUAL PRICES
   TOTINVER)          0.000000          0.625000
    TOTPETR)   12500000.000000          0.000000
    TOTSIDR)          0.000000          0.068750
   MINCETES)          0.000000         -0.025000
    MAXIPSA)          0.000000          0.250000
    BALANCE)   12500000.000000          0.000000

   NO. ITERATIONS=        4
```

El rendimiento obtenido sobre los $100 millones es de $Z^* = 0.659375 \times 10^8 =$ $65'937,500, lo que hace un rendimiento promedio del 65.9375%. En Petróleo y Derivados, S.A. se debe invertir $X_1^* = \$18'750,000$ y en Industria Petrolera, S.A. se debe invertir $X_2^* = \$18'750,000$. En Petróleos del Norte, S.A. no se debe invertir nada ($X_3^* = \$0$). En Aceros Monclova, S.A., se debe invertir $X_4^* = \$50'000,000$, mientras que, en Siderúrgica Nacional, S.A. y en Hierro y Acero, S.A. no se debe invertir nada ($X_5^* = \$0$ y $X_6^* = 0$, respectivamente). Finalmente, en CETES se debe invertir $X_7^* = \$12'500,000$.

4.9. Producción, inventarios y programa de capacitación

Una fábrica de queso produce dos tipos de quesos: queso suizo y queso agrio. La firma cuenta con 60 trabajadores experimentados y desean aumentar su fuerza de trabajo a 90 trabajadores durante las siguiente 8 semanas. Cada obrero experimentado puede entrenar a 3 nuevos empleados en un período de 2 semanas, durante las cuales los obreros involucrados virtualmente no producen nada. Se necesita 1 hora para producir 20 libras de queso suizo y una hora para producir 10 libras de queso agrio. Una semana de trabajo es de 40 horas. En la Tabla 4.8 se resume (en libras) la demanda semanal.

Tabla 4.8.   Demanda de queso semanal (en miles de libras).

Tipo de queso	1	2	3	4	5	6	7	8
Queso suizo	12	12	12	16	16	20	20	20
Queso agrio	8	8	10	10	12	12	12	12

Supóngase que un empleado en entrenamiento recibe salario completo como si fuera un obrero experimentado. Supóngase, además, que el sabor del queso se destruye con la caducidad, de manera que el inventario se limita a una semana. Si se desea minimizar el costo, ¿cómo debe la compañía contratar y entrenar a sus nuevos empleados? Formular el problema con programación lineal.

El objetivo de este problema es minimizar los costos. Pero, ¿qué costos? Existen costos de fabricación y de inventario de cada tipo de queso, así como un costo único de mano de obra. El costo de fabricación del queso suizo se denota como C_1 y el costo de fabricación del queso agrio se denota como C_2. El costo de mantener en inventario el queso suizo se denota como MI_1 y el del queso agrio como MI_2. Finalmente, el costo único de mano de obra se denota como MO. Supóngase que $C_1 = \$50$ por libra y que $C_2 = \$30$ por libra. Además, supóngase que $MI_1 = \$10$ por libra y que $MI_2 = \$12$ por libra. Finalmente, supóngase que MO $= \$2,000$ por trabajador a la semana.

Las variables de decisión son X_{ij}, que denota las libras de queso del tipo i (i = 1 para queso suizo, 2 para queso agrio) a producir en la semana j (j = 1,…,8). También se tiene las libras a mantener en inventario por una semana, I_{ij}, del queso tipo i (i = 1, 2) en la semana j (j = 1,…,8). Se tiene además EP_j, que es el número de empleados en producción en la semana j (j = 1,…,8), así como el número de empleados capacitados que están capacitando a otros 3, EC_j, en la semana j (j = 1,…,8). Las libras de queso pueden tomar valores fraccionarios, pero el número de empleados solamente puede tomar valores enteros.

La función objetivo es simplemente minimizar la suma de todos los costos, la cual se indica a continuación. Se multiplica por 4 cada EC_j porque por cada empleado capacitando a otros, hay otros 3 que están siendo capacitados y que reciben salario completo, por lo que hacen en total 4 empleados recibiendo salario completo.

$$\text{Min } z = \sum_{i=1}^{2}\sum_{j=1}^{8} C_i X_{ij} + \sum_{i=1}^{2}\sum_{j=1}^{8} MI_i I_{ij} + MO \sum_{j=1}^{8}\left(EP_j + 4EC_j\right)$$

La restricción de demanda del queso suizo para la primera semana es X_{11}-I_{11} = 12,000, pues lo que se produzca en la semana 1 menos lo que se ponga en inventario en la semana 1 debe ser igual a la demanda en la semana 1. Para la semana 2, en cambio, la restricción es X_{12}+I_{11}-I_{12} = 12,000, debido a que en la semana 2 se suma lo que se tenía en inventario en la semana anterior que debe consumirse en la semana 2, pues de lo contrario se caduca. El análisis para las semanas 3 a 7 es muy similar. Sin embargo, en la semana 8 no se pone nada en inventario, pues no hay semana 9 en la cual consumirlo. Así pues, la restricción de demanda de la semana 8 queda así: X_{18}+I_{17} = 20,000. El razonamiento para el queso agrio es muy semejante, con la diferencia de que ahora i no es 1 sino 2 y las demandas cambian.

Si se producen 20 libras de queso suizo en una hora, una libra de queso suizo tarda 1/20 de hora en ser producida. Análogamente, si se producen 10 libras de queso agrio en una hora, una libra de queso agrio tarda 1/10 de hora en producirse. Así pues, la restricción de producción a cumplir queda como sigue.

$$\frac{1}{20}X_{11} + \frac{1}{10}X_{21} \leq 40EP_1$$

Para las restantes 7 semanas la restricción es igual, sólo que van cambiando las j's. Se tienen las restricciones del programa de capacitación. Para la primera semana, los empleados produciendo y los que se van a capacitar a otros 3 deben sumar los 60 empleados iniciales: EP_1+EC_1 = 60. También, los empleados en producción en la semana 2 deben ser igual a los empleados en producción que se tenían en la semana 1 menos los empleados que se fueron a capacitar a otros en la semana 2: EP_1-EC_2 = EP_2. Para la tercera semana las cosas cambian un poco. Ahora, se incorporan los empleados capacitados en la semana 1 a trabajar en la semana 4, por lo que la restricción de la tercera semana queda así: EP_2-EC_3+$4EC_1$ = EP_3. El razonamiento es similar para las semanas de la 4 a la 6. En las semanas 7 y 8 ya no se están capacitando empleados, pues de hacerlo éstos entrarían a trabajar en las semanas 9 y 10, respectivamente, y eso queda fuera del horizonte de planeación. Finalmente, los empleados en producción en la semana 8 deben ser 90. Nótese que en el planteamiento anterior no se dejaron variables del lado derecho, sino que éstas se cambiaron al lado izquierdo, despejando el lado derecho. Este problema se plantea en su totalidad a continuación.

```
MIN 50X11+50X12+50X13+50X14+50X15+50X16+50X17+50X18+
    30X21+30X22+30X23+30X24+30X25+30X26+30X27+30X28+
    10I11+10I12+10I13+10I14+10I15+10I16+10I17+10I18+
    12I21+12I22+12I23+12I24+12I25+12I26+12I27+12I28+
    2000EP1+2000EP2+2000EP3+2000EP4+2000EP5+2000EP6+2000EP7+2000EP8+
    8000EC1+8000EC2+8000EC3+8000EC4+8000EC5+8000EC6+8000EC7+8000EC8
ST
!a) Demanda de queso suizo:
  X11      -I11 = 12000
  X12+I11-I12 = 12000
  X13+I12-I13 = 12000
  X14+I13-I14 = 16000
  X15+I14-I15 = 16000
  X16+I15-I16 = 20000
  X17+I16-I17 = 20000
  X18+I17      = 20000
!b) Demanda de queso agrio:
  X21      -I21 = 8000
  X22+I21-I22 = 8000
  X23+I22-I23 = 10000
  X24+I23-I24 = 10000
  X25+I24-I25 = 12000
  X26+I25-I26 = 12000
  X27+I26-I27 = 12000
  X28+I27      = 12000
!c) Capacidad de producción a cumplir:
  0.05X11+0.10X21 - 40EP1 <= 0
  0.05X12+0.10X22 - 40EP2 <= 0
  0.05X13+0.10X23 - 40EP3 <= 0
  0.05X14+0.10X24 - 40EP4 <= 0
  0.05X15+0.10X25 - 40EP5 <= 0
  0.05X16+0.10X26 - 40EP6 <= 0
  0.05X17+0.10X27 - 40EP7 <= 0
  0.05X18+0.10X28 - 40EP8 <= 0
```

```
!d) Programa de capacitación:
  EP1+EC1 = 60
  EP1-EC2 - EP2 = 0
  EP2-EC3+4EC1 - EP3 = 0
  EP3-EC4+4EC2 - EP4 = 0
  EP4-EC5+4EC3 - EP5 = 0
  EP5-EC6+4EC4 - EP6 = 0
  EP6    +4EC5 - EP7 = 0
  EP7    +4EC6 - EP8 = 0
  EP8 = 90
END
GIN EP1
GIN EP2
GIN EP3
GIN EP4
GIN EP5
GIN EP6
GIN EP7
GIN EP8
GIN EC1
GIN EC2
GIN EC3
GIN EC4
GIN EC5
GIN EC6
```

A continuación, se muestran los resultados obtenidos.

```
 LP OPTIMUM FOUND AT STEP    32
  OBJECTIVE VALUE =    9995000.00


  SET        EC4 TO >=     2 AT    1, BND= -0.1000E+08 TWIN=-0.9996E+07
45

  NEW INTEGER SOLUTION OF    10004000.0     AT BRANCH     1 PIVOT     45
 BOUND ON OPTIMUM: 9996500.
  FLIP       EC4 TO <=       1 AT    1 WITH BND=   -9996500.0
  SET        EC1 TO <=     0 AT    2, BND= -0.9996E+07 TWIN=-0.1000E+31
45
  SET        EC3 TO >=     1 AT    3, BND= -0.1000E+08 TWIN=-0.9998E+07
47
  SET        EC2 TO <=     0 AT    4, BND= -0.1000E+08 TWIN=-0.1000E+31
47
  SET        EC3 TO <=     1 AT    5, BND= -0.1000E+08 TWIN=-0.1000E+31
47
  SET        EC4 TO >=     1 AT    6, BND= -0.1001E+08 TWIN=-0.1000E+08
50
  DELETE       EC4 AT LEVEL      6
  DELETE       EC3 AT LEVEL      5
  DELETE       EC2 AT LEVEL      4
  FLIP       EC3 TO <=       0 AT    3 WITH BND=   -9998000.0
  SET        EC4 TO >=     1 AT    4, BND= -0.9998E+07 TWIN=-0.1000E+31
50
  SET        EC2 TO <=     0 AT    5, BND= -0.9998E+07 TWIN=-0.1002E+08
54
  SET        EC5 TO >=     1 AT    6, BND= -0.1000E+08 TWIN=-0.1001E+08
57

  NEW INTEGER SOLUTION OF    10002800.0     AT BRANCH     5 PIVOT     57
 BOUND ON OPTIMUM: 0.1000280E+08
  DELETE       EC5 AT LEVEL      6
  DELETE       EC2 AT LEVEL      5
  DELETE       EC4 AT LEVEL      4
  DELETE       EC3 AT LEVEL      3
  DELETE       EC1 AT LEVEL      2
  DELETE       EC4 AT LEVEL      1
 ENUMERATION COMPLETE. BRANCHES=     5 PIVOTS=      57

 LAST INTEGER SOLUTION IS THE BEST FOUND
 RE-INSTALLING BEST SOLUTION...
```

OBJECTIVE FUNCTION VALUE

        1)   0.1000280E+08

VARIABLE   VALUE   REDUCED COST
    EP1   60.000000   2000.000000
    EP2   60.000000   2000.000000
    EP3   60.000000   2000.000000
    EP4   59.000000   2000.000000
    EP5   58.000000   2000.000000
    EP6   54.000000   -2800.000000
    EP7   58.000000   2000.000000
    EP8   90.000000   2000.000000
    EC1   0.000000   8000.000000
    EC2   0.000000   8000.000000
    EC3   0.000000   8000.000000
    EC4   1.000000   8000.000000
    EC5   1.000000   8000.000000
    EC6   8.000000   8000.000000
    X11   12000.000000   0.000000
    X12   12000.000000   0.000000
    X13   12000.000000   0.000000
    X14   16000.000000   0.000000
    X15   16000.000000   0.000000
    X16   20000.000000   0.000000
    X17   20000.000000   0.000000
    X18   20000.000000   0.000000
    X21   8000.000000   0.000000
    X22   8000.000000   0.000000
    X23   10000.000000   0.000000
    X24   10000.000000   0.000000
    X25   12400.000000   0.000000
    X26   11600.000000   0.000000
    X27   12000.000000   0.000000
    X28   12000.000000   0.000000
    I11   0.000000   10.000000
    I12   0.000000   10.000000
    I13   0.000000   10.000000
    I14   0.000000   10.000000
    I15   0.000000   4.000000
    I16   0.000000   16.000000
    I17   0.000000   10.000000
    I18   0.000000   10.000000
    I21   0.000000   12.000000
    I22   0.000000   12.000000
    I23   0.000000   12.000000
    I24   0.000000   12.000000
    I25   400.000000   0.000000
    I26   0.000000   24.000000
    I27   0.000000   12.000000
    I28   0.000000   12.000000
    EC7   0.000000   8000.000000
    EC8   0.000000   8000.000000

    ROW   SLACK OR SURPLUS   DUAL PRICES
     2)   0.000000   -50.000000

3)	0.000000	-50.000000
4)	0.000000	-50.000000
5)	0.000000	-50.000000
6)	0.000000	-50.000000
7)	0.000000	-56.000000
8)	0.000000	-50.000000
9)	0.000000	-50.000000
10)	0.000000	-30.000000
11)	0.000000	-30.000000
12)	0.000000	-30.000000
13)	0.000000	-30.000000
14)	0.000000	-30.000000
15)	0.000000	-42.000000
16)	0.000000	-30.000000
17)	0.000000	-30.000000
18)	1000.000000	0.000000
19)	1000.000000	0.000000
20)	800.000000	0.000000
21)	560.000000	0.000000
22)	280.000000	0.000000
23)	0.000000	120.000000
24)	120.000000	0.000000
25)	1400.000000	0.000000
26)	0.000000	0.000000
27)	0.000000	0.000000
28)	0.000000	0.000000
29)	0.000000	0.000000
30)	0.000000	0.000000
31)	0.000000	0.000000
32)	0.000000	0.000000
33)	0.000000	0.000000
34)	0.000000	0.000000

```
NO. ITERATIONS=        60
BRANCHES=     5 DETERM.=   1.000E     0
```

El costo óptimo para este problema es de $Z^* = 0.100028 \times 10^8 = \$10'002,800$. Se debe de producir exactamente lo que se demanda en cada semana, teniendo cero inventarios, con excepción del queso agrio para la semana 5, en la que se debe producir $X_{25}^* = 12,400$, con un inventario de $I_{25}^* = 400$, lo que hace una producción de 400 quesos agrios por encima de la demanda de 12,000. Esto hace que la producción de la siguiente semana esté 400 unidades por debajo de la demanda (12,000), quedando en $X_{26}^* = 11,600$. El programa de capacitación queda como sigue: Hay que tener 60 empleados en producción en las semanas de la 1 a la 3. Se debe tener 59 empleados en producción en la semana 4 ($EP_4^* = 59$), con un empleado capacitando a los otros en la semana 4 ($EC_4^* = 1$). En la semana 5 se deben tener 58 empleados ($EP_5^* = 58$), con otro empleado más capacitando en esa semana ($EC_5^* = 1$). En la semana 6 quedan $EP_6^* = 54$ con 8 empleados capacitando a otros en la semana 6

($EC_6^* = 8$). La semana 7 queda con 58 empleados en producción ($EP_7^* = 58$) y en la semana 8 quedan los 90 empleados requeridos ($EP_8^* = 90$). Así pues, el total de empleados capacitando a otros 3 es de $1+1+8 = 10$, con lo que se incrementa la fuerza laboral en 30 empleados, pasando de 60 a 90 en las dos semanas.

4.10. Personal de seguridad

El gerente de personal de una empresa debe elaborar un programa de las fuerzas de seguridad de modo que satisfagan los requerimientos de apoyo que se muestran en la Tabla 4.9.

Tabla 4.9.   Número mínimo de oficiales requeridos.

Tiempo	
Horario	Mínimo de guardias
00:00-04:00	5
04:00-08:00	7
08:00-12:00	15
12:00-16:00	7
16:00-20:00	12
20:00-24:00	9

Los guardias trabajan turnos de 8 horas. Todos los días hay 6 turnos. En la Tabla 4.10 se dan los horarios de entrada y de salida de cada turno.

Tabla 4.10.   Horario de entrada y salida de cada turno.

Turno	Hora de entrada	Hora de salida
1	00:00	08:00
2	04:00	12:00
3	08:00	16:00
4	12:00	20:00
5	16:00	24:00
6	20:00	04:00

El gerente de personal quiere determinar cuántos guardias deberían trabajar en cada turno con el objeto de minimizar el número de ellos y que se satisfagan los requerimientos del apoyo de personal.

El objetivo de este problema es minimizar el número de guardias contratados. Las variables de decisión son X_j, definidas como el número de guardias existentes en el tiempo j (j = 1,…,6); donde para j = 1 el horario es de 00:00-04:00, para j = 2 el horario es de 04:00-08:00, para j = 3 el horario es de 08:00-12:00, para j = 4 el horario es de 12:00-16:00, para j = 5 el horario es de 16:00-20:00, y para j = 6 el horario es de 20:00-24:00. También está otra variable, Y_j, definida como el número de guardias que entran en el turno j; donde para j = 1 el turno es 00:00-08:00, para j = 2 el turno es 04:00-12:00, para j = 3 el turno es 08:00-16:00, para j = 4 el turno es 12:00-20:00, para j = 1 el turno es 16:00-24:00, y para j = 6 el turno es 20:00-04:00.

La clave para entender este problema está en la Tabla 4.11, en la que se junta toda la información. En esta tabla se ve qué horario en el que debe haber guardias está siendo atendido por qué turnos.

Tabla 4.11. Horarios de acuerdo a los turnos.

Horas	Mínimo de guardias	Turno	
00:00-04:00	5	Turno 1	Turno 6
04:00-08:00	7		Turno 2
08:00-12:00	15	Turno 3	
12:00-16:00	7		Turno 4
16:00-20:00	12	Turno 5	
20:00-24:00	9		Turno 6
00:00-04:00	5	Turno 1	

El problema queda planteado, en formato del analista de programación lineal, como sigue.

```
Min:  Z  =  Y₁+Y₂+Y₃+Y₄+Y₅+Y₆
Sujeto a:
X₁ ≥ 5
X₂ ≥ 7
X₃ ≥ 15
X₄ ≥ 7
X₅ ≥ 12
X₆ ≥ 9
X₁ = Y₁+Y₆
X₂ = Y₁+Y₂
X₃ = Y₃+Y₂
X₄ = Y₃+Y₄
X₅ = Y₅+Y₄
X₆ = Y₅+Y₆
Xⱼ ≥ 0 y Yⱼ ≥ 0,  j = 1,  2,  …,  6
```

X_1 es igual a la suma de Y_1 y Y_6 porque en el horario de X_1 están los turnos 1 y 6 en la Tabla 4.11. El razonamiento para las demás variables es similar. Nótese que se busca anotar las sumas de las Y_j's por indicar éstas el número de guardias contratados. Si se desea simplificar la formulación, el problema puede quedar como sigue, aprovechando las igualdades entre las X's y las Y's que le corresponde a cada X y dejando las X's del lado izquierdo de las primeras seis restricciones (ya no se requieren las últimas seis restricciones).

```
Min:  Z  =  Y₁+Y₂+Y₃+Y₄+Y₅+Y₆
Sujeto a:
Y₁+Y₆ ≥ 5
Y₁+Y₂ ≥ 7
Y₃+Y₂ ≥ 15
Y₃+Y₄ ≥ 7
Y₅+Y₄ ≥ 12
Y₅+Y₆ ≥ 9
Yⱼ ≥ 0,  j = 1,  2,  …,  6
```

Sin embargo, para tener mayor información, al momento de resolver con LINDO/LINGO se usa el primer planteamiento. Dado que no es posible tener guardias fraccionarios, las variables se definen de tipo entero (GIN), y la formulación para LINDO queda como sigue.

```
MINIMIZE  Y1+Y2+Y3+Y4+Y5+Y6
SUBJECT TO
   X1  >=  5
   X2  >=  7
   X3  >=  15
   X4  >=  7
   X5  >=  12
   X6  >=  9
   X1  -Y1-Y6  =  0
   X2  -Y1-Y2  =  0
   X3  -Y3-Y2  =  0
   X4  -Y3-Y4  =  0
   X5  -Y5-Y4  =  0
   X6  -Y5-Y6  =  0
END
GIN 12
```

La salida de LINDO/LINGO a este problema se muestra en seguida. El número óptimo total de guardias a contratar es de $Z^* = 32$. En el tiempo 1 hay $X_1^* = 5$, es decir, no hay guardias de más. En el tiempo 2 hay $X_2^* = 8$, es decir, hay un guardia de más. En el tiempo 3 hay $X_3^* = 15$, sin tener guardias de más. En el tiempo 4 hay $X_4^* = 7$, tampoco teniendo guardias de más. En el tiempo 5 hay $X_5^* = 12$, sin tener guardias de más. En el tiempo 6 hay $X_6^* = 17$, teniendo 8 guardias de más. En el primer turno se deben contratar $Y_1^* = 0$. En el segundo turno se deben contratar $Y_2^* = 8$. En el tercer turno se deben contratar $Y_3^* = 7$. En el cuarto turno se deben contratar $Y_4^* = 0$. En el quinto turno se deben contratar $Y_5^* = 12$. Finalmente, en el sexto turno se deben contratar $Y_6^* = 5$. Nótese que con este arreglo se minimizan los guardias contratados y se cumple con los requerimientos mínimos de guardias en cada tiempo.

La solución de LINDO/LINGO a este problema se muestra a continuación.

```
LP OPTIMUM FOUND AT STEP     13
 OBJECTIVE VALUE =   32.0000000


 NEW INTEGER SOLUTION OF    32.0000000     AT BRANCH        0 PIVOT      13
 BOUND ON OPTIMUM:  32.00000
 ENUMERATION COMPLETE. BRANCHES=        0 PIVOTS=        13

 LAST INTEGER SOLUTION IS THE BEST FOUND
 RE-INSTALLING BEST SOLUTION...

        OBJECTIVE FUNCTION VALUE

     1)      32.00000

   VARIABLE          VALUE          REDUCED COST
       Y1         0.000000            1.000000
       Y2         8.000000            1.000000
       Y3         7.000000            1.000000
       Y4         0.000000            1.000000
       Y5        12.000000            1.000000
       Y6         5.000000            1.000000
       X1         5.000000            0.000000
       X2         8.000000            0.000000
       X3        15.000000            0.000000
       X4         7.000000            0.000000
       X5        12.000000            0.000000
       X6        17.000000            0.000000


       ROW    SLACK OR SURPLUS      DUAL PRICES
        2)         0.000000            0.000000
        3)         1.000000            0.000000
        4)         0.000000            0.000000
        5)         0.000000            0.000000
        6)         0.000000            0.000000
        7)         8.000000            0.000000
        8)         0.000000            0.000000
        9)         0.000000            0.000000
       10)         0.000000            0.000000
       11)         0.000000            0.000000
       12)         0.000000            0.000000
       13)         0.000000            0.000000

 NO. ITERATIONS=        13
 BRANCHES=      0 DETERM.=  1.000E      0
```

5. El Método Gráfico en la Programación Lineal

El método gráfico es una de las técnicas de resolución de problemas de programación lineal. Es posiblemente la más intuitiva y, para el caso de dos variables, ofrece soluciones (sean óptimas o no óptimas) a cualquier problema. En este texto se hace énfasis en el método gráfico a fin de ilustrar qué es el conjunto convexo, qué se quiere decir al hablar de función objetivo, cuáles son los posibles tipos de soluciones y bajo qué circunstancias ocurren, cómo pueden clasificarse las restricciones y por qué, entre otras cuestiones importantes.

Aunque el método gráfico solamente se puede aplicar al tener dos variables (se vió en las Figuras 3.3, 3.4 y 3.5 cómo resolver problemas de programación lineal con una sola variable y de qué manera el formato canónico se relaciona con la posibilidad de obtener una solución óptima), sí se puede aplicar a problemas reales, aunque solamente a una muy limitada variedad de ellos.

Se busca, al explorar la solución de problemas mediante método gráfico, inculcar un sentido intuitivo acerca de la solución de problemas de programación lineal. Todos los tipos de soluciones son ilustrados con ejemplos.

El método gráfico permite visualizar los problemas gráficamente. La principal ventaja del método gráfico es su rapidez y facilidad de aplicación. Las desventajas son que sólo puede ser aplicado al tener dos variables: (x,y) o en la práctica de este texto (X_1,X_2) y que no siempre es del todo exacto. ¿Por qué no es del todo exacto? Porque para resolver un problema de programación lineal hay que discernir gráficamente sus elementos: el conjunto convexo y la función objetivo, principalmente. A veces no queda claro a simple vista exactamente en qué parte del conjunto convexo debe caer la función objetivo.

Veamos a primera vista un planteamiento de un problema "real" que podrían enfrentar los estudiantes. Una preparatoria planea un viaje de prácticas para 400 estudiantes. La compañía de transporte tiene 8 autobuses con 40 asientos (autobuses pequeños) y 10 autobuses con 50 asientos (autobuses grandes), pero solamente tiene 9 conductores de autobús disponibles. Rentar un autobús grande (50 asientos) cuesta \$8,000 y rentar un autobús pequeño (40 asientos) cuesta \$6,000. Se busca calcular cuántos autobuses de cada tipo son requeridos de forma tal que el viaje sea tan económico como sea posible.

En este caso, hay solamente dos variables a considerar: x, que es el número de autobuses pequeños, así como y, que es el número de autobuses grandes. El problema se formula en consecuencia como sigue.

```
Minimizar: z = f(x,y) = 6000x+8000y
Sujeto a:
40x + 50y ≥ 400  ①
  x +   y ≤ 9    ②
  x       ≤ 8    ③
        y ≤ 10   ④
x, y ≥ 0
```

Este problema se puede solucionar utilizando LINDO/LINGO o simplemente aplicando conceptos de costo marginal. El costo marginal es lo que cuesta adicionalmente por cada unidad adicional de algo importante. Veamos lo que sucede tratando de resolver el problema mediante el concepto del costo marginal. La función objetivo es minimizar el costo, de forma tal que la única restricción que se opone a tal función objetivo es la ①. Así pues, es posible calcular el costo marginal de cada tipo de autobús por asiento. El costo de rentar un autobús pequeño es de $6,000 y tiene 40 asientos, por lo que cada asiento adicional (para una persona adicional), cuesta $6,000/40 = $150 por asiento. En el caso de cada autobús grande el costo marginal es de $8,000/50 = $160 por asiento. Debido a que el costo marginal de los autobuses pequeños es menor, se deberían rentar tantos autobuses pequeños como sea posible. La restricción ③ indica que dicho número debe ser menor a ocho. Así pues, si se rentan ocho autobuses pequeños, se puede rentar un máximo de un autobús grande para no exceder de nueve choferes como indica la restricción ②. En este caso, el número total de asientos disponibles se calcula en seguida.

```
Autobuses pequeños:  8×40 = 320 asientos
Autobuses grandes:   1×50 = 50 asientos
Total:                      370 asientos
```

En este caso, no se alcanza a satisfacer la demanda de 400 asientos de la restricción ①. Por lo tanto, se debe reducir en un autobús la cantidad de autobuses pequeños, con lo que se rentarían 7 autobuses pequeños y dos grandes. Los cálculos para el número total de asientos se indican a continuación.

```
Autobuses pequeños: 7×40 = 280 asientos
Autobuses grandes:   2×50 = 100 asientos
Total:                      380 asientos
```

Nuevamente, no alcanzan. Restando otro autobús pequeño, queda como sigue.

```
Autobuses pequeños: 6×40 = 240 asientos
Autobuses grandes:   3×50 = 150 asientos
Total:                      390 asientos
```

Tampoco alcanza. Finalmente, rentando cinco autobuses pequeños y cuatro autobuses grandes, los resultados son como sigue.

```
Autobuses pequeños: 5×40 = 200 asientos
Autobuses grandes:   4×50 = 200 asientos
Total:                      400 asientos
```

De esta forma se satisface la restricción ① y las demás tres restricciones, a la vez de buscar el menor costo, que se traduce en tener la mayor cantidad posible de autobuses pequeños que son los del menor costo marginal. Así pues, la solución al problema es $x^*=5$, $y^*=4$ y $z^*=5×\$6{,}000+4×\$8{,}000 = \$62{,}000$. Obsérvese cómo es que un problema de programación lineal hace también sentido económico.

Ahora, resolviendo el problema con LINDO/LINGO, se llega al siguiente planteamiento.

```
MIN 6000x+8000y
ST
  40x + 50y >= 400
    x +   y <= 9
    x       <= 8
          y <= 10
END
GIN 2
```

La solución de LINDO/LINGO a este planteamiento se muestra enseguida. Obsérvese que la solución óptima resultó ser exactamente la misma que la calculada anteriormente. No se habilitan más de los 400 asientos que se requieren, se utilizan los 9 choferes, solamente se requieren 5 autobuses pequeños de los 8 disponibles (holgura de 3) y solamente se usan 4 autobuses grandes de los 10 disponibles (holgura de 6). Dichas holguras son precisamente las mostradas en la solución al planteamiento de LINDO/LINGO que se incluye a continuación.

La solución óptima es nuevamente x*=5, y*=4 y z*=$62,000, lo cual también se observa como resultado en la salida de LINDO/LINGO mostrada a continuación.

```
LP OPTIMUM FOUND AT STEP       3
 OBJECTIVE VALUE =    62000.0000


 NEW INTEGER SOLUTION OF      62000.0000      AT BRANCH       0
PIVOT       4
 BOUND ON OPTIMUM:  62000.00
 ENUMERATION COMPLETE. BRANCHES=       0 PIVOTS=        4

 LAST INTEGER SOLUTION IS THE BEST FOUND
 RE-INSTALLING BEST SOLUTION...

          OBJECTIVE FUNCTION VALUE

       1)      62000.00

   VARIABLE           VALUE          REDUCED COST
          X        5.000000         6000.000000
          Y        4.000000         8000.000000


        ROW    SLACK OR SURPLUS      DUAL PRICES
        2)        0.000000            0.000000
        3)        0.000000            0.000000
        4)        3.000000            0.000000
        5)        6.000000            0.000000

 NO. ITERATIONS=       4
 BRANCHES=    0 DETERM.=   1.000E    0
```

Este problema es muy sencillo porque sólo tiene dos variables. Ahora se considerará la solución utilizando el método gráfico. Dicha solución debe ser vista solamente como un adelanto a lo que se verá de método gráfico más adelante, pues este problema resulta ser bastante complicado (y avanzado) para ser resuelto por método gráfico, por lo que la solución por método gráfico se presenta aquí solamente a efectos introductorios para el estudiante inquieto. Transformemos primero las desigualdades a igualdades teniendo siempre en cuenta el tipo de desigualdad de cada restricción:

```
①  (≥)  40x + 50y = 400
          Si x = 0, y = 8
          Si y = 0, x = 10
②  (≤)  x + y = 9
          Si x = 0, y = 9
          Si y = 0, x = 9
③  (≤)  x = 8
④  (≤)  y = 10
```

Los valores mínimo y máximo para x son 0 y 10, respectivamente. Los valores mínimo y máximo para y son 0 y 10, respectivamente. La pendiente de la función objetivo es m = -6000/8000 = -6/8 = -3/4. Graficando, resulta la Figura 5.1.

Claramente se ve de la Figura 5.1, que el punto óptimo está en la intersección de las restricciones ① y ②. En consecuencia, un sistema de ecuaciones para estas dos restricciones puede ser usado para encontrar x*, y* así como z*, dado que se tienen dos ecuaciones con dos incógnitas, lo que se muestra a continuación.

```
1)       40x + 50y = 400
2)  -40(   x +    y = 9)
     -------------------
                 10y = 40
y* = 4
2) x = 9 - y
x = 9 - 4
x*  = 5
z* = 6000(5)+8000(4) = $62,000
```

Esto resuelve óptimamente el problema. Los estudiantes necesitan rentar 5 autobuses pequeños (x* = 5) y 4 autobuses grandes (y* = 4) al costo mínimo de z* = $62,000.

Figura 5.1. Solución mediante método gráfico.

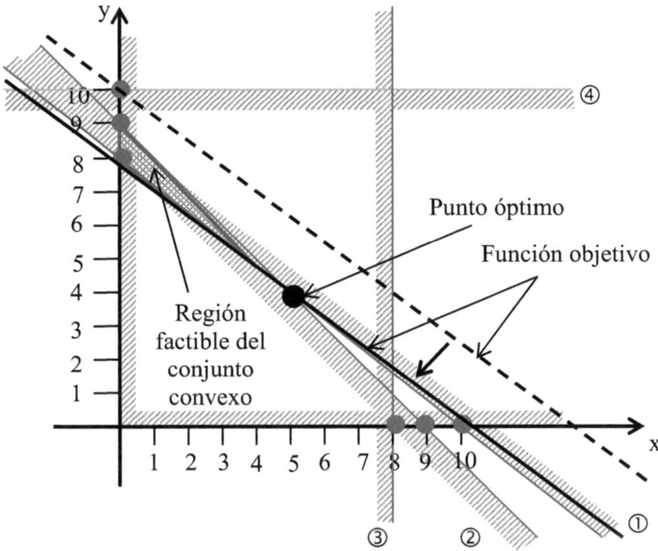

Sin embargo, ¿cómo exactamente se llega a esta solución mediante método gráfico? Es necesario estudiar el problema con cuidado y desglosarlo en sus partes.

5.1. El conjunto convexo

¿Qué es el conjunto convexo? El conjunto convexo es el área en la cual todas las restricciones, incluyendo la restricción técnica, convergen. La solución óptima siempre se encontrará en el límite en donde la función objetivo encuentra al conjunto convexo. La Figura 5.2a muestra un ejemplo de conjunto convexo. La Figura 5.2b muestra un conjunto que no es convexo.

El conjunto de la Figura 5.2b no es convexo porque es posible dibujar una línea cuyos orígenes estén dentro del conjunto convexo pero que parte de esta línea se salga del conjunto convexo. Para explicar lo anterior más intuitivamente, un conjunto convexo es convexo siempre y cuando todos sus vértices tengan ángulos exteriores mayores a 180°, es decir, que se forme un polígono encerrado.

Sin embargo, el conjunto no convexo de la Figura 5.2b nunca ocurriría, pues las restricciones ② y ③ harían que el vértice sea mayor a 180°.

Figura 5.2.   Ejemplos de conjuntos convexos y no convexos.

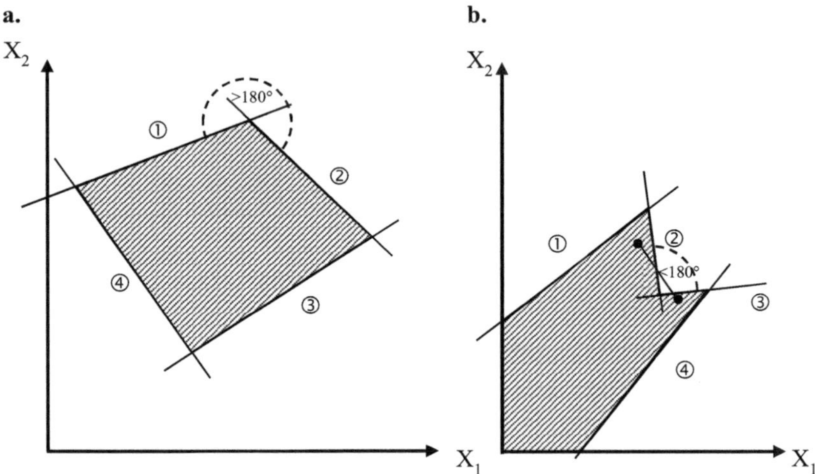

Claramente, es posible graficar las líneas rectas de las desigualdades convertidas en igualdad utilizando dos puntos. Típicamente se encuentra X_2 cuando $X_1 = 0$ y se encuentra X_1 cuando $X_2 = 0$. Sin embargo, ¿cómo se deben interpretar las desigualdades? A grandes rasgos, una restricción menor o igual hace que el área de la desigualdad vaya hacia dentro del origen, mientras que una restricción mayor o igual hace que el área de la desigualdad vaya hacia afuera del origen. Existen muchas variaciones, la pendiente de la restricción puede ser positiva, negativa, cero o infinita o encontrarse por arriba, por abajo, a la derecha o a la izquierda del origen. La Figura 5.3 ilustra los casos de desigualdades del tipo menor o igual, mientras que la Figura 5.4 ilustra los casos de desigualdades del tipo mayor o igual. Una igualdad debe considerarse solamente como el espacio en el que la línea existe.

Debe tenerse también en cuenta la restricción técnica. La restricción técnica pide que X_1 y X_2 sean mayores o iguales a cero. Esto hace que el conjunto convexo, para que sea válido, debe estar en el primer cuadrante. Cualquier parte del conjunto convexo que quede fuera del primer cuadrante debe recortarse. Se verá más adelante que si se forma un conjunto convexo fuera del primer cuadrante, se tiene una solución llamada solución infactible.

Figura 5.3. Restricciones del tipo menor o igual (hacia dentro del origen).

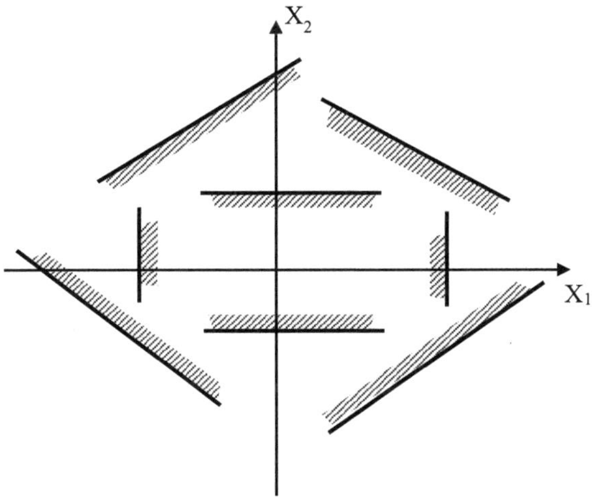

Figura 5.4. Restricciones del tipo mayor o igual (hacia afuera del origen).

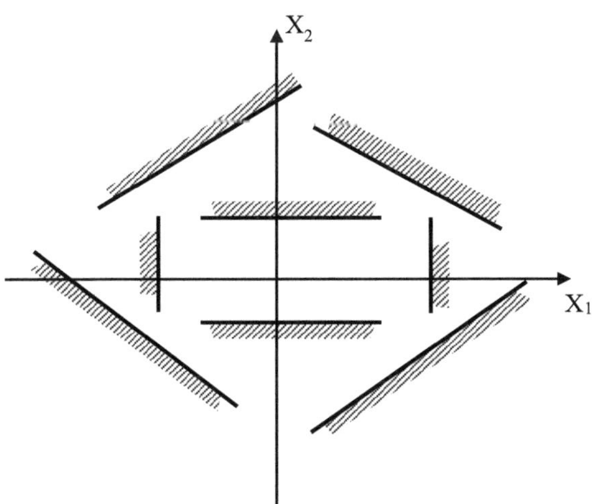

5.2. La función objetivo

La función objetivo en realidad no es una línea recta específica, sino más bien una familia de una infinitud de líneas rectas. A efectos de dilucidar el funcionamiento de la función objetivo en el método gráfico, es necesario considerar los elementos que componen a una línea recta. Una línea recta en la cual las abscisas (eje horizontal) son las x y las ordenadas (eje vertical) son las y tiene la forma de la ecuación (5.1).

$$y = a + bx \tag{5.1}$$

Los dos componentes importantes de la ecuación (5.1) son la a, que se llama la ordenada al origen, y es el punto por el que la recta cruza al eje de las ordenadas, pues si x = 0, y = a. El otro elemento importante es b, que representa la pendiente de la línea recta. La pendiente puede expresarse en términos de diferenciales en el eje y, así como en el eje x, como muestra la ecuación (5.2).

$$b = \frac{\Delta y}{\Delta x} \tag{5.2}$$

La línea recta y sus elementos se ilustran en la Figura 5.5.

Figura 5.5.   La línea recta y sus componentes.

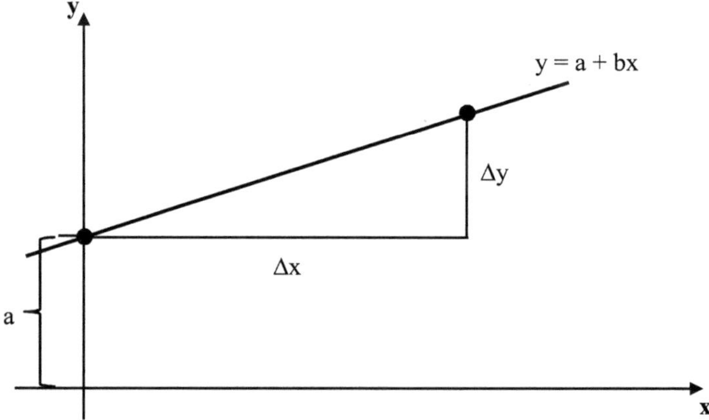

¿Qué se necesita para dibujar una línea recta? Hay dos alternativas: a) utilizar dos puntos por los que la línea recta pasa, y, b) utiliza un punto por el que la línea recta pasa y su pendiente.

Para graficar las restricciones se utiliza el caso a), pues se obtienen dos puntos, uno por el que la restricción pasa por el eje de las abscisas y otro por el que la restricción pasa por el eje de las ordenadas. Nótese que en el caso de la Figura 5.5, las abscisas se refieren a la variable x y las ordenadas se refieren a la variable y, mientras que, en un problema a ser resuelto por método gráfico, las abscisas se refieren a la variable X_1 y las ordenadas se refieren a la variable X_2.

Sin embargo, graficar la función objetivo es más complicado, pues no se tienen los elementos suficientes para proceder. La ecuación de la función objetivo es $Z = C_1X_1 + C_2X_2$, como muestra la ecuación (5.3). La variable X_2 se refiere a las ordenadas y la variable X_1 se refiere a las abscisas. En la Figura 5.5 las ordenadas (y o X_2) están despejadas, por lo que es necesario despejar las ordenadas (X_2) en un problema de método gráfico. Tal despeje se muestra en la ecuación (5.3a).

$$Z = C_1X_1 + C_2X_2 \qquad (5.3)$$

$$X_2 = \frac{Z}{C_2} - \frac{C_1}{C_2}X_1 \qquad (5.3a)$$

La variable dependiente u ordenada (y en el caso de la Figura 5.5 o X_2 en el caso de la ecuación anterior) está despejada en la ecuación (5.3a), teniendo como variable independiente u abscisa (x en el caso de la Figura 5.5 o X_1 en el caso de la ecuación anterior) al lado derecho de la ecuación (5.3a).

¿Cuál es el valor de la ordenada al origen? Dicho valor viene dado por la ecuación (5.4). Claramente, no es un valor definido, pues no se conoce el valor de Z antes de haber resuelto el problema. ¿Cuál es el valor de la pendiente? El valor de la pendiente o m viene dado por la ecuación (5.5) y es igual al diferencial en X_2 dividido por el diferencial en X_1.

$$a = \frac{Z}{C_2} \qquad (5.4)$$

$$b = m = -\frac{C_1}{C_2} = \frac{\Delta X_2}{\Delta X_1} \qquad (5.5)$$

El valor de la pendiente (m) es conocido, pues se sabe cuáles son los valores de los coeficientes de la función objetivo, que vienen dados en el planteamiento del problema. Así pues, se tiene una situación en la que se conoce la pendiente de la función objetivo, pero no su ordenada al origen. Esto significa que existe un número infinito de posibles funciones objetivo, todas con la misma pendiente. Es posible elegir un punto cualquiera como ordenada al origen, en tanto y en cuanto dicho punto sea conveniente para mostrar la dirección de desplazamiento de la función objetivo. La pendiente puede ser positiva o negativa. Si es positiva se tiene que ΔX_2 y ΔX_1 son positivas, por lo que el desplazamiento desde el punto escogido hasta el nuevo punto es positivo (hacia arriba) en ΔX_2 unidades y también positivo (hacia la derecha) en ΔX_1 unidades. Si la pendiente es negativa, el desplazamiento desde el punto escogido en X_2 es negativo (hacia abajo) en ΔX_2 unidades y positivo (hacia la derecha) en ΔX_1 unidades. De este modo se puede graficar una de las posibles funciones objetivo a tener. Luego, dependiendo del tipo de optimización (maximización o minimización) se desplaza la función objetivo hasta el último límite permitido por el conjunto convexo y así se obtiene el (los) punto(s) óptimo(s). Existen cuatro posibles casos, mismos que se ilustran en la siguiente sección.

5.3. Los casos de solución óptima posibles

Para estudiar los casos, es necesario sacar el signo afuera. Así pues, si C_1 es positivo se escribe $|C_1|$. Si C_1 es negativo se escribe $-|C_1|$. Si C_2 es positivo se escribe $|C_2|$, mientras que si es negativo se saca el signo afuera escribiendo $-|C_2|$.

Se pueden tener cuatro casos, y todos ellos ya sea para maximización o para minimización. La Tabla 5.1 muestra los casos para maximización y la Tabla 5.2 muestra los casos para minimización.

Tabla 5.1.   Casos de optimización para maximización.

C_1	C_2 Positivo	Negativo
Positivo	a	b
Negativo	c	d

Tabla 5.2.   Casos de optimización para minimización.

C_1	C_2 Positivo	Negativo
Positivo	d	c
Negativo	b	a

Los casos son:

a)   Lejos del origen sobre ambos ejes (aumentar tanto X_1 como X_2 lo más posible). La pendiente siempre es negativa.

b)   Lejos del origen sobre el eje de X_1 (aumentar X_1 y disminuir X_2 lo más posible). La pendiente es siempre positiva.

c)   Lejos del origen sobre el eje de X_2 (aumentar X_2 y disminuir X_1 lo más posible). La pendiente es siempre positiva.

d)   Hacia el origen sobre ambos ejes (disminuir tanto X_1 como X_2 lo más posible). La pendiente es siempre negativa.

5.3.1. Caso a: lejos del origen sobre ambos ejes

Se busca que la función objetivo toque el punto más extremo del conjunto convexo en base a la pendiente de ésta, como se ilustra en la Figura 5.6. Para maximizar C_1 y C_2 son positivos, por lo que $m = -C_1/C_2 = -|C_1|/|C_2|$ y se tiene una pendiente negativa. Para minimizar C_1 y C_2 son negativos, por lo que $m = -C_1/C_2 = -(-|C_1|/-|C_2|)$ y se tiene también una pendiente negativa.

Figura 5.6.   Caso a.

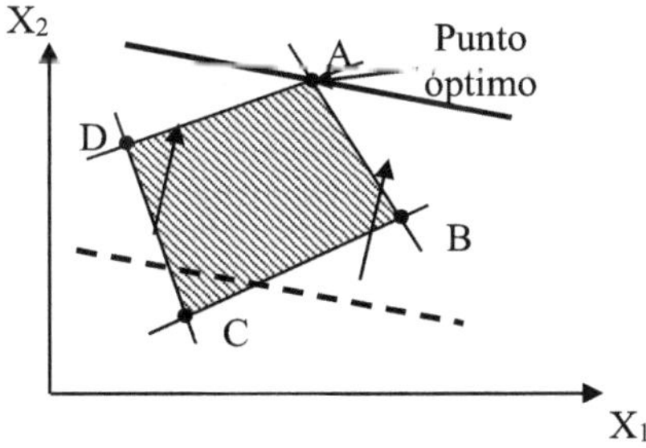

5.3.2. Caso b: lejos del origen sobre el eje de X_1

Se busca que X_1 valga lo más posible y que X_2 valga lo menos posible al trasladar la función objetivo, como se ilustra en la Figura 5.7. Para maximizar, C_1 es positivo y C_2 es negativo, por lo que $m = -C_1/C_2 = -(+|C_1|/-|C_2|)$, teniendo una pendiente positiva. Para minimizar C_1 es negativa y C_2 es positiva, por lo que m = $-C_1/C_2$ = $-(-|C_1|/+|C_2|)$, teniendo, nuevamente, una pendiente positiva.

En este caso, dado que la pendiente es positiva, lo que en realidad se busca es desplazar la función objetivo hacia la derecha lo más posible. Nótese que el dibujo inicial de la función objetivo (el de las líneas punteadas) debe hacerse escogiendo una ordenada al origen tal que la figura haga sentido y permita de manera natural mostrar el desplazamiento de la función objetivo sobre el eje de X_1.

Figura 5.7. Caso b.

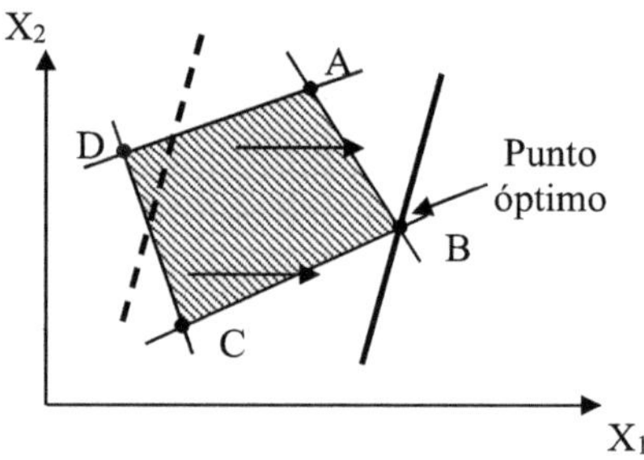

5.3.3. Caso c: lejos del origen sobre el eje de X_2

Se busca que X_2 sea lo más grande posible y que X_1 tome el valor más pequeño posible, como se ilustra en la Figura 5.8. Para maximizar C_1 es negativo y C_2 es positivo; así pues, m = $-C_1/C_2$ = $-(-|C_1|/+|C_2|)$, teniendo una pendiente positiva. Para minimizar C_1 es positivo y C_2 es negativo, por lo que m = $-C_1/C_2$ = $-(+|C_1|/-|C_2|)$, lo que resulta también en una pendiente positiva.

Figura 5.8. Caso c.

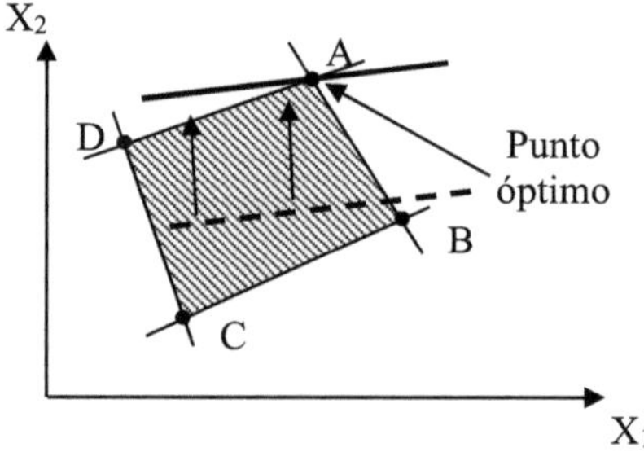

5.3.4. Caso d: hacia el origen sobre ambos ejes

Se busca que X_1 y X_2 tomen el valor más pequeño posible, como se ilustra en la Figura 5.9. Para maximizar, C_1 es negativo y C_2 es negativo, por lo que resulta que la pendiente, $m = -C_1/C_2 = -(-|C_1|/-|C_2|)$, teniendo una pendiente negativa. Para minimizar C_1 es positivo y C_2 es positivo, por lo que $m = -C_1/C_2 = -(+|C_1|/+|C_2|)$, es decir, una pendiente negativa.

Figura 5.9.   Caso d.

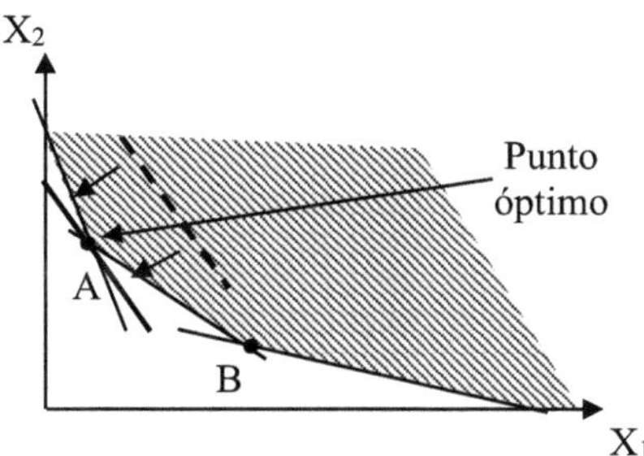

5.4. Tipos de solución

Es posible tener 5 tipos de solución, todos los cuales se ilustran con ejemplos prácticos. Las soluciones pueden ser: 1) solución óptima única, 2) solución óptima múltiple, 3) solución ilimitada, 4) solución infactible, y 5) solución inexistente. Cada tipo de solución obedece a circunstancias específicas del problema, tales como las características del conjunto convexo y de la función objetivo.

5.4.1. Solución óptima única

La solución óptima única se da cuando se tiene un solo punto óptimo único, como se ilustra en la Figura 5.10.

Figura 5.10. Solución óptima única.

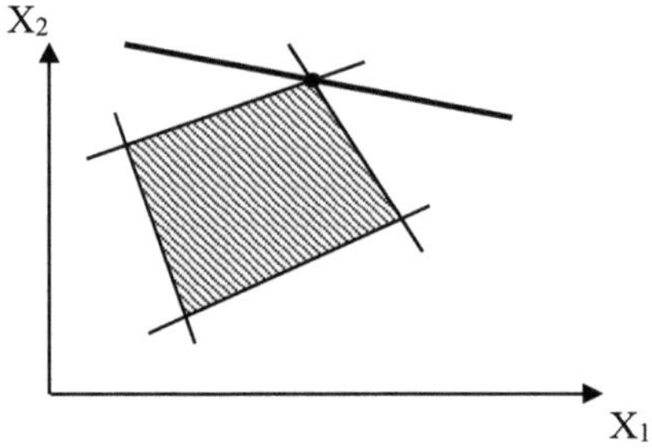

5.4.2. Solución óptima múltiple

La solución óptima múltiple se da cuando se tiene un número infinito de puntos óptimos ubicados entre dos puntos óptimos extremos, como se muestra en la Figura 5.11.

Figura 5.11. Solución óptima múltiple.

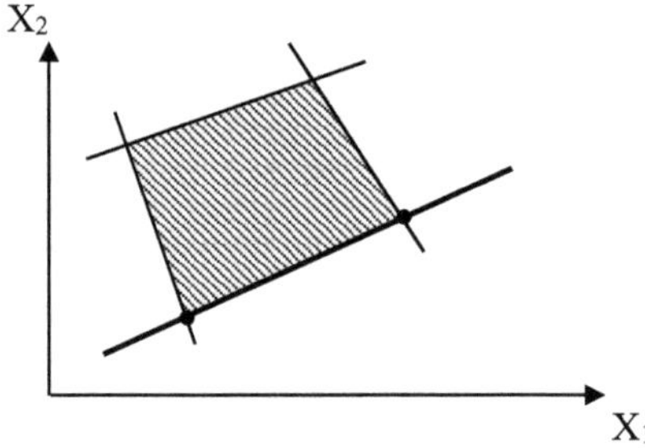

5.4.3. Solución ilimitada

La solución ilimitada se da cuando se tiene un conjunto convexo que no está cerrado, y la función objetivo puede desplazarse y desplazase buscando el óptimo sin límite, como se muestra en la Figura 5.12.

Figura 5.12. Solución ilimitada.

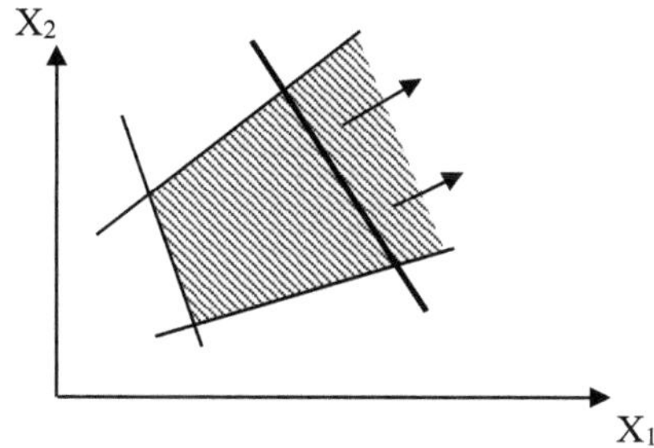

5.4.4. Solución infactible

La solución infactible ocurre cuando el conjunto convexo está en un cuadrante que no es el primero y la solución no es factible de llevarse a cabo, es decir, la restricción técnica no posibilita una solución factible, pues no se pueden producir, por ejemplo, -2 sillas o -3 mesas, como se ilustra en la Figura 5.13.

Figura 5.13. Solución infactible.

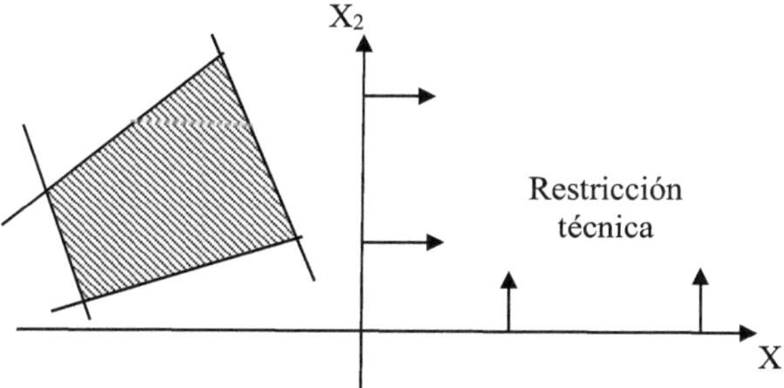

5.4.5. Solución inexistente

La solución inexistente se da cuando no se forma un conjunto convexo, ya sea porque éste no exista, como muestra la Figura 5.14a en la que ambas líneas son exactamente paralelas, o porque el conjunto no es convexo, como se ilustra en la Figura 5.14b. Nótese que, como se explicó anteriormente, no es posible tener un conjunto convexo que no sea un polígono siempre con vértices mayores a 180°, por lo que la Figura 5.14b es realidad nunca ocurriría.

Figura 5.14. Solución inexistente.

a.

b.

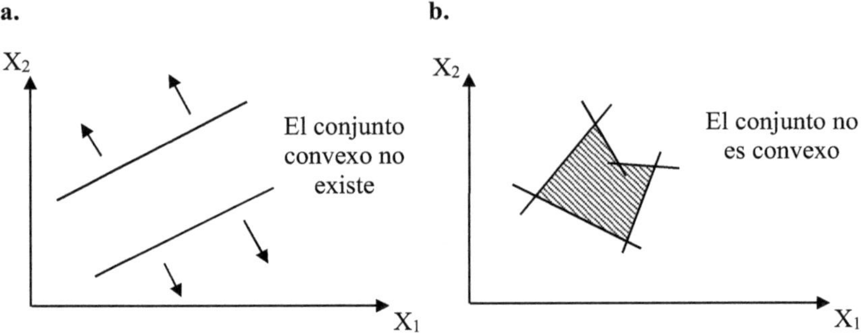

En el caso de la Figura 5.14a, las dos líneas que deberían ser parte del conjunto convexo son paralelas y apuntas en direcciones contrarias, por lo que nunca se encuentran, salvo, quizá, en el infinito. Asumiendo que el lado derecho de estas desigualdades sea positivo, se puede notar que las líneas son paralelas porque sus pendientes son iguales. Éstas pendientes se pueden calcular dividiendo el coeficiente tecnológico de la variable X_1 entre el coeficiente tecnológico de la variable X_2, multiplicado todo por -1.

5.5. Ejemplos ilustrativos

A efectos de ilustrar con toda claridad el procedimiento a seguir para resolver problemas por método gráfico, se toma un ejemplo ya resuelto en la sección 4.3. La solución a este problema es $X_1{}^* = 1{,}000$, $X_2{}^* = 2{,}000$ y $Z^* = \$120{,}000$. Se vuelve a plantear el problema a continuación.

```
Maximizar: Z = 60X₁+30X₂
Sujeto a:
X₁ ≤ 1,000 ①
X₂ ≤ 4,000 ②
20X₁+15X₂ ≤ 50,000 ③
X₁, X₂ ≥ 0
```

El primer paso es numerar las restricciones, lo que ya se hizo anteriormente. El siguiente paso es encontrar dos puntos para cada desigualdad convertida en igualdad, lo que se hace a continuación.

```
①  (≤)  X₁ = 1,000
②  (≤)  X₂ = 4,000
③  (≤)  20X₁+15X₂ = 50,000
        Si X₁ = 0,  X₂ = 3,333.3
        Si X₂ = 0,  X₁ = 2,500
```

Ahora es importante determinar valores mínimos y máximos para X_1 y X_2 a fin de determinar la escala del problema. X_1 varía entre [0,3,333.3] y X_2 varía entre [0,4,000]. Así pues, hay que dibujar la gráfica con intervalos de 1,000 en 1,000 y dar espacio para que estos rangos quepan. La pendiente de la función objetivo es m = -60/30 = -2/1, pero como los intervalos son de mil en mil, la pendiente se reescribe como m = -2000/1000. La Figura 5.15 muestra la gráfica para el problema resuelto.

Figura 5.15. Problema de ejemplo básico.

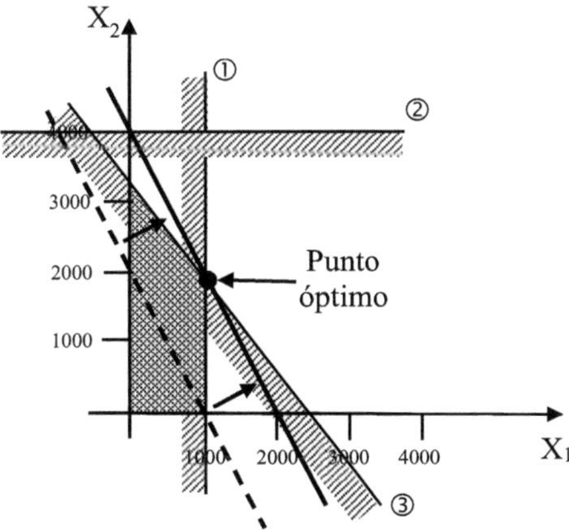

La restricción ① se grafica como una línea vertical pasando por 1,000. Como es del tipo menor o igual, la desigualdad apunta a la izquierda. La restricción ② se grafica como una línea horizontal pasando por 4,000 y, al ser del tipo menor o igual, apunta hacia el origen, es decir, hacia abajo. La restricción ③ requiere de dos puntos, apunta hacia el origen y en consecuencia la desigualdad va hacia abajo. La función objetivo es del tipo maximizar. Como tanto C_1 como C_2 son positivos, se trata del caso a. Se busca que la función objetivo, de pendiente negativa, vaya hacia afuera del origen. Se tiene que los valores para la pendiente son $\Delta X_2 = -2{,}000$ y $\Delta X_1 = 1{,}000$. Eso quiere decir que se debe tomar un punto inicial apropiado, tal como (0,2000). Luego se hace un desplazamiento sobre el eje de X_2 hacia abajo en 2,000 unidades y hacia la derecha en 1,000 unidades, lo que resulta en una de las posibles funciones objetivos. Al desplazar al máximo la función objetivo, queda en el punto extremo marcado por la intersección de las restricciones ① y ③.

Se forma un sistema de ecuaciones con las restricciones 1) y 3), el cual se resuelve como sigue.

```
1) X₁* = 1,000
3) 20X₁+15X₂ = 50,000
Despejando X₂ de la igualdad 3) queda:
15X₂ = 50,000-20(1,000) = 50,000-20,000
X₂* = 30,000/15 = 2,000
Así pues, la función objetivo queda como:
Z* = 60(1,000)+30(2,000) = 60,000+60,000 = 120,000
```

5.5.1. Ejemplo de solución óptima única

Considere el siguiente ejemplo:

```
Max: Z = X₁+3X₂
Sujeto a:
  X₁-3X₂ ≤ 6  ①
 4X₁+4X₂ ≤ 16 ②
-2X₁+4X₂ ≤ 4  ③
X₁, X₂ ≥ 0
```

Las restricciones se numeran y se analizan una por una convirtiéndolas en igualdad, pero considerando el tipo de desigualdad de que se trate y luego sacando los valores por los que las igualdades cruzan los ejes de X_2 y X_1. Esto se muestra en seguida.

① (≤) $X_1-3X_2 = 6$
       Si $X_1 = 0$, $X_2 = -2$
       Si $X_2 = 0$, $X_1 = 6$
② (≤) $4X_1+4X_2 = 16$
       Si $X_1 = 0$, $X_2 = 4$
       Si $X_2 = 0$, $X_1 = 4$
③ (≤) $-2X_1+4X_2 = 4$
       Si $X_1 = 0$, $X_2 = 4$
       Si $X_2 = 0$, $X_1 = -2$

El valor mínimo y máximo para X_1 es [-2,6] y para X_2 es [-2,4]. La pendiente de la función objetivo es m = -1/3. Todos estos elementos se grafican en la Figura 5.16.

Figura 5.16. Ejemplo de solución óptima única.

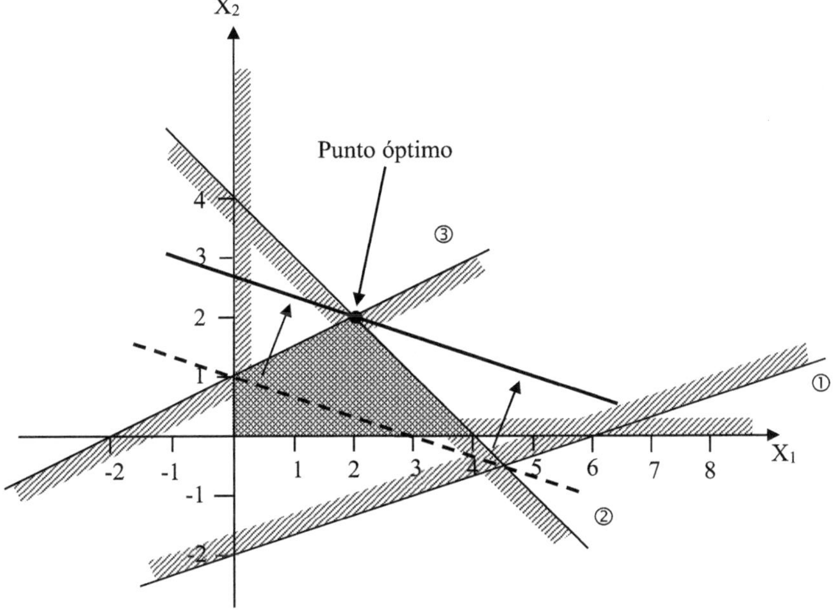

El punto inicial escogido para graficar la función objetivo es (0,1). Se desplaza sobre el eje de X_2 una unidad hacia abajo (por ser $\Delta X_2 = -1$, es decir, negativo en una unidad) y tres unidades a la derecha sobre el eje de X_1 (por ser $\Delta X_1 = 3$, es decir, positivo en tres unidades). Así se grafica una de las posibles funciones objetivo, la cual se desplaza hacia afuera del origen para encontrar el punto óptimo en la intersección de las restricciones ② y ③. Así pues, para encontrar los valores óptimos de X_1 y X_2 se debe armar un sistema de ecuaciones con las igualdades 2) y 3), lo que se muestra a continuación.

```
2)      4X₁+4X₂  =  16
3)   (-2X₁+4X₂  =  4)-1
--------------------
        6X₁  =  12
X₁* = 12/6 = 2
2) X₂ = 16/4-4X₁/4 = 4-2
X₂* = 2
Z* = X₁+3X₂ = 2+3(2) = 8
```

Así pues, se obtienen los valores óptimos $X_1* = 2$, $X_2* = 2$ y $Z* = 8$.

5.5.2. Ejemplo de solución óptima múltiple

Para ilustrar el caso de la solución óptima múltiple se utilizará el siguiente ejemplo.

```
Max: Z = 4X₁+6X₂
Sujeto a:
2X₁+3X₂ ≤ 6  ①
6X₁+4X₂ ≤ 12 ②
-2X₁+2X₂ ≤ 2 ③
X₁, X₂ ≥ 0
```

Nuevamente, se numeran las restricciones, se convierten a igualdades para encontrar dos puntos extremos por desigualdad. La pendiente de la función objetivo resulta ser igual a $m = -4/6 = -2/3$.

```
① (≤)  2X₁+3X₂ = 6
          Si X₁ = 0, X₂ = 2
          Si X₂ = 0, X₁ = 3
② (≤)  6X₁+4X₂ = 12
          Si X₁ = 0, X₂ = 3
          Si X₂ = 0, X₁ = 2
③ (≤)  -2X₁+2X₂ = 2
          Si X₁ = 0, X₂ = 1
          Si X₂ = 0, X₁ = -1
```

El rango para X_1 es [-1,3] y para X_2 es [0,3]. Sabiendo que $m = -2/3$, se procede a graficar el problema en la Figura 5.17.

Figura 5.17. Ejemplo de solución óptima múltiple.

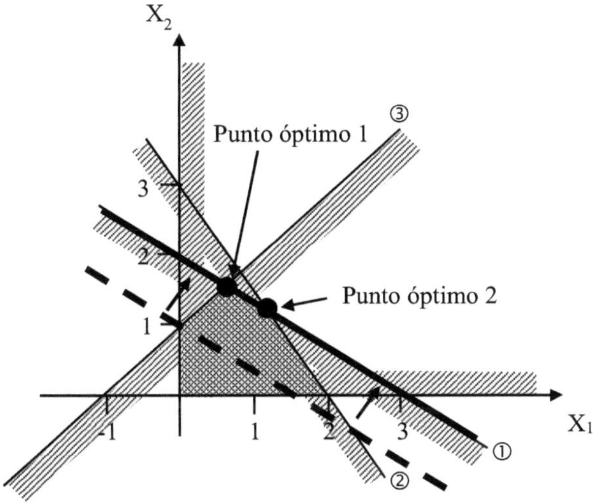

Pero, ¿en dónde queda la función objetivo? Parece que debería de sobrescribirse sobre la restricción ①. ¿Es así? La restricción ①, escrita como igualdad se muestra a continuación.

```
1)  2X₁ + 3X₂ = 6
```

Despejando la ordenada (X_2 que corresponde al eje vertical), resulta $X_2 = 2-(2/3)X_1$. Eso quiere decir que la ordenada al origen es a = 2 (siguiendo la fórmula tradicional de una línea recta y=a+bx), por lo que la restricción ① pasa por el punto (0,2). ¿Cuál es la pendiente? La pendiente es igual a -2/3. Así pues, $\Delta X_2 = -2$, por lo que del punto original se debe desplazar dos unidades sobre el eje de X_2 hacia abajo por ser ΔX_2 negativo en dos unidades y desde este nuevo punto desplazarse hacia la derecha 3 unidades porque $\Delta X_1 = 3$. El primer punto de la línea recta es (2,0) y el segundo es (3,0). Así queda dibujada la igualdad de la restricción ①. Nótese que la pendiente de la función objetivo es m = -2/3 y, dado que tanto la función objetivo como la restricción ① tienen la misma pendiente, se sobreponen al correr la función objetivo hacia afuera de origen, puesto que tanto X_1 como

X_2 deben valer lo más posible al tener ambos coeficientes positivos y tratarse de maximización (caso a).

El punto óptimo 1 es el resultado de la intersección de las restricciones ① y ③. Así pues, se forma un sistema de ecuaciones entre las igualdades 1) y 3) como se indica a continuación:

```
1)   2X₁+3X₂ = 6
3)   -2X₂+2X₂ = 2
-----------------
5X₂ = 8
X₂* = 8/5
1) 2X₁ = 6-3X₂ = 6-3(8/5)
X₁ = 6/2-(3/2)(8/5) = 3-12/5 = (15-12)/5
X₁* = 3/5
Z* = 4X₁+6X₂ = 4(3/5)+6(8/5) = 12/5+48/5 = 60/5 = 12
```

El punto óptimo 2 resulta de la intersección de las igualdades para las restricciones ① y ②. Se forma el siguiente sistema de ecuaciones para obtener el punto óptimo 2:

```
1)   (2X₁+3X₂ = 6)(-3)
2)   6X₁+4X₂ = 12
-----------------
-5X₂ = -6
X₂* = 6/5
1) 2X₁ = 6-3X₂
X₁ = 3-(3/2)(6/5) = 3-9/5 = (15-9)/5
X₁* = 6/5
Z* = 4X₁+6X₂ = 4(6/5)+6(6/5) = 24/5+36/5 = 60/5 = 12
```

Claramente, la función objetivo tiene que ser la misma para el punto óptimo 1 y el punto óptimo 2. Se tiene pues una solución óptima múltiple entre los puntos (3/5,8/5) y (6/5,6/5) sobre la igualdad de la restricción ①. Existe un número infinito de puntos óptimos en este intervalo. Para ejemplificar, considérese que $3/5 \leq X_1 \leq 6/5$ y $6/5 \leq X_2 \leq 8/5$. Si X_1 = 4/5 (y bien pudiera ser 4.1/5, 4.01/5 y así hasta la infinidad de diferentes valores en el rango de X_1). ¿Cuánto vale X_2 para $X_1^* = 4/5$? Se utiliza la igualdad de la restricción ① como sigue.

```
1)  2X₁+3X₂  =  6
3X₂  =  6-2X₁
X₂  =  2-(2/3)X₁
X₂  =  2-(2/3)(4/5)  =  2-8/15  =  30/15-8/15  =  (30-8)/15
X₂*  =  22/15
Z*  =  4X₁+6X₂  =  4(4/5)+6(22/15)  =  16/5+44/5  =  60/5  =  12
```

Nuevamente la función objetivo resulta de $Z^* = 12$, lo que es de esperarse, pues si fuera menor, el punto (4/5,22/15) no sería una solución óptima alternativa y si fuera mayor, no sería una solución óptima múltiple sino una solución óptima única.

5.5.3. Ejemplo de solución ilimitada

El siguiente problema es un ejemplo típico de solución ilimitada.

```
Max:  Z  =  -2X₁+X₂
Sujeto a:
X₁-X₂  ≤  1  ①
X₁  ≤  2  ②
X₁,  X₂  ≥  0
```

El desglose de las restricciones sigue a continuación:

```
①  (≤)  X₁-X₂  =  1
         Si  X₁  =  0,  X₂  =  -1
         Si  X₂  =  0,  X₁  =  1
②  (≤)  X₁  =  2
```

El rango para X_1 es [0,2] y para X_2 es [-1,0]. La pendiente de la función objetivo es de m = -(-2/1) = 2/1. La Figura 5.18 ilustra la solución del problema.

Como se dijo, la pendiente de la función objetivo es 2/1. Esto quiere decir que se tiene $\Delta X_2 = 2$, es decir, una vez escogido un punto inicial cualquiera para dibujar una de las posibles funciones objetivo, en este caso, el punto (0,-1), se deben subir dos unidades sobre el eje de X_2 por ser ΔX_2 positiva en dos unidades y luego desplazarse hacia la derecha sobre el eje de X_1 por ser $\Delta X_1 = 1$, es decir, una unidad positiva. La línea punteada gruesa muestra la función objetivo. Debido a que el coeficiente de la función objetivo para X_1 es igual a -2 (negativo) y se quiere maximizar Z, mientras que el coeficiente de la función objetivo para X_2 es 1, se busca aumentar X_2 lo más posible y disminuir X_1 lo más posible, es decir, desplazar la función objetivo hacia arriba a lo largo del eje de X_2 (caso c). Debido a que el conjunto convexo no tiene límites en esa dirección, la función objetivo nunca llega a un punto o línea límite, por lo que se trata de solución ilimitada.

Figura 5.18. Ejemplo de solución ilimitada.

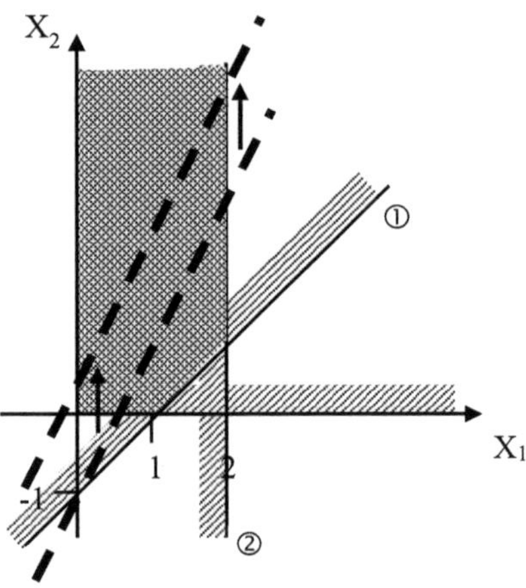

5.5.4. Ejemplo de solución infactible

Considere el siguiente ejemplo.

```
Max: Z = 2X₁+3X₂
Sujeto a:
 -X₁ -X₂ ≥ 1  ①
-8X₁-4X₂ ≤ 16 ②
-3X₁+4X₂ ≤ 12 ③
X₁, X₂ ≥ 0
```

Como siempre, primero se numeran las restricciones. Luego se procede a analizarlas.

① (≥) $-X_1-X_2 = 1$
       Si $X_1 = 0$, $X_2 = -1$
       Si $X_2 = 0$, $X_1 = -1$
② (≤) $-8X_1-4X_2 = 16$
       Si $X_1 = 0$, $X_2 = -4$
       Si $X_2 = 0$, $X_1 = -2$
③ (≤) $-3X_1+4X_2 = 12$
       Si $X_1 = 0$, $X_2 = 3$
       Si $X_2 = 0$, $X_1 = -4$

El rango para $X_1 = [-4,0]$ y para X_2 es $[-4,3]$. Así pues, se procede a dibujar la gráfica de acuerdo a estos valores. La pendiente es m = -2/3.

En el caso del gráfico de la Figura 5.19, sí se forma un conjunto convexo (no cerrado), pero no se forma en el primer cuadrante en el cual $X_1 \geq 0$ y $X_2 \geq 0$. Debido a esto, el conjunto convexo no cumple con la restricción técnica (de que tanto X_1 como X_2 deben ser positivas), y, en consecuencia, se trata de una solución infactible por no haber valores "factibles" (es decir, positivos) para X_1 y X_2. La pendiente de la función objetivo ni siquiera es un factor en este caso.

Figura 5.19. Ejemplo de solución infactible.

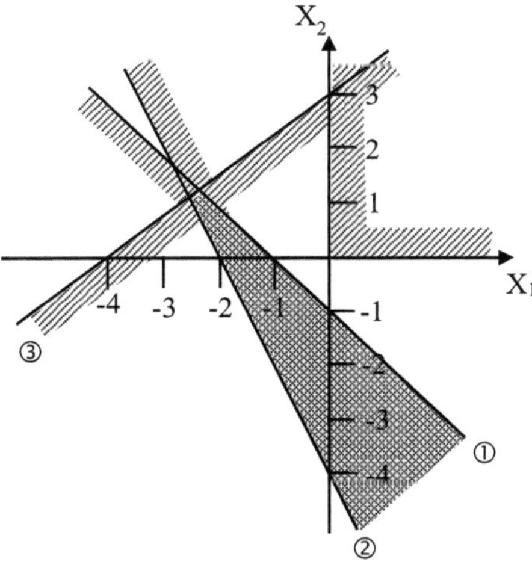

5.5.5. Ejemplo de solución inexistente

Finalmente, considérese el siguiente ejemplo.

```
Max:  Z = 3X₁-2X₂
Sujeto a:
 2X₁+2X₂ ≤ 4 ①
   X₁ +X₂ ≥ 4 ②
-3X₁+3X₂ ≤ 3 ③
X₁, X₂ ≥ 0
```

Se numeran las restricciones y se analizan.

```
① (≤)  2X₁+2X₂ = 4
          Si X₁ = 0, X₂ = 2
          Si X₂ = 0, X₁ = 2
② (≥)  X₁+X₂ = 4
          Si X₁ = 0, X₂ = 4
          Si X₂ = 0, X₁ = 4
③ (≤)  -3X₁+3X₂ = 3
          Si X₁ = 0, X₂ = 1
          Si X₂ = 0, X₁ = -1
```

Figura 5.20. Ejemplo de solución inexistente.

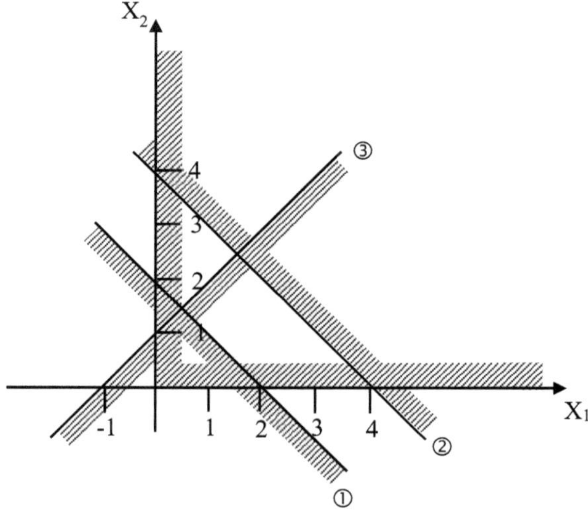

El rango de X_1 es [-1,4] y el rango de X_2 es [0,4]. En la Figura 5.20 se ilustran las restricciones de este ejemplo. En este ejemplo, ni siquiera se llega al conjunto convexo, mucho menos la pendiente de la función objetivo. ¿En dónde coinciden todas las restricciones? Un cuidadoso análisis revela que las igualdades de las restricciones ① y ② tienen la misma pendiente, y, por lo tanto, son paralelas. Esto hace que estas restricciones nunca se toquen, por lo que no se forma conjunto convexo. La solución es, en consecuencia, solución inexistente.

5.6. Tipos de restricciones

Las restricciones se pueden clasificar de acuerdo a su tipo:

1)	**Restricción activa:** Se llama restricción activa a aquella restricción en la que se consume el 100% de los recursos disponibles, es decir, cuando dicha restricción "realmente restringe" y no tiene ocio. En otras palabras, son restricciones activas todas aquellas que pasan por el punto óptimo.

2)	**Restricción pasiva:** Cuando una restricción "no restringe" y por tanto existe un ocio asociado a la misma. A su vez, pueden dividirse en restricciones pasivas necesarias y redundantes.

2.1)	**Restricción pasiva necesaria:** Es necesaria cuando conforma alguna de las caras del conjunto convexo. Las restricciones técnicas usualmente, pero no necesariamente, son pasivas necesarias.

2.2)	**Restricción pasiva redundante:** Cuando no es parte del espacio de solución. Existen de dos tipos:

a)	**Restricción pasiva redundante analíticamente:** Cuando una restricción pasiva redundante puede ser expresada como una combinación lineal de otras restricciones en el problema. Esto es, cuando es paralela a otra restricción en el problema.

b)	**Restricción pasiva redundante geométricamente:** Cuando no es pasiva redundante analíticamente y no puede ser expresada como una combinación lineal de otras ni tampoco es parte del conjunto convexo.

En la Figura 5.15 las restricciones ① y ③ son activas. La restricción ② es pasiva redundante geométricamente. Las restricciones técnicas son pasivas necesarias. En la

Figura 5.16 las restricciones ② y ③ son activas. La restricción ① es pasiva redundante geométricamente. Las restricciones técnicas son pasivas necesarias. En la Figura 5.17 las restricciones ①, ② y ③ son activas. Las restricciones técnicas son pasivas necesarias. En la Figura 5.18 las restricciones ①, ② y las dos técnicas son pasivas necesarias. En la Figura 5.19 las restricciones ①, ② y ③ son pasivas necesarias, pero ninguna de ellas cumple con las restricciones técnicas, por lo que, aunque se forme conjunto convexo, éste no es válido. En la Figura 5.20 las restricciones ① y ② son pasivas redundantes analíticamente. La restricción ③ es pasiva redundante geométricamente. Las dos restricciones técnicas son pasivas redundantes geométricamente.

6. El Método Vectorial

6.1. Notación matricial

El método vectorial es un método de solución de problemas de programación lineal que opera directamente sobre el formato del problema original transformado a formato estándar. Dado un problema de forma genérica, éste se representa con cuatro matrices, una para las constantes de la función objetivo, otra para las constantes de las restricciones (coeficientes tecnológicos), otra para las variables de decisión o X's y una última para los valores de los recursos.

Para un problema general dado, las matrices de interés son:

$$\mathbf{C} = [C_1, \; C_2, \; ..., \; C_n]_{1 \times n}$$

$$\mathbf{X} = \begin{bmatrix} X_1 \\ X_2 \\ \vdots \\ X_n \end{bmatrix}_{n \times 1}$$

$$\mathbf{A} = \begin{bmatrix} a_{11}, & a_{12}, & ..., & a_{1n} \\ a_{21}, & a_{22}, & ..., & a_{2n} \\ \vdots & \vdots & \vdots & \vdots \\ a_{m1} & a_{m2} & ... & a_{mn} \end{bmatrix}_{m \times n}$$

$$\mathbf{b} = \begin{bmatrix} b_1 \\ b_2 \\ \vdots \\ b_m \end{bmatrix}_{m \times 1}$$

De este modo es posible plantear cualquier problema de programación lineal utilizando estas matrices, de la siguiente manera.

```
Optimizar (maximizar o minimizar): Z = CX
Sujeto a:
```

$$\mathbf{AX} \; \begin{pmatrix} \leq \\ = \\ \geq \end{pmatrix} \; b$$

$$\mathbf{X} \geq 0$$

Para poder trabajar con puros vectores, se convierte la matriz bidimensional $\mathbf{A}$ (la única que es bidimensional) es una matriz vectorial, como se indica a continuación.

$$\mathbf{A} = [\mathbf{a}_1, \; \mathbf{a}_2, \; ..., \; \mathbf{a}_n]$$

En donde:

$$\mathbf{a_1} = \begin{bmatrix} a_{11} \\ a_{21} \\ \vdots \\ a_{m1} \end{bmatrix}_{m\times 1}, \quad \mathbf{a_2} = \begin{bmatrix} a_{12} \\ a_{22} \\ \vdots \\ a_{m2} \end{bmatrix}_{m\times 1}, \quad \ldots, \quad \mathbf{a_n} = \begin{bmatrix} a_{1n} \\ a_{2n} \\ \vdots \\ a_{mn} \end{bmatrix}_{m\times 1}$$

6.2. Planteamiento en notación vectorial

Supóngase que existen dos artículos; el primero tiene una utilidad de \$10 y el segundo una utilidad de \$15. Los artículos se producen en tres departamentos: cortado, troquelado y esmaltado. Los datos relevantes se resumen en la Tabla 6.1.

Tabla 6.1. Datos relevantes para el ejemplo ilustrativo de planteamiento en notación vectorial.

Departamento	Índice de producción (horas/unidad)		Capacidad productiva (horas/período)
	Artículo 1	Artículo 2	
Cortado	10	20	4,000
Troquelado	5	5	1,500
Esmaltado	4	2	800
Utilidad unitaria (\$)	\$10	\$15	

Las variables de decisión son unidades a producir de los artículos 1 y 2 (X_1 y X_2, respectivamente) por período. El problema anterior queda planteado como sigue.

```
Maximizar: Z = 10X₁+15X₂
Sujeto a:
  10X₁+20X₂ ≤ 4,000  ①
   5X₁ +5X₂ ≤ 1,500  ②
   4X₁ +2X₂ ≤ 800    ③
X₁, X₂ ≥ 0
```

A efectos ilustrativos, se resolverá este problema utilizando el método gráfico. Primero se anotan las restricciones transformadas a igualdades. X_1 varía en el rango [0,400], mientras que X_2 varía en el rango [0,400]. La pendiente de la función objetivo es igual a $m = -10/15 = -2/3$, y dado que la escala está dada en cientos, dicha pendiente es mejor expresarla como $m = -2/3 = -200/300$. La Figura 6.1 ilustra la solución por método gráfico de este ejemplo ilustrativo.

① (≤) $10X_1+20X_2 = 4,000$
    Si $X_1=0$, $X_2 = 200$
    Si $X_2 = 0$, $X_1 = 400$
② (≤) $5X_1+5X_2 = 1,500$
    Si $X_1=0$, $X_2 = 300$
    Si $X_2 = 0$, $X_1 = 300$
③ (≤) $4X_1+2X_2 = 800$
    Si $X_1=0$, $X_2 = 400$
    Si $X_2 = 0$, $X_1 = 200$

Figura 6.1.   Resolución de problema ilustrativo del método vectorial utilizando método gráfico.

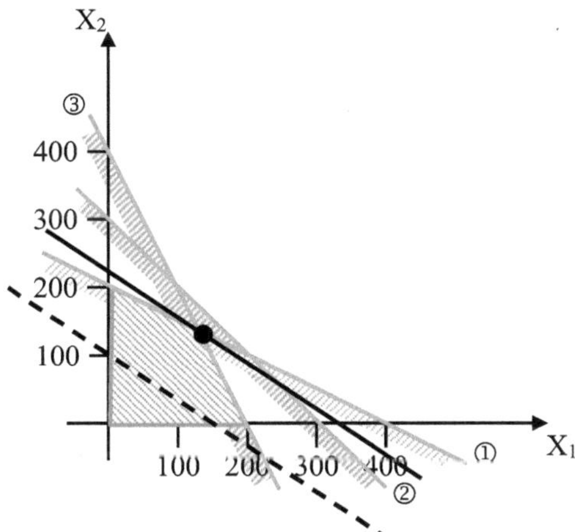

Se observa en la Figura 6.1 que el punto óptimo cae en la intersección de las restricciones ① y ③. Así pues, armamos un sistema de ecuaciones con dichas restricciones como se muestra a continuación y lo resolvemos.

1) $10X_1+20X_2 = 4,000$
3) $(4X_1+2X_2 = 800)(-10)$
————————————————————
$-30X_1 = -4000$
    $X_1{}^* = -4,000/-30 = 400/3$
3) $2X_2 = 800-4(400/3)$
    $X_2 = 400-2(400/3) = 400-800/3 = (1,200-800)/3$
    $X_2{}^* = (1,200-800)/3 = 400/3$

La función objetivo se obtiene como sigue:

```
Z* = 10(400/3) + 15(400/3) = 4,000/3+6,000/3 = 10,000/3
```

El problema anterior queda planteado en formato estándar como sigue.

```
Maximizar: Z = 10X₁+15X₂+0X₃+0X₄+0X₅
Sujeto a:
  10X₁+20X₂+X₃          = 4,000
   5X₁ +5X₂ +   X₄      = 1,500
   4X₁ +2X₂ +       X₅ = 800
X₁, X₂, X₃, X₄, X₅ ≥ 0
```

Una vez que el problema ha sido representado en formato estándar, se le representa vectorialmente.

$$\mathbf{C} = [10,\ 15,\ 0,\ 0,\ 0]$$

$$\mathbf{A} = [\mathbf{a_1},\ \mathbf{a_2},\ \mathbf{a_3},\ \mathbf{a_4},\ \mathbf{a_5}]$$

$$\mathbf{a_1} = \begin{bmatrix} 10 \\ 5 \\ 4 \end{bmatrix},\ \mathbf{a_2} = \begin{bmatrix} 20 \\ 5 \\ 2 \end{bmatrix},\ \mathbf{a_3} = \begin{bmatrix} 1 \\ 0 \\ 0 \end{bmatrix},\ \mathbf{a_4} = \begin{bmatrix} 0 \\ 1 \\ 0 \end{bmatrix},\ \mathbf{a_5} = \begin{bmatrix} 0 \\ 0 \\ 1 \end{bmatrix}$$

$$\mathbf{X} = \begin{bmatrix} X_1 \\ X_2 \\ X_3 \\ X_4 \\ X_5 \end{bmatrix},\ \mathbf{b} = \begin{bmatrix} 4000 \\ 1500 \\ 800 \end{bmatrix}$$

De este modo, el problema queda en formato matricial como sigue.

```
Maximizar: Z = CX
Sujeto a:
  AX = b
X ≥ 0
```

O en formato vectorial como.

```
Maximizar: Z = CX
Sujeto a:
  a₁X₁+a₂X₂+a₃X₃+a₄X₄+a₅X₅ = b
X ≥ 0
```

O de otra forma.

```
Maximizar: Z = CX
Sujeto a:
```
$$\sum_{j=1}^{5} X_j a_j = b$$
$$X \geq 0$$

Así pues, el modelo general de la programación lineal en notación vectorial es el siguiente.

```
Optimizar (Maximizar o Minimizar): Z = CX
Sujeto a:
```
$$\sum_{j=1}^{n+m} X_j a_j = b$$
$$X \geq 0$$

Téngase en cuenta que para estos primeros problemas todas las restricciones son del tipo menor o igual y los valores de los recursos son positivos. Se tiene que C es el vector renglón $[1\times(n+m)]$, llamado vector objetivo; X es el vector columna $[(n+m)\times 1]$ llamado vector de variables; Z es un escalar, llamado el valor de la función objetivo; X_j es un escalar, el elemento j-ésimo del vector X, llamado variable; a_j es un vector columna $(m\times 1)$, llamado vector tecnológico; y, b es un vector columna $(m\times 1)$ llamado vector de recursos. Obsérvese que siempre se tendrán n vectores tecnológicos originales y m vectores tecnológicos de holgura, dando un total de n+m vectores.

6.3. Lógica del método vectorial

El problema de programación lineal consiste en encontrar valores para los escalares X_j que satisfagan las ecuaciones de restricción. La palabra clave es combinación lineal (CL). El método vectorial trabaja con una clase especial de combinaciones lineales llamadas combinación lineal básica (CLB). Esta combinación lineal se caracteriza por utilizar únicamente m vectores tecnológicos linealmente independientes, para expresar el vector m-dimensional b. A tal conjunto de m vectores linealmente independientes, en el espacio m-dimensional, se le conoce como base.

Notar que: 1) En el tipo de problemas que se considerarán, siempre se tendrán (n+m) vectores tecnológicos disponibles para la CLB, por lo que solamente debe solucionarse m de ellos; 2) Los escalares asociados a los n vectores no-básicos siempre tomarán un valor de cero.; y 3) Los escalares asociados a los m vectores básicos, tomarán cualquier valor (obviamente cumpliendo las restricciones).

Si una CLB cumple con las restricciones, se le llamarán combinación lineal básica factible (CLBF). Advertir que, al disponer de (n+m) vectores tecnológicos para expresar al vector **b** (un vector m-dimensional), como una CL de los mismos, se tendrá que: 1) El número de CL factibles es infinito; y 2) El número de CLBF (Combinaciones Lineales Básicas Factibles) es finito y está definido por la ecuación (6.1), lo cual simplifica la tarea.

$$\text{Número de CLBF} \leq \binom{n+m}{m} = \frac{(n+m)!}{n!m!} \tag{6.1}$$

Debido a que el número de CLBF es finito, el método vectorial es un proceso iterativo que **siempre** encuentra en un número finito de pasos la CLBF óptima, si es que ésta existe, y por tanto la solución óptima al problema de programación lineal.

La lógica del método vectorial es la siguiente:

① Obtiene una CLBF de inicio, por lo que se le denomina combinación lineal básica factible inicial (CLBFI).

② Mediante el criterio de mejorabilidad, se determina si la CLBFI puede o no mejorarse.

a) Si la SLBF es inmejorable, entonces termina y concluye que ésta es la CLBF óptima (única o múltiple).

b) Si la CLBF puede mejorarse, indica cómo hacerlo y va al siguiente paso.

③ Mediante un criterio de factibilidad, y basado en el inciso b) del paso ②, se diseña una CLB que necesariamente será factible.

a) Si no logra encontrar una nueva CLBF, concluye que el problema tiene solución ilimitada.

b) De lo contrario vuelve al paso ②.

El método vectorial es entonces un esquema iterativo que encuentra siempre CLBF cada vez mejores, hasta encontrar la óptima. En el ejemplo ilustrativo de la sección 6.2 que se resolvió por método gráfico, la Figura 6.1 muestra el conjunto convexo obtenido. El método vectorial en ese caso comenzaría con una $CLBF_1$ en el origen para la cual $X_1 = 0$ y $X_2 = 0$ y continuaría iterando sobre las caras del conjunto convexo yendo de vértice a vértice, como ilustra la Figura 6.2.

Figura 6.2.   Ilustración gráfica de las iteraciones del método vectorial para el ejemplo ilustrativo de la sección 6.2.

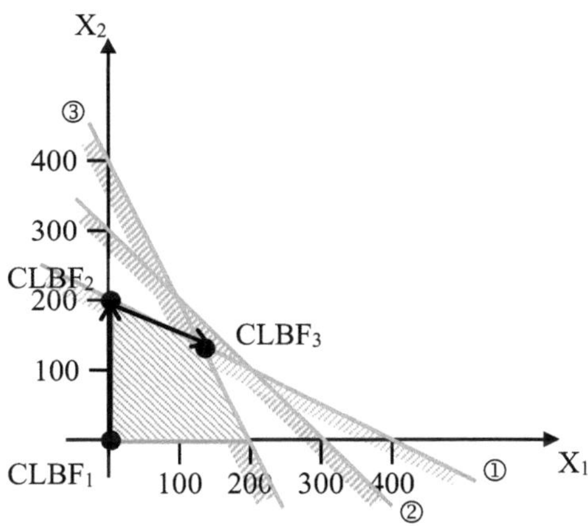

6.4. Ejemplos de método vectorial

6.4.1. Ejemplo 1

Primero se resolverá mediante método vectorial el ejemplo ilustrativo de la sección 6.2. El planteamiento de dicho problema se muestra nuevamente a continuación.

```
Maximizar: Z = 10X₁+15X₂
Sujeto a:
  10X₁+20X₂ ≤ 4,000
   5X₁ +5X₂ ≤ 1,500
   4X₁ +2X₂ ≤ 800
X₁, X₂ ≥ 0
```

Dicho problema puede plantearse en formato estándar como sigue.

```
Maximizar: Z = 10X₁+15X₂+0X₃+0X₄+0X₅
Sujeto a:
  10X₁+20X₂+X₃        = 4,000
   5X₁ +5X₂ +  X₄     = 1,500
   4X₁ +2X₂ +     X₅  = 800
X₁, X₂, X₃, X₄, X₅ ≥ 0
```

Para este problema, las matrices y vectores relevantes se indican a continuación.

$$\mathbf{C} = [10, \ 15, \ 0, \ 0, \ 0]$$

$$\mathbf{A} = [\mathbf{a}_1, \ \mathbf{a}_2, \ \mathbf{a}_3, \ \mathbf{a}_4, \ \mathbf{a}_5]$$

$$\mathbf{a}_1 = \begin{bmatrix} 10 \\ 5 \\ 4 \end{bmatrix}, \quad \mathbf{a}_2 = \begin{bmatrix} 20 \\ 5 \\ 2 \end{bmatrix}, \quad \mathbf{a}_3 = \begin{bmatrix} 1 \\ 0 \\ 0 \end{bmatrix}, \quad \mathbf{a}_4 = \begin{bmatrix} 0 \\ 1 \\ 0 \end{bmatrix}, \quad \mathbf{a}_5 = \begin{bmatrix} 0 \\ 0 \\ 1 \end{bmatrix}$$

$$\mathbf{X} = \begin{bmatrix} X_1 \\ X_2 \\ X_3 \\ X_4 \\ X_5 \end{bmatrix}, \quad \mathbf{b} = \begin{bmatrix} 4000 \\ 1500 \\ 800 \end{bmatrix}$$

El conjunto de variables básicas se denota como **B**, mientras que el conjunto de variables no básicas se denota como **N**. Las variables no básicas siempre tienen valores iguales a cero, mientras que las variables básicas tienen valores diferentes de cero.

Se procederá pues a aplicar el método vectorial.

① Encontrar una CLBFI equivalente a la CLBF$_1$.
La CLBIF ocurre cuando todas las variables básicas son las variables de holgura y todas las variables no básicas son las variables del planteamiento original. Así, tenemos:

$$\mathbf{B} = \{X_3, X_4, X_5\}$$
$$\mathbf{N} = \{X_1, X_2\}$$
$$\mathbf{a}_1 \times 0 + \mathbf{a}_2 \times 0 + \mathbf{a}_3 X_3 + \mathbf{a}_4 X_4 + \mathbf{a}_5 X_5 = \mathbf{b}$$
$$\begin{bmatrix} 1 \\ 0 \\ 0 \end{bmatrix} X_3 + \begin{bmatrix} 0 \\ 1 \\ 0 \end{bmatrix} X_4 + \begin{bmatrix} 0 \\ 0 \\ 1 \end{bmatrix} X_5 = \begin{bmatrix} 4000 \\ 1500 \\ 800 \end{bmatrix}$$

De lo anterior se deduce que, para comenzar a iterar, tenemos que:

$X_1 = 4,000$
$X_2 = 1,500$
$X_3 = 800$

Así pues:

$$Z = [10 \quad 15 \quad 0 \quad 0 \quad 0] \begin{bmatrix} 0 \\ 0 \\ 4,000 \\ 1,500 \\ 800 \end{bmatrix} = 0$$

② Determinar si la CLBF$_1$ puede mejorarse.

Para este paso se utiliza el concepto de efecto neto, para lo cual se averigua cuál sería el resultado de introducir las variables no básicas como básicas.

Efecto neto: Se utiliza para observar si se puede o no mejorar la función objetivo. El efecto neto de una determinada variable indica qué tanto se incrementa o decrementa nuestra función objetivo al añadir la variable en cuestión como básica por cada unidad de esta variable.

El efecto neto de la variable no básica i (ϕ_i) está dado por:

$$\phi_i = cf_i + CT_{iA}cf_A + CT_{iB}cf_B + \cdots$$

Donde, tenemos que:

cf_i:	Coeficiente de la función objetivo para la variable no básica i.
CT_{iA}:	Relación entre el coeficiente de la variable no básica i con la variable básica A.
cf_A:	Coeficiente de la función objetivo para la variable básica A.
A, B, C, …:	Representan los subíndices de todas las variables básicas que se tengan.

```
② Criterio de mejorabilidad.
* Para incluir a X₁:
a₁X₁+a₃X₃+a₄X₄+a₅X₅ = b
⎡10⎤    ⎡1⎤    ⎡0⎤    ⎡0⎤    ⎡4000⎤
⎢ 5⎥X₁+⎢0⎥X₃+⎢1⎥X₄+⎢0⎥X₅=⎢1500⎥
⎣ 4⎦    ⎣0⎦    ⎣0⎦    ⎣1⎦    ⎣ 800⎦
De aquí se forman tres ecuaciones:
10X₁+X₃ = 4,000
5X₁+X₄ = 1,500
4X₁+X₅ = 800
Despejando X₃, X₄ y X₅ de estas tres ecuaciones,
respectivamente, queda:
X₃ = 4,000-10X₁
X₄ = 1,500-5X₁
X₅ = 800-4X₁
Así, el valor para el criterio de mejorabilidad para X₁ es:
φ₁ = 10+(-10)×(0)+(-5)×(0)+(-4)×(0) = 10
```

* Para incluir a X_2:
$$a_2X_2+a_3X_3+a_4X_4+a_5X_5 = b$$

$$\begin{bmatrix}20\\5\\2\end{bmatrix}X_2+\begin{bmatrix}1\\0\\0\end{bmatrix}X_3+\begin{bmatrix}0\\1\\0\end{bmatrix}X_4+\begin{bmatrix}0\\0\\1\end{bmatrix}X_5=\begin{bmatrix}4000\\1500\\800\end{bmatrix}$$

De aquí se forman tres ecuaciones:

$20X_2+X_3 = 4,000$

$5X_2+X_4 = 1,500$

$2X_2+X_5 = 800$

Despejando X_3, X_4 y X_5 de estas tres ecuaciones, respectivamente, queda:

$X_3 = 4,000-20X_2$

$X_4 = 1,500-5X_2$

$X_5 = 800-2X_2$

Así, el valor para el criterio de mejorabilidad para X_2 es:

$\phi_2 = 15+(-20)\times(0)+(-5)\times(0)+(-2)\times(0) = 15$

Como se quiere maximizar, se escoge el valor de ϕ más alto, que en este caso corresponde a X_2. Así pues, se debe incluir X_2 en la solución.

③ Criterio de factibilidad.
Se busca saber cuál variable va a salir. Se busca darle el valor máximo posible a X_2, y este valor máximo no puede contradecir a las tres restricciones del criterio de mejorabilidad para X_2. Así pues, o bien X_3, X_4 o X_5 se haría igual a cero por salir de la base y convertirse en variable no básica, mientras que X_2 se convertiría en variable básica.

$X_3 = 4,000-20X_2$

$X_4 = 1,500-5X_2$

$X_5 = 800-2X_2$

$0 = 4,000-20X_2;\ X_2 = 200$

$0 = 1,500-5X_2;\ X_2 = 300$

$0 = 800-2X_2;\ X_2 = 400$

Si $X_2 = 200$, X_3 se haría cero y ni X_4 ni X_5 se harían negativas. Sin embargo, si $X_2 = 300$, X_3 se haría negativa. Si $X_2 = 400$, tanto X_3 como X_4 se harían negativas.

Así pues:
X_2 Máximo $= \text{Mínimo}\{4,000/20, 1,500/5, 800/2\} = 200$

En consecuencia, entra X_2 a la base y sale X_3 de la base.

Obsérvese que es posible que tuviéramos que considerar valores para X_2 negativos.

Por ejemplo, si el conjunto de ecuaciones fuera como sigue:

```
X₃ = 4,000+20X₂
X₄ = 1,500-5X₂
X₅ = 800-2X₂


0 = 4,000+20X₂; X₂ = -200
0 = 1,500-5X₂; X₂ = 300
0 = 800-2X₂; X₂ = 400
```

En este otro caso alternativo, se escribiría:

```
X₂ Máximo = Mínimo{-,1,500/5,800/2} = 300
Y en tal caso, entraría X₂ y saldría X₄.
```

En consecuencia, el criterio de factibilidad queda como sigue:

```
③ Criterio de factibilidad.
Entra X₂ = 200 y sale X₃, por lo que:
X₃ = 4,000-20X₂ = 4,000-20×200
X₄ = 1,500-5X₂ = 1,500-5×200 = 500
X₅ = 800-2X₂ = 800-2×200 = 400

Se forma pues una nueva base:
B = {X₂, X₄, X₅}
N = {X₁, X₃}
Nótese que, por definición, las variables no básicas son
iguales a cero.
```

$$Z = \begin{bmatrix} 10 & 15 & 0 & 0 & 0 \end{bmatrix} \begin{bmatrix} 0 \\ 200 \\ 0 \\ 500 \\ 400 \end{bmatrix} = 3,000$$

```
Esto constituye la CLBF₂.
```

Ahora es necesario determinar si la CLBF$_2$ puede mejorarse.

② Criterio de mejorabilidad.
* Para incluir a X_1:
$$\mathbf{a_1}X_1+\mathbf{a_2}X_2+\mathbf{a_4}X_4+\mathbf{a_5}X_5 = \mathbf{b}$$

$$\begin{bmatrix}10\\5\\4\end{bmatrix}X_1+\begin{bmatrix}20\\5\\2\end{bmatrix}X_2+\begin{bmatrix}0\\1\\0\end{bmatrix}X_4+\begin{bmatrix}0\\0\\1\end{bmatrix}X_5=\begin{bmatrix}4000\\1500\\800\end{bmatrix}$$

1) $10X_1+20X_2 = 4,000$
2) $5X_1+5X_2+X_4 = 1,500$
3) $4X_1+2X_2+X_5 = 800$
De la ecuación 1) tenemos:
1) $X_2 = 200-(1/2)X_1$
Sustituyendo X_2 de 1) en 2), tenemos:
2) $5X_1+5(200-(1/2)X_1)+X_4 = 1,500$
De donde queda:
2) $X_4 = 500-5/2X_1$
Sustituyendo X_2 de la ecuación 1) en la ecuación 3) tenemos:
3) $4X_1+2(200-(1/2)X_1)+X_5 = 800$
Quedando:
3) $X_5 = 400-3X_1$
Así pues, para X_1 tenemos:
$\phi_1 = 10+(-1/2)\times(15)+(-5/2)\times(0)+(-3)\times0 = 5/2 = 2.5$

* Para incluir a X_3:
$$\mathbf{a_2}X_2+\mathbf{a_3}X_3+\mathbf{a_4}X_4+\mathbf{a_5}X_5 = \mathbf{b}$$

$$\begin{bmatrix}20\\5\\2\end{bmatrix}X_2+\begin{bmatrix}1\\0\\0\end{bmatrix}X_3+\begin{bmatrix}0\\1\\0\end{bmatrix}X_4+\begin{bmatrix}0\\0\\1\end{bmatrix}X_5=\begin{bmatrix}4000\\1500\\800\end{bmatrix}$$

1) $20X_2+X_3 = 4,000$
2) $5X_2+X_4 = 1,500$
3) $2X_2+X_5 = 800$
De la ecuación 1) tenemos:
1) $X_2 = 200-(1/20)X_3$
Sustituyendo X_2 de la ecuación 1) en la ecuación 2) tenemos:
2) $5(200-(1/20)X_3)+X_4 = 1,500$
De donde queda:
2) $X_4 = 500+(1/4)X_3$
Sustituyendo X_2 de la ecuación 1) en la ecuación 3) tenemos:
3) $2(200-(1/20)X_3)+X_5 = 800$
De donde queda:
3) $X_5 = 400+(1/10)X_3$
En consecuencia, para incluir a X_3 tenemos:
$\phi_3 = 0+(-1/20)\times(15)+(1/4)\times(0)+(1/10)\times(0) = -15/20 = -3/4$

Se opta pues por incluir a X_1 por ser la única con valor positivo, pues se busca maximizar. Esto hace sentido porque en el paso anterior habíamos quitado a X_3 y no resulta razonable volver a meter dicha variable.

③ Criterio de factibilidad.

Obsérvese el cálculo de ϕ_1 y los valores de X_2, X_4 y X_5 del criterio de factibilidad del paso anterior:

X_1 Máximo = Mínimo$\{200/(1/2),500/(5/2),400/3\}$ =
Mínimo$\{400,200,400/3\}$ = $400/3$

En consecuencia, sale X_5.

Así pues, el nuevo valor de X_1 = $400/3$.

De la ecuación 1) del criterio de mejorabilidad para incluir a X_1 tenemos el nuevo valor de X_2:

1) $X_2 = 200-(1/2)X_1 = 200-(1/2)(400/3) = 400/3$

Sabemos que $X_3 = 0$ porque no se incluye y estaba fuera de la base.

De la ecuación 2) del criterio de mejorabilidad para incluir a X_1 tenemos el nuevo valor de X_4:

2) $X_4 = 500-5/2X_1 = 500-(5/2)\times(400/3) = 500/3$

De la ecuación 3) del criterio de mejorabilidad para incluir a X_1 tenemos el nuevo valor de X_5:

3) $X_5 = 400-3X_1 = 400-3\times(400/3) = 0$

Hace sentido que $X_5 = 0$ porque es la variable que sale de la base.

Ahora, tenemos:
$\mathbf{B} = \{X_1,\ X_2,\ X_4\}$
$\mathbf{N} = \{X_3,\ X_5\}$

Así pues, el valor de la función objetivo es:

$$Z = [10\ \ 15\ \ 0\ \ 0\ \ 0]\begin{bmatrix}400/3\\400/3\\0\\500/3\\0\end{bmatrix} = 10,000/3$$

Esto constituye la CLBF$_3$.

Ahora debemos regresarnos al paso ② para determinar si la CLBF$_3$ puede mejorarse mediante el criterio de mejorabilidad.

② Criterio de mejorabilidad.
* Para agregar X_3:
$\mathbf{a}_1X_1+\mathbf{a}_2X_2+\mathbf{a}_3X_3+\mathbf{a}_4X_4 = \mathbf{b}$

$$\begin{bmatrix}10\\5\\4\end{bmatrix}X_1+\begin{bmatrix}20\\5\\2\end{bmatrix}X_2+\begin{bmatrix}1\\0\\0\end{bmatrix}X_3+\begin{bmatrix}0\\1\\0\end{bmatrix}X_4=\begin{bmatrix}4000\\1500\\800\end{bmatrix}$$

1) $10X_1+20X_2+X_3 = 4,000$
2) $5X_1+5X_2+X_4 = 1,500$
3) $4X_1+2X_2 = 800$
De la ecuación 3) resolvemos para X_2:
3) $X_2 = 400-2X_1$
Sustituyendo X_2 de la ecuación 3) en la ecuación 1):
1) $10X_1+20X_2+X_3 = 4,000$
De donde:
1) $10X_1+20(400-2X_1)+X_3 = 4,000$
Resolviendo de 1) para X_1 obtenemos:
1) $-30X_1+8,000+X_3 = 4,000$
1) $X_1 = 4,000/30+(1/30)X_3$
1) $X_1 = 400/3+(1/30)X_3$
Sustituyendo X_1 de la ecuación anterior en la ecuación 3)
tenemos:
3) $4X_1+2X_2 = 800$
3) $4(400/3+(1/30)X_3)+2X_2 = 800$
3) $1,600/3+(4/30)X_3+2X_2 = 800$
3) $(2/15)X_3+2X_2 = 800/3$
3) $X_2 = 400/3-(1/15)X_3$
De la ecuación 1) en la que X_1 está en función de X_3, tenemos:
1) $X_1 = 400/3+(1/30)X_3$
De la ecuación 3) en la que X_2 está en función de X_3, tenemos:
3) $X_2 = 400/3+(-1/15)X_3$
Sustituyendo X_1 de la ecuación 1) anterior y X_2 de la ecuación
3) anterior en la ecuación 2), tenemos:
2) $5X_1+5X_2+X_4 = 1,500$
2) $5(400/3+(1/30)X_3)+5(400/3-(1/15)X_3)+X_4 = 1,500$
2) $4,000/3-(5/30)X_3+X_4 = 1,500$
2) $X_4 = 500/3+(1/6)X_3$
Así pues, se calcula ϕ_3 como:
$\phi_3 = 0+(1/30)\times(10)+(-1/15)\times(15)+(1/6)\times(0) = -2/3$

* Para agregar X_5:

$$a_1X_1 + a_2X_2 + a_4X_4 + a_5X_5 = b$$

$$\begin{bmatrix} 10 \\ 5 \\ 4 \end{bmatrix} X_1 + \begin{bmatrix} 20 \\ 5 \\ 2 \end{bmatrix} X_2 + \begin{bmatrix} 0 \\ 1 \\ 0 \end{bmatrix} X_4 + \begin{bmatrix} 0 \\ 0 \\ 1 \end{bmatrix} X_5 = \begin{bmatrix} 4000 \\ 1500 \\ 800 \end{bmatrix}$$

Se forman las siguientes ecuaciones:

1) $10X_1 + 20X_2 = 4,000$

2) $5X_1 + 5X_2 + X_4 = 1,500$

3) $4X_1 + 2X_2 + X_5 = 800$

De la ecuación 1) obtenemos X_1 en función de X_2:

1) $X_1 = 400 - 2X_2$

Sustituyendo X_1 de la ecuación anterior en la ecuación 3), tenemos:

3) $4X_1 + 2X_2 + X_5 = 800$

3) $4(400 - 2X_2) + 2X_2 + X_5 = 800$

3) $-6X_2 + X_5 = -800$

3) $X_2 = 800/6 + (1/6)X_5$

3) $X_2 = 400/3 + (1/6)X_5$

Sustituyendo X_2 de la ecuación anterior en la ecuación 1), tenemos:

1) $10X_1 + 20X_2 = 4,000$

1) $10X_1 + 20(400/3 + (1/6)X_5) = 4,000$

1) $10X_1 = 4,000/3 - (10/3)X_5$

1) $X_1 = 400/3 + (-1/3)X_5$

Sustituyendo X_1 en términos de la X_5 de la ecuación 1) y X_2 en términos de X_5 de la ecuación 3) en la ecuación 2), tenemos:

2) $5X_1 + 5X_2 + X_4 = 1,500$

2) $5(400/3 + (-1/3)X_5) + 5(400/3 + (1/6)X_5) + X_4 = 1,500$

2) $-5/6X_5 + X_4 = 500/3$

2) $X_4 = 500/3 + (5/6)X_5$

$\phi_5 = 0 + (-1/3) \times (10) + (1/6) \times (15) + (5/6) \times (0) = -5/6$

Dado que ambos valores son negativos, la $CLBF_3$ es la óptima, por lo que tenemos:

$Z^* = 10,000/3$

$X_1^* = 400/3$

$X_2^* = 400/3$

$X_4^* = 500/3$

Obsérvese que si se tiene un efecto neto de cero significa que al meter la variable no se incrementa la solución (el valor de ϕ_j). En tal caso, se tiene una solución óptima múltiple.

6.4.2. Ejemplo 2

Considere el siguiente planteamiento de un problema hipotético.

```
Minimizar: Z = -6X₁-6X₂-3X₃
Sujeto a:
2X₁+3X₂+6X₃ ≤ 8
2X₁+2X₂+ X₃ ≤ 10
X₁, X₂, X₃ ≥ 0
```

Dado que se tienen tres variables (X_1, X_2 y X_3) este problema no puede ser resuelto mediante método gráfico. Así pues, a efectos de saber su solución, se plantea el problema en LINDO/LINGO como se muestra a continuación.

```
MINIMIZE -6X1-6X2-3X3
SUBJECT TO
  R1) 2X1+3X2+6X3 <= 8
  R2) 2X1+2X2+ X3 <= 10
END
```

La solución de LINDO/LINGO para este modelo planteado en formato de LINDO se muestra a continuación.

```
Global optimal solution found.
Objective value:                              -24.00000
Infeasibilities:                              0.000000
Total solver iterations:                             3
Elapsed runtime seconds:                          0.08

Model Class:                                        LP

Total variables:              3
Nonlinear variables:          0
Integer variables:            0

Total constraints:            3
Nonlinear constraints:        0

Total nonzeros:               9
Nonlinear nonzeros:           0
```

```
Variable            Value           Reduced Cost
     X1          4.000000              0.000000
     X2          0.000000              3.000000
     X3          0.000000             15.00000
    Row    Slack or Surplus          Dual Price
      1         -24.00000             -1.000000
     R1          0.000000              3.000000
     R2          2.000000              0.000000
```

Así pues, la solución óptima es $Z^* = -24$, $X_1^* = 4$, $X_2^* = 0$ y $X_3^* = 0$.

A efectos de solucionar el problema utilizando método vectorial, se debe replantear el problema en formato estándar como se muestra a continuación.

```
Minimizar: Z = -6X₁-6X₂-3X₃+0X₄+0X₅
Sujeto a:
2X₁+3X₂+6X₃+X₄   = 8
2X₁+2X₂+ X₃+   X₅ = 10
X₁, X₂, X₃, X₄, X₅ ≥ 0
```

Debido a que solamente hay dos restricciones, solamente hay dos variables básicas en todo momento del problema (m = 2). Sin embargo, en el planteamiento del problema mostrado anteriormente, que está en formato estándar, se listan tres variables fundamentales (n = 3) y un total de cinco variables en la restricción técnica (n+m = 3+2 = 5). Eso significa que el número de variables no básicas es de tres (5-2 = 3). Para este problema, se tienen las siguientes matrices y vectores.

$$\mathbf{C} = [-6, \ -6, \ -3, \ 0, \ 0]$$

$$\mathbf{X} = \begin{bmatrix} X_1 \\ X_2 \\ X_3 \\ X_4 \\ X_5 \end{bmatrix}$$

$$\mathbf{A} = [a_1, \ a_2, \ a_3, \ a_4, \ a_5]$$

$$\mathbf{b} = \begin{bmatrix} 8 \\ 10 \end{bmatrix}$$

$$a_1 = \begin{bmatrix} 2 \\ 2 \end{bmatrix}, \quad a_2 = \begin{bmatrix} 3 \\ 2 \end{bmatrix}, \quad a_3 = \begin{bmatrix} 6 \\ 1 \end{bmatrix}, \quad a_4 = \begin{bmatrix} 1 \\ 0 \end{bmatrix}, \quad a_5 = \begin{bmatrix} 0 \\ 1 \end{bmatrix}$$

Se procede pues a aplicar el método vectorial.

① Encontrar una CLBFI = CLBF$_1$. La CLBFI está conformada por las variables de holgura. Tenemos:

$a_4X_4 + a_5X_5 = b$

$$\begin{bmatrix}1\\0\end{bmatrix}X_4 + \begin{bmatrix}0\\1\end{bmatrix}X_5 = \begin{bmatrix}8\\10\end{bmatrix}$$

Se forman dos ecuaciones:

1) $X_4 = 8$

2) $X_5 = 10$

$$Z = [-6,\ -6,\ -3,\ 0,\ 0]\begin{bmatrix}0\\0\\0\\8\\10\end{bmatrix} = 0$$

El conjunto de variables básicas (**B**) y el conjunto de variables no básicas (**N**), las últimas todas iguales a cero, está dado del siguiente modo.

B = {X_4, X_5}

N = {X_1, X_2, X_3}

② Criterio de mejorabilidad.

→ X_1

$a_1X_1 + a_4X_4 + a_5X_5 = b$

$$\begin{bmatrix}2\\2\end{bmatrix}X_1 + \begin{bmatrix}1\\0\end{bmatrix}X_4 + \begin{bmatrix}0\\1\end{bmatrix}X_5 = \begin{bmatrix}8\\10\end{bmatrix}$$

1) $2X_1 + X_4 = 8$

2) $2X_1 + X_5 = 10$

1) $X_4 = 8 + (-2X_1)$

2) $X_5 = 10 + (-2X_1)$

$\phi_1 = -6 + (-2) \times 0 + (-2) \times 0 = -6$

→ X_2

$a_2X_2 + a_4X_4 + a_5X_5 = b$

$$\begin{bmatrix}3\\2\end{bmatrix}X_2 + \begin{bmatrix}1\\0\end{bmatrix}X_4 + \begin{bmatrix}0\\1\end{bmatrix}X_5 = \begin{bmatrix}8\\10\end{bmatrix}$$

1) $3X_2 + X_4 = 8$

2) $2X_2 + X_5 = 10$

1) $X_4 = 8 + (-3X_2)$

2) $X_5 = 10 + (-2X_2)$

$\phi_2 = -6 + (-3) \times 0 + (-2) \times 0 = -6$

$\rightarrow X_3$

$\mathbf{a_3}X_3 + \mathbf{a_4}X_4 + \mathbf{a_5}X_5 = \mathbf{b}$

$\begin{bmatrix} 6 \\ 1 \end{bmatrix} X_3 + \begin{bmatrix} 1 \\ 0 \end{bmatrix} X_4 + \begin{bmatrix} 0 \\ 1 \end{bmatrix} X_5 = \begin{bmatrix} 8 \\ 10 \end{bmatrix}$

1) $6X_3 + X_4 = 8$

2) $X_3 + X_5 = 10$

1) $X_4 = 8 + (-6X_3)$

2) $X_5 = 10 + (-X_3)$

$\phi_3 = -3 + (-6)\times 0 + (-1)\times 0 = -3$

Debido a que se busca minimizar, los dos valores más pequeños corresponden a X_1 y a X_2 ($\phi_1 = -6$ y $\phi_2 = -6$, respectivamente) con un empate. Se desempata arbitrariamente escogiendo **que entre X_1 ($\rightarrow X_1$).**

③ Criterio de factibilidad.

Tenemos que ver cuál de las dos variables de la base sale, si X_4 o X_5.

Viendo las dos ecuaciones correspondientes a la opción de que entre X_1 tenemos:

1) $X_4 = 8 + (-2X_1)$

2) $X_5 = 10 + (-2X_1)$

Si sale X_4, tendríamos que $X_4 = 0$. Si sale X_5 tendríamos que $X_5 = 0$. Así:

1) $0 = 8 + (-2X_1)$

2) $0 = 10 + (-2X_1)$

1) $X_1 = 8/2$

2) $X_2 = 10/2$

X_1 Máximo $= $ Mínimo$\{8/2, 10/2\} = $ Mínimo$\{4,5\}$

Así pues, **sale X_4 ($X_4 \rightarrow$).** El nuevo valor de $X_1 = 4$. El valor de X_4 claramente es igual a cero, pues:

1) $X_4 = 8 + (-2\times 4) = 8\text{-}8 - 0$

El nuevo valor de X_5 es ahora:

2) $X_5 = 10 + (-2\times 4) = 10\text{-}8 = 2$

Así pues, tenemos que $X_1 = 4$, $X_2 = 0$, $X_3 = 0$, $X_4 = 0$ y $X_5 = 2$. Los nuevos conjuntos de variables básica y no básica son:

$\mathbf{B} = \{X_1, X_5\}$

$\mathbf{N} = \{X_2, X_3, X_4\}$

$$Z = [-6, \ -6, \ -3, \ 0, \ 0] \begin{bmatrix} 4 \\ 0 \\ 0 \\ 0 \\ 2 \end{bmatrix} = -24$$

Esto constituye la nueva CLBF$_2$.

② Criterio de mejorabilidad para CLBF$_2$.

→ X$_2$

$\mathbf{a_1}X_1 + \mathbf{a_2}X_2 + \mathbf{a_5}X_5 = \mathbf{b}$

$\begin{bmatrix} 2 \\ 2 \end{bmatrix}X_1 + \begin{bmatrix} 3 \\ 2 \end{bmatrix}X_2 + \begin{bmatrix} 0 \\ 1 \end{bmatrix}X_5 = \begin{bmatrix} 8 \\ 10 \end{bmatrix}$

1) $2X_1 + 3X_2 = 8$

2) $2X_1 + 2X_2 + X_5 = 10$

1) $X_1 = 4 + ((-3/2)X_2)$

Sustituyendo X$_1$ de 1) en 2):

2) $2X_1 + 2X_2 + X_5 = 10$

2) $2(4 + ((-3/2)X_2)) + 2X_2 + X_5 = 10$

2) $-X_2 + X_5 = 2$

2) $X_5 = 2 + (-1)X_2$

$\phi_2 = -6 + (-3/2) \times -6 + (-1) \times 0 = 3$

→ X$_3$

$\mathbf{a_1}X_1 + \mathbf{a_3}X_3 + \mathbf{a_5}X_5 = \mathbf{b}$

$\begin{bmatrix} 2 \\ 2 \end{bmatrix}X_1 + \begin{bmatrix} 6 \\ 1 \end{bmatrix}X_3 + \begin{bmatrix} 0 \\ 1 \end{bmatrix}X_5 = \begin{bmatrix} 8 \\ 10 \end{bmatrix}$

1) $2X_1 + 6X_3 = 8$

2) $2X_1 + X_3 + X_5 = 10$

1) $X_1 = 4 + (-3)X_3$

Sustituyendo X$_1$ de 1) en 2):

2) $2(4 + (-3)X_3) + X_3 + X_5 = 10$

2) $-5X_3 + X_5 = 2$

2) $X_5 = 2 + (5)X_3$

$\phi_3 = -3 + (-3) \times -6 + (5) \times 0 = 15$

→ X$_4$

$\mathbf{a_1}X_1 + \mathbf{a_4}X_4 + \mathbf{a_5}X_5 = \mathbf{b}$

$\begin{bmatrix} 2 \\ 2 \end{bmatrix}X_1 + \begin{bmatrix} 1 \\ 0 \end{bmatrix}X_4 + \begin{bmatrix} 0 \\ 1 \end{bmatrix}X_5 = \begin{bmatrix} 8 \\ 10 \end{bmatrix}$

1) $2X_1 + X_4 = 8$

2) $2X_1 + X_5 = 10$

1) $X_1 = 4 + (-1/2)X_4$

Sustituyendo X$_1$ de 1) en 2):

2) $2(4 + (-1/2)X_4) + X_5 = 10$

2) $-X_4 + X_5 = 2$

2) $X_5 = 2 + (1)X_4$

$\phi_4 = 0 + (-1/2) \times -6 + (1) \times 0 = 3$

Dado que todos los valores de ϕ_j son positivos y como se quiere minimizar, el introducir cualquiera de estas variables empeoraría la solución. Así pues, se ha llegado a la solución óptima, la cual es única, pues ninguno de los efectos netos (ϕ_j's) es igual a cero.

$Z^* = -24$, $X_1^* = 4$, $X_2^* = 0$, $X_3^* = 0$, $X_4^* = 0$, $X_5^* = 2$

7. El Método Simplex Tabular

El método simplex tabular es una manera muy práctica de sistematizar el
funcionamiento del método vectorial. El simplex tabular puede utilizarse en principio
solamente para problemas con variables positivas que acepten valores fraccionarios
(técnicamente hablando números reales positivos). El LINDO/LINGO acepta trabajar tanto
con variables reales, como enteras y 0-1. A efectos de ilustrar el funcionamiento del método
simplex, se verá nuevamente el ejemplo ilustrativo de la sección 6.2. Hágase referencia a la
Tabla 6.1. El problema se plantea ahora en formato estándar como sigue. Ahora la variable
que indica el valor de la función objetivo no es Z sino X_0.

```
Maximizar: X₀ = 10X₁+15X₂+ 0X₃+ 0X₄+ 0X₅
Sujeto a:
   10X₁+20X₂+ X₃        = 4,000
    5X₁+ 5X₂+     X₄    = 1,500
    4X₁+ 2X₂+        X₅ = 800
X₁, ..., X₅ ≥ 0
```

El planteamiento anterior puede representarse matricialmente como se muestra a
continuación.

$$\text{Maximizar: } X_0 = \begin{bmatrix} 10 & 15 & 0 & 0 & 0 \end{bmatrix} \begin{bmatrix} X_1 \\ X_2 \\ X_3 \\ X_4 \\ X_5 \end{bmatrix}$$

$$\text{Sujeto a:}$$

$$\begin{bmatrix} 10 & 20 & 1 & 0 & 0 \\ 5 & 5 & 0 & 1 & 0 \\ 4 & 2 & 0 & 0 & 1 \end{bmatrix} \begin{bmatrix} X_1 \\ X_2 \\ X_3 \\ X_4 \\ X_5 \end{bmatrix} = \begin{bmatrix} 4,000 \\ 1,500 \\ 800 \end{bmatrix}$$

$$\begin{bmatrix} X_1 \\ X_2 \\ X_3 \\ X_4 \\ X_5 \end{bmatrix} \geq 0$$

Se definen las matrices (y vectores) **C**, **X**, **A** y **b** como se indica a continuación.

$$\mathbf{C} = \begin{bmatrix} 10 & 15 & 0 & 0 & 0 \end{bmatrix}$$

$$\mathbf{X} = \begin{bmatrix} X_1 \\ X_2 \\ X_3 \\ X_4 \\ X_5 \end{bmatrix}$$

$$\mathbf{A} = \begin{bmatrix} 10 & 20 & 1 & 0 & 0 \\ 5 & 5 & 0 & 1 & 0 \\ 4 & 2 & 0 & 0 & 1 \end{bmatrix}$$

$$\mathbf{b} = \begin{bmatrix} 4{,}000 \\ 1{,}500 \\ 800 \end{bmatrix}$$

De este modo, el planteamiento de este problema ilustrativo se puede plantear como se indica a continuación.

```
Maximizar: X₀ = CX
Sujeto a: AX = b
   X ≥ 0
```

7.1. Planteamiento típico del simplex tabular

Consideremos problemas con valores de $\mathbf{b}$ positivos y restricciones del tipo $\leq$. En general, todo problema de programación lineal, mediante las transformaciones necesarias, puede llevarse a un formato estándar, representándolo matricialmente como se muestra a continuación.

Obsérvese que esto asume m restricciones y n variables del problema original.

```
Optimizar (Maximizar o Minimizar): X₀ = CX
Sujeto a: AX = b
   X ≥ 0

Donde:
C = Vector de tamaño [1×(n+m)]
X = Vector de tamaño [(n+m)×1]
A = Matriz de tamaño [m×(n+m)]
b = Vector de tamaño [m×1]
```

7.2. Fundamentos teóricos del simplex tabular

Se tienen los siguientes fundamentos o lineamientos básicos para el método simplex tabular:

① **En conjuntos convexos:** La primera de las nociones elementales estriba en reconocer que el conjunto de soluciones factibles a todo problema de programación lineal es el conjunto convexo.

Teorema 1: El conjunto de soluciones factibles del sistema:

$AX = b$, $X \geq 0$, si no es un conjunto vacío, es un conjunto convexo.

② **En poliedros convexos:** Es la intersección de un número finito de semi espacios cerrados, es decir, la envolvente concreta generada por un número finito de puntos extremos.

Teorema 2: El Conjunto de Soluciones Factibles (CSF) del sistema:

$AX = b$, $X \geq 0$, es un poliedro convexo limitado inferiormente. Por tanto, tenemos que cualquier $X \in$ CSF puede representarse en función de los puntos y direcciones extremos.

③ **En puntos extremos:** Todo problema de programación lineal posee como característica esencial un número infinito de soluciones factibles. Sin embargo, el siguiente teorema nos da una buena guía:

Teorema 3: Si un problema de programación lineal tiene solución óptima, entonces ésta debe estar en un punto extremos del CSF. Si la solución óptima reside en más de un punto extremo, entonces ésta toma el mismo valor en todas las combinaciones convexas de tales puntos extremos.

④ **En soluciones básicas:** Para el concepto de punto extremo de naturaleza geométrica, es deseable determinar su equivalente matemático o analítico. Así se podrán encontrar los puntos extremos sin necesidad de "verlos".

Teorema 4: Un punto extremo del CSF del sistema:

$AX = b$, $X \geq 0$, es matemáticamente equivalente a una Solución Básica Factible (SBF) de dicho sistema y viceversa.

7.3. Algoritmos del método simplex tabular

7.3.1. El simplex tabular como un algoritmo para maximización

Paso ①: Encontrar una Solución Básica Factible Inicial (SBFI).

  a) Seleccionar las variables de holgura como las variables básicas de inicio.

  b) Integrar la tabla 1 mediante el formato establecido, ordenando las variables de izquierda a derecha, de acuerdo al subíndice de menor a mayor.

Paso ②: Criterio de mejorabilidad.

  a) Si en el renglón cero todos los números (los $-\phi_j$) son no-negativos (salvo el de x_0), la actual solución es la óptima. Si una o más variables no básicas tiene un cero en tal renglón, la actual solución es la óptima y es múltiple y deben generarse todas las tablas subsecuentes necesarias para definir tal tipo de solución. Si todas las variables no básicas tienen números positivos, la actual solución óptima es única.

  b) De lo contrario, seleccionar como variable de entrada a aquella con el número más negativo. En caso de empate seleccionar arbitrariamente entre ellas.

Paso ③: Criterio de factibilidad.

  a) Si en la columna de la variable de entrada todos los números (los α_{ij}) son no positivos, la solución es ilimitada.

  b) De lo contrario, sea $-\phi_j$ el coeficiente de la restricción de la función objetivo de la variable j y j la variable de entrada, los α_{ij} los números de la columna j para cada variable básica (renglón) i y el LD_i el lado derecho de la variable i, seleccionar como variable de entrada a aquella con el menor número de LD_i/α_{ij} (no negativo) $\forall$ i=1…m. Si hay empate, desempatar arbitrariamente.

  c) Aplicar la operación de pivoteo para generar en la columna de la variable de entrada, un uno en el nuevo renglón de esta nueva variable de entrada y un cero en la columna correspondiente a todas las otras variables básicas, incluyendo el renglón de la función objetivo.

  d) Ir al paso ②.

El algoritmo anterior constituye la base para aplicar el método simplex tabular.

7.3.2. El simplex tabular como un algoritmo para minimización

Paso ①: Encontrar una Solución Básica Factible Inicial (SBFI).

    a) Seleccionar las variables de holgura como las variables básicas de inicio.

    b) Integrar la tabla 1 mediante el formato establecido, ordenando las variables de izquierda a derecha, de acuerdo al subíndice de menor a mayor.

Paso ②: Criterio de mejorabilidad.

    a) Si en el renglón cero todos los números (los $-\phi_j$) son no-positivos (salvo el de x_0), la actual solución es la óptima. Si una o más variables no básicas tiene un cero en tal renglón, la actual solución es la óptima y es múltiple y deben generarse todas las tablas subsecuentes necesarias para definir tal tipo de solución. Si todas las variables no básicas tienen números negativos, la actual solución óptima es única.

    b) De lo contrario, seleccionar como variable de entrada a aquella con el número más positivo. En caso de empate seleccionar arbitrariamente entre ellas.

Paso ③: Criterio de factibilidad.

    a) Si en la columna de la variable de entrada todos los números (los α_{ij}) son no positivos, la solución es ilimitada.

    b) De lo contrario, sea $-\phi_j$ el coeficiente de la restricción de la función objetivo de la variable j y j la variable de entrada, los α_{ij} los números de la columna j para cada variable básica (renglón) i y el LD_i el lado derecho de la variable i, seleccionar como variable de entrada a aquella con el menor número de LD_i/α_{ij} (no negativo) $\forall$ i=1…m. Si hay empate, desempatar arbitrariamente.

    c) Aplicar la operación de pivoteo para generar en la columna de la variable de entrada, un uno en el nuevo renglón de esta nueva variable de entrada y un cero en la columna correspondiente a todas las otras variables básicas, incluyendo el renglón de la función objetivo.

    d) Ir al paso ②.

El procedimiento anterior constituye el algoritmo del método simplex tabular para minimización. Obsérvese que es idéntico al de maximización con excepción del paso ②, que es el criterio de mejorabilidad, pues ahora se busca minimizar, no maximizar.

7.4. Aplicación del método simplex tabular

7.4.1. Ejemplo 1

Considérese el siguiente planteamiento de un problema de maximización para ser resuelto mediante método simplex (algoritmo para maximización).

```
Maximizar: X₀ = 10X₁+15X₂
Sujeto a:
  10X₁+20X₂ ≤ 4,000  ①
   5X₁+ 5X₂ ≤ 1,500  ②
   4X₁+ 2X₂ ≤ 800    ③
X₁, X₂ ≥ 0
```

Se plantea el problema anterior en formato estándar, solamente que la función objetivo se convierte ahora en la restricción ⓪.

```
Maximizar: X₀
Sujeto a:
  X₀-10X₁-15X₂+0X₃+0X₄+0X₅ = 0      ⓪
     10X₁+20X₂+0X₃            = 4,000 ①
      5X₁+ 5X₂+    0X₄        = 1,500 ②
      4X₁+ 2X₂+        0X₅ = 800      ③
X₁, X₂, X₃, X₄, X₅ ≥ 0
```

De acuerdo al paso ①, se debe crear ahora una Solución Básica Factible Inicial (SBFI). Dicha SBFI (es decir, las variables básicas de inicio) está constituida por las variables de holgura de acuerdo al inciso a) del paso ①, igual que en el caso del método vectorial, donde se comenzaba con una Combinación Lineal Básica Factible Inicial (CLBFI). Vemos en el inciso b) del paso ① que debemos integrar la tabla 1 de acuerdo al arreglo del problema como se planteó anteriormente.

La razón por la que la variable de la función objetivo ahora está denotada por X_0 y no por Z es para que las variables vayan desde X_0 hasta X_5 y, aunque X_0 no es estrictamente hablando una variable, la tabla inicial del simplex tabular se construye como si lo fuera y X_0 opera en el simplex tabular como si fuera una variable básica.

VB	X_0	X_1	X_2	X_3	X_4	X_5	LD
X_0	1	-10	-15	0	0	0	0
X_3	0	10	20	1	0	0	4000
X_4	0	5	5	0	1	0	1500
X_5	0	4	2	0	0	1	800

La primera columna de la tabla anterior muestra cuáles son las variables básicas (en este caso de inicio), y son: X_0, X_3, X_4 y X_5. Las columnas de la dos a la siete indican los coeficientes de todas las variables del problema, desde X_0 hasta X_5. Los valores que se encuentran para estas columnas y los correspondientes renglones son los del planteamiento para simplex para las restricciones ⓪ (donde la variable "básica" es X_0), ① (donde la variable básica es X_3), ② (donde la variable básica es X_4) y ③ (donde la variable básica es X_5). Obsérvese que se tienen m = 3 restricciones más la restricción ⓪ que resulta de convertir la función objetivo en restricción. La última columna (octava) tiene el valor del Lado Derecho (LD) de las restricciones de la ⓪ a la ③. Nótese que las variables básicas tienen un uno en el renglón y columna correspondiente a dicha variable básica y ceros para los demás valores en la columna de dicha variable básica correspondiente a los renglones de las demás variables.

Ahora debemos comenzar a iterar con el método simplex aplicando sucesivamente los pasos ② y ③. Si hay solución óptima terminaremos con el paso ②. Si la solución es, en cambio, ilimitada, terminaremos con el inciso a) del paso ③. Hasta el momento no se considera la posibilidad de tener soluciones infactibles o inexistentes porque todas las restricciones son del tipo ≤ y no hay coeficientes negativos en las restricciones del planteamiento inicial del problema.

Obsérvese la tabla anterior. Aplicaremos ahora el inciso a) del paso ②. Vemos que no tenemos los valores de los ϕ_j, sino los valores de $-\phi_j$, porque los coeficientes de la función objetivo fueron multiplicados por -1 al pasarlos a la izquierda para convertir la función objetivo en restricción. La pregunta es si todos los $-\phi_j$ son no-negativos (esto es, cero o positivos). Vemos que los coeficientes de las variables no básicas (X_1 y X_2 en este caso) son positivos. Así pues, debe entrar la variable X_2. ¿Cuál variable debe salir? Vemos el inciso a) del paso ③ y vemos que no es el caso. Nótese que los para los α_{ij}, la i es el renglón (i = 3, 4 y 5) y la j es la columna (j = 1, 2, 3, 4 y 5) para las columnas de la segunda a la sexta, respectivamente. No se considera $j = 0$ por tratarse de la variable de la función objetivo, que no cambia. Buscamos en el inciso b) del paso ③ el mínimo de $\{4000/20, 1500/5, 800/2\}$, que es el mínimo de $\{200, 300, 400\} = 200$, por lo que la variable que sale es X_3. Lo anterior se marca en la siguiente tabla. Nótese que ahora, en esta tabla, la nueva variable básica ya no es X_3 sino X_2.

↓

	VB	X_0	X_1	X_2	X_3	X_4	X_5	LD	
	X_0	1	-10	-15	0	0	0	0	
(1/20)	X_2	0	10	**<u>20</u>**	1	0	0	4000	→
	X_4	0	5	5	0	1	0	1500	
	X_5	0	4	2	0	0	1	800	

La nueva variable básica debe verse como una variable básica, es decir, debe tener un uno en $i = 2$ y $j = 2$ y ceros en $i = 0, 4$ y 5 para $j = 2$. Así pues, debemos aplicar operaciones de pivoteo según el inciso c) del paso ③. Primero hay que convertir el 20, marcado con negrita y subrayado en la tabla anterior en uno. Para eso multiplicamos todo el renglón por (1/20), cuyo resultado se muestra en la siguiente tabla.

↓

	VB	X_0	X_1	X_2	X_3	X_4	X_5	LD	
[15]	X_0	1	-10	*-15*	0	0	0	0	
	X_2	0	½	**<u>1</u>**	1/20	0	0	200	→
[-5]	X_4	0	5	*5*	0	1	0	1500	
[-2]	X_5	0	4	*2*	0	0	1	800	

Se trabaja ahora la columna $j = 2$. Hay que convertir en ceros el -15 para $i = 0$ (multiplicando todo el renglón $i = 2$ por 15 y sumándoselo al renglón $i = 0$). También hay que convertir en cero el 5 para $i = 4$ (multiplicando todo el renglón $i = 2$ por -5 y sumándoselo al renglón $i = 4$). Finalmente hay que convertir en cero el 2 para $i = 5$ (multiplicando todo el renglón $i = 2$ por -2 y sumándoselo al renglón $i = 5$). El resultado de dichas operaciones se muestra en la siguiente tabla.

VB	X_0	X_1	X_2	X_3	X_4	X_5	LD
X_0	1	-5/2	0	¾	0	0	3000
X_2	0	½	1	1/20	0	0	200
X_4	0	5/2	0	-1/4	1	0	500
X_5	0	3	0	-1/10	0	1	400

Lo que sigue es el inciso d) del paso ③ que indica regresar al paso ②. Nótese que ahora las nuevas variables básicas (diferentes de cero) son $X_2 = 200$, $X_4 = 500$ y $X_5 = 400$. La función objetivo vale $X_0 = 3000$. Las variables no básicas son X_1 y X_3 que, por ser no básicas, son iguales a cero. Ahora, el inciso a) del paso ② busca variables básicas no-positivas, esto es, iguales a cero o negativas. En el renglón $i = 0$ hay una variable negativa (con un valor de $-5/2$) correspondiente a X_1. Así pues, debe entrar X_1 según indica el inciso b) del paso ②.

¿Cuál variable debe salir? Viendo el inciso a) del paso ③ vemos que $\alpha_{21}=\frac{1}{2}$, $\alpha_{41}=5/2$ y $\alpha_{51}=3$, por lo que ninguno de estos valores es negativo y no se trata de solución ilimitada. Viendo el inciso b) del paso ③ calculamos los LD_i/α_{ij}. Tenemos ahora Mínimo$\{200/\frac{1}{2},500/(5/2),400/3\} = \{400,200,400/3\} = 400/3$, por lo que la variable que sale es X_5. Lo anterior se muestra en la siguiente tabla. Obsérvese que la nueva variable básica ya no es X_5 sino X_1.

	VB	X_0	X_1	X_2	X_3	X_4	X_5	LD	
	X_0	1	-5/2	0	¾	0	0	3000	
	X_2	0	½	1	1/20	0	0	200	
	X_4	0	5/2	0	-1/4	1	0	500	
(1/3)	X_1	0	**3**	0	-1/10	0	1	400	→

Se debe ahora aplicar el inciso c) del paso ③ que es la operación de pivoteo. Lo primero es multiplicar todo el nuevo renglón $i = 1$ por (1/3) para que quede en el pivote un uno, lo que se muestra en la siguiente tabla.

	VB	X_0	X_1	X_2	X_3	X_4	X_5	LD
[5/2]	X_0	1	-5/2	0	¾	0	0	3000
[-½]	X_2	0	½	1	1/20	0	0	200
[-5/2]	X_4	0	5/2	0	-1/4	1	0	500
	X_1	0	**1**	0	-1/30	0	1/3	400/3

Primero, se debe dejar un cero para $i = 4$ multiplicando todo el renglón $i = 1$ por -5/2 y sumándoselo al renglón $i = 4$. Luego se debe dejar un cero para $i = 2$, por lo que se debe multiplicar por -½ todo el renglón $i = 1$ y sumárselo al renglón $i = 2$. Finalmente, para la función objetivo, se debe dejar en cero el renglón $i = 0$, por lo que se debe multiplicar todo el renglón i =1 por 5/2 y sumárselo al renglón i = 0. El resultado se muestra en la siguiente tabla.

VB	X_0	X_1	X_2	X_3	X_4	X_5	LD
X_0	1	0	0	2/3	0	5/6	10000/3
X_2	0	0	1	1/15	0	-1/6	400/3
X_4	0	0	0	-1/6	1	-5/6	500/3
X_1	0	1	0	-1/30	0	1/3	400/3

Con lo anterior, se llega al inciso d) del paso ③ que pide regresar al paso ②. Las variables básicas son X_2 = 400/3, X_4 = 500/3 y X_1 = 400/3. Las variables no básicas (con valores de $-\phi_3$ = 2/3 y $-\phi_5$ = 5/6) son X_3 y X_5 que, por definición, son iguales a cero. Dado que ahora, según el inciso a) del paso ②, todos los $-\phi_j$ de las variables no básicas son no-negativos (positivos en este caso), la solución ya no se puede mejorar. Se trata de **solución óptima única** porque ningún $-\phi_j$ no básico es igual a cero.

Tenemos, entonces, que X_0^* = 10,000/3, X_1^* = 400/3, X_2^* = 400/3 y, aunque no es parte del problema original, X_4^* = 500/3, que es la holgura de la restricción ②. Debido a que X_3^* = 0 y X_5^* = 0, las restricciones ① y ③, respectivamente, tienen una holgura de cero.

7.4.2. Ejemplo 2

Considérese el siguiente planteamiento de un problema hipotético de minimización.

```
Minimizar: X₀ = -X₁-3X₂
Sujeto a:
    X₁-3X₂ ≤ 6    ①
   4X₁+4X₂ ≤ 16   ②
  -2X₁+2X₂ ≤ 4    ③
X₁, X₂ ≥ 0
```

Dicho problema hipotético se plantea en el formato para método simplex tabular.

```
Minimizar: X₀
Sujeto a:
X₀+ X₁+ 3X₂+0X₃+0X₄+0X₅ = 0    ⓪
     X₁-3X₂ +X₃            = 6    ①
    4X₁+4X₂      +X₄       = 16   ②
   -2X₁+2X₂           +X₅  = 4    ③
X₁, X₂, X₃, X₄, X₅ ≥ 0
```

Mediante el formato establecido anterior, es posible plantear la tabla inicial (tabla 1) del método simplex tabular para minimización siguiendo el inciso a) y el inciso b) del paso ①. Nótese que la Solución Básica Factible Inicial (SBFI) está constituida por las variables de holgura (X_4, X_5 y X_6) como variables básicas, quedado las variables originales (X_1 y X_2) con valores de cero, pues son no básicas. De igual modo, la función objetivo vale cero. Dicha tabla 1 se muestra a continuación.

VB	X_0	X_1	X_2	X_3	X_4	X_5	LD
X_0	1	1	3	0	0	0	0
X_3	0	1	-3	1	0	0	6
X_4	0	4	4	0	1	0	16
X_5	0	-2	2	0	0	1	4

El inciso a) del paso ② pregunta si todos los números del renglón cero ($i = 0$) son no-positivos (cero o negativos) y, si tal es el caso, la actual solución es la óptima. Sin embargo, las variables no básicas tienen valores positivos, por lo que la actual solución se puede mejorar. El inciso b) del paso ② indica seleccionar como variable de entrada a aquella con el $-\phi_j$ más positivo. Tal es el caso de X_2 (con $-\phi_2 = 3$), por lo que X_2 es la variable que entra. ¿Cuál variable sale? Según el inciso a) del paso ③ la solución es no ilimitada, pues solamente $\alpha_{32} = -3$ (negativa), siendo que $\alpha_{42} = 4$ y $\alpha_{52} = 2$. Así pues, considerando a X_4 y a X_5 como potenciales variables a salir, tenemos Mínimo$\{16/4, 4/2\}$ = Mínimo$\{4, 2\}$, respectivamente, que es igual a 2, por lo que X_5 es la variable que sale. Esto se muestra en la siguiente tabla, en donde el pivote está marcado en negrita y subrayado. Ahora en lugar de X_5 tenemos a X_2.

↓

VB	X_0	X_1	X_2	X_3	X_4	X_5	LD
X_0	1	1	3	0	0	0	0
X_3	0	1	-3	1	0	0	6
X_4	0	4	4	0	1	0	16
X_2	0	-2	**<u>2</u>**	0	0	1	4

(1/2) ... →

Debemos aplicar la operación de pivoteo del inciso c) el paso ③. Así, el renglón $i = 2$ se multiplica por (1/2) para que el pivote sea 1, como se muestra en la siguiente tabla.

↓

	VB	X_0	X_1	X_2	X_3	X_4	X_5	LD	
[-3]	X_0	1	1	*3*	0	0	0	0	
[3]	X_3	0	1	*-3*	1	0	0	6	
[-4]	X_4	0	4	*4*	0	1	0	16	
	X_2	0	-1	**1**	0	0	½	2	→

El renglón i = 2 se multiplica por -4 y se suma al renglón i = 4 para que en la posición α_{42} quede un cero. También, el renglón i = 2 se multiplica por 3 y se suma al renglón i = 3 para que la posición α_{32} sea igual a cero. Finalmente, se multiplica el renglón i = 2 por -3 y se suma al renglón i = 0 para que $-\phi_2 = 0$. Esto se muestra en la siguiente tabla.

↓

VB	X_0	X_1	X_2	X_3	X_4	X_5	LD	
X_0	1	4	0	0	0	-3/2	-6	
X_3	0	-2	0	1	0	3/2	12	
X_4	0	8	0	0	1	-2	8	→
X_2	0	-1	1	0	0	½	2	

Ahora, las nuevas variables básicas son $X_3 = 12$, $X_4 = 8$ y $X_2 = 2$, con $X_0 = -6$. Las variables no básicas son X_1 y X_5, que por definición son iguales a cero. El inciso d) del paso ③ nos regresa al paso ②. ¿Cuál variable (de las no básicas) debe entrar? Pues la más positiva, que es X_1 con $-\phi_1 = 4$ (X_5 tiene un valor de $-\phi_5 = -3/2$ que es negativo). ¿Cuál variable debe salir? Solamente puede salir X_4 porque los demás (dos) valores de α_{i1}'s son negativos. Lo anterior se indica en la tabla anterior. Ahora, en lugar de X_4 tenemos X_1. La siguiente tabla muestra el nuevo arreglo. Las operaciones de pivoteo también se especifican en la siguiente tabla.

↓

	VB	X_0	X_1	X_2	X_3	X_4	X_5	LD	
[-4]	X_0	1	*4*	0	0	0	-3/2	-6	
[2]	X_3	0	*-2*	0	1	0	3/2	12	
(1/8)	X_1	0	**8**	0	0	1	-2	8	→
[1]	X_2	0	*-1*	1	0	0	½	2	

Los resultados de los cálculos para la nueva tabla se muestran a continuación.

VB	X_0	X_1	X_2	X_3	X_4	X_5	LD
X_0	1	0	0	0	-½	-½	-10
X_3	0	0	0	1	1/4	1	14
X_1	0	1	0	0	1/8	-¼	1
X_2	0	0	1	0	1/8	¼	3

Ahora las nuevas variables básicas son $X_3 = 14$, $X_1 = 1$ y $X_2 = 3$, con $X_0 = -10$. Dado que los $-\phi_j$'s de las dos variables no básicas son negativos ($-\phi_4 = -½$ y $-\phi_5 = -½$), la actual solución es la óptima. Así pues, $X_0^* = -10$, $X_1^* = 1$, $X_2^* = 3$ y $X_3^* = 14$ (la holgura de la restricción ① es de 14). Además, dado que las variables no básicas $X_4^* = 0$ y $X_5^* = 0$, tenemos que las restricciones ② y ③ tienen una holgura de cero. Se trata de **solución óptima única**.

7.4.3. Ejemplo 3

Considérese el siguiente planteamiento hipotético.

```
Maximizar: X₀ = 4X₁+6X₂
Sujeto a:
  2X₁+3X₂ ≤ 6   ①
  6X₁+4X₂ ≤ 12  ②
 -2X₁+2X₂ ≤ 2   ③
X₁, X₂ ≥ 0
```

Este problema se plantea en formato estándar para ser resuelto por simplex tabular.

```
Maximizar: X₀
Sujeto a:
X₀-4X₁-6X₂+0X₃+0X₄+0X₅ = 0   ⓪
   2X₁+3X₂+ X₃            = 6   ①
   6X₁+4X₂+      X₄       = 12  ②
  -2X₁+2X₂+           X₅  = 2   ③
X₁, X₂, X₃, X₄, X₅ ≥ 0
```

Este es el formato establecido del método simplex tabular. Dicho formato se vacía en la siguiente tabla, que constituye la tabla 1 para la Solución Básica Factible Inicial (SBFI).

VB	X_0	X_1	X_2	X_3	X_4	X_5	LD
X_0	1	-4	-6	0	0	0	0
X_3	0	2	3	1	0	0	6
X_4	0	6	4	0	1	0	12
X_5	0	-2	2	0	0	1	2

La variable que entra es X_2. La variable que sale es X_5. Lo anterior se ilustra en la siguiente tabla. También se marcan las operaciones de pivoteo.

	VB	X_0	X_1	X_2	X_3	X_4	X_5	LD	
[6]	X_0	1	-4	-6	0	0	0	0	
[-3]	X_3	0	2	3	1	0	0	6	6/3
[-4]	X_4	0	6	4	0	1	0	12	12/4
(1/2)	X_5	0	-2	**2**	0	0	1	2	2/2→

Dado que entra X_2 en lugar de X_5 se construye la siguiente tabla aplicando las operaciones de pivoteo mostradas en la tabla anterior.

VB	X_0	X_1	X_2	X_3	X_4	X_5	LD
X_0	1	-10	0	0	0	3	6
X_3	0	5	0	1	0	-3/2	3
X_4	0	10	0	0	1	-2	8
X_2	0	-1	1	0	0	½	1

Ahora tenemos una Solución Básica Factible (SBF) en la que la base está formada por $X_3 = 3$, $X_4 = 8$ y $X_2 = 1$ con $X_0 = 6$. Las variables no básicas son $X_1 = 0$ y $X_5 = 0$. Entra X_1 y sale X_3, con las correspondientes operaciones de pivoteo.

	VB	X_0	X_1	X_2	X_3	X_4	X_5	LD	
[10]	X_0	1	-10	0	0	0	3	6	
(1/5)	X_3	0	**5**	0	1	0	-3/2	3	3/5→
[-10]	X_4	0	10	0	0	1	-2	8	8/10
[1]	X_2	0	-1	1	0	0	½	1	-

La siguiente tabla se construye aplicando las operaciones de pivoteo indicadas en la tabla anterior.

VB	X_0	X_1	X_2	X_3	X_4	X_5	LD
X_0	1	0	0	2	0	0	12
X_1	0	1	0	1/5	0	-3/10	3/5
X_4	0	0	0	-2	1	1	2
X_2	0	0	1	1/5	0	1/5	8/5

Ahora tenemos otra Solución Básica Factible (SBF) en la que $X_0 = 12$, siendo las variables básicas $X_1 = 3/5$, $X_4 = 2$ y $X_2 = 8/5$. Las variables no básicas son $X_3 = 0$ y $X_5 = 0$. Ciertamente, se ha llegado a una solución óptima, porque ya no hay $-\phi_j$'s negativos. Sin embargo, el inciso a) del paso ② del criterio de mejorabilidad pregunta si en el renglón cero los números son no-negativos, es decir, cero o positivos. Pero hay una variable no básica con un cero en tal renglón. Se trata de X_5. Así pues, X_5 puede entrar sin alterar por ello el valor de la función objetivo. Vemos pues que en realidad se trata de **solución óptima múltiple**. La siguiente tabla indica cuál variable entra y cuál sale, así como las operaciones de pivoteo.

	VB	X_0	X_1	X_2	X_3	X_4	X_5	LD	
[0]	X_0	1	0	0	2	0	0	12	
[3/10]	X_1	0	1	0	1/5	0	-3/10	3/5	-
(1)	X_4	0	0	0	-2	1	**1**	2	2/1 →
[-1/5]	X_2	0	0	1	1/5	0	1/5	8/5	(8/5)/(1/5)

La siguiente tabla muestra la nueva solución al aplicar las operaciones de pivoteo de la tabla anterior.

VB	X_0	X_1	X_2	X_3	X_4	X_5	LD
X_0	1	0	0	2	0	0	12
X_1	0	1	0	-2/5	3/10	0	6/5
X_5	0	0	0	-2	1	1	2
X_2	0	0	1	3/5	-1/5	0	6/5

Ahora tenemos otra Solución Básica Factible (SBF). Los valores de las variables básicas son $X_1 = 6/5$, $X_5 = 2$ y $X_2 = 6/5$. El valor de la función objetivo no ha cambiado y es $X_0 = 12$. Las variables no básicas son $X_3 = 0$ y $X_4 = 0$. Nótese que ahora la variable no básica X_4 tiene un $-\phi_4 = 0$, pero ya no es necesario que entre pues, de hacerlo así, llegaríamos a la solución de la tabla previa a la anterior.

En consecuencia, ya tendemos todos los elementos para definir nuestra **solución óptima múltiple**. Por un lado, tenemos que dicha solución está integrada por los siguientes valores diferentes de cero: $X_0^* = 12$, $X_1^* = 3/5$, $X_4^* = 2$ y $X_2^* = 8/5$. Por el otro lado, tenemos $X_0^* = 12$, $X_1^* = 6/5$, $X_5^* = 2$ y $X_2^* = 6/5$.

7.4.4. Ejemplo 4

A continuación, se muestra el planteamiento original del problema.

```
Maximizar: X₀ = 3X₁+2X₂-X₃+X₄
Sujeto a:
  2X₁-4X₂-X₃+X₄ ≤ 8   ①
   X₁+X₂+2X₃-3X₄ ≤ 10  ②
   X₁-X₂-4X₃+X₄ ≤ 3    ③
X₁, X₂, X₃, X₄ ≥ 0
```

El problema anterior se muestra en formato estándar para método simplex tabular a continuación.

```
Maximizar: X₀
Sujeto a:
  X₀-3X₁-2X₂+X₃-  X₄+0X₅+0X₆+0X₇ = 0   ⓪
     2X₁-4X₂-X₃+  X₄ +X₅           = 8   ①
      X₁+ X₂+2X₃-3X₄ +    X₆       = 10  ②
      X₁- X₂-4X₃+ X₄ +        X₇ = 3   ③
X₁, X₂, X₃, X₄, X₅, X₆, X₇ ≥ 0
```

Se integra la tabla 1 del método simplex tabular en base al planteamiento anterior.

VB	X_0	X_1	X_2	X_3	X_4	X_5	X_6	X_7	LD
X_0	1	-3	-2	1	-1	0	0	0	0
X_5	0	2	-4	-1	1	1	0	0	8
X_6	0	1	1	2	-3	0	1	0	10
X_7	0	1	-1	-4	1	0	0	1	3

¿Cuál variable entra? Entra la del coeficiente más negativo por tratarse de maximización. En este caso, entra X_1. ¿Cuál sale? Viendo los valores LD_i/α_{ij} mostrados en la siguiente tabla, buscamos el mínimo de estos, por lo que tenemos que sale X_7.

	VB	X_0	X_1	X_2	X_3	X_4	X_5	X_6	X_7	LD	
[3]	X_0	1	-3	-2	1	-1	0	0	0	0	
[-2]	X_5	0	2	-4	-1	1	1	0	0	8	8/2
[-1]	X_6	0	1	1	2	-3	0	1	0	10	10/1
(1)	X_7	0	**1**	-1	-4	1	0	0	1	3	3/1→

Se hacen las operaciones de pivoteo correspondientes en la tabla anterior, lo que resulta en la siguiente tabla. Ahora, en la siguiente tabla, tenemos que las variables básicas son X_5, X_6 y X_1. ¿Cuál variable entra? Pues entra X_3. ¿Cuál sale? Viendo en la siguiente tabla los nuevos valores de LD_i/α_{ij}, tenemos que sale X_5. El pivote es 7.

	VB	X_0	X_1	X_2	X_3	X_4	X_5	X_6	X_7	LD	
[11]	X_0	1	0	-5	-11	2	0	0	3	9	
(1/7)	X_5	0	0	-2	**7**	-1	1	0	-2	2	2/7→
[-6]	X_6	0	0	2	6	-4	0	1	-1	7	7/6
[4]	X_1	0	1	-1	-4	1	0	0	1	3	-

Ahora se calcula la nueva tabla en base a las operaciones de pivoteo de la tabla anterior y al nuevo renglón de la nueva variable X_3 de la siguiente tabla. Las nuevas variables básicas son X_3, X_6 y X_1. ¿Cuál variable entra? Vemos en la siguiente tabla que debe entrar X_2. La única que puede salir es X_6, pues las demás tienen valores de LD_i/α_{ij} negativos.

	VB	X_0	X_1	X_2	X_3	X_4	X_5	X_6	X_7	LD	
[57/7]	X_0	1	0	-57/7	0	3/7	11/7	0	-1/7	85/7	
[2/7]	X_3	0	0	-2/7	1	-1/7	1/7	0	-2/7	2/7	-
(7/26)	X_6	0	0	**26/7**	0	-22/7	-6/7	1	5/7	37/7	→
[15/7]	X_1	0	1	-15/7	0	3/7	4/7	0	-1/7	29/7	-

Se hacen las operaciones de pivoteo indicadas en la tabla anterior en base al nuevo renglón de la nueva variable (X_2 que sustituye a X_6) mostrado en la siguiente tabla.

VB	X_0	X_1	X_2	X_3	X_4	X_5	X_6	X_7	LD	
X_0	1	0	0	0	-84/13	-4/13	57/26	37/26	617/26	
X_3	0	0	0	1	-5/13	1/13	1/13	-3/13	9/13	-
X_2	0	0	1	0	-11/13	-3/13	7/26	5/26	37/26	-
X_1	0	1	0	0	-18/13	1/13	15/26	7/26	187/26	-

Ahora, en la tabla anterior, tenemos que la base está constituida por X_3, X_2 y X_1. ¿Cuál variable debe entrar? Pues debe entrar X_4, que es la del coeficiente del renglón cero más negativo. Sin embargo, ninguna variable puede salir, por tener todos los valores de LD_i/α_{ij} negativos. Revisando el inciso a) del paso ③ del simplex tabular como algoritmo para maximización, vemos que en este caso se trata de **solución ilimitada**.

7.5. Interpretación de los datos del método simplex tabular

El método simplex tabular clásico ocurre cuando se tienen problemas de maximización o minimización y todas las restricciones son del tipo menor o igual con variables reales positivas. En esos casos, existen dos tipos de variables posibles: las variables de "productos" que se refieren a las variables del problema original (se les llama de "productos" porque en muchas formulaciones se trata de productos) y las variables de "recursos" que se refieren a las variables de holgura asociadas a cada restricción del tipo menor o igual utilizada para convertir la restricción en igualdad. Se les llama variables de recursos porque indican qué tanta holgura queda de cada recurso, es decir, cuánto recurso no se utiliza. Se les llama variables de "recursos" porque las restricciones típicamente están asociadas a recursos disponibles.

El método simplex tabular original puede tener tres tipos de soluciones: a) solución óptima única, b) solución óptima múltiple, y, finalmente, c) solución ilimitada. Los cuatro ejemplos de la sección 7.4 ilustran todos estos casos.

Supóngase que se tiene una tabla del simple tabular justo en el momento de comenzar a aplicar el paso ② del criterio de mejorabilidad. ¿Qué significan los diferentes valores que se pueden encontrar dentro de la tabla del simplex en tal caso? Se pueden tener cuatro posibles combinaciones de tipos de variables: a) productos con productos (①), b) productos con recursos (②), c) recursos con productos (③) y d) recursos con recursos (④).

La Figura 7.1 ilustra estas cuatro posibles combinaciones. La Tabla 7.1 muestra diferentes valores para una tabla hipotética, en la que X_1, X_2, X_3 y X_4 son variables de productos asociadas a los productos 1, 2, 3 y 4, respectivamente, mientras que X_5, X_6, X_7 y X_8 son variables de recursos asociadas a los recursos 1, 2, 3 y 4, respectivamente.

Figura 7.1. Combinaciones de tipos de variables.

<table>
<tr><td></td><td align="center">Productos</td><td align="center">Recursos</td></tr>
<tr><td>Productos</td><td align="center">Productos con productos
①</td><td align="center">Recursos con productos
③</td></tr>
<tr><td>Recursos</td><td align="center">Productos con recursos
②</td><td align="center">Recursos con recursos
④</td></tr>
</table>

Tabla 7.1. Tabla del simplex tabular hipotética para diferentes combinaciones de productos y recursos.

VB	X_0	X_1	X_2	X_3	X_4	X_5	X_6	X_7	X_8	LD
X_0	1	0	0	-4	3	0	0	0	0	4000
X_1	0	1	0	**2**	2	1	0	1	0	2000
X_2	0	0	1	1	**-4**	**-2**	0	**8**	0	1500
X_6	0	0	0	2	1	-3	1	**7**	0	500
X_8	0	0	0	**-3**	**8**	-2	0	**-5**	1	1000

En la Tabla 7.1 se marcan los coeficientes de variables en las columnas y los renglones correspondientes a considerar, para hacer el análisis de lo que significan dichos coeficientes dentro de la Tabla 7.1 del método simplex tabular básico visto hasta el momento. Dichos coeficientes pueden ser positivos o negativos, por lo que hay dos casos para cada combinación, lo que hace un total de ocho posibilidades, las cuales están marcadas en la Tabla 7.1.

①   Productos con productos:
a) $X_3 \Leftrightarrow X_1$ (el coeficiente es **2**): Al meter una unidad del producto 3, dejamos de producir 2 unidades del producto 1.
b) $X_4 \Leftrightarrow X_2$ (el coeficiente es **-4**): Al meter una unidad del producto 4, producimos 4 unidades más del producto 2.
②   Productos con recursos:
a) $X_3 \Leftrightarrow X_8$ (el coeficiente es **-3**): Al meter una unidad del producto 3, aumentamos la ociosidad en 3 unidades del recurso asociado a la variable 8 (el del recurso 4

correspondiente a la cuarta restricción). Esto es, al meter una unidad del producto 3, se liberan 3 unidades del recurso 4.

b) $X_4 \Leftrightarrow X_8$ (el coeficiente es **8**): Al meter una unidad del producto 4, se gastan 8 unidades del recurso 4, esto es, al aumentar el producto 4 en una unidad, se reduce la ociosidad del recurso 4 en 8 unidades.

③ Recursos con productos:

a) $X_7 \Leftrightarrow X_2$ (el coeficiente es **8**): Al dejar libre una unidad del recurso 3 (es decir, aumentar en una unidad la variable 7 asociada a la ociosidad del recurso 3), se disminuye en 8 unidades el producto 2.

b) $X_5 \Leftrightarrow X_2$ (el coeficiente es **-2**): Al dejar libre una unidad del recurso 1 (asociado a la variable 5), se aumenta en 2 unidades el producto 2.

④ Recursos con recursos:

a) $X_7 \Leftrightarrow X_8$ (el coeficiente es **-5**): Al dejar libre una unidad del recurso 3, se dejan libres 5 unidades del recurso 4.

b) $X_7 \Leftrightarrow X_6$ (el coeficiente es **7**): Al dejar libre una unidad del recurso 3, se gastan 7 unidades del recurso 2, esto es, disminuye la ociosidad del recurso 2 (asociado a la variable 6) en 7 unidades.

Después de un cuidadoso análisis, es posible generalizar los ocho casos anteriores. Sea α_{ij} el coeficiente de la variable correspondiente a la columna j y al renglón i y sean X_j una variable asociada a un producto o a un recurso, mientras que X_i es otra variable asociada a un producto o a un recurso, tenemos que si α_{ij} es positiva, aumentar X_j en una unidad conduce a reducir en α_{ij} unidades X_i, mientras que, si α_{ij} es negativa, aumentar X_j en una unidad conduce a aumentar en $|\alpha_{ij}|$ (se lee valor absoluto de α_{ij}) unidades X_i.

Sin embargo, X_j puede ser un producto, en cuyo caso se estaría considerando lo que pasaría si se aumentara en una unidad el producto j. Por otro lado, si X_j es una variable asociada a la ociosidad de un recurso, se estaría considerando aumentar la ociosidad de dicho recurso en una unidad, esto es, dejar libre una unidad del recurso asociado a la variable X_j. Adicionalmente, si X_i es un producto, un aumento de $|\alpha_{ij}|$ unidades de X_i significa aumentar en $|\alpha_{ij}|$ unidades el producto i, mientras que una reducción de $|\alpha_{ij}|$ unidades de X_i significaría reducir en $|\alpha_{ij}|$ unidades el producto i. Consecuentemente, si X_i es un recurso, aumentar en $|\alpha_{ij}|$ unidades el recurso asociado a la variable X_i significa aumentar la ociosidad del recurso asociado a la variable X_i en $|\alpha_{ij}|$ unidades, es decir, dejar libre $|\alpha_{ij}|$ unidades del recurso asociado a la variable X_i, mientras que reducir en $|\alpha_{ij}|$ unidades el recurso asociado a la variable X_i significa reducir la ociosidad del recurso asociado a la variable X_i, esto es, ocupar $|\alpha_{ij}|$ unidades adicionales del recurso asociado a la variable X_i.

8. El Método de las M's y de las Dos Fases

Hasta ahora, independientemente del tipo de función objetivo (maximización o minimización), solamente hemos visto problemas en los que las restricciones siempre fueran del tipo menor o igual. Lo anterior a efectos de permitir sumar en cada restricción una variable de holgura para convertir dicha restricción en igualdad y así poder iniciar, sea mediante el método vectorial o el método simplex, con una solución factible inicial compuesta de las variables de holgura. Pero, ¿qué pasa si hay restricciones de mayor o igual o de igualdad? ¿Cómo podemos resolver esos problemas? ¿Qué modificaciones se deben hacer al método simplex para resolver dichos problemas?

Si bien el método gráfico permite resolver todo tipo de restricciones y permite identificar todos los diferentes tipos de soluciones (solución óptima única, óptima múltiple, ilimitada, infactible e inexistente) es un método muy limitado, pues solamente se puede aplicar para el caso en el que se tienen solamente dos variables (el caso de una sola variable prácticamente no constituye problema alguno, aunque sí habría que aplicar una variante del método gráfico para una sola dimensión).

8.1. Ejemplos de soluciones factibles a ser resueltas mediante el método simplex tradicional

A continuación, consideraremos ejemplos de problemas que pueden ser resueltos mediante método simplex tradicional en el que las restricciones son todas del tipo menor o igual (independientemente del tipo de función objetivo).

8.1.1. Ejemplo 1

Considérese el siguiente ejemplo.

```
Maximizar: X₀ = 2X₁+3X₂
Sujeto a:
5X₁- X₂ ≤ 8    ①
3X₁+2X₂ ≤ 10   ②
  X₁+3X₂ ≤ 9   ③
X₁, X₂ ≥ 0
```

Este ejemplo es lo suficientemente sencillo como para ser resuelto mediante método gráfico, pues tiene solamente dos variables. También puede ser resuelto mediante método simplex, pues todas las restricciones son del tipo menor o igual ($\leq$). El problema convertido al formato inicial del método simplex para obtener la Solución Básica Factible Inicial (SBFI), queda como se indica a continuación.

```
Maximizar: X₀
Sujeto a:
X₀ -2X₁-3X₂                = 0   ⓪
    5X₁- X₂+X₃             = 8   ①
    3X₁+2X₂    +X₄    = 10 ②
     X₁+3X₂          +X₅ = 9   ③
X₁, ..., X₅ ≥ 0
```

La SBFI se conforma simplemente mediante las variables de holgura. Así, se comienza con las iteraciones del método simplex con los siguientes valores: $X_3 = 8$, $X_4 = 10$ y $X_5 = 9$. Dado que X_1 y X_2 están fuera de la base, se entiende que los valores iniciales para estas variables serían $X_1 = 0$ y $X_2 = 0$.

8.1.2. Ejemplo 2

Consideremos ahora otro ejemplo con una pequeña variación, pero del mismo estilo que el ejemplo 1, es decir, con restricciones del tipo menor o igual ($\leq$), como se indica a continuación.

```
Minimizar: X₀ = 8X₁-7X₂+2X₃
Sujeto a:
2X₁+3X₂      ≤ 3 ①
 X₁+5X₂ +X₃  ≤ 1 ②
 X₁-2X₂      ≤ 4 ③
X₁, ..., X₃ ≥ 0
```

Este otro ejemplo definitivamente no puede ser resuelto mediante método gráfico (a menos que desarrollemos una versión tridimensional del método gráfico, cosa posible en principio), pues se trata de tres variables. Sin embargo, sí puede ser resuelto mediante método simplex. El problema transformado para comenzar con las iteraciones se indica a continuación.

```
Minimizar: X₀
Sujeto a:
X₀-8X₁+7X₂-2X₃          = 0  ⓪
   2X₁+3X₂      +X₄     = 3  ①
    X₁+5X₂ +X₃   +X₅    = 1  ②
    X₁-2X₂          +X₆ = 4  ③
X₁, ..., X₆ ≥ 0
```

Ahora, existen dos posibles SBFI. La primera es la más obvia y consiste en hacer las variables de holgura las variables básicas de inicio. En este caso, tendríamos $X_4 = 3$, $X_5 = 1$ y $X_6 = 4$, con $X_1 = 0$, $X_2 = 0$ y $X_3 = 0$. Claramente, la función objetivo también valdría cero, es decir, $X_0 = 0$, pues las variables originales son X_1, X_2 y X_3, que valen todas cero.

La otra alternativa, y dado que el coeficiente de X_3 es de uno en ② y en las demás restricciones aparece con valores de cero, sería hacer $X_3 = 1$, $X_4 = 3$ y $X_6 = 4$, con $X_1 = 0$, $X_2 = 0$ y $X_5 = 0$. En este otro caso, y dado que X_3 es una variable original, el valor inicial de X_0 no sería de cero sino de $X_0 = 2X_3 = 2\times 1 = 2$.

8.2. El concepto de variables artificiales

Típicamente, en problemas reales, se tienen restricciones no solamente del tipo menor o igual ($\leq$), sino también del tipo mayor o igual ($\geq$) o de igualdad ($=$). Así pues, no siempre es tan fácil encontrar una Solución Básica Factible Inicial (SBFI), por lo que se requiere aplicar el concepto de variables artificiales.

¿Qué son las variables artificiales (VA)? Pues son variables que no convierten la desigualdad en igualdad con un coeficiente de uno. Por ejemplo, si se tiene una restricción del tipo mayor o igual ($\geq$), la variable de holgura requerida para convertir tal restricción en igualdad tendría por coeficiente -1 pues se estaría restando. Así pues, se agregaría a dicha restricción una "variable artificial" que no está relacionada con el problema original, pero que permite iniciar las iteraciones comenzando con una SBFI utilizando a dicha "variable artificial" como parte de la base. En el caso de una restricción del tipo de igualdad ($=$), no es necesario convertirla en igualdad, pero también debemos sumar otra "variable artificial" para poder iniciar con las iteraciones.

Claramente, las VA deben de ser eliminadas por completo antes de poder comenzar a aplicar el método simplex tradicional. Dicho proceso de eliminación puede complicarse.

8.2.1. Ejemplo

Considérese el siguiente ejemplo ilustrativo de todos los tipos posibles de
restricciones que podríamos tener.

```
Minimizar: X₀ = 4X₁-3X₂+2X₃ ⓪
Sujeto a:
2X₁+3X₂+3X₃ ≤ 8  ①
5X₁+9X₂+6X₃ ≥ 7  ②
2X₁+7X₂+ X₃ = 4  ③
X₁, X₂, X₃ ≥ 0
```

Este problema debe ser convertido al formato estándar en el que todas las
restricciones son del tipo de igualdad. También la función objetivo se convierte en
igualdad, dejando a la variable X_0 como una variable a optimizar (minimizar en este caso).
Lo anterior se hace a continuación.

```
Minimizar: X₀
Sujeto a:
X₀-4X₁+3X₂-2X₃+0X₄+0X₅ = 0  ⓪
   2X₁+3X₂+3X₃+ X₄      = 8  ①
   5X₁+9X₂+6X₃     -X₅  = 7  ②
   2X₁+7X₂+ X₃         = 4  ③
X₁, X₂, X₃ ,X₄, X₅ ≥ 0
```

Se observa que la primera restricción (①) sí puede resolverse mediante el método
simplex tabular, pues fácilmente es posible asignarle a dicha restricción la variable X_4
como variable básica de inicio. Sin embargo, la segunda restricción (②) no puede asignarse
como variable básica de inicio por tener como coeficiente -1. En el caso de la tercera
restricción (③) es aún peor, pues no hay ninguna variable básica de inicio que pudiera
asignarse.

¿Qué podemos hacer? Pues debemos, en el caso de la segunda y tercera restricción
sumar lo que se conoce como "variables artificiales", es decir, variables que no son parte
del problema, pero que se insertan en éste a fin de tener alguna manera de comenzar a iterar
mediante el "método simplex tabular". Claramente, estas variables artificiales deben ser
eliminadas lo antes posible de las tablas del simplex, llegando a alguna otra solución básica
factible inicial válida que permita resolver el "problema original", no el "problema

aumentado". Nótese que el "problema aumentado" es aquel en el que aparecen las "variables artificiales".

Así pues, el problema anterior, incluyendo las "variables artificiales" X_6 y X_7, se muestra a continuación. Este es el "problema aumentado".

```
Minimizar: X₀
Sujeto a:
X₀-4X₁+3X₂-2X₃+0X₄+0X₅          = 0  ⓪
   2X₁+3X₂+3X₃+ X₄              = 8  ①
   5X₁+9X₂+6X₃      -X₅ +X₆     = 7  ②
   2X₁+7X₂+ X₃           +X₇ = 4  ③
X₁, X₂, X₃ ,X₄, X₅ ,X₆, X₇ ≥ 0
```

La Solución Básica Factible Inicial (SBFI) de este "problema aumentado" es:
$X_1 = 0, X_2 = 0, X_3 = 0, X_5 = 0, X_4 = 8, X_6 = 7$ y $X_7 = 4$.

Estas "variables artificiales" no tienen ningún significado real, por lo que deben de ser eliminadas de la base lo antes posible. Para eliminar estas "variables artificiales" de la base existen dos métodos alternativos:
1) Método simplex de las M's.
2) Método simplex de las dos fases.

8.3. El método simplex de las M's

Es un método de penalización de las variables artificiales que se incluyen en la función objetivo con coeficientes dados por un valor M, el cual es un número que para efectos prácticos se considera muy alto. En el caso de una implementación del método simplex de las M's en la computadora, basta con hacer que M sea un coeficiente en la función objetivo 1,000 veces más grande que el máximo coeficiente que aparezca en la función objetivo. Sea X_A una "variable artificial" del problema aumentado, si se trata de un problema de maximización se le resta MX_A a la función objetivo (es decir, se suma MX_A en la restricción ⓪). Si en cambio se trata de un problema de minimización, se le suma MX_A a la función objetivo (esto es, se resta MX_A en la restricción ⓪).

Esto hace que las variables artificiales tiendan a salir de la base. Cuando salen de la base se logra tener una Solución Básica Factible Inicial (SBFI) para el "problema original". En este punto se eliminan las "variables artificiales" de la función objetivo.

Para cálculos manuales M es un valor tan grande que los otros coeficientes de la función objetivo son despreciables respecto al valor de M. Para cálculos computacionales M típicamente se toma como 1,000 veces el mayor valor (en valor absoluto) de los coeficientes de la función objetivo.

El método de las M's en realidad resuelve el "problema aumentado" y lo que se quiere resolver es el "problema original", por lo que debe deducirse la solución del "problema original" a partir de la solución del "problema aumentado".

El "problema aumentado" solamente puede presentar una solución óptima (sea única o múltiple) o una solución ilimitada. Recuérdese que los algoritmos para maximización y minimización del método simplex solamente ofrecen este tipo de soluciones. ¿Dónde quedan entonces las soluciones infactibles e inexistentes? Pues en la conversión del "problema aumentado" al "problema original". Así pues, el problema original ahora puede presentar una solución óptima (única o múltiple), ilimitada, infactible o inexistente.

8.4. Interpretación de resultados del método simplex de las M's

Con el método de las M's se encuentra una solución para el "problema aumentado", pero no una solución para el "problema original". Esta última debe deducirse a partir de la primera. El "problema aumentado" inicia con una Solución Básica Factible Inicial (SBFI) por lo que solamente puede existir una solución óptima (única o múltiple, degenerada o no) o una solución ilimitada.

Para deducir la SBFI del "problema original" a partir del "problema aumentado" se utilizan los siguientes pasos.

1) Si se ha encontrado la solución óptima al "problema aumentado", deben contemplarse tres alternativas:

    a) Cuando no hay variables artificiales en la base óptima: se obtiene la solución óptima al "problema original", que es la misma que la del "problema aumentado". Puede tenerse solución óptima única o solución óptima múltiple.

b) Cuando hay variables artificiales en la base óptima con valor cero: la solución óptima del "problema aumentado" es la misma que la del "problema original", y cualquier "variable real" de holgura u original puede intercambiarse con las "variables artificiales".

b-1) Si todas las "variables artificiales" básicas salen de la base y se reemplazan por "variables reales" no básicas, entonces ninguna restricción es redundante y se tiene una solución óptima degenerada (única o múltiple dependiendo del caso).

b-2) Si no todas las "variables artificiales" salen de la base intercambiándose por "variables reales" no básicas (pues las últimas se agotan o los coeficientes de substitución son todos cero), entonces las restricciones asociadas a las "variables artificiales" básicas no desalojadas son redundantes analíticamente, por lo que deben eliminarse de la tabla.

c) Cuando hay "variables artificiales" en la base óptima con valor positivo: las "variables artificiales" no pudieron sacarse de la base en el "problema aumentado" y como éstas no tienen sentido en el "problema original", se tiene una solución inconsistente. Es úti determinar si la solución es infactible o inexistente.

c-1) Si todas las "variables artificiales" pueden intercambiarse por "variables reales" no básicas (aunque tengan valores negativos), entonces la solución del "problema original" es infactible.

c-2) Si una o más "variables artificiales" permanecen en la base, ya sea porque los coeficientes de sustitución son iguales a cero o porque no quedan "variables reales" fuera de la base, entonces la solución al problema es inexistente.

2) Si se encuentra una solución ilimitada al "problema aumentado", deben contemplarse dos alternativas:

a) Si todas las "variables artificiales" son no básicas, entonces se tiene una solución ilimitada para el problema original.

b) Si una o más "variables artificiales" son básicas, entonces se tiene una solución inconsistente, y se debe determinar si ésta es infactible o inexistente.

b-1) Si todas las "variables artificiales" pueden salir de la base (aunque queden con valores negativos), entonces la solución al "problema original" es infactible.

b-2) Si todas las "variables artificiales" no pueden salir de la base, entonces la solución al problema es inexistente.

8.5. Aplicación del método simplex de las M's

Vamos ahora a considerar una serie de problemas de ejemplo para resolver mediante el método de las M's.

8.5.1. Ejemplo 1

Supóngase que se tiene el siguiente problema.

```
Maximizar: X₀ = 3X₁+5X₂  ⓪
Sujeto a:
4X₁+ X₂ ≥ 4 ①
-X₁+2X₂ ≥ 2 ②
     X₂ ≤ 3 ③
X₁, X₂ ≥ 0
```

Se convierte en el siguiente modelo en formato para ser trabajado con el método de las M's.

```
Maximizar: X₀
Sujeto a:
X₀-3X₁-5X₂ +0X₃+0X₄+0X₅+MX₆+MX₇ = 0  ⓪
    4X₁+ X₂- X₃              +X₆      = 4  ①
    -X₁+2X₂        -X₄           +X₇ = 2  ②
        X₂              +X₅          = 3  ③
X₁, X₂, X₃, X₄, X₅, X₆, X₇ ≥ 0
```

Con la información anterior se construye la primera tabla del método simplex para el "problema aumentado" que se muestra a continuación.

VB	X_0	X_1	X_2	X_3	X_4	X_5	X_6	X_7	LD	
X_0	1	-3	-5	0	0	0	M	M	0	⓪
X_6	0	4	1	-1	0	0	1	0	4	①
X_7	0	-1	2	0	-1	0	0	1	2	②
X_5	0	0	1	0	0	1	0	0	3	③

Se observa que si vemos en la tabla anterior del simplex, $X_6 = 4$ y $X_7 = 2$, por lo que el renglón correspondiente a la función objetivo (⓪) debería ser igual a tener un valor dado por $-MX_6-MX_7 = -M\times 4-M\times 2 = -6M$. ¿Cómo resolvemos este problema utilizando la lógica del método simplex? Pues multiplicando el segundo renglón (①) por $-M$ y sumándoselo al primer renglón (⓪) y multiplicando el tercer renglón (②) por $-M$ y sumándoselo al primer renglón (⓪). Esto se muestra en la siguiente tabla.

	VB	X_0	X_1	X_2	X_3	X_4	X_5	X_6	X_7	LD	
	X_0	1	-3M-3	-3M-5	M	M	0	0	0	-6M	⓪
-M	X_6	0	4	1	-1	0	0	1	0	4	①
-M	X_7	0	-1	2	0	-1	0	0	1	2	②
	X_5	0	0	1	0	0	1	0	0	3	③

Ahora, las "variables artificiales" X_6 y X_7 tienen ceros en el renglón de la función objetivo y solamente un uno en el renglón y objetivo correspondientes, con ceros en los demás renglones. Sin embargo, recuérdese que estas variables deben ser eliminadas de la tabla del método simplex lo antes posible.

Así pues, procedemos con el método simplex para maximización. Dado que se trata de una función objetivo de maximización, debe entrar la variable con el coeficiente en el renglón ⓪ lo más negativa posible. Esto es así para el caso de la variable X_2. Se debe hacer el cálculo de cuál variable debe salir. Estos cálculos se muestran en la siguiente tabla.

	VB	X_0	X_1	X_2	X_3	X_4	X_5	X_6	X_7	LD	
	X_0	1	-3M-3	-3M-5	M	M	0	0	0	-6M	
	X_6	0	4	1	-1	0	0	1	0	4	4/4
→(1/2)	X_7	0	-1	**2**	0	-1	0	0	1	2	2/2
	X_5	0	0	1	0	0	1	0	0	3	3/1

La variable que debe de entrar es pues X_2 y debe salir X_7 por tener el menor valor de LD_i/α_{ij}. El pivote es 2, y dado que debe ser convertido en 1, se multiplica todo el renglón correspondiente a la variable X_2 por ½. El resultado se muestra en la siguiente tabla.

	VB	X_0	X_1	X_2	X_3	X_4	X_5	X_6	X_7	LD
3M+5	X_0	1	-3M-3	-3M-5	M	M	0	0	0	-6M
-1	X_6	0	4	1	-1	0	0	1	0	4
	X_2	0	-1/2	**1**	0	-1/2	0	0	1/2	1
-1	X_5	0	0	1	0	0	1	0	0	3

En los demás renglones de la columna de esta nueva variable básica se deben dejar ceros, por lo que en cada caso indicado en la tabla anterior, se multiplica el renglón de la variable X_2 por los valores indicados y se suman dichos resultados a los renglones en los que aparecen los coeficientes anteriores. El resultado se muestra en la siguiente tabla. En el caso del renglón de la función objetivo (◎) se deben calcular los valores correspondientes a las M y a los valores que no tienen M por separado.

VB	X_0	X_1	X_2	X_3	X_4	X_5	X_6	X_7	LD
X_0	1	-9/2M -11/2	0	M	-1/2M -5/2	0	0	3/2M +5/2	-3M+5
X_6	0	9/2	0	-1	½	0	1	-1/2	3
X_2	0	-½	**1**	0	-½	0	0	1/2	1
X_5	0	½	0	0	½	1	0	-1/2	2

¿Cuál variable debe entrar ahora? Recuérdese que M es un valor muy grande. Vemos en el renglón de la función objetivo (◎) que corresponde a la variable X_0, que -9/2M es un valor mucho más negativo que -1/2M, por lo que la variable X_4 no debe entrar, sino la variable X_1. ¿Cuál variable debe salir? Eso se define con los cálculos de LD_i/α_{ij}, que se muestran en la tabla siguiente.

	VB	X_0	X_1 ↓	X_2	X_3	X_4	X_5	X_6	X_7	LD	
	X_0	1	-9/2M -11/2	0	M	-1/2M -5/2	0	0	3/2M +5/2	-3M+5	
→	X_6	0	**9/2**	0	-1	½	0	1	-1/2	3	3/(9/2)
	X_2	0	-½	1	0	-½	0	0	½	1	-
	X_5	0	½	0	0	½	1	0	-1/2	2	2/(1/2)

Claramente, 3/(9/2) = 2/3, que es menor que 2/(1/2) = 4, por lo que debe salir la variable X_6 y debe entrar la variable X_1. La siguiente tabla muestra el nuevo arreglo. Dado que el elemento pivote es 9/2, y debe quedar un uno en tal posición, el renglón, ahora correspondiente a la variable X_1 debe tener un uno en tal posición, por lo que todo el renglón se multiplica por (2/9). Esto queda indicado en la siguiente tabla.

(2/9)

VB	X_0	X_1	X_2	X_3	X_4	X_5	X_6	X_7	LD
X_0	1	-9/2M -11/2	0	M	-1/2M -5/2	0	0	3/2M +5/2	-3M+5
X_1	0	**1**	0	-2/9	1/9	0	2/9	-1/9	2/3
X_2	0	-½	1	0	-½	0	0	½	1
X_5	0	½	0	0	½	1	0	-1/2	2

$\rightarrow$

Ahora, los demás coeficientes correspondientes a la columna de X_1 deben tener coeficientes de cero. Eso se hace multiplicando el renglón de la variable X_1 por los valores indicados en la siguiente tabla y sumando tales resultados a los renglones de las demás variables. El resultado de indicar tales operaciones se muestra en la siguiente tabla.

9/2M+11/2

½

-½

VB	X_0	X_1	X_2	X_3	X_4	X_5	X_6	X_7	LD
X_0	1	-9/2M -11/2	0	M	-1/2M -5/2	0	0	3/2M +5/2	-3M+5
X_1	0	**1**	0	-2/9	1/9	0	2/9	-1/9	2/3
X_2	0	-1/2	1	0	-1/2	0	0	½	1
X_5	0	½	0	0	½	1	0	-1/2	2

$\rightarrow$

El resultado de hacer los cálculos anteriores se muestra en la siguiente tabla. Recuérdese que los cálculos para los valores que tienen M en la función objetivo deben mantenerse separados de los valores que no tienen M.

VB	X_0	X_1	X_2	X_3	X_4	X_5	X_6	X_7	LD
X_0	1	0	0	-11/9	-17/9	0	M+11/9	M+17/9	26/3
X_1	0	1	0	-2/9	1/9	0	2/9	-1/9	2/3
X_2	0	0	1	-1/9	-4/9	0	1/9	4/9	4/3
X_5	0	0	0	1/9	4/9	1	-1/9	-4/9	5/3

Muy bien, ahora se puede observar que en la función objetivo las "variables artificiales" (X_6 y X_7) ya no deben entrar a la base por tratarse de números muy positivos. De este modo, ya se tiene una Solución Básica Factible Inicial (SBFI) sin necesidad de tener "variables artificiales". En consecuencia, X_6 y X_7 se desconocen y solamente se trabaja con las variables del "problema original" (X_1, X_2, X_3, X_4 y X_5). Esto se indica en la siguiente tabla.

VB	X_0	X_1	X_2	X_3	X_4	X_5	X_6	X_7	LD	
X_0	1	0	0	-11/9	-17/9	0			26/3	
X_1	0	1	0	-2/9	1/9	0			2/3	(2/3)/(1/9)=6
X_2	0	0	1	-1/9	-4/9	0			4/3	
X_5	0	0	0	1/9	**4/9**	1			5/3	(5/3)/(4/9)=3.75

→(9/4) marca el renglón de X_5.

Como se puede apreciar en la tabla anterior, ya no hay M's y podemos proceder a resolver el problema mediante el método simplex original para maximización. Así pues, entra X_4 y sale X_5. Como el pivote es 4/9, se multiplica todo el renglón del pivote por 9/4 para hacer el pivote igual a uno. El resultado de tales operaciones se muestra en la siguiente tabla.

	VB	X_0	X_1	X_2	X_3	X_4	X_5	X_6	X_7	LD
17/9	X_0	1	0	0	-11/9	-17/9	0			26/3
-1/9	X_1	0	1	0	-2/9	1/9	0			2/3
4/9	X_2	0	0	1	-1/9	-4/9	0			4/3
	X_4	0	0	0	1/4	**1**	9/4			15/4

Las operaciones de renglón se indican en la tabla anterior. El resultado de dichas operaciones se muestra en la siguiente tabla.

VB	X_0	X_1	X_2	X_3	X_4	X_5	X_6	X_7	LD
X_0	1	0	0	-3/4	0	17/4			63/4
X_1	0	1	0	-1/4	0	-1/4			¼
X_2	0	0	1	0	0	1			3
X_4	0	0	0	**1/4**	1	9/4			15/4

→(4) marca el renglón de X_4.

Viendo ahora la tabla anterior, vemos que la única variable que puede entrar es X_3. Para la columna de X_3, X_1 tiene un α_{13} negativo (igual a -1/4) y X_2 tiene un α_{23} igual a cero, por lo que la única variable que puede salir es X_4, independientemente del valor de LD_4/α_{43}. Así pues, se indica en la tabla anterior que entra X_3 y sale X_4. El elemento pivote es ¼, por lo que el renglón de X_4 (ahora X_3) debe ser multiplicado por 4. Lo anterior se indica en la tabla previa. El resultado de tal operación para el pivote se muestra en la siguiente tabla.

	VB	X_0	X_1	X_2	X_3	X_4	X_5	X_6	X_7	LD
¾	X_0	1	0	0	-3/4	0	17/4			63/4
¼	X_1	0	1	0	-1/4	0	-1/4			¼
	X_2	0	0	1	0	0	1			3
	X_3	0	0	0	**1**	4	9			15

Las operaciones de pivoteo con los renglones se indican en la tabla previa. El resultado de tales operaciones se muestra en la siguiente tabla.

VB	X_0	X_1	X_2	X_3	X_4	X_5	X_6	X_7	LD
X_0	1	0	0	0	3	11			27
X_1	0	1	0	0	1	2			4
X_2	0	0	1	0	0	1			3
X_3	0	0	0	1	4	9			15

Hemos pues llegado a una solución final. Se trata de una solución óptima única en la que $X_0^* = 27$, $X_1^* = 4$, $X_2^* = 3$ y $X_3^* = 15$.

8.5.2. Ejemplo 2

Supóngase ahora que se tiene el siguiente problema de minimización.

```
Minimizar: X₀ = 10X₁+5X₂ ⓪
Sujeto a:
-3X₁+2X₂ ≤ 3 ①
 2X₁+4X₂ ≥ 6 ②
 2X₁+ X₂ ≥ 5 ③
X₁, X₂ ≥ 0
```

Es posible, utilizando el método simplex para minimización, resolver el problema cuando todas las restricciones son del tipo menor o igual (≤). Sin embargo, las restricciones ② y ③ son del tipo mayor o igual (≥). Convirtiendo el modelo anterior al formato estándar queda el problema como sigue.

```
Minimizar: X₀ = 10X₁+5X₂+0X₃+0X₄+0X₅ ⓪
Sujeto a:
-3X₁+2X₂ + X₃           = 3 ①
 2X₁+4X₂      - X₄      = 6 ②
 2X₁+ X₂           - X₅ = 5 ③
X₁, X₂, X₃, X₄, X₅ ≥ 0
```

El problema con la formulación anterior es que como elemento pivote de las restricciones ② y ③ queda un -1. Hacer el elemento pivote igual a uno requeriría multiplicar todo el renglón por -1, lo que haría que las variables X_4 y X_5 debieran tomar valores negativos en la tabla del método simplex para minimización, lo que no es posible. Así pues, se crean dos "variables artificiales": X_6 y X_7. Dado que se trata de minimización, en la función objetivo se suma MX_6 y MX_7, siendo M un número muy grande, quedando el problema como sigue.

```
Minimizar: X₀ = 10X₁+5X₂+0X₃+0X₄+0X₅+MX₆+MX₇  ⓪
Sujeto a:
-3X₁+2X₂ + X₃                    = 3 ①
 2X₁+4X₂       - X₄      +X₆      = 6 ②
 2X₁+ X₂            - X₅      +X₇ = 5 ③
X₁, X₂, X₃, X₄, X₅, X₆, X₇ ≥ 0
```

Acomodando el problema anterior para que quede listo para ser vaciado a una tabla de simplex resulta en el siguiente planteamiento.

```
Minimizar: X₀
Sujeto a:
X₀ -10X₁-5X₂+0X₃+0X₄+0X₅-MX₆-MX₇  = 0  ⓪
    -3X₁+2X₂ + X₃                  = 3  ①
     2X₁+4X₂       - X₄      +X₆    = 6  ②
     2X₁+ X₂            - X₅    +X₇ = 5  ③
X₁, X₂, X₃, X₄, X₅, X₆, X₇ ≥ 0
```

La primera tabla del simplex queda como sigue.

VB	X_0	X_1	X_2	X_3	X_4	X_5	X_6	X_7	LD	
X_0	1	-10	-5	0	0	0	-M	-M	0	⓪
X_3	0	-3	2	1	0	0	0	0	3	①
X_6	0	2	4	0	-1	0	1	0	6	②
X_7	0	2	1	0	0	-1	0	1	5	③

Sin embargo, la tabla anterior no es correcta, pues aunque indica que $X_6=6$ y $X_7=5$, el valor de la función objetivo es de cero. Deberíamos de tener en la columna de X_6 y X_7 para la función objetivo (restricción ⓪) un cero en cada columna. ¿Cómo podemos corregir lo anterior mediante operaciones de renglón. Pues multiplicando el renglón de X_6 (restricción

②) y el renglón de X_7 (restricción ③) por M y sumándoselo al renglón de la función objetivo. Al hacer lo anterior queda la siguiente tabla.

VB	X_0	X_1	X_2	X_3	X_4	X_5	X_6	X_7	LD	
X_0	1	4M -10	5M -5	0	-M	-M	0	0	11M	⓪
X_3	0	-3	2	1	0	0	0	0	3	①
X_6	0	2	4	0	-1	0	1	0	6	②
X_7	0	2	1	0	0	-1	0	1	5	③

Ahora ya sí podemos comenzar a iterar con el método simplex para minimización, a pesar de tener "variables artificiales" del "problema aumentado" y no del "problema original". Dichas "variables artificiales" deben de eliminarse para poder resolver el "problema original".

Tenemos, entonces, una Solución Básica Factible Inicial (SBFI) con la cual comenzar a iterar. ¿Cuál variable debe entrar? Recordando el algoritmo del método simplex para minimización, en el criterio de mejorabilidad, debe entrar la variable más positiva. Dicha variable es X_2, pues 5M es mucho mayor que 4M (de X_1). ¿Cuál debe salir? Pues tenemos, de acuerdo al criterio de factibilidad, que 3/2 = 1.5 para X_3, 6/4 = 1.5 para X_6 y 5/1 = 5 para X_7. El menor valor debe escogerse. Aunque X_3 y X_6 estén empatadas, es mejor sacar primero a X_6, por lo que el pivote es 4. Así pues, entra X_2 y sale X_6, lo que se indica en la siguiente tabla. Dado que el pivote es 4, se debe multiplicar el nuevo renglón de X_2 por ¼.

↓

	VB	X_0	X_1	X_2	X_3	X_4	X_5	X_6	X_7	LD	
	X_0	1	4M -10	5M -5	0	-M	-M	0	0	11M	
	X_3	0	-3	2	1	0	0	0	0	3	
(1/4)	X_6	0	2	**4**	0	-1	0	1	0	6	→
	X_7	0	2	1	0	0	-1	0	1	5	

El resultado de hacer las operaciones anteriores se indica en la siguiente tabla.

	VB	X_0	X_1	X_2	X_3	X_4	X_5	X_6	X_7	LD
-5M +5	X_0	1	4M -10	5M -5	0	-M	-M	0	0	11M
-2	X_3	0	-3	2	1	0	0	0	0	3
	X_2	0	½	**1**	0	-1/4	0	¼	0	3/2
-1	X_7	0	2	1	0	0	-1	0	1	5

Se debe hacer cero todos los demás coeficientes de la columna de la nueva variable básica multiplicando el renglón de dicha variable básica por los valores indicados en la tabla anterior y sumándoselos a dichos renglones, lo que se indica en la tabla siguiente. Nótese que en el caso del renglón de la función objetivo, se tratan por separado las operaciones que corresponden a valores que tienen a M de los que no lo tienen.

	VB	X_0	X_1	X_2	X_3	X_4	X_5	X_6	X_7	LD
	X_0	1	3/2M -15/2	0	0	1/4M -5/4	-M	-5/4M +5/4	0	7/2M +15/2
	X_3	0	-4	0	1	1/2	0	-1/2	0	0
	X_2	0	½	1	0	-1/4	0	¼	0	3/2
(2/3)	X_7	0	**3/2**	0	0	1/4	-1	-1/4	1	7/2

¿Cuál variable debe entrar ahora y cuál debe salir? Pues debe entrar la más positiva, que en este caso es X_1 con un valor de 3/2M-15/2. Ciertamente, 3/2M de X_1 es mucho mayor que 1/4M de X_4. ¿Cuál debe salir? Pues tenemos para X_2 (3/2)/(1/2) = 3 y para X_7 tenemos (7/2)/(3/2) = 7/3 ≈ 2.33. La menor razón corresponde a X_7, por lo que entra X_1 y sale X_7, teniendo como pivote a 3/2. Dicho pivote debe ser multiplicado por 2/3 para hacerlo uno, lo que se indica en la tabla anterior. El resultado de tales cálculos se muestra en la siguiente tabla.

	VB	X_0	X_1	X_2	X_3	X_4	X_5	X_6	X_7	LD
-3/2M +15/2	X_0	1	3/2M -15/2	0	0	1/4M -5/4	-M	-5/4M +5/4	0	7/2M +15/2
4	X_3	0	-4	0	1	1/2	0	-1/2	0	0
-1/2	X_2	0	½	1	0	-1/4	0	¼	0	3/2
	X_1	0	**1**	0	0	1/6	-2/3	-1/6	2/3	7/3

Ahora debe multiplicarse el nuevo renglón de X_1 por los valores indicados en la tabla anterior en los demás renglones y sumar dichos resultados a tales renglones, respectivamente, lo que se indica en la siguiente tabla.

VB	X_0	X_1	X_2	X_3	X_4	X_5	X_6	X_7	LD
X_0	1	0	0	0	0	-5	-M	-M+5	25
X_3	0	0	0	1	7/6	-8/3	-7/6	8/3	28/3
X_2	0	0	1	0	-1/3	1/3	1/3	-1/3	1/3
X_1	0	1	0	0	1/6	-2/3	-1/6	2/3	7/3

Ya hemos eliminado de la base a las dos "variables artificiales" (X_6 y X_7) y éstas ya no deben de entrar. En consecuencia, ya tenemos una Solución Básica Factible Inicial (SBFI) al "problema original". Podemos descartar la información de dichas "variables artificiales", lo que se hace en la siguiente tabla.

$\downarrow$

	VB	X_0	X_1	X_2	X_3	X_4	X_5	X_6	X_7	LD	
	X_0	1	0	0	0	0	-5			25	
(6/7)	X_3	0	0	0	1	**7/6**	-8/3			28/3	$\rightarrow$
	X_2	0	0	1	0	-1/3	1/3			1/3	
	X_1	0	1	0	0	1/6	-2/3			7/3	

Vemos ahora la tabla anterior del método simplex. Las variables básicas son X_1, X_2 y X_3 con coeficientes en la función objetivo de cero, como es de esperarse. Así pues, ya tenemos en la tabla anterior una solución óptima. Sin embargo, X_4 también tiene un coeficiente de cero, por lo que se trata de una solución óptima múltiple. Debe pues de entrar X_4. ¿Cuál variable debe de salir? Para X_3 tenemos $(28/3)/(7/6) = 8$ y para X_1 tenemos $(7/3)/(1/6) = 14$, por lo que debe salir X_3, lo que se indica en la tabla anterior. El elemento pivote es 7/6. Dicho renglón debe ser multiplicado por 6/7 para convertir al elemento pivote en 1. Los cálculos se muestran en la siguiente tabla.

	VB	X_0	X_1	X_2	X_3	X_4	X_5	X_6	X_7	LD
0	X_0	1	0	0	0	0	-5			25
	X_4	0	0	0	6/7	**1**	-16/7			8
1/3	X_2	0	0	1	0	-1/3	1/3			1/3
-1/6	X_1	0	1	0	0	1/6	-2/3			7/3

Ahora ya tenemos un 1 en el elemento pivote correspondiente al renglón y la columna de X_4, que es la variable que entra, habiendo salido X_3. Se deben hacer ceros en todos los demás renglones de la columna de esta nueva variable de entrada (X_4). Obsérvese en la tabla anterior que en el renglón de la función objetivo (X_0) ya se tiene un cero, por lo que no se requiere de operaciones de renglón, es decir, es como si el renglón de X_4 se multiplicara por cero para ser sumado al renglón de X_0. Sin embargo, los renglones de X_1 y de X_2 sí requieren de operaciones de renglón, las cuales se indicaron en la tabla anterior. El resultado de tales operaciones se indica en la siguiente tabla.

VB	X_0	X_1	X_2	X_3	X_4	X_5	X_6	X_7	LD
X_0	1	0	0	0	0	-5			25
X_4	0	0	0	6/7	1	-16/7			8
X_2	0	0	1	2/7	0	-3/7			3
X_1	0	1	0	-1/7	0	-2/7			1

Ahora ya se tienen las dos soluciones de la solución óptima múltiple. De la tabla anterior se extrae la solución $X_0{}^* = 25$, $X_1{}^* = 1$, $X_2{}^* = 3$ y $X_4{}^* = 8$. De una tabla anterior a esa se extrae la primera solución óptima $X_0{}^* = 25$, $X_1{}^* = 7/3$, $X_2{}^* = 1/3$ y $X_3{}^* = 28/3$.

8.6. El método simplex de las dos fases

Este método es el método alternativo del método de las M's en la resolución del "problema aumentado" original. La ventaja que tiene el método de las dos fases es que no se da la posibilidad de error, pues al no tener que dar valores muy grandes para las M's (los coeficientes de las "variables artificiales"), no existe la posibilidad de error de redondeo y truncamiento dada la limitada capacidad de la computadora.

Lo que se hace en este método es resolver el problema en dos partes o fases. Primero, en el "problema aumentado" se busca que todas las "variables artificiales" lleguen a nivel cero, con lo cual muy probablemente se arribará a una Solución Básica Factible Inicial (SBFI) del "problema original". Luego, a partir de la SBFI del "problema original" (si es que se obtuvo) se trata de encontrar la solución óptima del "problema original". A la primera fase se le llama Fase I y a la segunda fase se le llama Fase II.

① **Fase I:** Se busca expulsar a las "variables artificiales" fuera de la base del "problema aumentado". Para lograr que las "variables artificiales" tomen valor cero no se recurre a una penalización de la función objetivo, sino al planteamiento de una nueva función objetivo, Z_0, la cual consiste en:

$$\text{Minimizar: } Z_0 = \sum_{j=1}^{k} X_{Aj}$$

Donde las X_{Aj} son las k "variables artificiales" del "problema aumentado". Se observa que al buscarse un objetivo de minimizar y dado que las "variables artificiales" no pueden tomar un valor negativo, se las conduce a tomar un valor de cero, es decir, salirse de la base. En este punto Z_0 tendrá un valor de cero, implicando con ello que se ha obtenido una SBFI para el "problema original".

② **Fase II:** La segunda fase es la resolución del "problema original", partiendo de la SBFI encontrada en la Fase I. Equivale a los pasos 2 y 3 del método simplex original. La función objetivo a ser optimizada es ahora X_0, por lo que la nueva tabla que se construye es la misma excepto por el renglón de la función objetivo, el cual debe inicialmente de calcularse.

8.7. Interpretación de resultados del método de las dos fases

Al final de la Fase I, cuando el criterio de mejorabilidad se ha satisfecho, pueden ocurrir tres posibilidades:

① $Z_0^* = 0$ y no hay "variables artificiales" en la base: En este caso se ha encontrado una SBFI para el "problema original" y debe procederse con ella hasta la Fase II.

② $Z_0^* = 0$ y hay "variables artificiales" en la base: El valor de las "variables artificiales" básicas sin duda alguna debe ser cero, pues $Z_0^* = 0$. Antes de proceder a la Fase II, tales "variables artificiales" deben intercambiarse por "variables reales" no-básicas, requiriéndose solamente que el coeficiente de reemplazo entre las "variables artificiales" de salida y las "variables reales" de entrada sea diferente de cero.

a)   Si el intercambio es total, se ha obtenido una SBFI degenerada para el "problema original" y debe iniciarse con ella la Fase II.

b) Si el intercambio es parcial, las restricciones asociadas a las "variables artificiales" no desalojadas son redundantes analíticamente, se deben eliminar de la tabla final de la Fase I e ir a la Fase II con las restricciones restantes.

③ Z_0^* es positivo. Es evidente que hay "variables artificiales" básicas a nivel positivo, lo cual indica que el "problema original" tiene solución inconsistente. Para diagnosticar si es solución infactible o inexistente, deben intercambiarse las "variables artificiales" básicas por "variables reales" no-básicas con el mismo requisito establecido en el punto anterior.

a) Si el intercambio es total, el "problema original" tiene solución infactible.

b) Si el intercambio es parcial, el "problema original" tiene solución inexistente.

Por otra parte, el término de la Fase II puede prescribirse como usualmente se hacía: solución óptima única, solución óptima múltiple o solución ilimitada. Las soluciones óptimas únicas o múltiples pueden ser o no soluciones degeneradas.

8.8. Aplicación del método de las dos fases

8.8.1. Ejemplo 1

Considérese el siguiente ejemplo (el mismo de la sección 8.5.1):

```
Maximizar: X₀ = 3X₁+5X₂
Sujeto a:
4X₁+ X₂ ≥ 4 ①
-X₁+2X₂ ≥ 2 ②
     X₂ ≤ 3 ③
X₁, X₂ ≥ 0
```

El problema anterior se transforma en el siguiente "problema aumentado", en el cual las dos "variables artificiales" son X_6 y X_7 (nótese que X_3 y X_4 son variables de excedente que, por su coeficiente, que es negativo, no pueden utilizarse en la SBFI) y la variable de holgura es X_5. Estas tres variables se utilizan para conformar la Solución Básica Factible Inicial (SBFI) del "problema aumentado".

```
Maximizar: X₀ = 3X₁+5X₂+0X₃+0X₄+0X₅
Sujeto a:
4X₁+ X₂ −X₃      +X₆      = 4 ①
−X₁+2X₂    −X₄       +X₇ = 2 ②
      X₂          +X₅      = 3 ③
X₁, X₂, ..., X₇ ≥ 0
```

Fase I:

Se substituye la función objetivo por:

```
Minimizar: Z₀ = X₆+X₇
```

Con esta nueva función objetivo y las restricciones del "problema aumentado" se conforma la primera tabla del método simplex de la Fase I como sigue.

VB	Z_0	X_1	X_2	X_3	X_4	X_5	X_6	X_7	LD	
Z_0	1	0	0	0	0	0	-1	-1	0	⓪
X_6	0	4	1	-1	0	0	1	0	4	①
X_7	0	-1	2	0	-1	0	0	1	2	②
X_5	0	0	1	0	0	1	0	0	3	③

Obsérvese en la tabla anterior que, aunque $X_6 = 4$ y $X_7 = 2$, la nueva función objetivo de la Fase I (Z_0) es igual a cero. Además, los coeficientes de la restricción de la función objetivo para X_6 y X_7 son iguales a -1 y no a 0, como debería corresponder a variables básicas. Así pues, es necesario hacer operaciones de renglón. En este caso, sumamos los renglones de las restricciones ① y ② al renglón de la función objetivo (⓪), resultando en la siguiente tabla del simplex.

VB	Z_0	X_1	X_2	X_3	X_4	X_5	X_6	X_7	LD	
Z_0	1	3	3	-1	-1	0	0	0	6	⓪
X_6	0	4	1	-1	0	0	1	0	4	①
X_7	0	-1	2	0	-1	0	0	1	2	②
X_5	0	0	1	0	0	1	0	0	3	③

Ahora se debe proceder con las iteraciones del método simplex de los pasos 2) y 3). ¿Cuál variable debe entrar? Por tratarse de minimización, debe entrar aquella variable con el coeficiente más alto. Vemos que tanto X_1 como X_2 tienen el mismo coeficiente (3). Así pues, desempatamos arbitrariamente entre ellas y hacemos que entre X_2. ¿Cuál variable debe salir? Vemos los valores de LD_i/α_{ij} que son: Para X_6 tenemos $4/1 = 4$, para X_7 tenemos $2/2 = 1$ y para X_5 es $3/1 = 3$. El menor valor corresponde a X_7, por lo que sale X_7. El elemento pivote es 2, el cual se marca en la siguiente tabla.

	VB	Z_0	X_1	X_2	X_3	X_4	X_5	X_6	X_7	LD
	Z_0	1	3	3	-1	-1	0	0	0	6
	X_6	0	4	1	-1	0	0	1	0	4
(1/2)	X_7	0	-1	**2**	0	-1	0	0	1	2
	X_5	0	0	1	0	0	1	0	0	3

Dicho elemento pivote debe ser multiplicado por ½ para que el pivote quede como un uno. La siguiente tabla muestra el resultado de haber hecho esta operación y haber cambiado la variable X_7 (que sale) por X_2 (que entra).

	VB	Z_0	X_1	X_2	X_3	X_4	X_5	X_6	X_7	LD
-3	Z_0	1	3	3	-1	-1	0	0	0	6
-1	X_6	0	4	1	-1	0	0	1	0	4
	X_2	0	-1/2	**1**	0	-1/2	0	0	½	1
-1	X_5	0	0	1	0	0	1	0	0	3

Se indicaron en la tabla anterior las operaciones de renglón a realizar a fin de dejar la columna de la nueva variable básica como corresponde (un uno en el renglón y columna de X_2) y ceros en los demás renglones de la columna de X_2. Los resultados de tales operaciones se muestran en la siguiente tabla.

VB	Z_0	X_1	X_2	X_3	X_4	X_5	X_6	X_7	LD
Z_0	1	9/2	0	-1	1/2	0	0	-3/2	3
X_6	0	9/2	0	-1	1/2	0	1	-1/2	3
X_2	0	-1/2	**1**	0	-1/2	0	0	½	1
X_5	0	1/2	0	0	1/2	1	0	-1/2	2

Ahora, ¿cuál variable debe entrar y cuál salir? La variable con el coeficiente en la función objetivo más positiva, con un coeficiente de 9/2 es X_1. Así pues, debe entrar X_1. ¿Cuál debe salir? Para que salga X_6 tenemos $3/(9/2) = 2/3$ y para que salga X_5 tenemos $2/(1/2) = 4$. X_2 no puede ni siquiera considerarse por tener de coeficiente en la columna de X_1 de -1/2 (un valor negativo). Así pues, debe salir X_6. El elemento pivote es 9/2. Todo esto se indica en la siguiente tabla.

$\downarrow$

VB	Z_0	X_1	X_2	X_3	X_4	X_5	X_6	X_7	LD
Z_0	1	9/2	0	-1	1/2	0	0	-3/2	3
X_6	0	**9/2**	0	-1	1/2	0	1	-1/2	3
X_2	0	-1/2	1	0	-1/2	0	0	½	1
X_5	0	½	0	0	1/2	1	0	-1/2	2

(2/9) a la izquierda, $\rightarrow$ a la derecha.

Como el elemento pivote es 9/2 y se debe hacer igual a uno, todo el renglón de lo que era antes la variable X_6, que sale y se convierte en la variable X_1 debe ser multiplicado por (2/9). El resultado de hacer tal operación se muestra en la siguiente tabla.

VB	Z_0	X_1	X_2	X_3	X_4	X_5	X_6	X_7	LD
Z_0	1	9/2	0	-1	1/2	0	0	-3/2	3
X_1	0	**1**	0	-2/9	1/9	0	2/9	-1/9	2/3
X_2	0	-1/2	1	0	-1/2	0	0	½	1
X_5	0	½	0	0	1/2	1	0	-1/2	2

A la izquierda: -9/2, ½, -1/2.

Ahora la nueva variable básica es X_1. Debemos dejar ceros en todos los renglones de la columna de dicha variable básica, con excepción del renglón de la propia variable X_1 que debe tener un uno por tratarse de la posición del elemento pivote. Se hacen las operaciones de renglón indicadas en la tabla anterior. El resultado de tales operaciones de renglón se muestra en la siguiente tabla.

VB	Z_0	X_1	X_2	X_3	X_4	X_5	X_6	X_7	LD
Z_0	1	0	0	0	0	0	-1	-1	0
X_1	0	1	0	-2/9	1/9	0	2/9	-1/9	2/3
X_2	0	0	1	-1/9	-4/9	0	1/9	4/9	4/3
X_5	0	0	0	1/9	4/9	1	-1/9	-4/9	5/3

Ahora hemos llegado a una situación en la que $Z_0^* = 0$ y hemos sacado de la base a las dos "variables artificiales" X_6 y X_7, que es precisamente lo que queríamos lograr. Nótese que, sin embargo, los coeficientes de la función objetivo de X_3 y X_4 son iguales a cero, por lo que podríamos considerar la posibilidad de meter ya sea a X_3 o a X_4 a la base, pero no tiene caso, pues ya logramos nuestro cometido de eliminar de la base a las "variables artificiales" X_6 y X_7.

Así pues, podemos ahora pasar a la Fase II.

Fase II:

Se retoma la función objetivo original:

```
Maximizar: X₀ = 3X₁+5X₂+0X₃+0X₄+0X₅
```

Esta función objetivo se convierte en la siguiente restricción (⓪):

```
Maximizar: X₀
Sujeto a:
X₀-3X₁-5X₂+0X₃+0X₄+0X₅ = 0  ⓪
```

En consecuencia, se eliminan las columnas de X_6 y X_7 y se acomoda la SBFI tomada de la última tabla del simplex de la Fase I como sigue, introduciendo ahora esta nueva función objetivo.

	VB	X_0	X_1	X_2	X_3	X_4	X_5	X_6	X_7	LD	
	X_0	1	-3	-5	0	0	0			0	⓪
(3)	X_1	0	1	0	-2/9	1/9	0			2/3	①
(5)	X_2	0	0	1	-1/9	-4/9	0			4/3	②
	X_5	0	0	0	1/9	4/9	1			5/3	③

Sin embargo, obsérvese que tanto X_1 como X_2 son variables básicas. En el renglón y columna correspondientes a estas variables (en los puntos pivotes) sí tienen valores iguales a uno, pero en el renglón de la función objetivo (X_0) deberían tener en las columnas correspondientes ceros. Así pues, multiplicamos todo el renglón de X_1 (①) por 3 y se lo sumamos al renglón de X_0 (⓪) y además multiplicamos todo el renglón de X_2 (②) por 5 y también se lo sumamos a X_0 (⓪). No modificamos ni el renglón de X_1 (①) ni el de X_2 (②). El resultado se muestra en la siguiente tabla.

↓

	VB	X_0	X_1	X_2	X_3	X_4	X_5	X_6	X_7	LD	
	X_0	1	0	0	-11/9	-17/9	0			26/3	
	X_1	0	1	0	-2/9	1/9	0			2/3	
	X_2	0	0	1	-1/9	-4/9	0			4/3	
(9/4)	X_5	0	0	0	1/9	**4/9**	1			5/3	→

Se procede a aplicar método simplex tabular para maximización. La variable que entra es la más negativa, esto es, X_4 con un coeficiente de -17/9. ¿Cuál variable debe salir? Para que salga X_1 tenemos $(2/3)/(1/9) = 6$ y para que salga X_5 tenemos $(5/3)/(4/9) = 15/4 =$

3.75. El menor valor es para X_5, por lo que sale X_5. El elemento pivote es 4/9, por lo que el nuevo renglón (ahora de X_4 en lugar de X_5) debe ser multiplicado por 9/4. Estas operaciones de entrada y salida se indican en la tabla anterior. La siguiente tabla muestra el resultado de la entrada de la nueva variable básica.

	VB	X_0	X_1	X_2	X_3	X_4	X_5	X_6	X_7	LD	
	X_0	1	0	0	-11/9	-17/9	0			26/3	
	X_1	0	1	0	-2/9	1/9	0			2/3	
	X_2	0	0	1	-1/9	-4/9	0			4/3	
(9/4)	X_4	0	0	0	¼	**1**	9/4			15/4	→

Ahora, con este nuevo pivote, podemos hacer operaciones de renglones en los demás renglones de la columna de X_4. Las operaciones se indican y se realizan en la siguiente tabla.

	VB	X_0	X_1	X_2	X_3	X_4	X_5	X_6	X_7	LD
17/9	X_0	1	0	0	-3/4	0	17/4			63/4
-1/9	X_1	0	1	0	-1/4	0	-1/4			¼
4/9	X_2	0	0	1	0	0	1			3
	X_4	0	0	0	¼	**1**	9/4			15/4

Ahora, las variables básicas son X_1, X_2 y X_4. ¿Debe entrar alguna otra variable? Dado que el "problema original" era de maximización, estamos buscando que entre la variable no básica más con el coeficiente en el renglón de la función objetivo más negativa. Dicha variable es X_3 con un coeficiente de -3/4. ¿Cuál variable debe salir? En la columna de esta variable de entrada tenemos -1/4 para X_1 (valor negativo, no sirve), 0 para X_2 (valor igual a cero, tampoco sirve) y ¼ para X_4, que sí se puede utilizar, por lo que sale X_4 y entra X_3, dicha operación se indica en la siguiente tabla.

	VB	X_0	X_1	X_2	X_3	X_4	X_5	X_6	X_7	LD	
	X_0	1	0	0	-3/4	0	17/4			63/4	
	X_1	0	1	0	-1/4	0	-1/4			¼	
	X_2	0	0	1	0	0	1			3	
(4)	X_4	0	0	0	¼	**1**	9/4			15/4	→

El elemento pivote es ¼, por lo que dicho renglón debe ser multiplicado por 4 para convertir el elemento pivote en un uno. El resultado se muestra en la siguiente tabla.

	VB	X_0	X_1	X_2	X_3	X_4	X_5	X_6	X_7	LD
¾	X_0	1	0	0	-3/4	0	17/4			63/4
¼	X_1	0	1	0	-1/4	0	-1/4			¼
	X_2	0	0	1	0	0	1			3
	X_3	0	0	0	**1**	4	9			15

Ahora, ya tenemos un cero en el renglón de X_2, pero necesitamos ceros en los renglones de X_1 y X_0 para la columna de la variable de entrada X_3. Las operaciones de renglón se indican en la tabla anterior. El resultado de dichas operaciones se muestra en la siguiente tabla.

VB	X_0	X_1	X_2	X_3	X_4	X_5	X_6	X_7	LD
X_0	1	0	0	0	3	11			27
X_1	0	1	0	0	1	2			4
X_2	0	0	1	0	0	1			3
X_3	0	0	0	1	4	9			15

Ahora, todas las variables básicas (X_1, X_2 y X_3) tienen cero en el renglón de la función objetivo y no hay variables no básicas del problema original con valores negativos o cero (es decir, no positivos), en el último caso si hubiera solución óptima múltiple al problema original (X_4 tiene 3 y X_5 tiene 11).

Hemos llegado pues a una solución óptima única, en la que $X_0^*=27$, $X_1^*=4$, $X_2^*=3$ y $X_3^*=15$. Recuérdese que las variables no básicas tienen valores de cero, así que $X_4^*=0$ y $X_5^*=0$.

9. El Concepto de Dualidad

9.1. Introducción

Anteriormente se trabajaron problemas enfocados a las actividades, teniendo como limitante los recursos. Ahora se puede resolver lo que se conoce como el problema dual respecto al problema original (el problema primo), en el cual se toman como base los recursos y como limitante las actividades.

Así pues, todo problema primo (enfocado a las actividades) tiene su versión dual (enfocado a los recursos). A un problema primo se le puede obtener su dual observando lo siguiente:

$$\text{Primo} \leftrightarrow \text{Dual}$$

Nótese que el Dual(Primo) = Dual y que el Primo(Dual) = Primo.

9.2. Ejemplo de un problema dual

El entrenador en jefe del equipo de futbol americano "Borregos del Tec" está interesado en preparar la EV (Ensalada Vitamínica), la cual puede integrarse a partir de cinco verduras básicas disponibles y definidas como verduras 1, 2, 3, 4 y 5. Se desea que la EV contenga al menos 10 unidades de vitamina A y 25 unidades de vitamina C.

En la siguiente tabla se muestra la información relevante.

Tabla 9.1. Información relevante para el ejemplo de un problema dual.

	Unidades de vitamina por kilogramo de verdura				
Vitamina	Verdura 1	Verdura 2	Verdura 3	Verdura 4	Verdura 5
A	2	0	3	4	1
C	1	2	2	1	3
Costo ($/kg)	$100/kg	$80/kg	$95/kg	$100/kg	$110/kg

Las variables de decisión serían:

X_1: Kilogramos de verdura 1 a incluir en la EV.

X_2: Kilogramos de verdura 2 a incluir en la EV.

X_3: Kilogramos de verdura 3 a incluir en la EV.

X_4: Kilogramos de verdura 4 a incluir en la EV.

X_5: Kilogramos de verdura 5 a incluir en la EV.

Se busca minimizar los costos y asegurarse de que los requerimientos vitamínicos mínimos se satisfagan. Podemos pues plantear el problema primo de la siguiente manera:

```
Minimizar: X₀ = 100X₁ + 80X₂ + 95X₃ + 100X₄ + 110X₅
Sujeto a:
2X₁+0X₂+3X₃+4X₄+ X₅ ≥ 10
 X₁+2X₂+2X₃+ X₄+3X₅ ≥ 25
X₁, X₂, X₃, X₄, X₅ ≥ 0
```

Nótese que, por facilidad de explicación, este problema está en formato canónico, es decir, a una función objetivo de minimización le corresponden restricciones del tipo mayor o igual. Ahora bien, supongamos que el dueño de unos laboratorios farmacéuticos se entera de la idea del entrenador y lo convence de que el consumir vitaminas con los valores vitamínicos deseados es lo mismo. Para poder entablar el negocio debe encontrar el precio de los mismos para que sean competitivos respecto al precio de las verduras.

Así pues, ¿cómo debe proceder el fabricante de vitaminas? Considérese la definición de las siguientes variables (duales) para el negocio del farmacéutico:

Y_1:   Precio de cada pastilla de una unidad de vitamina A.
Y_2:   Precio de cada pastilla de una unidad de vitamina C.

Véase la Tabla 9.1. Tenemos que 1 kg de verdura 1 aporta 2 unidades de vitamina A y una unidad de vitamina C, por lo que el valor intrínseco del aporte vitamínico de esta verdura es:

$2Y_1+Y_2$

Dado que su costo es de \$100/kg, el entrenador estaría dispuesto a pagar por tal aporte a lo más \$100. Por tanto, el fabricante de pastillas tiene la siguiente restricción:

$2Y_1+Y_2 \leq 100$ (Verdura 1)

Igualmente se encuentran las otras 4 restricciones:

$$2Y_2 \leq 80 \quad \text{(Verdura 2)}$$
$$3Y_1+2Y_2 \leq 95 \quad \text{(Verdura 3)}$$
$$4Y_1+ Y_2 \leq 100 \quad \text{(Verdura 4)}$$
$$Y_1+3Y_2 \leq 110 \quad \text{(Verdura 5)}$$

Además, si el fabricante desea maximizar sus ventas totales y supone que el entrenador solamente le compraría los requerimientos vitamínicos mínimos, su objetivo se convierte en:

Maximizar: $Y_0 = 10Y_1+25Y_2$

En consecuencia, para el fabricante de pastillas el problema de programación lineal que le permite determinar los precios por unidad de cada pastilla de vitamina está dado por el siguiente modelo:

Maximizar: $Y_0 = 10Y_1+25Y_2$
Sujeto a:
$$2Y_1+ Y_2 \leq 100$$
$$2Y_2 \leq 80$$
$$3Y_1+2Y_2 \leq 95$$
$$4Y_1+ Y_2 \leq 100$$
$$Y_1+3Y_2 \leq 110$$
$$Y_1, \ Y_2 \geq 0$$

Al resolver el primer problema, el del entrenador (el problema primo), encontramos que la solución es: $X_3{}^* = 5/7$ y $X_5{}^* = 55/7$, con $X_0{}^* = 6{,}525/7 \approx \$932.14$. La solución al problema del farmacéutico (el problema dual), está dada por $Y_1{}^* = 65/7$ y $Y_2{}^* = 235/7$, con $Y_0{}^* = 6{,}525/7 \approx \$932.14$.

Así, el entrenador debe mezclar 5/7 de verdura 3 y 55/7 de verdura 5 a un costo mínimo de \$932.14. Por otro lado, el fabricante de pastillas debe fijar como precio máximo para la pastilla de vitamina A en $\$65/7 \approx \$9.29$ por unidad de vitamina A y para la pastilla de vitamina C debe fijarla como precio máximo en $\$235/7 \approx \$33.57$ por unidad de vitamina C. En ambos casos, el costo mínimo de la EV es de \$932.14 (problema primo) y el valor máximo para el farmacéutico es de \$932.14 (problema dual). Obsérvese que, en el caso del problema primo, las holguras asociadas a la vitamina A y a la vitamina C son de cero. En el caso del problema dual, las holguras asociadas a las verduras 3 y 5 son de cero, mientras que son diferentes de cero para el caso de las demás verduras.

Los resultados del LINGO para el problema primo se muestran a continuación:

```
Global optimal solution found.
Objective value:                                      932.1429

Variable               Value           Reduced Cost
X1                   0.000000          47.85714
X2                   0.000000          12.85714
X3                   0.7142857         0.000000
X4                   0.000000          29.28571
X5                   7.857143          0.000000

Row         Slack or Surplus        Dual Price
1           932.1429                -1.000000
VITA        0.000000                -9.285714
VITC        0.000000                -33.57143
```

Los resultados del LINGO para el problema dual se muestran a continuación:

```
Global optimal solution found.
Objective value:                                      932.1429

Variable               Value           Reduced Cost
Y1                   9.285714          0.000000
Y2                   33.57143          0.000000

Row         Slack or Surplus        Dual Price
1           932.1429                1.000000
VER1        47.85714                0.000000
VER2        12.85714                0.000000
VER3        0.000000                0.7142857
VER4        29.28571                0.000000
VER5        0.000000                7.857143
```

El problema primo original en formato LTX del LINGO se muestra a continuación:

```
MINIMIZE 100X1 + 80X2 + 95X3 + 100X4 + 110X5
SUBJECT TO
   VitA)  2X1+0X2+3X3+4X4+ X5 >= 10
   VitC)   X1+2X2+2X3+ X4+3X5 >= 25
END
```

El problema dual en formato LTX del LINGO se muestra en seguida:

```
MAXIMIZE 10Y1 + 25Y2
SUBJECT TO
  Ver1) 2Y1+ Y2 <= 100
  Ver2)      2Y2 <= 80
  Ver3) 3Y1+2Y2 <= 95
  Ver4) 4Y1+ Y2 <= 100
  Ver5)  Y1+3Y2 <= 110
END
```

Nótese que en ambos casos (tanto el problema primo como el problema dual) están en formato canónico. El problema primo tiene una función objetivo de minimización con restricciones de ≥, mientras que el problema dual tiene una función objetivo de maximización con restricciones del tipo ≤.

9.3. Obtención del problema dual

Para un determinado problema (llamado el problema primo) podemos obtener su problema dual. Vamos a considerar dos posibles casos (ver sección 3.4):

1) Cuando el problema primo está en formato canónico: Este caso se trata de cuando para un objetivo de minimización, todas las restricciones son del tipo mayor o igual (≥). Alternativamente, también se tiene un problema primo en formato canónico cuando para un objetivo de maximización, todas las restricciones son del tipo menor o igual (≤).

2) Cuando el problema primo está en formato estándar: Este caso ocurre cuando para un objetivo, sea de minimización o de maximización, todas las restricciones son del tipo de igualdad.

Recuérdese que, según veíamos en la sección 3.3, todo problema que esté de cierta manera, puede convertirse a una manera alternativa mediante transformaciones de la función objetivo, las restricciones, o el tipo de variable (por ejemplo, cómo convertir variables irrestrictas en signo en variables no negativas, es decir, iguales a cero o positivas).

9.3.1. Cuando el problema primo está en formato canónico

Cuando el problema primo está en formato canónico, podemos tener el caso de maximización o de minimización. El caso de maximización tiene la siguiente forma:

```
Maximizar: x₀ = c x
Sujeto a:
A x ≤ b
x ≥ 0
```

En este caso, los vectores $\mathbf{c}$, $\mathbf{x}$ y $\mathbf{b}$, así como la matriz $\mathbf{A}$ están definidos del siguiente modo:

$$\mathbf{c} = \begin{bmatrix} c_1 & c_2 & \cdots & c_n \end{bmatrix}$$

$$\mathbf{x} = \begin{bmatrix} x_1 \\ x_2 \\ \vdots \\ x_n \end{bmatrix}$$

$$\mathbf{b} = \begin{bmatrix} b_1 \\ b_2 \\ \vdots \\ b_m \end{bmatrix}$$

$$\mathbf{A} = \begin{bmatrix} a_{11} & a_{12} & \cdots & a_{1n} \\ a_{21} & a_{22} & \cdots & a_{2n} \\ \vdots & \vdots & \ddots & \vdots \\ a_{m1} & a_{m2} & \cdots & a_{mn} \end{bmatrix}$$

La operación de vector transpuesto es aquel en el que los renglones se convierten en columnas y las columnas se convierten en renglones. Por otro lado, la operación de matriz transpuesta, tal como el caso de la matriz $\mathbf{A}$, es aquel en el que cada elemento a_{ij} se convierte en un elemento a_{ji}, desde luego con i variando desde 1 hasta n y con j variando desde 1 hasta m, donde n es el número de variables y m es el número de restricciones del problema primo.

El problema dual para este caso de maximización se muestra en seguida:

```
Minimizar: y₀ = bᵀ y
Sujeto a:
Aᵀ y ≥ cᵀ
y ≥ 0
```

La T en el vector o matriz indica la operación transpuesta. Nótese que ahora el vector de variables es el vector $\mathbf{y}$, que está dado como se indica a continuación.

$$\mathbf{y} = \begin{bmatrix} y_1 \\ y_2 \\ \vdots \\ y_m \end{bmatrix}$$

Para las mismas definiciones de vectores y matriz $\mathbf{A}$, veamos ahora el caso de problema primo como función objetivo de minimización.

```
Minimizar: x₀ = c x
Sujeto a:
A x ≥ b
x ≥ 0
```

El problema dual resultante se indica a continuación.

```
Maximizar: y₀ = bᵀ y
Sujeto a:
Aᵀ y ≤ cᵀ
y ≥ 0
```

De este modo, cuando el problema primo está en formato canónico, es posible obtener el problema dual, también en formato canónico.

9.3.2. Cuando el problema primo está en formato estándar

Cuando el problema primo está en formato estándar, el problema dual resulta en formato canónico con todas las variables del vector $\mathbf{y}$ irrestrictas en signo. Las definiciones de los vectores $\mathbf{c}$, $\mathbf{x}$, $\mathbf{b}$, $\mathbf{y}$, así como de la matriz $\mathbf{A}$, son las mismas que las de la sección 9.3.1.

Si el problema primo está en formato estándar con un objetivo de maximización, tendríamos el siguiente caso:

```
Maximizar: x₀ = c x
Sujeto a:
A x = b
x ≥ 0
```

El problema dual que resulta de este problema primo se muestra a continuación:

```
Minimizar: y₀ = bᵀ y
Sujeto a:
Aᵀ y > cᵀ
y irrestricta en signo
```

Si en cambio el problema primo es un problema de minimización, tendríamos el siguiente caso:

Minimizar: $x_0 = \mathbf{c}\,\mathbf{x}$
Sujeto a:
$\mathbf{A}\,\mathbf{x} = \mathbf{b}$
$\mathbf{x} \geq 0$

El problema dual equivalente a este problema primo se muestra a continuación:

Maximizar: $y_0 = \mathbf{b}^{\mathbf{T}}\,\mathbf{y}$
Sujeto a:
$\mathbf{A}^{\mathbf{T}}\,\mathbf{y} \leq \mathbf{c}^{\mathbf{T}}$
$\mathbf{y}$ irrestricta en signo

10. El Análisis de Sensibilidad

10.1. Introducción

El modelo de programación lineal como tal, es una abstracción de la realidad. Por lo que, una vez obtenida la solución óptima al modelo del problema de la situación real, es conveniente considerar posibles cambios en el planteamiento del sistema asumido como un intento de asemejarlo aún más al modelo de la situación real (ver Figura 3.1). Los cambios pueden darse en los parámetros c_j, a_{ij} y b_i, en las variables y en las restricciones.

Algunas razones prácticas para realizar estos cambios son:

Primero:	Cuando se desea conocer un conjunto de soluciones óptimas para diferentes valores de c_j, a_{ij} y b_i.
Segundo:	Cuando se desea determinar efectos de errores en la estimación de los diferentes coeficientes del modelo, en la solución óptima del mismo, pues los parámetros son solamente estimados de los parámetros reales.
Tercero:	Cuando el tomador de decisiones desea conocer cuál de los parámetros es el que más afecta a la solución óptima, es decir, ante cuáles parámetros la solución óptima es más sensible. Esta información puede utilizarse para centrar esfuerzos en que ese parámetro no varíe.
Cuarto:	Si se está estudiando la posibilidad de introducir al sistema real una o más variables y no se consideraron en el modelo original.
Quinto:	Cuando es necesario agregar una nueva restricción al modelo inicial, pues no se había contemplado como tal, o simplemente se olvidó de incluir.

A efectos de este texto, el análisis de sensibilidad contempla cinco diferentes posibilidades:

1) Cambios en los coeficientes de la función objetivo (los c_j).

2) Cambios en el vector de recursos (los b_i).

3) Cambios en los coeficientes tecnológicos (los a_{ij}).

4) Adición de una nueva variable.

5) Adición de una nueva restricción.

De estas cinco posibilidades, solamente se analizan los cambios en los coeficientes de la función objetivo.

10.2. Cambios en los coeficientes de la función objetivo

El cambio en un cierto coeficiente (c_j) en la función objetivo de una variable x_j (donde j puede tomar valores de cualquier variable básica o no básica del problema original) se interpretaría, por poner algunos ejemplos, como el incremento en el precio de un producto para un objetivo de maximización o como la disminución en el costo de una materia prima para un objetivo de minimización.

Para facilitar los conceptos a manejar, vamos a considerar la siguiente ecuación para redefinirla:

$$\phi_j = c_j - \mathbf{c_B B^{-1} a_j}$$

Para esta ecuación, en la tabla del método simplex, en el renglón de la función objetivo, para la variable j, en la k-ésima iteración (por indicar un valor de k, siendo k la última iteración en la que se soluciona el problema, obteniéndose ya sea una solución óptima única o una solución óptima múltiple, pero no ilimitada), aparece $-\phi_j$, en el renglón de la función objetivo para la variable j. El vector $\mathbf{c_B}$ es el vector de coeficientes de variables no básicas. Dicho vector es un vector vertical. La matriz $\mathbf{B}$ es la matriz de todos los coeficientes inmediatamente por debajo de la función objetivo de las variables no básicas en la tabla del método simplex. Nótese que la matriz $\mathbf{B}$ no necesariamente es cuadrada. Así pues, la matriz $\mathbf{B^{-1}}$ no es la matriz inversa de $\mathbf{B}$, sino la matriz transpuesta de $\mathbf{B}$. Finalmente, el vector $\mathbf{a_j}$ es el vector de aquellos coeficientes tecnológicos de las variables básicas para la variable j, acomodados en el orden en el que aparecen en la última (k-ésima) tabla del método simplex. Nótese que el vector $\mathbf{a_j}$ es un vector vertical.

Vamos a redefinir entonces del siguiente modo:

$$z_j = \mathbf{c_B B^{-1} a_j}$$

Nótese que aquí z_j no tiene nada que ver con valores en la función objetivo (z en el caso del método gráfico). Así pues, con esta redefinición, tenemos:

$$\phi_j = c_j - \mathbf{c_B B^{-1} a_j} = c_j - z_j$$

Teniendo en cuenta que en la tabla del método simplex no se tiene en el renglón de la función objetivo para cada variable j el valor ϕ_j, sino el valor $-\phi_j$, tenemos entonces que, en el renglón de la función objetivo, en la última (k-ésima) iteración del método simplex, para la variable j, nos va a aparecer:

$$-\phi_j = \mathbf{c_B B^{-1} a_j} - c_j = z_j - c_j$$

Se pueden tener dos casos diferentes al considerar cambios en los coeficientes de la función objetivo de una variable: 1) Cuando se cambia el coeficiente de la función objetivo de una variable no básica, y 2) Cuando se cambia el coeficiente de la función objetivo de una variable básica.

El nuevo valor en el coeficiente de la función objetivo de la variable x_j es c_j'.

10.2.1. Cambio en el coeficiente de la función objetivo de una variable no básica

Al cambiar el coeficiente de la función objetivo de una variable no básica, tenemos que ver si dicho cambio afecta el valor de $-\phi_j$ de tal modo que deban hacerse más iteraciones en la última tabla del simplex para obtener otra solución. Es decir, tenemos que ver si la variable no básica en cuestión debe o no debe de entrar en la base e intercambiarse por una de las variables básicas presentes en la última (k-ésima) tabla del método simplex, convirtiéndose ahora dicha variable no básica en una variable básica.

Así pues, un cambio en el coeficiente de la función objetivo de una variable no básica no necesariamente llevará a una solución todavía mejorable. Hay pues, dos posibilidades.

La primera alternativa, analizada a continuación, es cuando no existe posibilidad de mejorabilidad en la solución obtenida en la k-ésima (última) tabla del método simplex.

```
Cuando cj' < cj (para Maximización) y
Cuando cj' > cj (para Minimización)
```

En estos dos casos, no hay manera en que se pueda mejorar la solución obtenida, pues el nuevo coeficiente, en el caso de maximización es menor al coeficiente anterior, por lo que la solución no podrá tener un valor mayor, mientras que en el caso de minimización el nuevo coeficiente es mayor que el coeficiente original, por lo que la función objetivo no podría tener un valor menor.

Vamos a hacer la demostración para el caso de maximización. Un análisis equivalente puede hacerse para el caso de minimización. En el caso de maximización, las variables no básicas, para que ya no entren en la solución óptima, tienen que tener valores de $\phi_j \leq 0$ ó, alternativamente, se puede decir (que es lo mismo), que $-\phi_j \geq 0$.

Recuérdese que:

$$\phi_j = c_j - z_j$$

Y como:

$$\phi_j = c_j - z_j \leq 0$$

Tenemos que:

$$c_j - z_j \leq 0$$

De forma tal que:

$$c_j \leq z_j$$

De donde, si para esta posibiidad de maximización, $c_j' < c_j$, ciertamente se cumple que:

$$c_j' \leq z_j$$

Así:

$$\phi_j' = c_j' - z_j \leq 0$$

Es decir:

$$-\phi_j' = z_j - c_j' \geq 0$$

Por lo que la solución obtenida en la última (k-ésima) iteración no podría ser mejorada. Un análisis similar puede hacerse para la posibilidad de minimización en la que $c_j' > c_j$.

En consecuencia, cuando nuestro objetivo es maximizar y reducimos el coeficiente de una variable no básica, la hacemos todavía menos deseable y la mejorabilidad no se altera. Asimismo, si aumentamos el coeficiente de una variable no básica para un objetivo de minimización, tampoco la hacemos deseable.

¿Qué pasa con las otras dos alternativas, como se muestran a continuación?

```
Cuando cⱼ' > cⱼ (para Maximización) y
Cuando cⱼ' < cⱼ (para Minimización)
```

Para esta otra alternativa, sí existe la posibilidad (aunque no la certidumbre), de una infracción en la mejorabilidad de la solución obtenida en la última (k-ésima) tabla del método simplex. Si el cambio es pequeño, la optimalidad tal vez no se altere. Si el cambio es grande, posiblemente se alterará.

Existe pues un límite en el cual la optimalidad no se altera. Debemos de hacer este análisis.

Para maximización, tenemos:

$$\phi_j = c_j - z_j \leq 0$$

De donde, tomando la igualdad anterior:

$$z_j = c_j - \phi_j \quad ①$$

La mejorabilidad se viola si:

$$\phi_j' = c_j' - z_j > 0$$

Tomando la desigualdad, tenemos que la mejorabilidad se viola si:

$$c_j' > z_j \quad ②$$

Sustituyendo z_j de ① en ② nos queda:

$$c_j' > c_j - \phi_j$$

Con esta desigualdad, tendríamos que la mejorabilidad, para el caso de maximización, se violaría. Así pues, la mejorabilidad para la opción de minimización en esta otra alternativa se mantiene en tanto y en cuanto:

$$c_j' \leq c_j - \phi_j \quad ③$$

Como, para maximización, todas las $-\phi_j$ de las variables no básicas son positivas en la última tabla del simplex, tenemos que ③ se convierte en ④.

$$c_j' \leq c_j + |\phi_j| \quad ④$$

A partir de la ecuación ③, vemos que, para minimización, la optimalidad no se altera si:

$$c_j' \geq c_j - \phi_j \quad ⑤$$

Como en el caso de la minimización, todas las $-\phi_j$ en la función objetivo de las variables no básicas deben ser negativas para no alterar la optimalidad, tenemos que la ecuación ⑤ se convierte en la ecuación ⑥.

$$c_j' \geq c_j - |\phi_j| \quad ⑥$$

10.2.2. Cambio en el coeficiente de la función objetivo de una variable básica

Esta posibilidad presenta mayor dificultad, pues un cambio en una variable básica puede cambiar los ϕ_j's de todas las variables. Se deja en consecuencia esta otra posibilidad sin analizar a fondo.

11. Programación por Metas

La programación por metas es una técnica determinística que extiende la programación lineal. La programación por metas se utiliza cuando existen objetivos contradictorios. Por ejemplo, pudiera ser que en un cierto problema que puede caracterizarse mediante programación lineal, se esté buscando minimizar costos y maximizar la calidad. Claramente, lograr un producto o servicio de mayor calidad tiende a costar más, por lo que dichos objetivos están encontrados.

Anteriormente, habíamos supuesto que los objetivos de la organización que lleva a cabo un estudio de programación lineal se pueden integrar en un solo objetivo global, como el de maximizar la utilidad total, maximizar las ventas o minimizar los costos. Sin embargo, esta suposición no siempre es realista.

Se ha encontrado que en muchas ocasiones se requieren optimizar varios objetivos a la vez y estos son contradictorios entre sí, como por ejemplo querer maximizar la ganancia, minimizar los costos, incrementar la calidad del producto, y así sucesivamente.

La programación por metas proporciona la posibilidad de alcanzar varios objetivos (dos o más) al mismo tiempo.

La idea básica es establecer una meta numérica específica para cada uno de los objetivos, formular una función objetivo para cada uno de éstos y después buscar una solución que minimice la suma (ponderada) de las desviaciones de estas funciones objetivo de sus metas respectivas.

Existen a este respecto dos tipos de casos a considerar. Uno, llamado **programación por metas sin prioridades**, en el que todas las metas tienen básicamente la misma importancia. El otro, se conoce como **programación por metas con prioridades**, y en este último existe una jerarquía de niveles de prioridad para las metas, de manera tal que los objetivos con importancia primaria reciben atención prioritaria, los objetivos secundarios reciben atención de segunda prioridad y así sucesivamente (si existen más de dos niveles de prioridad).

11.1. Programación por metas sin prioridades

En este caso, ninguna meta es prioritaria a otra y solamente se requiere establecer ponderaciones para el logro de cada una de estas metas.

11.1.1. Ejemplo 1

La compañía Dewright está estudiando la posibilidad de reemplazar tres productos
actuales que deben descontinuarse con modelos nuevos. La gerencia quiere que se dé
importancia primaria a tres factores:

1) Lograr una utilidad a largo plazo de por lo menos \$125'000,000 por concepto de
   estos productos.

2) Conservar el nivel actual de 4,000 empleados.

3) Mantener la inversión de capital en menos de \$55'000,000.

Se dieron cuenta de que probablemente no se puedan lograr los tres objetivos
simultáneamente, por lo que decidieron establecer penalidades ponderadas de 5 por no
cumplir con la meta de utilidades, 2 por sobrepasar la meta de empleo, 4 por quedar debajo
de la meta de empleo, y 3 por exceder la inversión de capital.

En la Tabla 11.1 se muestran los datos relevantes para este ejemplo.

Tabla 11.1. Datos relevantes al ejemplo 1 de programación por metas.

Factor	Contribución unitaria Productos			Meta (unidades)	Penalización ponderada
	1	2	3		
Utilidades (largo plazo)	12	9	15	≥ 125 (millones \$)	5 (-)
Nivel de empleados	5	3	4	$= 40$ (cientos de empleados)	2 (+), 4 (-)
Inversión de capital	5	7	8	≤ 55 (millones \$)	3 (+)

Las variables a utilizar deberían ser definidas como:

X_1: Unidades del producto 1 a reemplazar.

X_2: Unidades del producto 2 a reemplazar.

X_3: Unidades del producto 3 a reemplazar.

Así pues, las metas, por separado, se podrían escribir como si fueran restricciones:

```
12X₁+  9X₂+15X₃  ≥  125
 5X₁+  3X₂+ 4X₃  =   40
 5X₁+  7X₂+ 8X₃  ≤   55
```

Pero no deben ser restricciones, deben de estar en la función objetivo, con las
respectivas penalizaciones. Quizás, pues, la variable de la función objetivo pudiera quedar
como sigue:

$$X_0 = \quad 5(12X_1 + 9X_2 + 15X_3 - 125)^-$$
$$+2(5X_1 + 3X_2 + 4X_3 - 40)^+$$
$$+4(5X_1 + 3X_2 + 4X_3 - 40)^-$$
$$+3(5X_1 + 7X_2 + 8X_3 - 55)^+$$

Pero esta función objetivo no hace ningún sentido, pues no satisface la proporcionalidad necesaria para los modelos de programación lineal.

En consecuencia, debemos reformular el problema con tres variables auxiliares (Y_1, Y_2 y Y_3), una para cada meta, respectivamente. Dichas variables auxiliares son irrestrictas en signo.

$$Y_1 = 12X_1 + 9X_2 + 15X_3 - 125$$
$$Y_2 = \quad 5X_1 + 3X_2 + 4X_3 - 40$$
$$Y_3 = \quad 5X_1 + 7X_2 + 8X_3 - 55$$

Estas variables indican qué tanto se desvía del cumplimiento cada meta.

Así pues, las restricciones anteriores quedarían como:

$$12X_1 + 9X_2 + 15X_3 - Y_1 = 125$$
$$5X_1 + 3X_2 + 4X_3 - Y_2 = 40$$
$$5X_1 + 7X_2 + 8X_3 - Y_3 = 55$$

Dado que, en principio, las variables Y_1, Y_2 y Y_3 son irrestrictas en signo, tenemos que:

$$Y_1 = Y_1^+ - Y_1^-$$
$$Y_2 = Y_2^+ - Y_2^-$$
$$Y_3 = Y_3^+ - Y_3^-$$

Pero lo que se busca en la función objetivo es minimizar la penalización de cada meta. Dado que la primera meta no tiene penalización por excederse de la utilidad (Y_1^+) y la tercera meta no tiene penalización por ser menor al capital invertido (Y_3^-), dichas variables no deben incluirse en la función objetivo de penalizaciones.

De esta forma, la función objetivo quedaría como:

$$\text{Minimizar:} \quad X_0 = 5Y_1^- + 2Y_2^+ + 4Y_2^- + 3Y_3^+$$

En consecuencia, el problema completo queda como:

```
Minimizar: X0 = 5Y1- + 2Y2+ + 4Y2- + 3Y3+
Sujeto a:
12X1+  9X2+15X3  -  (Y1+-Y1-)  =  125
5X1+  3X2+  4X3  -  (Y2+-Y2-)  =  40
5X1+  7X2+  8X3  -  (Y3+-Y3-)  =  55
X1,  X2,  X3,  Y1+,  Y1-,  Y2+,  Y2-,  Y3+,  Y3-  ≥  0
```

El formato en LTX de LINGO para plantear el problema anterior se muestra a continuación:

```
MINIMIZE 5Y1MENOS + 2Y2MAS + 4Y2MENOS + 3Y3MAS
SUBJECT TO
  Util)  12X1+ 9X2+15X3 - Y1MAS+Y1MENOS = 125
  Emple) 5X1+ 3X2+ 4X3 - Y2MAS+Y2MENOS = 40
  Inver) 5X1+ 7X2+ 8X3 - Y3MAS+Y3MENOS = 55
END
```

El resultado que arroja LINGO para este planteamiento se muestra a continuación:

```
Global optimal solution found.
Objective value:                                16.66667
Variable              Value           Reduced Cost
Y1MENOS               0.000000        3.095238
Y2MAS                 8.333333        0 .000000
Y2MENOS               0.000000        6.000000
Y3MAS                 0.000000        0.4285714
X1                    8.333333        0.000000
X2                    0.000000        6.857143
X3                    1.666667        0.000000
Y1MAS                 0.000000        1.904762
Y3MENOS               0.000000        2.571429

Row     Slack or Surplus        Dual Price
1       16.66667                -1.000000
UTIL    0.000000                -1.904762
EMPLE   0.000000                2.000000
INVER   0.000000                2.571429
```

El resultado que arroja el modelo es:

X1* = 25/3 ≈ 8.333333

X2* = 0

X3* = 5/3 ≈ 1.666667

Y1MAS* = 0

Y1MENOS* = 0

Y2MAS* = 25/3 ≈ 8.333333

Y2MENOS* = 0

Y3MAS* = 0

Y3MENOS* = 0

De las tres metas, la única que se excede es la segunda. Así pues, el número de empleados debe ser de 40+25/3 = 145/3 ≈ 48.333333, es decir, 4,833.3333 empleados, en lugar de la meta de 4,000 empleados.

11.2. Programación por metas con prioridades

El tener prioridades en un problema de programación por metas significa que las metas están ordenadas en orden de importancia, y que antes de satisfacer la meta de prioridad P_{i+1}, me interesa satisfacer primero la meta de prioridad P_i.

11.2.1. Ejemplo 2

Considérese el mismo ejemplo de la sección 11.1.1 (Ejemplo 1), excepto que ahora añadiremos prioridades a las metas. La meta de utilidades tiene mayor prioridad que la meta de empleados, la que a su vez tiene mayor prioridad que la meta de inversión.

En consecuencia, el ejemplo 1 quedaría formulado como se indica a continuación:

```
Minimizar: X₀ = P₁(5Y₁⁻) + P₂(2Y₂⁺ + 4Y₂⁻) + P₃3Y₃⁺
Sujeto a:
12X₁+ 9X₂+15X₃ − (Y₁⁺−Y₁⁻) = 125
5X₁+ 3X₂+ 4X₃ − (Y₂⁺−Y₂⁻) = 40
5X₁+ 7X₂+ 8X₃ − (Y₃⁺−Y₃⁻) = 55
X₁, X₂, X₃, Y₁⁺, Y₁⁻, Y₂⁺, Y₂⁻, Y₃⁺, Y₃⁻ ≥ 0
```

Hay que escoger los valores de P_1, P_2 y P_3 de forma tal que la jerarquía de metas se cumpla. Por ejemplo, podríamos establecer $P_1 = 30$, $P_2 = 20$ y $P_3 = 10$.

El planteamiento del problema en formato LTX de LINDO quedaría como sigue:

```
MINIMIZE 150Y1MENOS + 40Y2MAS + 80Y2MENOS + 30Y3MAS
SUBJECT TO
   Util)  12X1+ 9X2+15X3 - Y1MAS+Y1MENOS = 125
   Emple) 5X1+ 3X2+ 4X3 - Y2MAS+Y2MENOS = 40
   Inver) 5X1+ 7X2+ 8X3 - Y3MAS+Y3MENOS =  55
END
```

La solución a este planteamiento se muestra a continuación:

```
Global optimal solution found.
Objective value:                                   194.4444
Variable              Value          Reduced Cost
Y1MENOS            0.000000          127.7778
Y2MAS              0.000000          16.66667
Y2MENOS            0.000000          103.3333
Y3MAS              6.481481          0.000000
X1                 3.703704          0.000000
X2                 0.000000          80.00000
X3                 5.370370          0.000000
Y1MAS              0.000000          22.22222
Y3MENOS            0.000000          30.00000

Row       Slack or Surplus        Dual Price
1         194.4444                -1.000000
UTIL      0.000000                -22.22222
EMPLE     0.000000                23.33333
INVER     0.000000                30.00000
```

La solución a este problema es que deben reemplazarse $X1^* \approx 3.703704$ unidades del producto 1, $X2^* = 0$ unidades del producto 2 y $X3^* \approx 5.370370$ unidades del producto 3. Nótese que la meta 1 se cumple al igual que la meta 2. La que no se cumple ahora, por ser la de menor prioridad, es la meta 3. Obsérvese que ahora $Y3MAS^* \approx 6.481481$, es decir, la inversión de capital debe de ser de $55+6.481481 \approx 61.481481$, es decir, debe de haber una inversión de $61'481,481.

TERCERA PARTE: MODELOS HÍBRIDOS

12. Administración de proyectos

La administración de proyectos es una técnica muy útil asociada a la Investigación de Operaciones. Destaca en particular el CPM o "Critical Path Method" (Método de la Ruta Crítica), que es de naturaleza determinística, y el PERT o "Program Evaluation and Review Technique" (Técnica de Evaluación y Revisión de Programas) que es de naturaleza probabilística. Estos dos métodos constituyen una parte importante de la administración de proyectos y, combinados, podría decirse que son híbridos.

Sin embargo, he desarrollado mi propio método para la administración (cuantitativa) de proyectos, el cual llamo el Método Probabilístico de la Ruta Crítica (MPRC), el cual combina las características del CPM y del PERT y las mejora. Dicho método será presentado en este capítulo.

12.1. Redes acíclicas y cíclicas

Los proyectos se muestran gráficamente utilizando redes. Las redes son constructos gráficos que utilizan nodos y flechas (o arcos) para mostrar algo. Dependiendo del tipo de notación, en CPM y en PERT, los nodos y los arcos se utilizan para diferentes propósitos. Es importante destacar que, en general, existen dos tipos de redes: acíclicas y cíclicas. Las redes acíclicas son aquellas en las que el número del nodo del cual parte cada arco siempre es menor al número del nodo al cual arriba cada arco, mientras que en las redes cíclicas lo anterior no se cumple, independientemente de la manera en la que se trate de renumerar los nodos.

Figura 12.1. Red acíclica y cíclica.

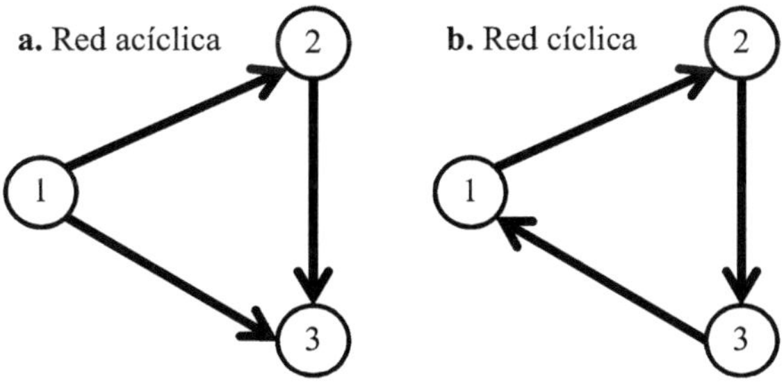

La Figura 12.1a muestra una red acíclica, mientras que la Figura 12.1b muestra una red cíclica.

12.2. Notación AOA y AON

También es importante la notación que se utilice para mostrar gráficamente los elementos de un proyecto dado. En la notación AOA ("Activity on Arc" o Actividad en Arco) las actividades se anotan en las flechas (o arcos) de las redes utilizadas, mientras que los nodos marcan el comienzo y fin de las actividades. El problema que tiene este tipo de notación es que requiere del uso de actividades llamadas "dummy" o tontas que no sirven para nada más que para asegurar que se mantengan las relaciones de precedencia de las actividades mostradas en los arcos. Por otro lado, en la notación AON ("Activity on Node" o Actividad en Nodo), las actividades se anotan en los nodos, de forma tal que las flechas marcan las relaciones de precedencia. La ventaja de la notación AON es que es más sencillo de programar y no requiere del uso de actividades "dummy" que realmente complican la elaboración de las redes AOA.

Tabla 12.1. Ejemplo con nombre de las actividades y relaciones de precedencia para notaciones AOA y AON.

ID (k)	Nombre de la Actividad	Predecesores
1	A	-
2	B	-
3	C	A
4	D	A, B
5	E	A, B
6	F	C
7	G	E

El problema de la notación AON es que mostrar gráficamente los elementos del cálculo para obtener inicios y fin de actividades y proyecto es más engorroso. Además, la notación AON no es tan intuitiva al momento de hacer los cálculos, mientras que con la notación AOA es más sencillo e intuitivo de realizar los cálculos pertinentes.

La Figura 12.2 muestra el proyecto de la Tabla 12.1 en notación AOA, mientras que la Figura 12.3 muestra el proyecto de la Tabla 12.1 en notación AON.

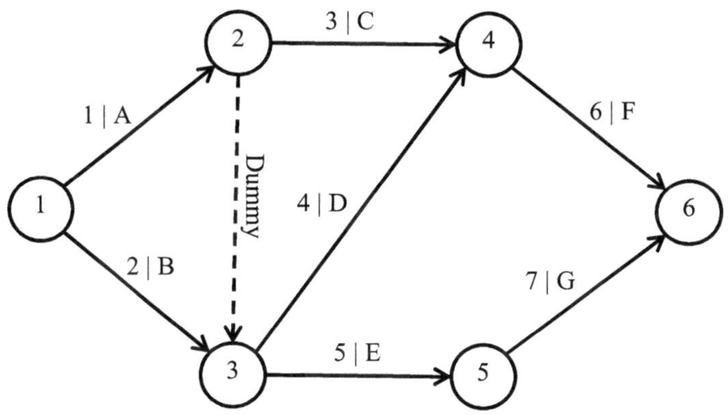

Figura 12.2. Proyecto en notación AOA.

Figura 12.3. Proyecto en notación AON.

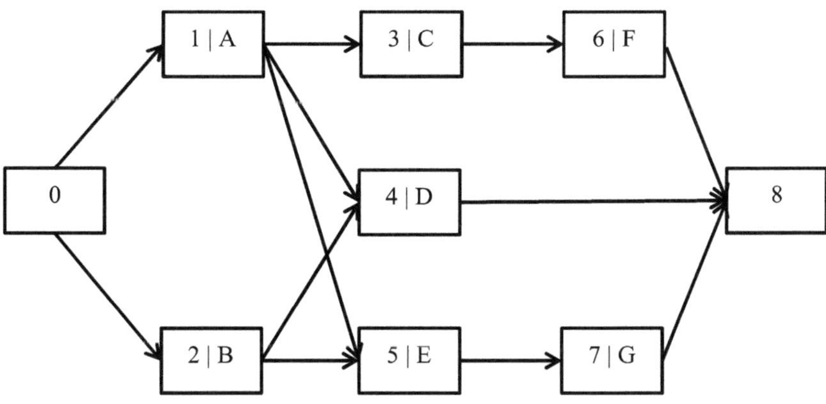

Nótese que en la notación AOA de la Figura 12.2, los nodos para las actividades con número de identificación k, van numerados de 1 a n, donde n es el número total de actividades. Sin embargo, en el caso de la notación AON de la Figura 12.3, donde N es el número total de actividades, los nodos van numerados desde 0 (nodo de inicio que se liga con las actividades que no tienen precedencia) hasta N+1 (nodo final al que están ligados las actividades terminales).

En el caso de la notación AOA de la Figura 12.2, cada actividad viene identificada con sus valores de k y su nombre (k | Nombre) en la flecha correspondiente. En el caso de la notación AON de la Figura 12.3, cada actividad viene identificada con sus valores de k y su nombre (k | Nombre) en el nodo correspondiente. Nótese que en el caso de la notación AON, el nodo inicial viene identificado simplemente como 0, mientras que el nodo final viene identificado simplemente como N+1.

12.3. Cálculos correspondientes típicos del CPM

En los cálculos típicos del CPM se utiliza o bien la notación AOA o la notación AON. La Figura 12.4a muestra los elementos de cálculo típicos de la notación AOA, mientras que la Figura 12.4b muestra los elementos de cálculo típicos de la notación AON.

Figura 12.4. Elementos de cálculo típicos del CPM para notación AOA y AON.
a. Representación AOA. **b.** Representación AON.

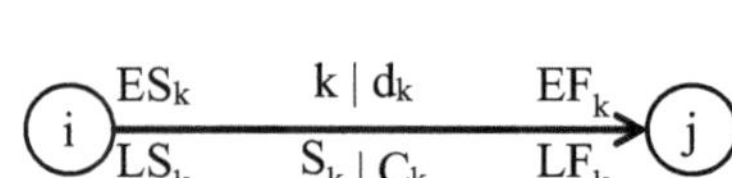

ES_k	d_k	EF_k
k | Nombre		C_k
LS_k	S_k	LF_k

Las ecuaciones, tanto para el caso de representación AOA como AON son las mismas. Sin embargo, a continuación, se indicarán las ecuaciones para notación AON. Téngase que cuenta que, en tal caso, el número total de actividades es N, de forma tal que tenemos que $1 \leq k \leq N$ indica la actividad k. También, la duración total del proyecto está denotada por D y dicha duración ocurre para el nodo N+1, mientras que el nodo cero tiene un inicio del proyecto de cero. El símbolo $<<$ indica que la actividad i es inmediatamente predecesora de la actividad j, mientras que el símbolo $>>$ indicaría que la actividad j es inmediatamente sucesora de la actividad i (aunque tal símbolo no se utilice). El valor d_k indica la duración de la actividad k. ES_k indica el comienzo temprano de la actividad k ("Early Start") y es el tiempo más temprano en el que la actividad k puede comenzarse. EF_k indica el término más temprano de la actividad k ("Early Finish") y es el término más temprano en el que la actividad k puede terminarse. LS_k indica el comienzo más tardío posible de la actividad k ("Late Start") y es el comienzo más tardío en el que la actividad k puede comenzar sin demorar todo el proyecto. LF_k indica el término más tardío posible de la actividad k ("Late Finish") y es el término más tardío en el que la actividad k podría terminarse sin demorar todo el proyecto. S_k indica la holgura ("Slack") para la actividad k, y es qué tantos días (tiempo) tiene la actividad k para demorar su comienzo o término. Finalmente, C_k es la criticalidad de la actividad k, donde si $C_k = 1$ indica que la actividad k es crítica, es decir, su demora demoraría todo el proyecto, mientras que si $C_k = 0$ indica que la actividad k no es crítica, es decir, puede ser demorada sin demorar todo el proyecto.

$$ES_k = 0, 0 \ll k \tag{12.1}$$

$$EF_k = ES_k + d_k, 1 \leq k \leq N \tag{12.2}$$

$$ES_k = \max_{i \ll k}\{EF_i\} \tag{12.3}$$

$$D = \max_{k \ll N+1}\{EF_k\} \tag{12.4}$$

$$LF_k = D, k \ll N + 1 \tag{12.5}$$

$$LS_k = LF_k - d_k, 1 \leq k \leq N \tag{12.6}$$

$$LF_k = \min_{k \ll j}\{LS_j\} \tag{12.7}$$

$$S_k = LS_k - ES_k = LF_k - EF_k, k = 1, 2, ..., N \tag{12.8}$$

$$C_k = \begin{cases} 1, \text{si } S_k = 0 \\ 0, \text{si } S_k > 0 \end{cases}, k = 1, 2, ..., N \tag{12.9}$$

Las ecuaciones de la (12.1) a la (12.4) corresponden a los cálculos hacia delante de la red acíclica del proyecto, mientras que las ecuaciones de la (12.5) a la (12.7) corresponden a los cálculos hacia atrás de la red acíclica del proyecto. Las ecuaciones (12.8) y (12.9) se utilizan después de haber completado los cálculos hacia adelante y hacia atrás.

12.4. Gráfica de Gantt

Un elemento importante de la administración de proyectos es el uso de gráficas de Gantt. Las gráficas de Gantt permiten indicar la calendarización de un proyecto y el grado de avance que se tiene en tal calendarización hasta el momento. Considérese el proyecto de la Tabla 12.2. Vamos a utilizar para este ejemplo la notación AOA.

Tabla 12.2. Ejemplo ilustrativo para notación AOA.

Actividad	Precedencia	Duración (días)
A	-	2
B	-	3
C	A	7
D	A	3
E	A, B	4
F	A, B	8
G	D, E	7
H	C	6
I	F	5

Este ejemplo se resuelve en la Figura 12.5. Nótese que en el caso de la Figura 12.5 se pone el nombre de la actividad y debajo del nombre la duración correspondiente. No se anota ni el valor de S_k ni de C_k por ser obvios, puesto que las actividades de la ruta crítica, marcadas con doble flecha, tienen valores de $S_k = 0$ y de $C_k = 1$, mientras que las actividades no críticas tienen valores de $C_k = 0$ y de S_k igual a la diferencia LS_k-ES_k que es igual a la diferencia LF_k-EF_k. El tiempo de inicio del proyecto es de cero, marcado en el nodo 1, mientras que el tiempo de término del proyecto es de 16, marcado en el nodo 7 del proyecto.

Figura 12.5. Resolución mediante CPM de un ejemplo ilustrativo mediante AOA.

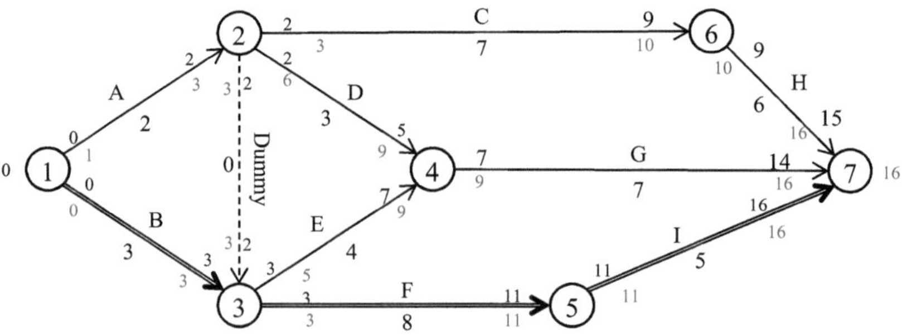

La Figura 12.6 muestra una calendarización utilizando nodos y flechas, donde las flechas marcan las actividades y los nodos eventos de comienzo o término de actividades. La Figura 12.6 se convierte en la gráfica de Gantt de la Figura 12.7 para el proyecto calendarizado.

Figura 12.6. Calendarización mediante nodos y flechas del proyecto de la Tabla 12.2 y la Figura 12.5.

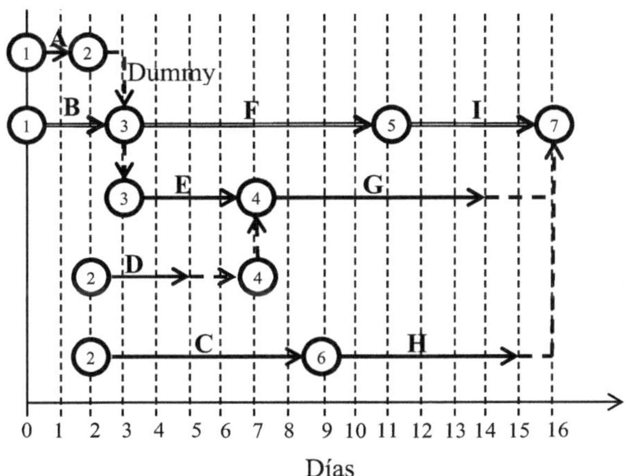

La Figura 12.7 se construye en base a los tiempos tempranos de comienzo y de término (ES y EF). Así pues, el comienzo calendarizado es el valor de ES para cada actividad de la Figura 12.5, mientras que el término calendarizado es el valor de EF para cada actividad de la Figura 12.5.

Los objetivos calendarizados son fechas clave del proyecto. En este caso, los tres objetivos calendarizados corresponden a las fechas tempranas de término (EF) de las tres actividades críticas, que son B, F e I.

Figura 12.7. Gráfica de Gantt para el proyecto calendarizado.

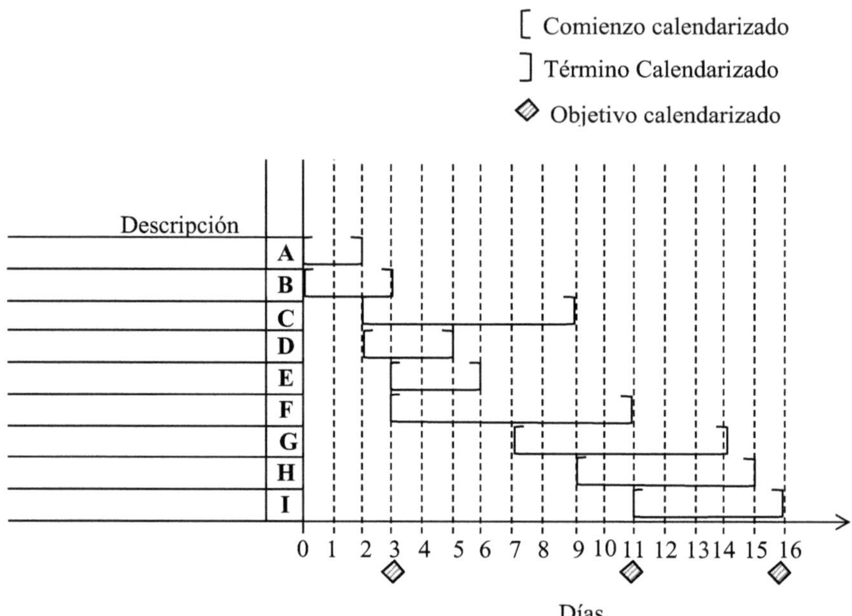

La Figura 12.8 es más compleja que la Figura 12.7, pues muestra el avance real comparado con el avance calendarizado. Por ejemplo, en la Figura 12.7 vemos que la actividad A debería terminarse en el día 2, pero en la Figura 12.8 vemos que se termina poco después del día 2. En consecuencia, y dado que las actividades C y D deben comenzar después de terminar la actividad A, su comienzo real se ha demorado, como se muestra en la Figura 12.8. Adicionalmente, la actividad B debería terminarse en el tercer día, pero en la Figura 12.8 vemos que se ha demorado un poco más. Dado que las actividades E y F solamente pueden comenzar después de terminada la actividad B, su comienzo se ha demorado un poco más allá del día 3. El día 4 está marcado como la fecha actual.

Vemos que la actividad B, por ser una actividad crítica, si es demorada demorará todo el proyecto. Dado que se ha demorado un poco más allá del día 3, esto demora todo el proyecto.

Figura 12.8. Gráfica de Gantt mostrando progreso alcanzado hasta el momento.

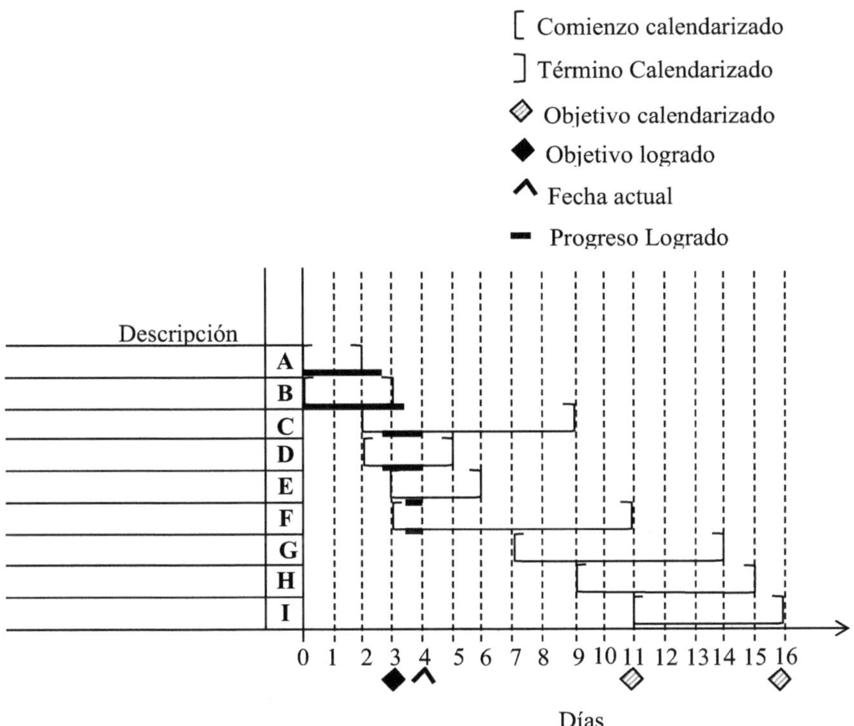

12.5. Ajuste tiempo-costo en CPM

Como hemos visto hasta ahora, la duración total de un proyecto (en CPM) depende de la duración de las actividades de la ruta crítica y es igual a la suma de las duraciones de las actividades de dicha ruta crítica. Así pues, ¿es posible reducir la duración de un proyecto? Lo anterior equivaldría a reducir la duración de las actividades del proyecto (comenzando por las de la ruta crítica). En CPM a esto se le llama "crashing" (aplastamiento). El crashing consiste en tener una duración normal para cada actividad asociada a un costo normal de llevar a cabo dicha actividad, así como una duración reducida de la actividad asociada a un costo de crashing más elevado para llevar a cabo tal actividad con una duración menor.

Figura 12.9. Relación ideal entre tiempo y costo en CPM.

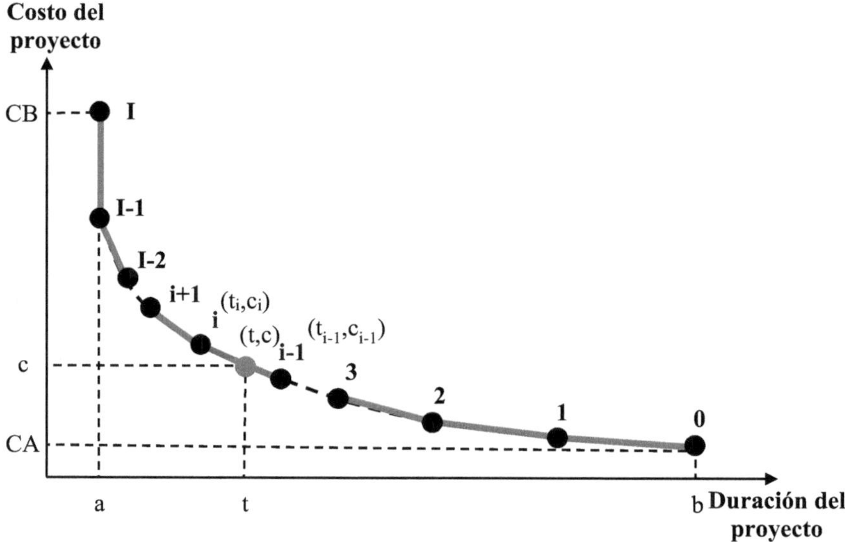

La Figura 12.9 ilustra la relación ideal que debería existir entre la duración total del proyecto y el costo total del proyecto al hacer crashing. Es el caso ideal (curva cóncava) porque el crashing debe efectuarse de manera óptima, lo cual no es factible de hacer para valores del número de actividades razonablemente grande. Se desarrolló un heurístico bastante complicado para hacer los cálculos en la práctica, a pesar de que no resulte en una curva de ajuste tiempo-costo ideal como la mostrada en la Figura 12.9. Tenemos que el proyecto puede durar como máximo b unidades de tiempo y como mínimo a unidades de tiempo (típicamente días). La duración máxima del proyecto de b unidades de tiempo se da a un costo mínimo (CA), mientras que la duración mínima del proyecto de a unidades de tiempo ocurre a un costo máximo (CB). Nótese que hay un total de I iteraciones para pasar desde las coordenadas (b,CA) a las coordenadas (a,CB) comenzando en la iteración 0 en la que el proyecto tiene la duración normal (máxima) sin nada de crashing. Nótese, además, que existe una línea recta vertical entre la última iteración (I) y la penúltima iteración (I-1), pues entre esas dos iteraciones se reduce la duración de todas las actividades a pesar de que la duración de la ruta crítica ya no se reduzca.

Obsérvese en la Figura 12.9 que se tiene una coordenada (t,c) para un tiempo t y un costo c entre la iteración i-1 y la iteración i, de forma tal que sea posible calcular los valores de c y de t mediante interpolación lineal, como se indica en las ecuaciones (12.10) y (12.11), respectivamente. En estas ecuaciones, dado un valor de t se calcula el correspondiente valor de c y viceversa.

$$c = c_i - \frac{(t_{i-1}-t)(c_i-c_{i-1})}{t_i-t_{i-1}}, c_i \geq c > c_{i-1} \text{ y } t_i \leq t < t_{i-1} \tag{12.10}$$

$$t = t_i + \frac{(c_i-c)(t_{i-1}-t_i)}{c_i-c_{i-1}}, t_i \leq t < t_{i-1} \text{ y } c_i \geq c > c_{i-1} \tag{12.11}$$

¿Cuál actividad debería de reducirse en tiempo de duración primero? En CPM, cada actividad k tiene un tiempo de duración normal (d_k o b_k), un tiempo de duración ajustado (a_k), un costo normal (CA_k) y un costo ajustado (CB_k). Así pues, se calcula la pendiente para la relación costo/tiempo como se indica en la ecuación (12.12), donde N es el número total de actividades que tiene el proyecto

$$\text{Pendiente}_k = \frac{CB_k-CA_k}{b_k-a_k}, k = 1, 2, \ldots, N \tag{12.12}$$

Nótese que $CB_k \geq CA_k$ y que $d_k = b_k \geq a_k$. Los costos estarían dados en alguna denominación monetaria, tal como pesos o dólares, mientras que las duraciones estarían dadas en alguna unidad de tiempo, tal como días. Las pendientes para el conjunto de actividades pueden luego ordenarse para ver cuál actividad es más rentable de ajustar. Eso no quiere decir necesariamente que las actividades más rentables de ajustar siempre se ajustarán primero, pues hay que ver el impacto que dicho ajuste tendrá en la nueva duración del proyecto, lo cual se puede hacer manualmente para ejemplos sencillos, pero para el caso de ejemplo más grandes (y realistas) se utiliza un heurístico a efectos de realizar los cálculos.

12.5.1. Ejemplo sencillo de CPM

Considérese un ejemplo muy sencillo de CPM. Los datos para dicho ejemplo se muestran en la Tabla 12.3.

Tabla 12.3. Datos para un ejemplo sencillo de tres actividades (N = 3).

ID k	Nombre	Precedencia	Duración (d_k)	Duración		Costo	
				Reducida (a_k)	Normal (b_k)	Normal (CA_k)	Reducido (CB_k)
1	A	-	7	4	7	$1,000.00	$2,000.00
2	B	-	10	6	10	$500.00	$750.00
3	C	A	5	1	5	$1,250.00	$2,500.00

Figura 12.10. Cálculos de CPM del ejemplo sencillo con representación AOA.

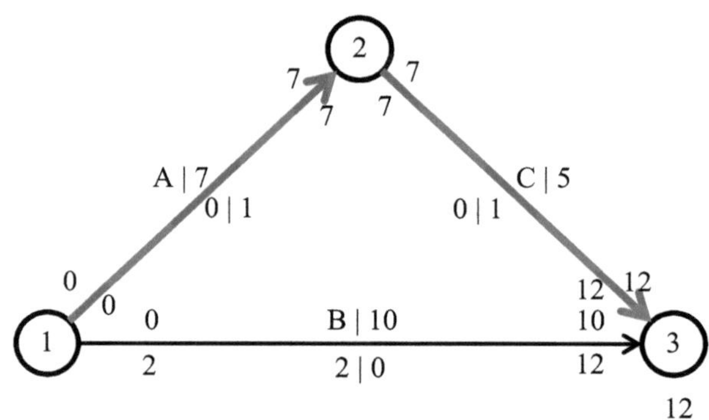

Figura 12.11. Cálculos de CPM del ejemplo sencillo con representación AON.

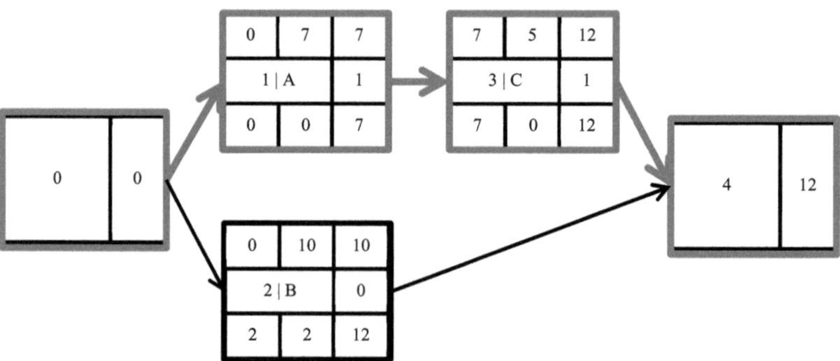

Este ejemplo se resuelve mediante CPM utilizando representación AOA en la Figura 12.10 y utilizando representación AON en la Figura 12.11. Nótese que los tiempos usados en estos casos se refieren a la duración normal ($d_k = b_k$) de la Tabla 12.3. En la Figura 12.10, las actividades críticas (en las flechas o arcos) están marcadas con líneas grises. En la Figura 12.11, las actividades críticas (en los nodos, que deben ser rectangulares a efectos de que quepa toda la información) están marcadas también en gris.

Este ejemplo, a efectos de ilustrar el funcionamiento de los diferentes elementos de cálculo, se resuelve en una tabla de Excel. Dicha tabla se muestra en la Tabla 12.4 para demostrar que el cálculo que se hace en Excel es correcto y corresponde a los cálculos de las Figuras 12.10 y 12.11. Como referencia para identificar los diferentes elementos del cálculo, véase la Figura 12.4.

Tabla 12.4. Cálculos hacia adelante y hacia atrás del ejemplo sencillo de CPM con duraciones normales.

k	Actividad	d_k	ES_k	EF_k	LS_k	LF_k	S_k	C_k
1	A	7	0	7	0	7	0	1
2	B	10	0	10	2	12	2	0
3	C	5	7	12	7	12	0	1
	Proyecto			12				

Ahora debemos proceder con el procedimiento de ajuste o "crashing" del CPM, el cual comienza con el cálculo de las pendientes en base a la ecuación (12.12). Luego se ordenan las pendientes de menor a mayor costo. Basado en los datos de la Tabla 12.3, la Tabla 12.5 muestra dichos cálculos.

Tabla 12.5. Cálculos de las pendientes no ordenadas y ordenadas.

Pendientes no ordenadas			Pendientes ordenadas	
ID (k)	Cálculos de las pendientes	$Pendiente_k$	ID (k)	$Pendiente_k$
1	$Pendiente_1 = (\$2,000-\$1,000)/(7-4) = \$1,000/3$	\$333.33	2	\$62.50
2	$Pendiente_2 = (\$750-\$500)/(10-6) = \$250/4$	\$62.50	3	\$312.50
3	$Pendiente_3 = (\$2,500-\$1,250)/(5-1) = \$1,250/4$	\$312.50	1	\$333.33

Para este ejemplo, existen dos posibles rutas alternativas que podrían ser críticas: 1|A→3|C y 2|B. Así pues, al hacer el ajuste (crashing) deberemos considerar esta situación.

Buscaremos hacer ajuste tiempo-costo óptimo. Para la iteración $i = 0$ (sin ajuste) se muestran los resultados de cada actividad, la duración del proyecto y el costo del proyecto en la Tabla 12.6.

Tabla 12.6. Cálculos de ajuste tiempo-costo para la iteración $i = 0$ (tiempos y costos normales).

k	Actividad	d_k	ES_k	EF_k	LS_k	LF_k	S_k	C_k	Costo
1	A	7	0	7	0	7	0	1	$1,000.00
2	B	10	0	10	2	12	2	0	$500.00
3	C	5	7	12	7	12	0	1	$1,250.00
	Proyecto			12					$2,750.00

Se observa en la Tabla 12.6 que la ruta crítica es 1|A→3|C. Así pues, ya sea la actividad 1|A o la actividad 3|C deben ser ajustadas. Dado que la actividad 3|C tiene una pendiente menor que 1|A, debe ser ajustada primero. ¿En cuánto debe ser ajustada? Ciertamente no más que la holgura de la actividad 2|B, que es igual a 2, puesto que, si es ajustada más que eso, la actividad 2|B se volvería crítica y mayor ajuste en 3|C no tendría sentido. Así pues, reducimos la actividad 3|C en 2 unidades con el correspondiente incremento en el costo: $2 \times 312.50 = \$625.00$. La Tabla 12.7 muestra el resultado.

Tabla 12.7. Cálculos de ajuste tiempo-costo para la iteración $i = 1$.

k	Actividad	d_k	ES_k	EF_k	LS_k	LF_k	S_k	C_k	Costo
1	A	7	0	7	0	7	0	1	$1,000.00
2	B	10	0	10	0	10	0	1	$500.00
3	C	3	7	10	7	10	0	1	$1,875.00
	Proyecto			10					$3,375.00

Ahora, las dos rutas alternativas son críticas. Así pues, debemos ajustar ambas rutas al mismo tiempo. De las dos actividades de la ruta crítica 1|A→3|C, la que tiene la menor pendiente (ver Tabla 12.5) es 3|C. Así pues, debemos ajustar tanto 3|C como 2|B. ¿De cuánto debe ser el ajuste? Pues lo más que permitan los niveles de valor ajustado (mínimo) posible para 3|C y 2|B. Para 3|C el mínimo es $a_3 = 1$, por lo que se reduciría en 3-1 = 2. Para 2|B el mínimo es 6, por lo que se podría ajustar en 10-6 = 4. El mínimo de estos dos ajustes es 2. Así pues, reducimos tanto 3|C como 2|B en dos unidades, lo que se muestra en la Tabla 12.8. Los costos aumentan de acuerdo a tales reducciones.

Tabla 12.8.   Cálculos de ajuste tiempo-costo para la iteración $i = 2$.

k	Actividad	d_k	ES_k	EF_k	LS_k	LF_k	S_k	C_k	Costo
1	A	7	0	7	0	7	0	1	$1,000.00
2	B	8	0	8	0	8	0	1	$625.00
3	C	1	7	8	7	8	0	1	$2,500.00
	Proyecto			8					$4,125.00

Ahora las tres actividades siguen siendo críticas. Sin embargo, la actividad 3|C ya no puede reducirse más. Así pues, no queda más que reducir al máximo la actividad 1|A y 2|B, que pueden reducirse en Mínimo$\{(7\text{-}4) = 3,(8\text{-}6) = 2\} = 2$, respectivamente. Se procede pues con tal reducción, cuyos resultados se muestran en la Tabla 12.9.

Tabla 12.9.   Cálculos de ajuste tiempo-costo para la iteración $i = 3$.

k	Actividad	d_k	ES_k	EF_k	LS_k	LF_k	S_k	C_k	Costo
1	A	5	0	5	0	5	0	1	$1,666.67
2	B	6	0	6	0	6	0	1	$750.00
3	C	1	5	6	5	6	0	1	$2,500.00
	Proyecto			6					$4,916.67

Ahora el proyecto se ha ajustado (reducido) en tiempo lo más posible. Se hace una reducción final (desesperada) que solamente implica un aumento en el costo sin la correspondiente reducción del proyecto. Tal reducción corresponde a reducir la actividad 1|A su mínima duración que es $a_1 = 4$, con el correspondiente aumento en el costo. El resultado se muestra en la Tabla 12.10.

Los resultados de los tiempos y costos para cada iteración se muestran en la Tabla 12.11 y se grafican en la Figura 12.12. Obsérvese que la curva de ajuste tiempo-costo de la Figura 12.12 es, a efectos prácticos, cóncava (en realidad se observa una línea casi recta, pero es lo mejor que óptimamente se puede hacer).

Tabla 12.10. Cálculos de ajuste tiempo-costo para la iteración i = 4.

k	Actividad	d_k	ES_k	EF_k	LS_k	LF_k	S_k	C_k	Costo
1	A	4	0	4	1	5	1	0	$2,000.00
2	B	6	0	6	0	6	0	1	$750.00
3	C	1	4	5	5	6	1	0	$2,500.00
	Proyecto			6					$5,250.00

Tabla 12.11. Ajustes tiempo-costo para el ejemplo sencillo de CPM.

i	Completado del Proyecto (D)	Costo del Proyecto
0	12	$2,750.00
1	10	$3,375.00
2	8	$4,125.00
3	6	$4,916.67
4	6	$5,250.00

Figura 12.12. Ajustes tiempo-costo para el ejemplo sencillo de CPM.

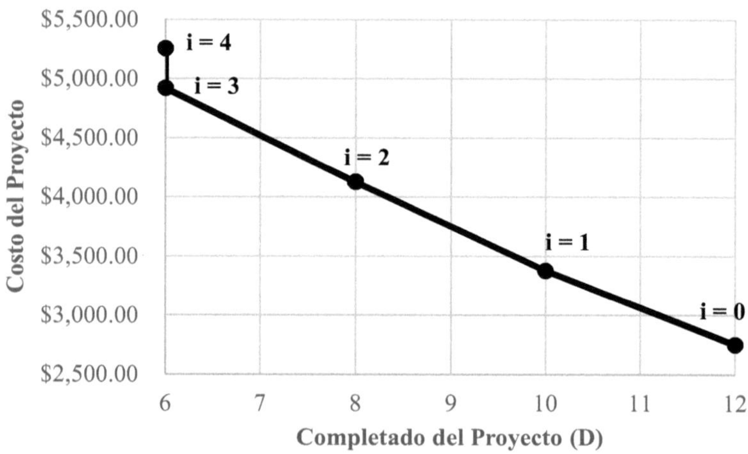

12.5.2. Ejemplo más realista de CPM

Ahora procedemos a realizar un ejemplo más realista de CPM con los datos de la Tabla 12.12.

Tabla 12.12. Datos para un ejemplo más realista de CPM (N = 9).

ID K	Nombre	Precedencia	Duración (d_k)	Duración Reducida (a_k)	Duración Normal (b_k)	Costo Normal (CA_k)	Costo Reducido (CB_k)
1	A	-	3	0.5	3	$100	$200
2	B	-	4	1	4	$50	$250
3	C	1	8	2	8	$300	$400
4	D	1	4	0.5	4	$150	$350
5	E	1,2	5	0.5	5	$200	$500
6	F	1,2	9	3	9	$50	$100
7	G	4,5	8	2	8	$120	$180
8	H	3	7	1	7	$200	$300
9	I	6	6	0.5	6	$75	$150
					Total	$1,245	$2,430

Se desarrolló un algoritmo heurístico para hacer los ajustes tiempo-costo. Aunque dicho algoritmo no hace los ajustes de manera óptima (curva tiempo-costo cóncava), sí ofrece resultados razonables. Las iteraciones se muestran en la Tabla 12.13 y se grafican en la Figura 12.13.

Tabla 12.13. Ajustes tiempo-costo de un ejemplo de CPM más realista.

i	Tiempo (t_i) – días	Costo total (c_i) – pesos
0	19	$ 1,245.0000
1	18	$ 1,253.3333
2	17	$ 1,278.3333
3	15	$ 1,348.3333
4	13	$ 1,418.3333
5	12	$ 1,458.6364
6	11	$ 1,498.9394
7	10	$ 1,692.8788
8	9	$ 1,732.8788
9	8	$ 1,839.5455
10	7.5	$ 1,892.8788
11	7	$ 1,926.2121
12	6.5	$ 1,959.5455
13	6	$ 2,029.7835
14	4.5	$ 2,260.9524
15	4.5	$ 2,430.0000

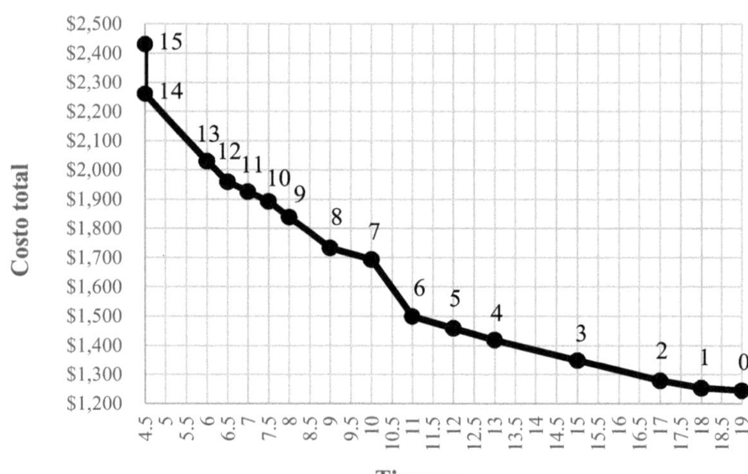

Obsérvese en la Figura 12.13 que el costo mínimo es la suma de todos los costos normales o mínimos (CA = $1,245), mientras que el costo máximo es la suma de todos los costos ajustados al máximo (CB = $2,430), como se muestra en la línea inferior de la Tabla 12.12.

12.6. PERT y las ecuaciones de forma de la distribución beta

PERT es de características probabilísticas, pero obtiene la ruta crítica de manera determinística. La suposición básica de PERT es que las actividades en un proyecto grande siguen una distribución beta con valor mínimo (a_k), más probable o moda (m_k) y más grande (b_k) y que la duración del proyecto puede ser modelada utilizando una distribución normal. La media de la duración para cada actividad se calcula de acuerdo a la ecuación (12.13). La varianza de dicha duración se calcula de acuerdo a la ecuación (12.14).

$$\mu_k = \frac{a_k + 4m_k + b_k}{6}, k = 1, 2, \ldots, N \qquad (12.13)$$

$$\sigma_k^2 = \left(\frac{b_k - a_k}{6}\right)^2, k = 1, 2, \dots, N \tag{12.14}$$

Se resuelve el problema mediante CPM asumiendo que las duraciones (normales) de cada actividad son iguales a su media, es decir, $d_k = \mu_k$, $k = 1, 2, \dots, N$. Se obtiene así la media de la duración total del proyecto ($\mu = D$), como muestra la ecuación (12.15). La varianza en la duración siguiendo una distribución normal para el proyecto está dada por la suma de las varianzas de las actividades en la ruta crítica, como indica la ecuación (12.16), donde p es el conjunto de actividades de la ruta crítica. Se supone que solamente existe una ruta crítica. Si acaso existiera más de una ruta crítica, la varianza sería el máximo valor de éstas.

$$\mu = D \tag{12.15}$$

$$\sigma^2 = \sum_{k \subset p} \sigma_k^2 \tag{12.16}$$

La distribución estándar (de media $\mu=0$ y varianza=desviación estándar=$\sigma^2=\sigma=1$) tiene un valor z dado por la ecuación (12.17), donde X es cualquier duración posible del proyecto, μ es la media obtenida en la ecuación (12.15) y σ es la raíz de la varianza obtenida en la ecuación (12.16).

$$z = \frac{X - \mu}{\sigma} \tag{12.17}$$

El lector puede referirse al Apéndice A si no cuenta con medios de calcular las probabilidades para cada valor razonablemente posible de z (o de X) de la ecuación (12.17)

12.6.1. Ejemplo sencillo de PERT

Supóngase el ejemplo sencillo de PERT de la Tabla 12.14.

Tabla 12.14. Ejemplo sencillo de PERT.

ID (k)	Nombre	Precedencia	Duración de estimados de tres puntos		
			(a_k)	(m_k)	(b_k)
1	A	-	6	7	10
2	B	-	9	10	12
3	C	A	3	5	6

La Tabla 12.15 muestra los cálculos de media (μ_k) y varianza (σ_k^2) para cada actividad k = 1, 2 y 3.

Tabla 12.15. Cálculos de media y varianza para el ejemplo sencillo de PERT.

ID (k)	Nombre	Media μ_k	Varianza σ_k^2
1	A	7.3333	0.4444
2	B	10.1667	0.2500
3	C	4.8333	0.2500

La Tabla 12.16 muestra los cálculos de CPM asumiendo $d_k = \mu_k$, k = 1, 2 y 3 para el cálculo de la media de la duración del proyecto (μ), así como el cálculo de la varianza del proyecto (σ^2) observando que la ruta crítica corresponde a las actividades 1|A→3|C.

Tabla 12.16. Cálculo de media y varianza del proyecto.

k	Activity	$d_k=\mu_k$	ES_k	EF_k	LS_k	LF_k	S_k	C_k	σ_k^2	$C_k \times \sigma_k^2$
1	A	7.33	0	7.33	0	7.33	0	1	0.44	0.44
2	B	10.17	0	10.17	2.00	12.17	2.00	0	0.25	0.00
3	C	4.83	7.33	12.17	7.33	12.17	0	1	0.25	0.25
	$\mu =$			12.17					$\sigma^2 =$	0.69

En la Tabla 12.17 se muestran, para diferentes posibles duraciones del proyecto (X), dados los valores de μ y de $\sigma=\sqrt{\sigma^2}$ obtenidos de la Tabla 12.16, las probabilidades correspondientes.

Tabla 12.17. Cálculos para diferentes valores en la duración del proyecto (X).

X	z = X	$P(z \leq X)$	$P(z \geq X)$
10.00	-2.60	0.0047	0.9953
11.00	-1.40	0.0813	0.9187
12.00	-0.19	0.4236	0.5764
12.16	0.00	0.5000	0.5000
13.00	1.01	0.8440	0.1560
14.00	2.22	0.9866	0.0134

La Figura 12.14 muestra la función de densidad normal, así como la probabilidad (acumulada) de completado del proyecto para diferentes valores en la duración del proyecto (X) del PERT de este ejemplo.

Figura 12.14. Función de densidad y probabilidad de completar el proyecto para el ejemplo sencillo de PERT.

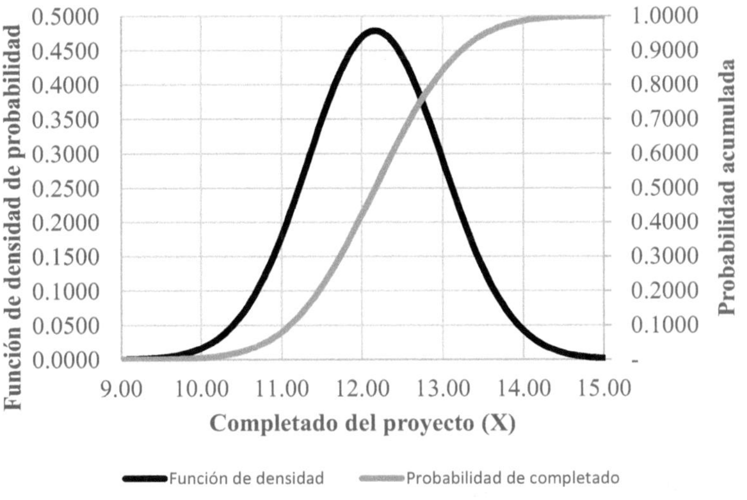

12.6.2. Cálculo de los parámetros de forma de la distribución beta

Cuando se asume que una variable en PERT (sea ésta la duración de una actividad o cualquier otra cosa) sigue una distribución beta, se utilizan, a efectos de simplificar el cálculo, estimados de tres puntos: mínimo (a), más probable (m) y máximo (b). La media y la varianza, en tales casos, se calcula de acuerdo a las ecuaciones (12.18) y (12.19), respectivamente.

$$\mu = \frac{a+4m+b}{6} \tag{12.18}$$

$$\sigma^2 = \left(\frac{b-a}{6}\right)^2 \tag{12.19}$$

Sin embargo, no es tan sencillo calcular los parámetros de forma (α y β) de la distribución beta. La distribución beta general, f(x), con parámetros de forma (α y β) y parámetros de rango (a y b) está dada de acuerdo a la ecuación (12.20).

$$f(x) = \frac{1}{\int_0^1 t^{\alpha-1}(1-t)^{\beta-1}dt} \frac{(x-a)^{\alpha-1}(b-x)^{\beta-1}}{(b-a)^{\alpha+\beta-1}}, a < x < b \tag{12.20}$$

Ciertamente, se trata de una distribución muy complicada de calcular. La única manera viable de hacerlo es mediante integración numérica. La ecuación (12.21) muestra la distribución beta estándar, g(x), en la que los parámetros de rango son a = 0 y b = 1 (mismos parámetros de forma α y β)

$$g(x) = \frac{x^{\alpha-1}(1-x)^{\beta-1}}{\int_0^1 t^{\alpha-1}(1-t)^{\beta-1}dt}, 0 < x < 1 \tag{12.21}$$

La distribución beta es muy versátil, pues puede tener forma de U, de J, de campana (con desviación hacia un lado u otro) y así sucesivamente. La Figura 12.15 muestra diferentes comportamientos de la distribución beta para diferentes valores y situaciones de $\alpha+\beta$.

Figura 12.15. Versatilidad de la distribución beta estándar.

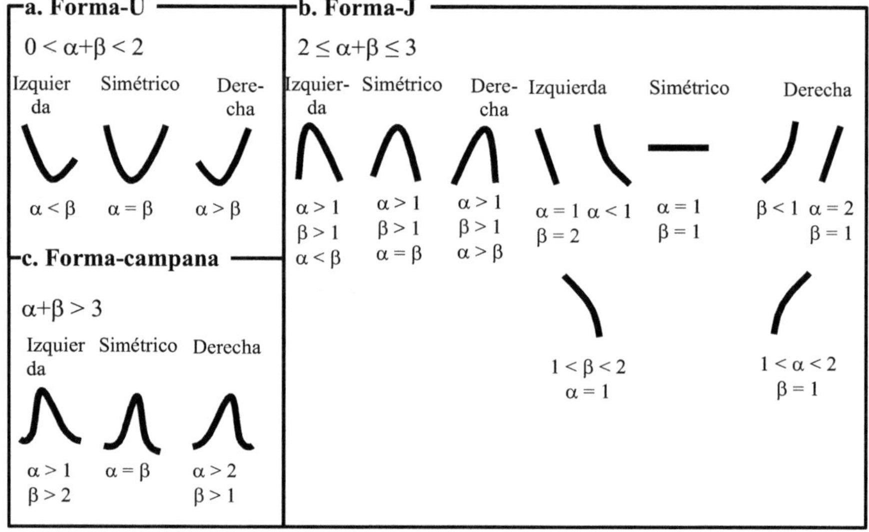

Otra ecuación para calcular la media de la distribución beta está dada por la ecuación (12.22).

$$\mu = \frac{a+m(\alpha+\beta)+b}{\alpha+\beta+2} \tag{12.22}$$

Dado que el PERT asume la ecuación (12.18) para la media, queda claro, comparando la ecuación (12.22) con la ecuación (12.18) que $\alpha+\beta = 4$ en PERT, lo que asegura distribuciones con forma de campana.

Pero, ¿cómo podemos calcular los valores de α y β? Asumiendo que la media (μ) y la varianza (σ^2) sean calculadas de acuerdo a las ecuaciones (12.18) y (12.19), respectivamente, y que se conozcan los parámetros de rango (a y b), existen otras dos ecuaciones para la media y la varianza, las cuales se muestran en las ecuaciones (12.23) y (12.24), respectivamente.

$$\mu = \frac{\alpha b + \beta a}{\alpha + \beta} \tag{12.23}$$

$$\sigma^2 = (b - a)^2 \frac{\alpha \beta}{(\alpha+\beta)^2(\alpha+\beta+1)} \tag{12.24}$$

El lector podrá notar que tanto los parámetros de rango (a y b), como la media y varianza (μ y σ^2), son conocidos. Las únicas incógnitas del sistema de ecuaciones no lineales de las ecuaciones (12.23) y (12.24) son los parámetros de forma (α y β). Resolviendo tal sistema de ecuaciones, se llega a las ecuaciones para los parámetros de forma (α y β) de las ecuaciones (12.25) y (12.26), respectivamente. El lector inquieto puede revisar el Apéndice B y darse cuenta que las ecuaciones (12.25) y (12.26) son correctas. Estas ecuaciones son mi contribución científica. Dichas ecuaciones hacen posible el Método Probabilístico de la Ruta Crítica (MPRC).

$$\alpha = (\mu - a) \left(\frac{(\mu-a)(b-\mu)-\sigma^2}{(b-a)\sigma^2} \right), b > a \tag{12.25}$$

$$\beta = (b - \mu) \left(\frac{(\mu-a)(b-\mu)-\sigma^2}{(b-a)\sigma^2} \right), b > a \tag{12.26}$$

12.7. El Método Probabilístico de la Ruta Crítica (MPRC)

El Método Probabilístico de la Ruta Crítica (MPRC) es un método basado en las ideas del PERT y el CPM extendidas mediante el uso de las ecuaciones (12.25) y (12.26).

12.7.1. Cálculo de la duración probabilística del proyecto

¿Cómo se puede calcular una duración probabilística para un proyecto dado asumiendo que tal duración sigue una distribución beta de parámetros de rango (a y b) y forma (α y β) conocidos?

Se puede calcular la media y varianza (μ y σ^2) de cada actividad en base a las ecuaciones (12.18) y (12.19). Luego, simplemente se utiliza apropiadamente el sistema de ecuaciones del CPM que va desde la ecuación (12.1) a la (12.9). Se saben los parámetros de rango (a y b) de cada actividad. Así pues, se puede calcular el mínimo y máximo del proyecto (a y b) asumiendo $d_k = a_k$, $k = 1, 2, \ldots$, N en las ecuaciones de la (12.1) a la (12.9) en un primer lugar y luego asumiendo $d_k = b_k$, $k = 1, 2, \ldots$, N en las ecuaciones de la (12.1) a la (12.9), respectivamente. La media del proyecto (μ) se calcula asumiendo $d_k = \mu_k$ en las ecuaciones de la (12.1) a la (12.9). La varianza se calcula de manera similar, pues al asumir $d_k = \sigma^2$, se estará calculando, para el proyecto, la varianza de la ruta crítica.

Finalmente, teniendo los parámetros de rango (a y b) para el proyecto, así como la media y varianza del proyecto (μ y σ^2) obtenidas en base al procedimiento anterior, se aplica simplemente la fórmula de las ecuaciones (12.25) y (12.26) para obtener los parámetros de forma (α y β), respectivamente, de la distribución beta que indica la función de densidad beta para la duración del proyecto.

Esto permite calcula la duración del proyecto descrita mediante una distribución beta, lo cual evita el optimismo de los estimados en la duración del proyecto en los que incurre el PERT. Ciertamente, este procedimiento funciona a la perfección y es a prueba de fallos.

12.7.2. El problema estructural inherente al CPM

¿Se puede generalizar la idea anterior para cada actividad? No tan rápido. El CPM tiene un problema inherente cuando las actividades no son críticas (que son la mayoría de las actividades en un proyecto realista). Dicho problema estriba en la existencia de holgura en dichas actividades.

La holgura y la existencia de un valor d_k hace que no se sepa cuándo debe en realidad comenzar (ES_k o LS_k) o terminar (EF_k o LF_k) una actividad.

La Figura 12.16 ilustra claramente este problema. Se presupone un valor optimista para el comienzo de una actividad (O) y un valor pesimista para el término de una actividad (P), donde se cumple la ecuación (12.27).

$$O + P = 1, \ 0 \leq O \leq 1 \text{ y } 0 \leq P \leq 1 \tag{12.27}$$

Figura 12.16. Problema estructural inherente al CPM y su sistema de ecuaciones.

a. Determinando el término de la actividad k con precisión.

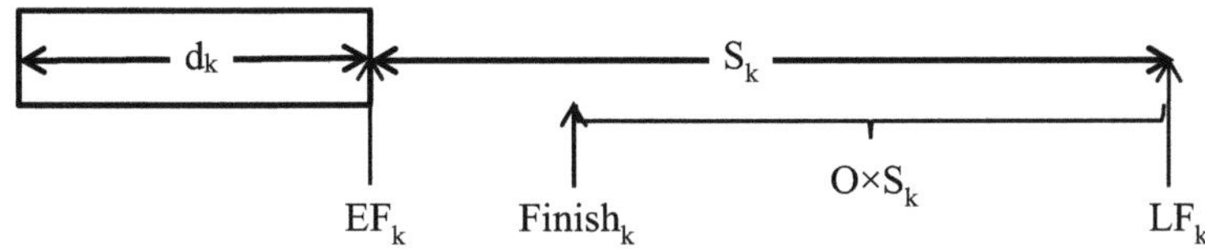

b. Determinando el comienzo de la actividad k con precisión.

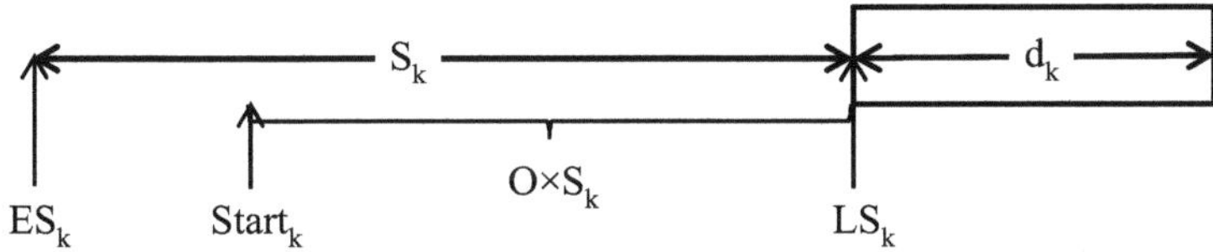

Supongamos que el comienzo de una actividad ($Start_k$) es igual a un peso ponderado del comienzo optimista ($O{\times}ES_k$) y el comienzo pesimista ($P{\times}LS_k$). También, el término de una actividad ($Finish_k$) es igual a un peso ponderado del término optimista ($O{\times}EF_k$) y el término pesimista ($P{\times}LF_k$). Estas dos ideas se ilustran en las ecuaciones (12.28) y (12.29), respectivamente.

$$Start_k = O{\times}ES_k + P{\times}LS_k \qquad (12.28)$$

$$Finish_k = O{\times}EF_k + P{\times}LF_k \qquad (12.29)$$

De la ecuación (12.2) se obtiene la ecuación (12.30). Despejando LF_k de la ecuación (12.6) se obtiene la ecuación (12.31).

$$EF_k = ES_k + d_k \qquad (12.30)$$

$$LF_k = LS_k + d_k \qquad (12.31)$$

La ecuación (12.32) se obtiene de la ecuación (12.8).

$$S_k = LS_k - ES_k = LF_k - EF_k \qquad (12.32)$$

Resolviendo para ES_k y EF_k de la ecuación (12.32) conduce a las ecuaciones (12.33) y (12.34), respectivamente.

$$ES_k = LS_k - S_k \qquad (12.33)$$

$$EF_k = LF_k - S_k \qquad (12.34)$$

Sustituyendo ES_k de la ecuación (12.33) en la ecuación (12.28) y EF_k de la ecuación (12.34) en la ecuación (12.29) conduce a las ecuaciones (12.35) y (12.36), respectivamente.

$$Start_k = O\times(LS_k-S_k) + P\times LS_k = \cancel{(O+P)}\times LS_k - O\times S_k = LS_k - O\times S_k \qquad (12.35)$$

$$Finish_k = O\times(LF_k-S_k) + P\times LF_k = \cancel{(O+P)}\times LF_k - O\times S_k = LF_k - O\times S_k \qquad (12.36)$$

Las ecuaciones (12.35) y (12.36) se ilustran gráficamente en la Figura 12.16.

12.7.3. Cálculo de la duración probabilística de las actividades

El tener un comienzo ($Start_k$) y un término ($Finish_k$) para una actividad de acuerdo a las ecuaciones (12.35) y (12.36) todavía no resuelve el problema de en qué tiempo estaría ubicada una actividad. El tiempo en que una actividad debe ubicarse (T_k) claramente debe estar entre $Star_k$ y $Finish_k$. Para ello vamos a utilizar el promedio ponderado entre el punto de vista optimista (O) y el pesimista (P), como se indica en la ecuación (12.37).

$$T_k = O\times Start_k+P\times Finish_k \qquad (12.37)$$

Ahora, podemos hacer las duraciones iguales a los valores mínimo y máximo, esto es, $d_k = a_k$, $k = 1, 2, …, N$ y $d_k = b_k$, $k = 1, 2, …, N$, así como más probable, es decir, hacer que $d_k = m_k$, $k = 1, 2, …, N$. Con esto, se puede calcular la media (μ_k) y la varianza (σ_k^2) de acuerdo a las ecuaciones (12.18) y (12.19), así como los parámetros de forma de la distribución beta para cada actividad (α_k y β_k) de acuerdo a las ecuaciones (12.25) y (12.26), respectivamente. De este modo, es posible calcular la distribución beta asociada a la duración de cada actividad en el proyecto.

13. Modelos de Inventarios

13.1. Introducción

Inventario: Es la acumulación de bienes o recursos utilizados en una organización. Estos pueden ser:

- Materia prima.
- Material en proceso.
- Producto terminado.
- Información.
- Partes para mantenimiento.
- Bienes de consumo.

Se consideran en este caso los primeros tres. El sistema de inventarios trata con la planeación, análisis y control de materiales describiendo la importancia del control de inventarios y objetivos que satisfacen la operación del sistema de producción (Winston & Albright, 1997; Render & Stair, Jr., 1997; Stevenson, 1993; Fogarty, Hoffmann & Stonebraker, 1989; Anderson, Sweeney & Williams, 1992; Hillier & Lieberman, 1997; Winston, 1994).

Las técnicas típicamente utilizadas en control de inventarios son la cantidad económica de pedido y el punto de reorden. La cantidad económica de pedido (lote) responde a la pregunta: ¿cuánto pedir?, mientras que el punto de reorden responde a la pregunta: ¿cuándo pedir?

Los objetivos del control de inventarios son:

1) Minimizar la inversión.
2) Minimizar costos de almacenamiento.
3) Minimizar pérdidas: que no se dañe el inventario, evitar mermas, que no se pierda por obsolescencia y que no caduquen.
4) Mantener inventario suficiente.
5) Mantener un transporte eficiente.
6) Proporcionar información sobre el valor del inventario.
7) Tener una relación con compras para lograr adquisiciones económicas y suficientes.

8)   Hacer predicciones sobre nuevas necesidades.

Los inventarios son importantes porque consideran la disponibilidad del inventario y el costo por escasez del inventario. Tener mucho material incurre en costos. Tener poco o no tener disponibilidad no permite que se genere el producto (costo por escasez).

Las condiciones que impiden el logro de los objetivos son:

1)   El departamento de producción fomenta excesos.

2)   Los agentes de compras tienden a realizar altos volúmenes.

3)   Los vendedores prometen entregas rápidas.

Existen dos estrategias para la reducción de inventarios: a) Reducción de costos de operación y b) Mejorar la calidad de los productos (poco desperdicio y garantizar que el producto sea el adecuado y se termine, llegando al cliente).

Los objetivos de la empresa al reducir inventarios son:

1)   Minimizar la inversión.

2)   Maximizar el servicio al cliente.

3)   Lograr una operación eficiente de la empresa.

Las actividades básicas recomendables para reducir el nivel de inventarios son:

1)   Mejorar las relaciones entre mercadotecnia y manufactura.

2)   Proceso e integración de desarrollo de productos (nuevos cambios en las órdenes, componentes estandarizados y menor número total de componentes).

3)   Reducción del tiempo de respuesta.

4)   Reducción de tiempos de preparación.

5)   Reducción del tamaño del lote.

6)   Reducción de incertidumbre.

7)   Balanceo de flujo continuo para obtener estandarización.

8)   Sistema de producción de inventario directo y transparente, refiriéndose a que se produzca lo que se pide o se va a vender y se sepa en todo momento en dónde se encuentra el inventario y en qué cantidad.

Las etapas de reducción de inventarios son:

1) Diagnóstico interno de la empresa.

2) Identificación de áreas de oportunidad.

3) Definición de "campeones" del proceso, es decir, quiénes son los mejores en llevar técnicas de inventarios.

4) Exposición de prácticas, es decir, qué metodología utilizan, su precisión y sus técnicas.

5) Planes de acción.

6) Mejoramiento de indicadores.

Hay diferentes razones para tener inventarios. En el caso de materia prima, refacciones y bienes de consumo, las razones son:

- Tiempos de adquisición largos.
- Proveer de seguridad contra las variaciones en los tiempos de entrega.
- Aprovechar las economías de escala en adquisiciones y transportaciones.
- Aprovechar precios de oportunidad.
- Especulación basada en los precios de escasez.

En el caso del producto en proceso las razones son:

- Falta de sincronización en operaciones de producción.
- Variabilidad en los tiempos de operación de cada estación de trabajo.
- Protección contra descompostura de máquinas.
- Necesidad de flexibilidad en la programación de la producción.
- Largos tiempos de preparación.

En cuanto al producto terminado las razones son:

- Enfrentar variaciones en la demanda del producto.
- Pronósticos inexactos.

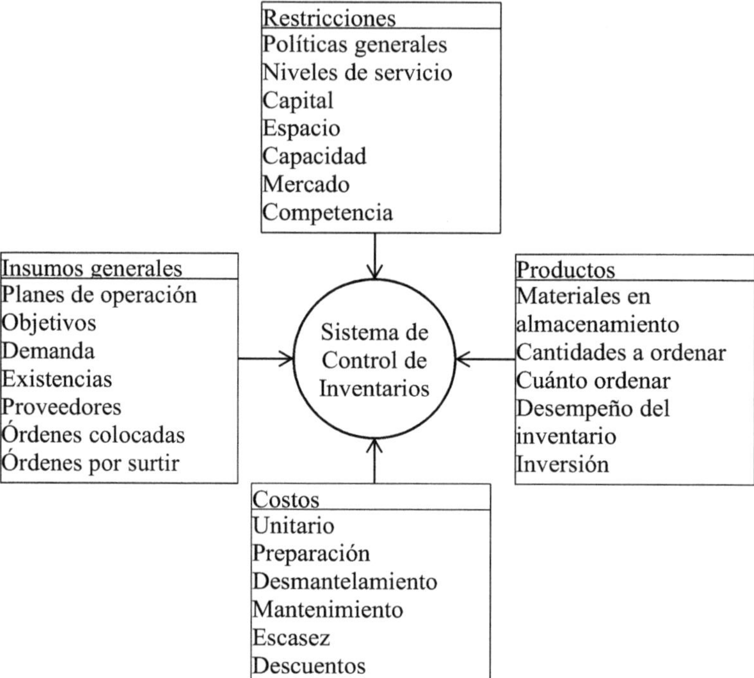

Figura 13.1. Principales insumos y productos de un sistema de control de inventarios.

La Figura 13.1 muestra los factores que afectan al sistema de control de inventarios. El propósito de una política de inventarios es reducir costos. Se pueden tener cuatro políticas básicas de inventarios.

1) Política de revisión periódica. Siendo R el inventario neto y r el punto de reorden, se pide (R-r).

2) Política de ordenar hasta el inventario neto (R). Aunque el lote de pedido sea constante, se pide cada vez que se vaya necesitando.

3) Política de revisión continua: Se pide cada vez que el inventario esté por debajo del punto de reorden (r), pero se revisa en todo momento.

4) Política de inventario base (sólo para partes importantes): La preocupación es por los artículos más costosos, por lo que la empresa se preocupa por controlarlos. Se considera el costo, así como el movimiento, demanda y servicio que dan los

inventarios. Si se tiene un alto movimiento de un inventario, se busca mantener
nivelados los inventarios.

La idea es manejar lotes pequeños, en cortos períodos de tiempo y muchas veces al
año.

13.2. Costos del inventario

Primero, a fin de tener en cuenta los conceptos fundamentales, se analiza el sistema
de inventarios más básico posible: determinístico con tasa de demanda conocida y reorden
instantáneo cuando llega la orden, es decir, no se produce el inventario (Riggs, 1990). Se
suponen los siguientes costos:

* Precio o Costo (C): Es el precio o costo unitario de compra de un artículo cuando se
  obtiene de un proveedor externo.
* Costo de capital (iC): Al precio o costo de compra unitario del artículo se le carga un
  costo del capital (i), que es lo que se obtendría si el dinero estuviera invertido en otra
  cosa.
* Costo de la orden (O): Se refiere a los costos de adquisición del inventario que se
  originan en el gasto de hacer un pedido a un proveedor externo, que incluye el costo fijo
  de mantener un departamento de adquisiciones más los costos variables de preparar y
  ejecutar las adquisiciones.
* Costo de tenencia (H): Se refieren a los costos debidos a instalaciones de
  almacenamiento, manejo de los inventarios dentro de las instalaciones, depreciación,
  seguro e impuestos. Normalmente se mantienen fijos para un cierto tamaño del
  inventario y a partir de ese tamaño crecen.
* Costo de oportunidad (OC): Existen dos costos de oportunidad que se dan cuando hay
  demanda del producto y éste no puede ser satisfecho. Uno, que es más fácil de estimar,
  es el costo de apresurar la entrega del inventario. Otro, mucho más difícil de estimar es
  el de la pérdida de un cliente que se va insatisfecho.

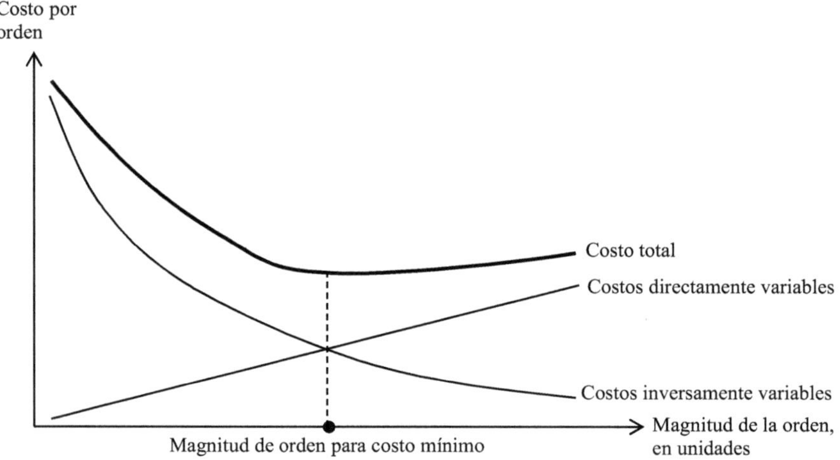

Esencialmente, todos los costos anteriores se agrupan en dos categorías, costos directamente variables a la magnitud de la orden y costos inversamente variables a la magnitud de la orden. Los primeros están directamente asociados a la cantidad pedida. Los segundos ofrecen economías de escala que van reduciendo el costo total por pedido. Estos conceptos se ilustran en la Figura 13.2.

Los modelos de inventario basados en certeza simplifican enormemente su estructura, pero disminuyen su nivel de realismo. Sin embargo, aquí se utilizan una serie de hipótesis simplificadoras:

1. El número total de unidades necesarias para un año se conoce exactamente: Demanda anual = D = utilización anual de los artículos.

2. La demanda es constante. Se conoce el número exacto de artículos que se demandan al ser la demanda constante.

3. Se reciben instantáneamente las órdenes. Esta restricción no es tan absurda en realidad, pues cuando se reciba la orden, ésta estará disponible para su uso.

4. Los costos por hacer el pedido son los mismos, independientemente de la orden.

5. El precio de compra no varía durante el período considerado. Sin embargo, el precio puede variar como una función de la cantidad del pedido.

6. Se puede adquirir cualquier cantidad deseada, pues existe dinero y espacio para manejar cualquier cantidad del pedido.

Magnitud del lote = Q = número de artículos ordenados durante cada período de aprovisionamiento.

Entonces D = Q cuando todo el material requerido para un año es ordenado.

13.3. Magnitud económica del lote

Si se tienen pedidos cada t unidades de tiempo, los pedidos son siempre de la misma cantidad Q, se pide cada vez que se agota el inventario y el inventario llega inmediatamente que se pide, la Figura 13.3 muestra el comportamiento del inventario a lo largo del tiempo.

Se observa que el inventario máximo es Q, que éste se pide cada t unidades de tiempo y que el inventario promedio es Q/2. Se busca la cantidad óptima a pedir o Q* así como el tiempo entre pedidos o t. La cantidad económica de lote o EOQ[1] que quiere decir *Economic Order Quantity* se puede obtener calculando el costo total del proyecto y luego derivándolo e igualándolo a cero, despejando de este modo Q y obteniendo Q*. Recuérdese que la curva de costo (ver Figura 13.2) tiene una pendiente (derivada del costo total) de cero en el punto de costo mínimo.

Figura 13.3. Comportamiento del inventario a lo largo del tiempo.

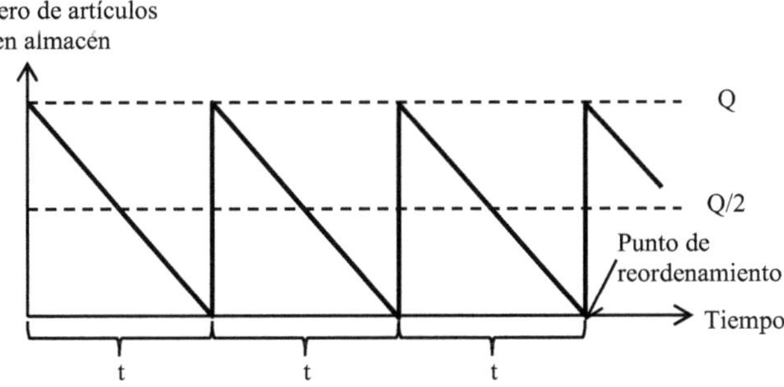

El costo anual de adquisición que está inversamente relacionado con Q está dado por el costo por orden (O) multiplicado por el número de órdenes hechas al año, que se calcula al dividir la demanda anual (D) entre la cantidad pedida (Q), quedando el costo anual de adquisición igual a O(D/Q). Además, suponiendo que el costo del manejo del capital y del

---

[1] La fórmula EOQ original es $Q=\sqrt{(2OD/H)}$ y fue desarrollada por F. W. Harris en 1912.

inventario se basan en el inventario promedio, que es Q/2 (ver Figura 13.3) se tiene que existe un costo anual lineal por tener el inventario de Q/2 multiplicado por el costo del manejo del inventario (H) y el costo del capital invertido en el inventario (iC). Así, dicho costo anual lineal está dado por la expresión (H+iC)(Q/2). Combinando estas dos expresiones resulta el costo total o K indicado por la ecuación (13.1).

$$K = O\frac{D}{Q} + (H + iC)\frac{Q}{2} \tag{13.1}$$

La derivada del costo total respecto del tiempo igualada a cero se expresa en la ecuación (13.1).

$$\frac{dK}{dQ} = -O\frac{D}{Q^2} + \frac{H+iC}{2} = 0 \tag{13.2}$$

Resolviendo para Q se obtiene la EOQ óptima o Q*, indicada en la ecuación (13.4). Alternativamente se hubiera podido haber igualado los costos lineales e inversamente relacionados a Q y de ahí despejar Q al observar que Q* ocurre cuando las dos curvas se tocan (ver Figura 13.2), lo que se indica en la ecuación (13.3). Nótese que tanto la ecuación (13.2) como la ecuación (13.3) conducen exactamente al mismo valor de Q* de la ecuación (13.4).

$$O\frac{D}{Q} = (H + iC)\frac{Q}{2} \tag{13.3}$$

$$Q^* = \sqrt{\frac{2OD}{H+iC}} \tag{13.4}$$

Suponiendo una cantidad de días laborales al año L, el intervalo de la orden o t está dado por la ecuación (13.5). Obsérvese que t es una función del número de días laborales al año (un valor razonable puede ser L = 200) o L dividido por el número de órdenes puestas al año. Dado que la demanda anual es D y que el tamaño de cada orden es Q (o Q* si ya se calculó la EOQ), el cociente D/Q indica el número de órdenes al año.

$$t = \frac{L}{D/Q} \tag{13.5}$$

13.4. Magnitud económica del lote cuando el inventario se produce

En este caso, se tienen costos similares a los costos de la sección anterior. Sin embargo, el inventario no se ordena, sino que se fabrica. Así pues, el costo de ordenar inventario (O) es en realizar el costo de preparar la maquinaria de producción, y se trata de un costo que varía inversamente al tamaño de la orden. Mientras el inventario se está fabricando, éste también está siendo consumido. Se tiene pues, además de una tasa de demanda D (unidades/año), una tasa de producción P (unidades/año) que indica el número de unidades que pueden ser producidas. Claramente P > D, pues de lo contrario no habría ninguna forma de alcanzar alguna vez a superar la demanda para que el inventario se vaya incrementando paulatinamente. Existe un tiempo del ciclo completo del producto, es decir, lo que dura la etapa de producción y luego la etapa de consumo hasta que nuevamente se llega a cero unidades en inventario y se debe volver a producir el inventario (Schroeder, 1992). A dicho ciclo completo del producto se le llama T. El tiempo durante el cual se va produciendo el inventario se llama T_p. Claramente, debido a que el inventario no llega de una vez, la cantidad máxima del inventario no es Q ni el inventario promedio es Q/2. De hecho, hay que calcular dicho nivel máximo de inventario.

La Figura 13.4 ilustra la situación. La línea gris gruesa indica el nivel de inventario a lo largo de un ciclo de duración T. La línea $\overline{BC}$ indica el momento durante el cual el inventario ya fue producido y solamente se está consumiendo. La pendiente de la línea $\overline{BC}$ es D (en realidad –D, pues se trata de una pendiente negativa). La prolongación de la línea $\overline{BC}$ llega hasta el punto F. Por otro lado, la línea $\overline{AB}$ indica el nivel de inventario mientras éste es producido a una tasa P y un consumo D, por lo que la pendiente de la línea $\overline{AB}$ es de P D. Si el inventario solamente fuera producido y no consumido en el intervalo T_p, la línea $\overline{AG}$ indicaría el nivel del inventario. Debido a que se producen Q unidades, el punto F tiene un valor de Q. Debido a que la pendiente de la línea $\overline{FC}$ es D, se sabe que Q/T = D, por lo que T = Q/D.

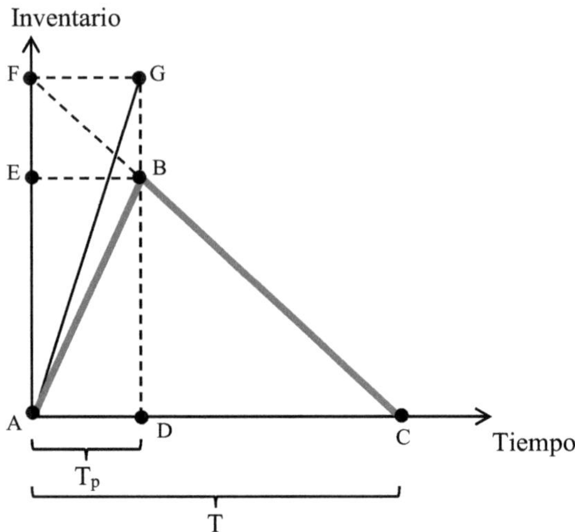

Como la pendiente de $\overline{AG}$ es P, se tiene que la línea $\overline{DG}$ con una magnitud Q, dividida por T_p debe tener una pendiente P; así $Q/T_p = P$, por lo que $T_p = Q/P$. Debido a que los triángulos $\overline{EFB}$ y $\overline{AFC}$ son semejantes, comparten la misma pendiente D en las líneas $\overline{FB}$ y $\overline{BC}$. Así pues, la magnitud de la línea $\overline{FE}$ denotada como $|\overline{FE}|$ se pueda calcular aplicando el principio de triángulos semejantes entre los triángulos $\overline{EFB}$ y $\overline{AFC}$.

Se observa que $|\overline{FE}|/T_p = |\overline{FA}|/T$. Dado que $|\overline{FA}| = Q$, $T_p = Q/P$ y $T = Q/D$, sustituyendo estos valores se tiene $|\overline{FE}|/(Q/P) = Q/(Q/D)$, por lo que $|\overline{FE}| = QD/P$. Debido a que $|\overline{AF}| = |\overline{FA}| = Q$, $|\overline{EA}| = |\overline{FA}| - |\overline{FE}| = Q - QD/P = Q(1-D/P)$. Este último valor, que es igual a $Q(1-D/P)$, es precisamente el valor del inventario máximo, que es el valor en donde se encuentra el punto E. Suponiendo que el inventario promedio sea la mitad del valor del inventario máximo, dicho inventario promedio sería igual a $(Q/2)(1-D/P)$.

Así pues, el costo total está dado de acuerdo a la ecuación (13.1), solamente que ahora el inventario promedio no es $Q/2$ sino $(Q/2)(1-D/P)$, lo cual se muestra en la ecuación (13.6). Derivando el costo e igualándolo a cero se obtiene el valor del lote óptimo, que se indica en la ecuación (13.8). Nótese que, nuevamente, sería posible obtener la ecuación (13.8) igualando los costos directamente variables y los costos inversamente variables a Q, como muestra la ecuación (13.7).

$$K = O\frac{D}{Q} + (H + iC)\frac{Q}{2}(1 - D/P) \tag{13.6}$$

$$O\frac{D}{Q} = (H + iC)\frac{Q}{2}(1 - D/P) \tag{13.7}$$

$$Q^* = \sqrt{\frac{2OD}{(H+iC)(1-D/P)}} \tag{13.8}$$

13.5. Modelos determinísticos de inventarios

Se puede generalizar el razonamiento seguido en la sección 13.3 y 13.4 y considerar diferentes modelos de inventarios. El primer caso a considerar es el de modelos determinísticos. Existen cuatro modelos determinísticos generales. En el Modelo I la tasa de producción del inventario es finita y se aceptan faltantes. En el Modelo II la tasa de producción del inventario es finita y no se aceptan faltantes. En el Modelo III la tasa de producción del inventario es infinita, es decir, se recibe todo el inventario de una vez y se aceptan faltantes. En el Modelo IV, la tasa de producción del inventario también es infinita pero no se aceptan faltantes. Tener una tasa de producción finita quiere decir que el inventario se va produciendo mientras también se va consumiendo. Tener una tasa de producción infinita equivale a decir que el inventario se ordena y que llega, típicamente, considerándose su arribo como inmediato después del pedido. Los cuatro modelos se ilustran en la Figura 13.5.

Los cuatro modelos se revisan a continuación. Sin embargo, la nomenclatura utilizada es ahora diferente a la utilizada en la sección 13.3 y 13.4, pues la nomenclatura utilizada en dichas secciones es demasiado simple, precisamente a efectos de entender el concepto de EOQ.

Las ecuaciones revisadas a continuación son típicamente más completas y complejas. Sin embargo, el razonamiento seguido para obtenerlas es similar al ilustrado en las secciones 13.3 y 13.4, aunque aquí, en algunos casos, las variantes son mayores. En otros casos, la ecuaciones son incluso más sencillas.

Figura 13.5. Los cuatro modelos determinísticos de inventarios.

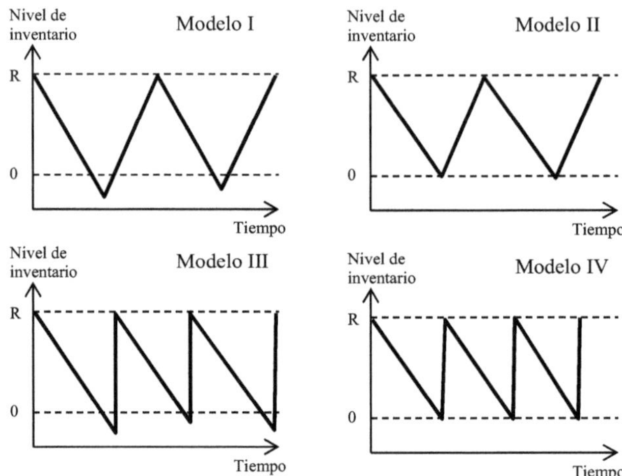

A continuación, se indica la nomenclatura utilizada en los 4 modelos determinísticos. Para el caso del Modelo I, que es el más complicado, se presenta un mayor número de fórmulas.

- D: Tasa de demanda (unidades/año).
- P: Tasa de producción (unidades/año).
- A: Costo fijo de ordenar inventario ($/orden) o de producir el inventario ($/lote).
- C: Costo variable unitario de producción o compra ($/unidad).
- h: Costo unitario anual de llevar inventario. Se tiene que típicamente se considera que h = iC. Las unidades son $/orden si se da el valor de h. Si no se da el valor de i y de C.
- i: Costo anual de llevar inventario, que a veces está en $/año pero en la práctica suele darse como un porcentaje que luego se multiplica por C.
- π: Costo de escasez unitario o de faltante ($/unidad).
- $\hat{\pi}$: Costo de escasez unitario anual ($/unidad anual).
- τ: Tiempo de reabastecimiento (años).
- I_{max}: Máximo nivel de inventarios (unidades).
- b: Nivel máximo de unidades por surtir (faltantes) permitido. Positivo significa que se permiten faltantes, negativo que se tiene un punto de reorden.
- Q: Cantidad de la orden (unidades).

- r: Punto de reorden (unidades). Un valor positivo indica pedir antes de que falte, un valor negativo indica pedir luego de haber acumulado un determinado número de órdenes.
- T: Duración del ciclo de revisión (años).
- T_p: Duración del ciclo de producción (años).
- K: Costo promedio anual, en función de la política de inventario ($/año).
- m: Cantidad o número de órdenes colocadas fuera de tiempo o pendientes (unidades).

   Un * en una de las variables indica que se tiene su valor óptimo.

13.5.1. Modelo I

En el caso del modelo I se produce el inventario y se permiten faltantes. La cantidad óptima a pedir (Q*) está dada por la ecuación (13.9). El nivel óptimo de faltantes permitido (b*) está dado por la ecuación (13.10). El costo promedio anual óptimo (K*) está dado por la ecuación (13.11). Se tiene que m = τ/T y que T = Q/D. Así, el punto de reorden óptimo (r*) está dado por la ecuación (13.12).

$$Q^* = \sqrt{\frac{2AD}{iC\left(1-\frac{D}{P}\right)} - \frac{(\pi D)^2}{iC(iC+\hat{\pi})}}\sqrt{\frac{iC+\hat{\pi}}{\hat{\pi}}} \tag{13.9}$$

$$b^* = \frac{(iCQ^*-\pi D)(1-D/P)}{iC+\hat{\pi}} \tag{13.10}$$

$$K^* = CD + \sqrt{\frac{2ADiC(1-D/P)\hat{\pi}}{iC+\hat{\pi}}} \tag{13.11}$$

$$r^* = \tau D - mQ^* - b^* \tag{13.12}$$

Ejemplo: Una compañía productora de automóviles tiene su planta de ensamblaje en el mismo parque industrial en el que se encuentra una de sus proveedoras. Para el caso de una de las partes requerida en uno de los modelos de automóviles, la compañía recibe el inventario que la proveedora produce. En este caso en particular se tiene una demanda de 750 unidades/año, un costo fijo de ordenar inventario de $250/lote, una tasa de producción de 2,000 unidades/lote, un costo anual de llevar inventario del 15%, un costo variable unitario de producción de $75/unidad, un costo de escasez unitario o de faltante de $5/unidad, un costo de escasez unitario anual de $15/unidad anual y un tiempo de reabastecimiento de 0.25 años. Calcule el lote de producción óptimo (Q*), el nivel óptimo de faltantes permitido (b*), la duración del ciclo de revisión (T), el punto de reorden óptimo (r*) y el costo promedio anual óptimo (K*).

Se tienen los siguientes valores:

D = 750 unidades/año

A = $250/lote

P = 2,000 unidades/lote

i = 0.15

C = $75/unidad

π = $5/unidad

$\hat{\pi}$ = $15/unidad anual

τ = 0.25 años

Así pues, simplemente se procede a calcular Q* y b* sustituyendo en las ecuaciones:

$$Q^* = \sqrt{\frac{2 \times 250 \times 750}{0.15 \times 75\left(1 - \frac{750}{2000}\right)} - \frac{(5 \times 750)^2}{0.15 \times 75(0.15 \times 75 + 15)}} \sqrt{\frac{0.15 \times 75 + 15}{15}} = 100$$

$$b^* = \frac{(0.15 \times 75 \times 100 - 5 \times 750)(1 - 750/2000)}{0.15 \times 75 + 15} = -62.5 = -63$$

El valor de b* indica que al tener faltantes por 63 unidades se comienza a producir.

T = 100/750 = 0.1333 años, esto es, cada 0.1333 años igual a 1.6 meses o 48.7 ≈ 49 días se coloca un pedido.

m = 0.25/0.1333 = 1.875 ≈ 2 unidades

$$r^* = 0.25 \times 750 - 1.875 \times 100 - -62.5 = 62.5 \approx 63$$

Se observa que se debe empezar a producir al llegar a un punto de reorden óptimo (r*) de 63, que coincide con el faltante óptimo (b*), pues el último es negativo.

$$K^* = 75 \times 750 + \sqrt{\frac{2 \times 250 \times 750 \times 0.15 \times 75(1 - 750/2000) \times 15}{0.15 \times 75 + 15}} \approx \$57,477.48/\text{año}$$

13.5.2. Modelo II

El Modelo II consiste en producir el inventario y no permitir faltantes. Se trata esencialmente del razonamiento seguido en la sección 13.4. Las ecuaciones (13.13) y (13.14) indican el costo dado un cierto lote Q (que puede ser el óptimo si se trata de Q*) así como la fórmula de Q* que es esencialmente la misma que la de la ecuación (13.8).

$$K(Q) = \frac{AD}{Q} + CD + iC\frac{Q}{2}(1 - D/P) \tag{13.13}$$

$$Q^* = \sqrt{\frac{2AD}{iC(1-D/P)}} \tag{13.14}$$

Ejemplo: Supóngase que una empresa va a producir en su planta una parte para su producto principal. El costo fijo de ordenar por lote es de \$10/año. La demanda de la parte es de 21,900 unidades/año. La tasa del costo del capital es del 1%. El costo variable unitario de producción es de \$50/unidad. La tasa de producción de la parte es de 25,000 unidades/año. Calcular Q*, K* y T.

A = \$10/año

D = 21,900 unidades/año

i = 0.01

C = \$50/unidad

P = 25,000 unidades/año

$$Q^* = \sqrt{\frac{2\times10\times21,900}{0.01\times50(1-21900/25000)}} \approx 2,658$$

$$K^*(Q^*) = \frac{10\times21,900}{2,658} + 50 \times 21,900 + 0.01 \times 50\frac{2,658}{2}(1 - 21,900/25,000) \approx$$

\$1'095,164.79

T = 2,658/21,900 ≈ 0.1213 años ≈ 44 días

13.5.3. Modelo III

El Modelo III consiste en ordenar el inventario, pero permitiendo faltantes. La fórmula del lote óptimo a ordenar (Q*) es la ecuación (13.15). El nivel óptimo de faltantes permitido (b*) se da en la ecuación (13.16). El punto de reorden (r), se indica en la ecuación (13.17). Finalmente, el costo total K(Q,b) como función de Q y de b se da en la ecuación (13.18).

$$Q^* = \sqrt{\frac{2AD}{iC} - \frac{(\pi D)^2}{iC(iC+\hat{\pi})}}\sqrt{\frac{iC+\hat{\pi}}{\hat{\pi}}} \tag{13.15}$$

$$b^* = \frac{iCQ^* - \pi D}{iC+\hat{\pi}} \tag{13.16}$$

$$r = \tau D - mQ - b \tag{13.17}$$

$$K(Q,b) = \frac{AD}{Q} + CD + \frac{iC(Q-b)^2}{2Q} + \frac{(2\pi Db+\pi b^2)}{2Q} \tag{13.18}$$

Claramente, los valores óptimos del punto de reorden y del costo se obtienen sustituyendo por Q* y b* en lugar de Q y b.

Ejemplo: Una compañía compra válvulas que son utilizadas a una tasa de 200/año, el costo de cada válvula es de $50 y el costo de colocar el pedido es de $5. Se asume un costo de llevar inventario del 10% anual. El costo por faltante es de $0.20 por unidad y el costo variable es de $10/unidad anual. El tiempo de reabastecimiento es de 6 meses. Encontrar Q*, b*, T, r*, K*.

Se tienen los siguientes datos:

D = 200 unidades/año

C = $50/unidad

A = $5/orden

i = 0.10

π = $0.20/unidad

$\hat{\pi}$ = $10/unidad anual

τ = 0.5 años

$$Q^* = \sqrt{\frac{2\times5\times200}{0.10\times50} - \frac{(0.20\times200)^2}{0.10\times50(0.10\times50+10)}}\sqrt{\frac{0.10\times50+10}{10}} \approx 23.8328 \approx 24 \text{ unidades}$$

$$b^* = \frac{0.10\times50\times24-0.20\times200}{0.10\times50+10} \approx 5.2776 \approx 5 \text{ unidades}$$

T = Q/D = 23.83/200 ≈ 0.1192 años ≈ 43.4948 ≈ 44 días

m = τ/T = 0.5/0.119 ≈ 4.1959 ≈ 4 unidades

r* = 0.5x200-4.1959x23.8328-5.2776 ≈ -5.2776 ≈ -5

$$K^*(23.83, 5.28) = \frac{5\times200}{23.83} + 50\times200 + \frac{0.1\times50(23.83-5.28)^2}{2\times23.83} + \frac{(2\times0.20\times200\times5.28+0.20\times5.28^2)}{2\times23.83} \approx$$

$10,087.0493 ≈ $10,087

Nótese que para que este ejercicio salga bien, hay que utilizar todos los decimales que arroja la calculadora para los valores de Q*, b*, T, m, r* y K*. Nótese que b* es igual, pero con signo negativo a r*, lo que hace perfecto sentido. Es decir, se debe reordenar al haber faltantes de aproximadamente 5 unidades.

13.5.4. Modelo IV

El modelo IV es el más sencillo, el de no permitir faltantes y comprar los inventarios. Sin embargo, a efectos de comparación en el ejemplo que se realiza, se considerará el caso alternativo de producir los artículos en inventario, lo cual corresponde al modelo II, que tampoco permite faltante pero que produce el inventario en lugar de comprarlo.

La cantidad económica de lote (Q*) viene dada por la ecuación (13.19). El punto de reorden está dado por la ecuación (13.20). El costo total está dado por la ecuación (13.21). El mínimo costo anual de ordenar está dado por la ecuación (13.22).

$$Q^* = \sqrt{\frac{2AD}{iC}} \tag{13.19}$$

$$r = \tau D - mQ \tag{13.20}$$

$$K = \frac{AD}{Q} + CD + iC\frac{Q}{2} \tag{13.21}$$

$$K^*(Q^*, b^*) = CD + \sqrt{2ADiC} \tag{13.22}$$

Obsérvese que a diferencia de lo explicado en la sección 13.3, el costo total considera también un costo fijo adicional de efectivamente comprar los artículos, lo cual no afecta la fórmula de Q*, pues al derivar respecto a Q la parte constante se elimina.

Considérese, alternativamente, el costo óptimo de producir el inventario en la planta (K*), que viene dado por la ecuación (13.23).

$$K^* = CD + \sqrt{1 - D/P}\sqrt{2ADiC} \tag{13.23}$$

Ejemplo: Suponga que un artículo puede ser fabricado a una tasa de 10,000 unidades al año a $22 cada uno, con un costo de preparación de $50. Si el artículo es comprado tiene un costo de $25 y un costo de ordenar de $5. La demanda anual es de 2,500 unidades y el costo de llevar el inventario es del 10% anual. Calcular: Q*, r*, K* de fabricar el artículo y K* de comprarlo.

Nótese que el valor de τ no importa, pues el punto de reorden siempre será de cero. Considérese la siguiente ecuación para r.

$$r = \tau D - mQ$$

Como $m = \tau/T$ y $T = Q/D$, se tiene que:

$$r = \tau D - \frac{\tau}{T}Q = r = \tau D - \frac{\tau}{\frac{Q}{D}}Q = \tau D - \tau D = 0$$

En consecuencia, r* en ambos casos es igual a cero, lo cual hace sentido, pues se ha dicho que no se permiten faltantes.

Teniendo en cuenta en primer lugar el caso de fabricar el producto:

P = 10,000 unidades/año

C = $22/unidad

A = $50/unidad

D = 2,500 unidades/año

i = 0.10

Así pues:

$$Q^* = \sqrt{\frac{2\times 50\times 2,500}{0.10\times 22}} \approx 337.0999 \approx 337$$

$$K^* = 22 \times 2,500 + \sqrt{1 - 2,500/10,000}\sqrt{2 \times 50 \times 2,500 \times 0.10 \times 22} \approx \$55,642.26/\text{año}$$

Ahora, considerando la opción de comprar el producto:

C = $25/unidad

A = $5/unidad

D = 2,500 unidades/año

i = 0.10

$$Q^* = \sqrt{\frac{2\times 5\times 2,500}{0.10\times 25}} = 100$$

$$K^* = 25 \times 2,500 + \sqrt{2 \times 5 \times 2,500 \times 0.10 \times 25} = \$62,750/\text{año}$$

Claramente, resulta mucho más económico producir el artículo en lugar de comprarlo.

13.6. Modelos determinísticos para productos múltiples con restricciones

El modelo determinístico que se aplica en esta sección es el modelo IV, que es el de ordenar el inventario sin permitir faltantes. Se considera el caso de múltiples productos con restricciones. ¿Qué restricciones se pueden tener? Por ejemplo, puede haber restricciones de espacio disponible o de capital o presupuesto a invertir.

El problema original se ilustra a continuación, en donde j = 1, 2, …, n denota los diferentes productos o artículos a considerar y d es la restricción a tener en cuenta:

$$\text{Min } K = \sum_{j=1}^{n} K_j = \sum_{j=1}^{n} \left(C_j D_j + \frac{A_j D_j}{Q_j} + iC_j \frac{Q_j}{2} \right), j = 1, 2, …, n$$

Sujeto a:

$$\sum_{j=1}^{n} C_j Q_j = d$$

Utilizando multiplicadores de Lagrange se construye la función de la ecuación (13.24).

$$L = \sum_{j=1}^{n} \left(C_j D_j + \frac{A_j D_j}{Q_j} + iC_j \frac{Q_j}{2} \right) + \lambda\left(\sum_{j=1}^{n} C_j Q_j - d\right) \qquad (13.24)$$

Derivando con respecto a Q_j y a λ e igualando a cero se obtienen las ecuaciones (13.25) y (13.26), respectivamente.

$$\frac{\delta L}{\delta Q_j} = \sum_{j=1}^{n} \left(-\frac{A_j D_j}{Q_j^2} + \frac{iC_j}{2} + \lambda C_j \right) = 0 \qquad (13.25)$$

$$\frac{\delta L}{\delta \lambda} = \sum_{j=1}^{n} C_j Q_j - d = 0 \qquad (13.26)$$

Se obtiene la solución óptima única de la ecuación (13.27).

$$Q_j^* = \sqrt{\frac{2A_j D_j}{C_j(i+2\lambda^*)}}, \, j = 1, 2,\ldots, n \qquad (13.27)$$

Donde λ^* es la solución de la ecuación (13.28), que equivalentemente se puede escribir como la ecuación (13.28a).

$$\sum_{j=1}^{n} C_j \sqrt{\frac{2A_j D_j}{C_j(i+2\lambda^*)}} = d \qquad (13.28)$$

$$\sum_{j=1}^{n} \sqrt{\frac{2A_j D_j C_j}{i+2\lambda^*}} = d \qquad (13.28a)$$

El método de solución consta de los siguientes pasos:

1. Resolver el problema para cada artículo sin considerar restricciones.
2. Si la solución obtenida cumple con la restricción, es la solución óptima.
3. Si la solución obtenida no satisface la restricción, aplicar multiplicadores de Lagrange.

Ejemplo: Una empresa del ramo electrónico compra 3 tipos de subcomponentes. La dirección desea hacer una inversión que no exceda los 15,000 pesos. No se aceptan faltantes y el costo de llevar inventario es del 20%. Los datos relativos se muestran en la siguiente tabla:

Artículo	1	2	3
D_j	1,000	1,000	2,000
C_j	50	20	80
A_j	50	50	50

Se observa que $i = 0.20$ y que la restricción es que no se debe invertir más de $15,000.

Utilizando el modelo IV se aplica la ecuación (13.19) para obtener el EOQ de cada artículo:

$$Q_1^* = \sqrt{\frac{2\times 50\times 1{,}000}{0.20\times 50}} = 100 \text{ unidades}$$

$$Q_2^* = \sqrt{\frac{2\times 50\times 1{,}000}{0.20\times 20}} \approx 158.1138 \approx 158 \text{ unidades}$$

$$Q_3^* = \sqrt{\frac{2\times 50\times 2{,}000}{0.20\times 80}} \approx 111.8034 \approx 112 \text{ unidades}$$

La inversión total a hacer es igual a: \$50x100+\$20x158+\$80x112 = \$17,120, que es mayor a la restricción en inversión de \$15,000. En consecuencia, hay que aplicar multiplicadores de Lagrange. Utilizando la ecuación (13.28a) y sustituyendo valores, resulta:

$$\sqrt{\frac{2\times 50\times 1{,}000\times 50}{0.2+2\lambda^*}}\;\sqrt{\frac{2\times 50\times 1{,}000\times 20}{0.2+2\lambda^*}} + \sqrt{\frac{2\times 50\times 2{,}000\times 80}{0.2+2\lambda^*}} = 15{,}000$$

Despejando λ^* se obtiene:

$$\lambda^* = \frac{1}{2}\left(\frac{\left(\sqrt{5'000{,}000}+\sqrt{2'000{,}000}+4000\right)^2}{15{,}000^2} - 0.2\right) \approx 0.030059572$$

De donde, aplicando ahora la ecuación (13.27), se obtiene:

$$Q_1^* = \sqrt{\frac{2\times 50\times 1{,}000}{50(0.2+2\times 0.0301)}} \approx 87.69 \approx 88$$

$$Q_2^* = \sqrt{\frac{2\times 50\times 1{,}000}{20(0.2+2\times 0.0301)}} \approx 138.64 \approx 139$$

$$Q_3^* = \sqrt{\frac{2\times 50\times 2{,}000}{80(0.2+2\times 0.0301)}} \approx 98.04 \approx 98$$

En este caso, la inversión resulta de: \$50x88+\$20x139+\$80x98 = \$15,020. Como es todavía ligeramente mayor a 15,000, debido al redondeo que se hizo, se decide dejar Q_2^* en 138 y no en 139. Así, ahora la inversión es de: \$50x88+\$20x138+\$80x98 = \$15,000, lo cual exactamente cumple con la restricción y da la solución definitiva al problema.

13.7. Modelos probabilísticos de inventarios

Cuando el costo variable unitario es función del tamaño del lote, lo cual es una situación más realista, se dice que se tienen modelos probabilísticos de inventarios. Cualquiera de los cuatro modelos se puede aplicar, aunque en esta sección se hace el análisis para el Modelo IV, que es ordenar el inventario sin permitir faltantes.

La Figura 13.6 ilustra el caso de descuentos a diferentes cantidades de pedidos. Se observa que, a mayor tamaño del lote, el costo variable unitario es menor.

Figura 13.6. Precio unitario en base al tamaño del lote.

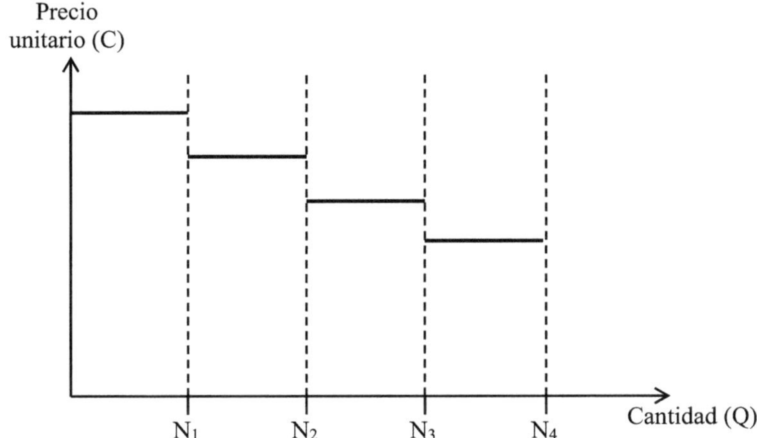

Existen pues descuentos por cantidad dado que el costo variable unitario se reduce a medida que se incrementa la cantidad de pedido del lote. La Figura 13.7 ilustra las gráficas de costos totales resultantes, donde se muestra la cantidad óptima a ordenar de lote (Q_L^*).

Figura 13.7. Cantidad óptima de lote y curva de costos para diferentes tamaños de lote.

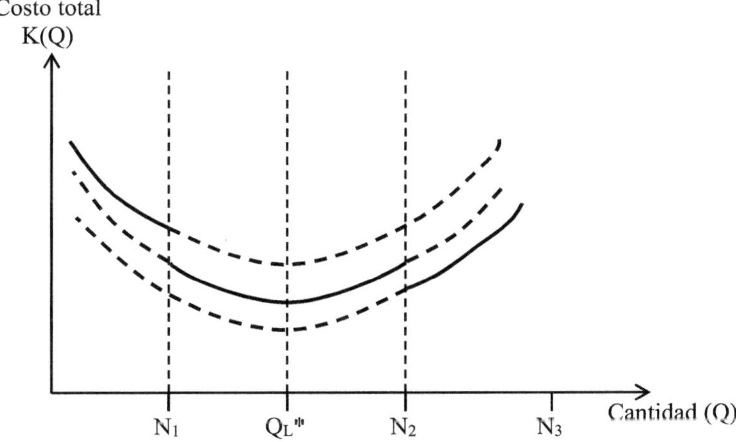

El procedimiento para encontrar el valor óptimo del lote económico cuando se tienen descuentos es el siguiente:

1. Encontrar el costo mínimo en el segmento de K.

2. Comparar los costos mínimos en cada segmento y calcular el mínimo global.

Se tiene como variables a Q_j^* que es el valor que minimiza K_j en el rango $N_{j-1} \leq Q \leq N_j$. También está Q^* que es el tamaño de lote óptimo global. Se tiene la variable $K(Q^*)$ que es el costo mínimo global igual a $Min\{K_j(Q_j^*)\}$. Finalmente se tiene el valor Q_j que es el punto mínimo de la función $K_j(Q)$.

Aplicando estos conceptos al Modelo IV, se tiene que el costo de adquisición es igual a $A+CQ$. La ecuación (13.29) muestra el cálculo para Q_j y la ecuación (13.30) muestra el costo $K_j(Q)$.

$$Q_j = \sqrt{\frac{2AD}{iC_j+h}} \tag{13.29}$$

$$K_j(Q) = \frac{AD}{Q} + C_jD + (iC_j + h)\frac{Q}{2} \tag{13.30}$$

Ejemplo: Un fabricante utiliza grandes cantidades de compras de partes para operaciones de ensamblaje. Desea comprar tamaños de lotes constantes y especifica que los faltantes no están planeados. La demanda es de 300,000 unidades/año. El costo fijo de ordenar inventario es de \$100. El costo del capital es del 20%. El costo de ordenar inventario es de \$0.1 al mes. Los tamaños de la orden, así como los costos variables unitarios se indican en la siguiente tabla:

Tamaño de la orden	Costo variable unitario
$0 \leq Q < 10,000$	\$1.00
$10,000 \leq Q < 30,000$	\$0.98
$30,000 \leq Q < 50,000$	\$0.96
$50,000 \leq Q$	\$0.94

Se tienen pues los siguientes datos:
$D = 300,000$ unidades/año
$A = \$100$/orden
$i = 0.20$
$h = (\$0.1/mes)x(12$ meses/año$) = \$1.2$/año
De acuerdo a la ecuación (13.29) se tiene que:

$$Q_j = \sqrt{\frac{2\times100\times300,000}{0.20C_j+1.2}} = 1,000\sqrt{\frac{60}{0.20C_j+1.2}}$$

El costo total K_j para algún valor de Q está dado por la ecuación (13.30):

$$K_j(Q) = \frac{100 \times 300,000}{Q} + 300,000C_j + (0.2C_j + 1.2)\frac{Q}{2}$$

Si se toma $C_4 = \$0.94$, entonces:

$$Q_4 = 1,000\sqrt{\frac{60}{0.20\times0.94+1.2}} \approx 6,574.78$$

Dado que para que el precio de \$0.94 se mantenga se requiere que $Q \geq 50,000$, se tiene que el menor valor de Q que se acerque a Q_4 es de 50,000. Así: $Q_4{}^* = 50,000$.

Si en cambio se considera $C_3 = \$0.96$, entonces:

$$Q_3 = 1,000\sqrt{\frac{60}{0.20 \times 0.96 + 1.2}} \approx 6,565.32$$

Como para este precio, Q_3 tiene que estar entre 30,000 y 50,000, se toma el valor más cercano posible a Q_3, que este caso sería $Q_3{}^* = 30,000$.

Considerando ahora $C_2 = \$0.98$, se tiene:

$$Q_2 = 1,000\sqrt{\frac{60}{0.20 \times 0.98 + 1.2}} \approx 6,555.91$$

Dado que para que este precio se mantenga se requiere que Q_2 esté entre 10,000 y 30,000, se toma el valor más cercano posible a Q_2, de forma que $Q_2{}^* = 10,000$.

Finalmente, considerando $C_1 = \$1.00$, se tiene:

$$Q_1 = 1,000\sqrt{\frac{60}{0.20 \times 1.00 + 1.2}} \approx 6,546.54$$

Debido a que Q_1 sí está en el rango de 0 a 10,000, se tiene que $Q_1{}^* = 6,546.54$.

Aplicando ahora la ecuación del costo:

$$K_j(Q) = \frac{100 \times 300,000}{Q} + 300,000C_j + \left(0.2C_j + 1.2\right)\frac{Q}{2}$$

Se pueden calcular los costos para cada caso. Así:

$$K_1(Q_1^*) = \frac{100 \times 300,000}{6,546.54} + 300,000 \times 1.00 + (0.2 \times 1.00 + 1.2)\frac{6,546.54}{2} \approx \$309,165.15$$

$$K_2(Q_2^*) = \frac{100 \times 300,000}{10,000} + 300,000 \times 0.98 + (0.2 \times 0.98 + 1.2)\frac{10,000}{2} = \$303,980$$

$$K_3(Q_3^*) = \frac{100 \times 300,000}{30,000} + 300,000 \times 0.96 + (0.2 \times 0.96 + 1.2)\frac{30,000}{2} = \$309,880$$

$$K_4(Q_4^*) = \frac{100 \times 300,000}{50,000} + 300,000 \times 0.94 + (0.2 \times 0.94 + 1.2)\frac{50,000}{2} = \$317,300$$

El menor costo es $K_2(Q_2^*{=}10,000)$, por lo que la cantidad óptima a ordenar es de $Q^* = 10,000$ a un costo de $K^* = \$303,980$.

14. Simulación

14.1. Introducción

La simulación es el proceso de modelar un sistema real a través de modelación matemática o de otro tipo a fin de sacar conclusiones sobre los elementos importantes a través del tiempo. Se realizan experimentos con ese modelo con el fin de entender el comportamiento del sistema y/o de evaluar diferentes estrategias (dentro de los límites de un criterio o conjunto de criterios) a medida que el sistema va operando (Coss Bu, 1991; Hillier & Lieberman, 1986, 1997; Anderson, Sweeney & Williams, 1992; Fogarty, Hoffman & Stonebraker, 1989; Stevenson, 1993; Render & Stair, 1997; Winston & Albright, 1997; Winston, 1994).

Típicamente, en investigación de operaciones, estos modelos se enfocan a las operaciones de la compañía. La simulación no optimiza, sólo da un buen resultado o una aproximación.

Figura 14.1. Simulación de una ocurrencia (iteración) para estimar π.

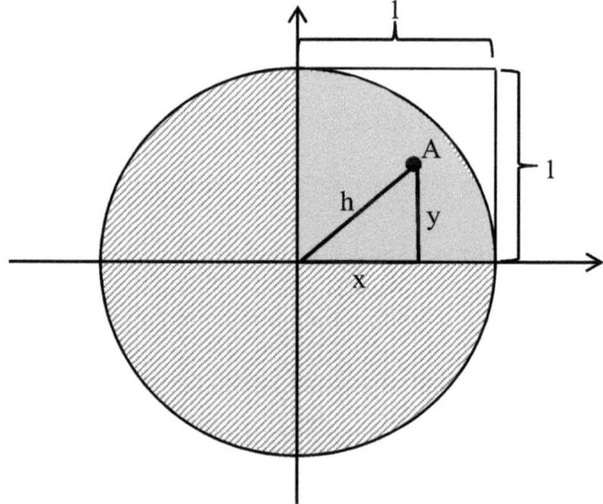

Para ilustrar considérese el caso de la simulación para estimar el valor de π. Supóngase la existencia de un círculo unario, es decir, un círculo con un radio de 1.

Claramente, el área de dicho círculo es $A = \pi r^2 = \pi(1)^2 = \pi$, donde r es el radio. Ahora supóngase que se toma un cuarto del área del círculo, de tal forma que su área es de $A/4 = \pi/4$.

Supóngase que la variable R es una variable aleatoria que puede tomar valores iguales o superiores a 0 y menores a 1 ($0 \leq R < 1$). De momento no importa cómo es que se genera dicha variable ni cómo se puede medir si es verdaderamente aleatoria.

Luego, se genera un número n de iteraciones en las cuales se asignan valores aleatorios a x así como a y, que son los catetos de un triángulo rectángulo con hipotenusa h. La ecuación (14.1) describe la relación entre h, x, así como y, de acuerdo al teorema de Pitágoras. La Figura 14.1 ilustra la idea.

$$h = \sqrt{x^2 + y^2} \tag{14.1}$$

Se observa en la Figura 14.1 que tanto x como y pueden tomar valores fraccionarios entre 0 y 1 (incluyendo a 0 pero sin incluir a 1). Así pues, el punto A puede caer dentro del círculo o fuera de círculo. Si $h < 1$, entonces cae dentro del círculo y a la iteración se le da un valor de 1. En caso contrario, cae fuera del círculo y a la iteración se le da un valor de 0. Se hacen n iteraciones y se promedian los resultados de cada iteración (ya sea con un valor de 1 o de 0). Para la iteración n, si $h < 1$ se dice que el resultado de la iteración es $H_n = 1$, de lo contrario es $H_n = 0$. Se supone que si se trata de muchos puntos el promedio debería de ser un valor aproximado del área del cuarto de círculo. El valor de tal división se denota como V y se supone que se hacen un total de N iteraciones. La ecuación (14.2) indica el cálculo de la razón V.

$$V = \frac{1}{N}\sum_{n=1}^{N} H_n \tag{14.2}$$

Dado que en el límite cuando $N \to \infty$, V es el cuarto de área del círculo, se tiene que la ecuación (14.3) se cumple. Así pues, π se puede estimar ($\hat{\pi}$) despejando de la ecuación (14.3) como se muestra en la ecuación (14.3a).

$$V = \frac{\hat{\pi}}{4} \tag{14.3}$$

$$\hat{\pi} = 4V \tag{14.3a}$$

En teoría, a medida que N aumenta, mejora la exactitud de la aproximación. En la Figura 14.2 se ilustran los casos para $N = 10$, $N = 50$, $N = 100$, $N = 500$ y $N = 1,000$. En cada caso, se corren 10 simulaciones para cada valor de N. Nótese que para $N = 10$ existe bastante variación alrededor del valor real (teórico a estimar) de π. Sin embargo, a medida que N aumenta la variación va reduciéndose. Obsérvense las líneas punteadas, que indican la tendencia general de todo tipo de simulación: a más casos se simulen, mayor es la exactitud lograda. Esta característica es típica de la simulación y se trata de un fenómeno generalizado.

Figura 14.2. Exactitud de la simulación a medida que aumenta N.

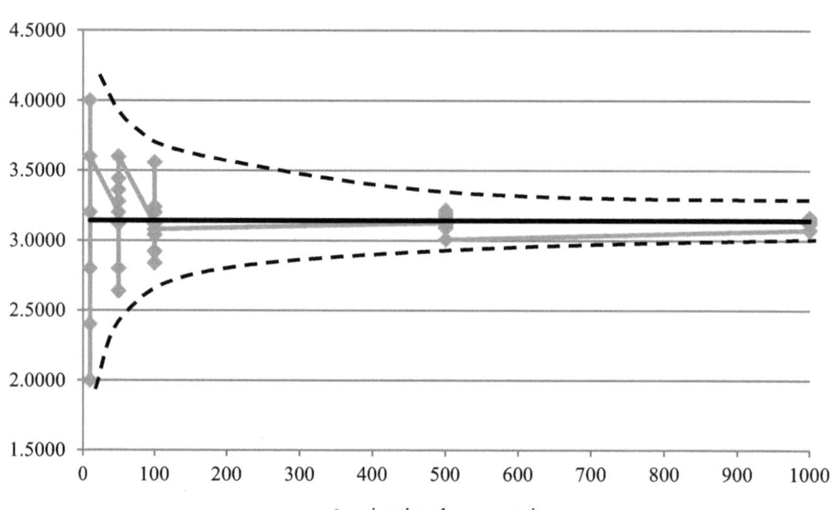

Ahora bien, qué tan exacta es la simulación. Para eso se puede utilizar la desviación estándar. Sea σ_N la desviación estándar de las 10 corridas de cada caso (N=10, N=50, N=100, N=500 y N=1,000), se tiene que, asumiendo un comportamiento normal de los datos, el 95% de los datos caerá entre $\pi-2\sigma_N$ y $\pi+2\sigma_N$. Esto quiero decir que para un ancho de variabilidad de $4\sigma_N$ se tienen al 95% de los datos.

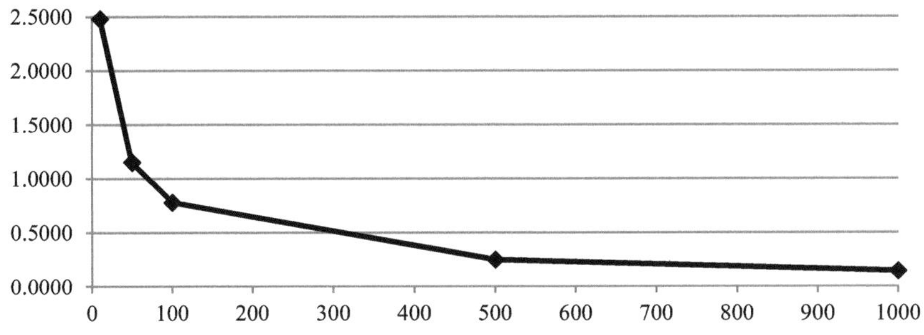

La Figura 14.3 ilustra la variabilidad encontrada en cada caso. Obsérvese que la variabilidad se va reduciendo cada vez más a medida que N aumenta. Esto es razonable y concuerda con los resultados mostrados en la Figura 14.2. La variabilidad oscila entre poco menos de 2.5 y un poco más de 0.14.

Solamente a efectos informativos, el cálculo de $\pi/4$ se puede hacer de acuerdo a la ecuación (14.4), que es una secuencia que continúa a infinitud.

$$\frac{\pi}{4} = 1 - \frac{1}{3} + \frac{1}{5} - \frac{1}{7} + \frac{1}{9} - \frac{1}{11} + \frac{1}{13} - \frac{1}{15} + \cdots \tag{14.4}$$

14.2. Teoría relacionada a la simulación

Al utilizar la simulación no se resuelve un problema de manera exacta, se corre un experimento para entender, comprender y prever al sistema y así poder mejorarlo. Es una representación de la realidad, deseando en lo general que dicha representación se acerque lo más posible a dicha realidad.

La experimentación analiza al sistema al igual que la simulación, con la diferencia de que la simulación no lo afecta al sistema ni lo daña. La simulación ayuda a:

1)	Describir el comportamiento del sistema.

2)	Construir teoría o hipótesis relativas al comportamiento observado.

3)	Uso de estas teorías para predecir futuros comportamientos del sistema, esto es, el efecto que se producirá para cambios en el sistema o en su modo de operación.

Un modelo es una representación aproximada de la realidad de cualquier forma sin ser el sistema mismo. Se buscan modelos flexibles y de menor complejidad que el sistema. Un modelo es pues una representación de un objeto, sistema o idea en cualquier forma que no sea la propia. Un modelo permitirá evaluar, entender y comprender al sistema. El propósito de un modelo es ayudar a la explicación, entendimiento o mejoramiento del sistema.

Las funciones de los modelos son:

1)   Ayudan a pensar.

2)   Ayudan a comunicarnos, como, por ejemplo, el caso de la fotografía.

3)   Pueden servir un propósito de entretenimiento o instrucción, como por ejemplo juegos de negocios o simuladores de vuelo.

4)   Como herramienta de predicción.

5)   Ayuda a experimentar.

Existen modelos abstractos y físicos. Los modelos se pueden clasificar de acuerdo a su exactitud (modelos físicos o icónicos, modelos de escala, modelos analógicos, juegos administrativos, simulación computacional) o a su abstracción (típicamente modelos matemáticos).

Se observa que la simulación tiene sus ventajas y desventajas; no se trata de la última o mejor técnica. En la experimentación se varían algunos de los parámetros dentro de un sistema real, manteniendo otros constantes, para obtener conclusiones del sistema. Las desventajas de la experimentación son:

- Puede desajustar las operaciones de la compañía.

- Si las personas son una parte integral del sistema, se pueden alterar los resultados, pues es difícil mantener los parámetros relacionados con las personas constantes.

- Puede ser muy difícil mantener las mismas condiciones operativas para cada corrida del experimento.

- Puede consumir más tiempo y ser más costoso que la simulación el obtener el mismo tamaño muestral.

- Puede no ser posible explorar varios tipos de alternativas en la vida real.

Se debe usar simulación cuando:

1) Cuando una formulación matemática completa del problema no existe o cuando los métodos analíticos de solución del modelo matemático no han sido desarrollados debido a que existe demasiada complejidad.

2) Los métodos analíticos están disponibles, pero los procedimientos matemáticos son tan complejos y arduos que la simulación provee un método simple de solución.

3) La solución analítica existe y es posible, pero está sujeta a la habilidad matemática del personal disponible.

4) Cuando es deseable obtener una historia simulada del proceso sobre un período de tiempo para estimar ciertos parámetros.

5) Cuando la compresión del tiempo sea requerida para sistemas o procesos con estructura de tiempo largas.

6) Cuando la simulación sea la única posibilidad dada la dificultad de conducir experimentos y observación de fenómenos en su actual medio ambiente.

7) Cuando el análisis costo/beneficio sea favorable para la simulación.

Las desventajas de la simulación son:

1) El desarrollo de un buen modelo de simulación es generalmente costoso y consume tiempo, requiere una gran cantidad de talento.

2) Una simulación puede aparentar exactitud de una situación del mundo real, cuando de hecho no la tiene. A estos efectos se utiliza la estadística a fin de calcular la confiabilidad de la simulación.

3) La simulación es imprecisa y no se puede medir el grado de esa imprecisión.

4) Los resultados son generalmente numéricos.

Todo modelo de simulación consiste de alguna combinación de los siguientes elementos:

1) Componentes.

2) Variables, que pueden ser exógenas (externas), endógenas (internas), discretas, continuas, etcétera.

3) Parámetros.

4) Relaciones funcionales.

5) Restricciones, ya sean debidas al sistema o los modeladores o a algún otro factor.

6) Funciones de criterio.

Las características deseables de un buen modelo de simulación son:

- Sencillo y fácil de entender por el usuario.

- Que sea representativo de la realidad.

- Que esté dirigido a lo que se busca lograr con el modelo.

- Que proporcione respuestas lógicas.

- Que sea factible de controlar y de manipular.

- Que sea realista en cuanto a requerimientos de equipo, soporte técnico, etcétera.

- Que sea fácil de ser modificado.

- Que sea evolutivo, es decir, que no siga los cambios del sistema real y se contraste periódicamente con éste.

- Que proporcione respuesta a la pregunta: ¿qué pasa si?; a lo anterior se le llama análisis de sensibilidad.

- Que el análisis de costo/beneficio sea positivo.

Los pasos para realizar una simulación son:

1) Formulación del problema.

2) Definición del sistema.

3) ¿Es la simulación útil?

   Si: Ir al paso 4).

   No: Utilizar otra opción.

4) Formulación del modelo.

5) Preparación de datos.

6) Traslado al modelo.

7) ¿Cómo es el validado?

   Bueno: Ir al paso 8).

   Malo: Ir a los pasos 2), 3), 4) o 5).

8) Planeación estratégica.

9) ¿Cómo es la planeación táctica?

No correcta: Ir al paso 8).

Correcta: Ir al paso 10).

10) Experimentación.

11) ¿Cómo es la interpretación?

Útil: Documentar e ir al paso 12).

No útil: Ir a los pasos 2), 3), 4), 5) u 8).

12) Implementación.

La simulación puede realizarse manualmente o por computadora, observándose inmediatamente la ventaja de la computadora en cuanto a facilidad y rapidez. Existe un sinnúmero de herramientas que se pueden utilizar para la simulación, desde hojas de cálculo como Microsoft Excel hasta lenguajes de programación sean de tercera o de cuarta generación (Pascal, Basic, Fortran, C, Java, Python, Maple, Mathematica, entre otros muchos), así como lenguajes de simulación específicos (como por ejemplo GPSS, IFPS, DYNAMO, STELLA, Simulink, entre otros varios).

Cada alternativa tiene sus ventajas y desventajas. Al decidirse por una u otra se debe tener en consideración las ventajas y desventajas de cada una, así como el costo, el tiempo requerido, la habilidad del personal disponible, así como los resultados esperados.

Se puede decir que el proceso de la simulación sigue los pasos ilustrados en la Figura 14.4. Se pasa del sistema real al modelo, para luego simular el modelo y sacar conclusiones aplicables al sistema real.

Figura 14.4. El proceso de la simulación.

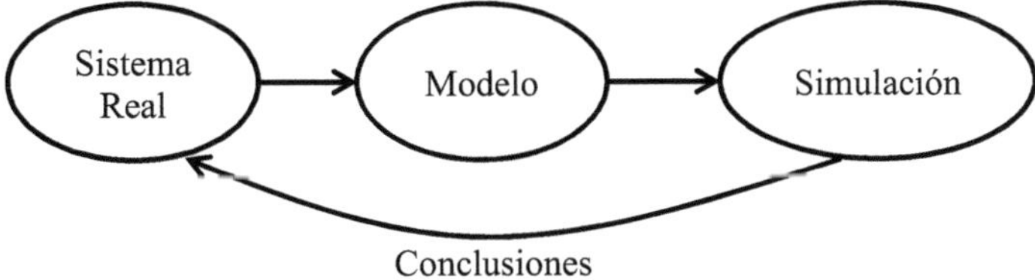

Se requiere en principio, para utilizar las propiedades matemáticas de los sistemas de dos características: a) tiempo (típicamente en la forma de una estadística que se plasma en una distribución de probabilidad dada) y b) azar, pues todo sistema real tiene una parte aleatoria, la cual debe ser identificada.

14.3. Generación de números aleatorios

Para poder simular un sistema real con el modelo de simulación se requiere de números aleatorios y de técnicas para su obtención. Hay esencialmente dos métodos de obtención de números aleatorios: a) físicos, tales como usar placas de automóviles, usar los números telefónicos del directorio, pues aunque los nombres vengan en orden los números telefónicos se pueden considerar aleatorios, entre otros métodos, tales como calcular propiedades electrónicas de los componentes de la computadora y b) matemáticos, tales como los números pseudoaleatorios, que aunque no sean 100% aleatorios, su aleatoriedad se prueba con técnicas estadísticas para ver si son estadísticamente válidos como números aleatorios.

Figura 14.5. La función de densidad de probabilidad uniforme.

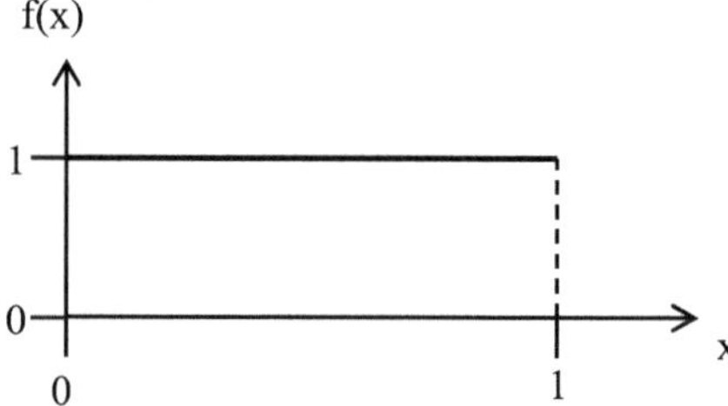

La distribución de probabilidad más utilizada es la uniforme: U(0,1), que genera números aleatorios con una distribución de densidad de probabilidad uniforme, la cual se ilustra en la Figura 14.5.

Existen esencialmente dos métodos de generación de números aleatorios: a) el método de cuadrados medios y el b) método generador de números congruenciales (en sus versiones: aditivo, multiplicativo y mixto).

Con los métodos pseudoaleatorios, un número sirve para generar el siguiente número. En realidad, el comportamiento no es exactamente al azar, aunque se puede tener un método que sea estadísticamente válido. Los generadores de números pseudoaleatorios tienen un ciclo de vida dado, después del cual los números comienzan a repetirse. Se busca que tal ciclo de vida sea largo.

Las características de un buen método de generación de números pseudoaleatorios es que los números sean estadísticamente confiables, que exista un alto valor para el ciclo de vida del generador de números pseudoaleatorios (es decir, el número de valores sin que se repita la secuencia), que se requiera de poca memoria para hacer funcionar al sistema, que sea sencillo en su implementación y que los números sean rápidamente generables.

14.3.1. Método de cuadrados medios

El método de cuadrados medios comienza con un número inicial dado de n dígitos, el cual puede ser tomado, por ejemplo, del número de segundos de la hora actual y, si el número de dígitos necesarios no alcanza, se puede incluir también la fecha actual.

El método consiste en tomar un número impar de los dígitos de en medio del número. Si se tiene un número par de dígitos se seleccionan los dos dígitos después del primer dígito y un dígito antes del último dígito. Luego ese número se considera como el primero de la secuencia y se eleva al cuadrado para obtener el segundo número, y así sucesivamente.

Ejemplo: Aplique el método de cuadrados medios comenzando con la secuencia 12345.

Iteración 0) Secuencia: 1⟨234⟩5; se toma como número inicial 234 y se eleva al cuadrado.

Iteración 1) Secuencia: 5⟨475⟩6; se toma 475 y se eleva al cuadrado.

Iteración 2) Secuencia: 22⟨562⟩5; se toma 562 y se eleva al cuadrado.

Iteración 3) Secuencia: 31⟨584⟩4; se toma 584 y se eleva al cuadrado.

Iteración 4) Secuencia: 34⟨105⟩6; se toma 105 y se eleva al cuadrado.

Iteración 5) Secuencia: 1⟨102⟩5; se toma 102 y se eleva al cuadrado.

Iteración 6) Secuencia: 1⟨040⟩4; se toma 040 y se eleva al cuadrado.

Iteración 7) Secuencia: 1⟨600⟩; se toma 600 y se eleva al cuadrado.

Si el número de dígitos no alcanza, se utilizan ceros a la derecha. Si se sigue trabajando con este método llegará un momento en el que los dígitos comiencen a repetirse. Claramente un caso en el que los dígitos se repiten no es verdaderamente aleatorio. El problema con este método es que es difícil predecir cuándo, aún en el mejor de los casos, se repetirán los números.

14.3.2. Método congruencial aditivo

El método congruencial aditivo consiste en tomar un número inicial o semilla, denotado como X_0, sumarle un número constante C y dividir entre otro número constante M, tomando como resultado de la operación el valor sobrante de la división realizada. La ecuación (14.5) resume el sistema, donde la palabra MOD se refiere al sobrante de dividir X_i+C entre M.

$$X_{i+1} = (X_i + C) \text{ MOD } M \tag{14.5}$$

El valor de la semilla (X_0) puede nuevamente obtenerse utilizando funciones de fecha y hora. Para los valores de C y M conviene utilizar números primos. Exactamente cuál número primo utilizar puede nuevamente decidirse recurriendo a un número tomado de la fecha y hora del sistema en el momento en que se ejecute el código en cuestión o cuando se mande llamar alguna función especial que resetee los valores.

Ejemplo: Supóngase un generador congruencial aditivo en el que $X_0 = 12$, $C = 5$ y $M = 19$.

$X_1 = (12+5) \text{ MOD } 19 = 17$

$X_2 = (17+5) \text{ MOD } 19 = 3$

$X_3 = (3+5) \text{ MOD } 19 = 8$

$X_4 = (8+5) \text{ MOD } 19 = 13$

$X_5 = (13+5) \text{ MOD } 19 = 18$

$X_6 = (18+5) \text{ MOD } 19 = 4$

$X_7 = (4+5) \text{ MOD } 19 = 9$

Y así sucesivamente. La siguiente tabla muestra las primeras 20 iteraciones.

i	X_i	i	X_i	i	X_i	i	X_i
0	12	5	18	10	5	15	11
1	17	6	4	11	10	16	16
2	3	7	9	12	15	17	2
3	8	8	14	13	1	18	7
4	13	9	0	14	6	19	12

En este caso, al cabo de 19 iteraciones, que es el mejor de los casos, los números comienzan a repetirse, pues $X_{19} = 12$, que es igual a X_0.

¿Por qué los números se repiten al cabo de M iteraciones? Eso se debe a que al número anterior sumado a C se lo divide entre M, y dado que se obtiene el sobrante para el número de la iteración actual, mismo que se utilizará en la siguiente iteración, no es posible obtener más de M números diferentes en el mejor de los casos, puesto que el conjunto de los números posibles como resto de la división tienen que ser menores a M, por lo que dicho conjunto solamente incluye los números {0, 1, 2 ..., M-1}. Así pues, después de M iteraciones, en el mejor de los casos, los números comenzarán a repetirse. Se tendrán pues M números diferentes.

A la cantidad de números obtenidos que no se repitan se le llama el ciclo de vida del generador de números aleatorios. Se tiene que sin contar al número semilla, habrá un total de M números diferentes generados en el mejor de los casos. Existe la posibilidad de que el ciclo de vida sea aún menor a M.

En consecuencia, ¿cuál debe ser el valor de M? Claramente, M debe valer lo más posible. El mayor número depende del tipo de datos que se esté utilizando para guardar los valores generados. Considerando un sistema de cómputo con d bits. La ecuación (14.6) indica el máximo valor posible para M.

$$M = 2^d - 1 \tag{14.6}$$

Si la variable M tiene 16 bits, su valor oscilaría entre 0 y 2^{16}-1 = 65,535. Sin embargo, es más útil averiguar a cuántos bits corresponde una cierta variable. Para esto se despeja la ecuación (14.6) en la ecuación (14.6a) utilizando logaritmo natural y luego a través de las propiedades de los logaritmos se despeja d en las ecuaciones (14.6b) y finalmente en (14.6c).

$$\ln (M + 1) = \ln(2^d) \tag{14.6a}$$

$$\ln(M + 1) = d \ln(2) \tag{14.6b}$$

$$d = \frac{\ln (M+1)}{\ln(2)} \tag{14.6c}$$

Por ejemplo, una variable longword en Delphi (Pascal avanzado) se supone que contiene 32 bits. Va desde 0 hasta 4,294'967,295. Aplicando la ecuación (14.6c) resulta en $d = \ln(4294967295+1)/\ln(2) = 32$ bits exactamente, que es precisamente la definición del tamaño de la variable longword.

14.3.3. Método congruencial multiplicativo

Este método calcula los números pseudoaleatorios usando dos parámetros: A y M. El valor de M es el divisor e indica el tamaño máximo posible del generador de números pseudoaleatorios. El valor de A se debe asignar utilizando números relativamente primos a M. El valor de M debe de ser lo más grande posible. La ecuación (14.7) indica la fórmula a utilizar para el generador congruencial multiplicativo.

$$X_{i+1} = (AX_i) \text{ MOD } M \tag{14.7}$$

Ejemplo: Supóngase un valor de A de 3, un valor de X_0 de 17 y un valor de M de 100. Calcule la secuencia de números pseudoaleatorios resultante utilizando el método congruencial multiplicativo.

La siguiente tabla muestra los valores calculados de X_i para i desde 0 a 20. La fórmula a utilizar es $X_{i+1} = (3X_i)$ MOD 100.

i	X_i	i	X_i	i	X_i	i	X_i
0	17	6	93	12	97	18	13
1	51	7	79	13	91	19	39
2	53	8	37	14	73	20	17
3	59	9	11	15	19		
4	77	10	33	16	57		
5	31	11	99	17	71		

Como se puede apreciar el ciclo de este generador es 20 y no 100 (siendo el último el valor de M), debido a que el generador no es óptimo. Su ciclo de vida es menor a M.

14.3.4. Método congruencial mixto

El método congruencial mixto es una mezcla de los métodos aditivo y multiplicativo. Es quizá el más completo a utilizar. La fórmula de iteración básica se ilustra en la ecuación (14.8).

$$X_{i+1} = (AX_i + C) \text{ MOD } M \tag{14.8}$$

El valor de M ya se explicó anteriormente y debe ser el número más grande permitido por el tipo de datos usado en la computadora. M se puede calcular utilizando la ecuación (14.6). El valor de X_0 no tiene demasiada importancia, aunque debería de preferencia ser un número, quizá obtenido utilizando la hora de la computadora al momento en que se manda llamar el método generador de números pseudoaleatorios. El valor de A debe ser un entero positivo impar no divisible ni entre 3 ni entre 5 y de preferencia un número primo. El valor de C debe ser un entero positivo impar de preferencia primo a M. Nótese que $M > X_0$, $M >$ A y $M > C$.

Claramente, el valor de cada X_i estará entre 0 y M-1 ($0 \leq X_i \leq$ M-1). Así pues, se puede generar un número pseudoaleatorio R_i, donde $0 \leq R_i \leq 1$ al utilizar la ecuación (14.9). Alternativamente, si se desea que $0 \leq R_i < 1$ se puede utilizar la ecuación (14.10).

$$R_i = \frac{X_i}{M-1} \tag{14.9}$$

$$R_i = \frac{X_i}{M} \tag{14.10}$$

Ejemplo: Considérese un generador congruencial mixto en el que M = 8, A = 5 y C = 7. El valor de X_0 = 4. La siguiente tabla ilustra todas las iteraciones. Obsérvese que los números uniformes, R_{i+1}, pueden ser divididos entre M si $0 \leq R_{i+1} < 1$ ó entre M-1 si $0 \leq R_{i+1} \leq 1$.

i	X_i	$(5X_i+7)/8$	X_{i+1}	$0 \leq R_{i+1} < 1$	$0 \leq R_{i+1} \leq 1$
0	4	3 + 3/8	3	3/8 = 0.375	3/7 ≈ 0.428
1	3	2 + 6/8	6	6/8 = 0.750	6/7 ≈ 0.857
2	6	4 + 5/8	5	5/8 =0.625	5/7 ≈ 0.714
3	5	4 + 0/8	0	0/8 = 0.000	0/7 = 0.000
4	0	0 + 7/8	7	7/8 = 0.875	7/7 = 1.000
5	7	5 + 2/8	2	2/8 = 0.250	2/7 ≈ 0.285
6	2	2 + 1/8	1	1/8 = 0.125	1/7 ≈ 0.142
7	1	1 + 4/8	4	4/8 = 0.500	4/7 ≈ 0.571
8	4	3 + 3/8	3	3/8 = 0.375	3/7 ≈ 0.428

En este caso el período del generador es el máximo posible, es decir, los números comienzan a repetirse después de la generación de 8 números diferentes. En el caso de i=7 ya se observa que el número X_{i+1} es igual a 4, que es el valor del número semilla (X_0), por lo que a partir de ahí la secuencia comienza a repetirse nuevamente.

14.3.5. Características estadísticas de los números pseudoaleatorios

Se busca que el generador de números aleatorios consiga generar números que sean: a) uniformemente distribuidos y b) estadísticamente independientes. Deben de ajustarse a una distribución de densidad de probabilidad uniforme como la ilustrada en la Figura 14.5, es decir, que la probabilidad de que ocurra cualquier número debe ser en teoría la misma.

Un buen generador de números aleatorios debe:

- Tener un ciclo de vida grande (no repetirse hasta mucho después del número de valores requerido).
- Ser estadísticamente confiable.
- Utilizar poca memoria de computadora, es decir, no requerir, por ejemplo, de grandes bases de datos.
- Ser sencillo en su implantación.
- Ser rápido al generar los números aleatorios.

Los números aleatorios generados deben cumplir con la distribución uniforme, que viene dada por la ecuación (14.11).

$$f(x) = \begin{cases} 1; 0 \leq x \leq 1 \\ 0; \text{en otro lado} \end{cases} \tag{14.11}$$

Es posible calcular el valor esperado (media) y la varianza de esta distribución. El valor esperado o $E(x)$ se calcula en la ecuación (14.12) y la varianza o $V(x)$ se calcula en las ecuaciones (14.13) y (14.14).

$$E(x) = \int_0^1 xf(x)dx = \int_0^1 x(1)dx = \int_0^1 xdx = \frac{x^1}{2}\Big\|_0^1 = \frac{1}{2} \tag{14.12}$$

$$V(x) = \int_0^1 [x - E(x)]^2 f(x)dx = \int_0^1 \left(x - \frac{1}{2}\right)^2 (1)dx \tag{14.13}$$

Si se sustituye x-1/2 por u, entonces dx = du. Así pues, resulta la ecuación (14.14).

$$\int_0^1 u^2 du = \frac{u^3}{3}\Big\|_0^1 = \frac{1}{3}\left(x - \frac{1}{2}\right)^3\Big\|_0^1 = \frac{1}{3}\left(1 - \frac{1}{2}\right)^3 - \frac{1}{3}\left(0 - \frac{1}{2}\right)^3 = \frac{1}{12} \tag{14.14}$$

¿Por qué es la media y la varianza importante? Supóngase que se desea generar números aleatorios con distribución normal estándar z. La distribución normal estándar tiene media de 0 y varianza de 1. Así pues, es posible utilizar la ecuación (14.15) para estimar un valor aleatoriamente distribuido z con distribución normal utilizando la suma de 12 números uniformemente distribuidos R_k.

$$z = \sum_{k=1}^{12} R_k - 6 \qquad (14.15)$$

¿Por qué es esto así? Al sumar doce números uniformemente distribuidos que sean independientes entre sí se está sumando doce veces la varianza de cada uno, esto es, $V(z) = 12x(1/12) = 1$. Además la media de la suma de los doce números es $12x(1/2) = 6$ y restándole 6 queda una media de 0. Así pues, este generador de números aleatorios estará normalmente distribuido. Sin embargo, dicho generador debe ser demostrado, lo cual se hará en secciones posteriores.

14.4. Pruebas estadísticas para números pseudoaleatorios

Para probar que la distribución es efectivamente uniforme se utilizarán 2 pruebas estadísticas: a) prueba de las medias y b) prueba de las varianzas.

14.4.1. Prueba de las medias

Se busca probar que la media poblacional (conocida) es significativamente igual a la media muestral (calculada). Se debe tener una media muestral desconocida y una varianza conocida. La hipótesis nula (H_0) y la hipótesis alternativa (H_1) que se plantean se indican a continuación:

H_0: $\mu = \mu_0$

$\qquad \mu = \frac{1}{2}$ para el caso

H_1: $\mu \neq \mu_0$

$\qquad \mu \neq \frac{1}{2}$ para el caso

En esta prueba se está minimizando el error del tipo I, es decir, rechazar H_0 cuando se debe aceptar, lo que equivale a decir que la media muestral no es igual a la poblacional cuando en realidad sí lo es. Minimizar el error del tipo I equivale a dejar libre el error del tipo II, es decir, aceptar H_0 cuando se debe rechazar, lo que equivale a decir que la media muestral sí es igual a la poblacional cuando en realidad no lo es. Claramente, ninguna prueba estadística es perfecta. Sin embargo, se busca minimizar el error más relevante y de esta forma se han planteado las hipótesis.

El valor calculado para el parámetro z_0 se indica en la ecuación (14.16). Este parámetro se supone que sigue una distribución normal estándar (media de cero y varianza de uno).

$$z_0 = \frac{\bar{x}-\mu_0}{\sigma/\sqrt{n}} = \frac{\bar{x}-1/2}{\sqrt{1/12}/\sqrt{n}} \tag{14.16}$$

El valor de $\bar{x}$ se calcula de acuerdo a la ecuación (14.17). Se tiene que existe un total de n datos muestrales y que cada valor en cuestión se denota como x_i.

$$\bar{x} = \frac{\sum_{i=1}^{n} x_i}{n} \tag{14.17}$$

En esta prueba, los grados de libertad no son relevantes. El criterio a utilizar es aceptar H_0 si $-z_{\alpha/2} < z_0 < z_{\alpha/2}$ y rechazar H_0 si $z_0 < -z_{\alpha/2}$ o si $z_0 > z_{\alpha/2}$, donde α es el error estadístico aceptable que se está minimizando. Típicamente, $\alpha = 5\%$ (0.05), por lo que se dice que la prueba tiene una confiabilidad de $1-\alpha = 1-0.05 = 0.95$ ó 95%.

Se observa que μ_0 es la media poblacional y que σ es la desviación estándar poblacional, igual a la raíz de la varianza poblacional. Tanto la media poblacional como la varianza poblacional para la distribución uniforme se calcularon en la sección 14.3.5. La Figura 14.6 ilustra la prueba realizada.

Figura 14.6. Ilustración de la prueba de las medias utilizando una prueba de dos colas.

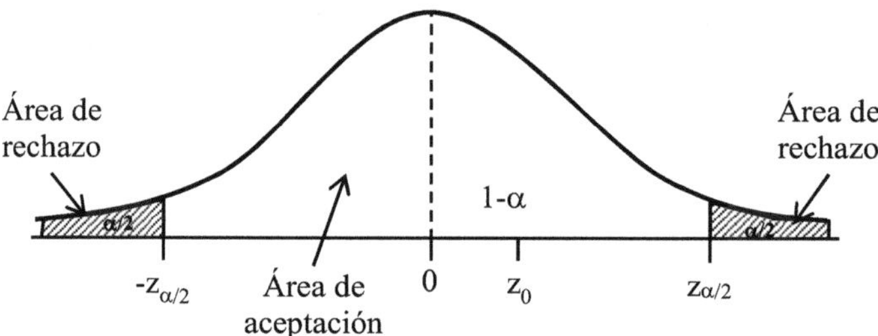

Para realizar la prueba se compara z_0 con z de tablas. La tabla de la distribución normal para diferentes valores de α (en realidad $1-\alpha/2$) para $z_{-\alpha/2}$ y de $\alpha/2$ para $z_{\alpha/2}$ se indica en el Apéndice A.

14.4.2. Prueba de las varianzas

La prueba de las varianzas utiliza la distribución χ^2, la cual se incluye en el Apéndice C. Se busca con esta prueba demostrar si la varianza poblacional (σ_0^2) es estadísticamente igual a la varianza muestral calculada. Se tiene una muestra de n datos. Las hipótesis a plantear son:

H_0: $\sigma^2 = \sigma_0^2$

$\sigma^2 = 1/12$ para el caso

H_1: $\sigma^2 \neq \sigma_0^2$

$\sigma^2 \neq 1/12$ para el caso

Se tiene una varianza muestral conocida y se compara con una varianza poblacional desconocida. Así pues, debido a que se desconoce una variable que es la varianza poblacional, los grados de libertad de la prueba son $v = n-1$ (se resta uno porque se conoce una variable o parámetro, que es σ_0^2).

El estadístico a calcular, χ_0^2, se indica en la ecuación (14.18). El valor de σ_0^2 se conoce, es igual a 1/12 y fue calculado en la ecuación (14.14). Sin embargo, la varianza muestral, S^2, debe calcularse de acuerdo a la ecuación (14.19). Cada uno de los datos de entrada son x_i, $i = 1,\ldots,$ n. La media muestral, $\bar{x}$, se calcula con la ecuación (14.17).

$$\chi_0^2 = \frac{S^2(n-1)}{\sigma_0^2} \tag{14.18}$$

$$S^2 = \frac{\sum_{i=1}^{n}(x_i-\bar{x})^2}{n-1} \tag{14.19}$$

La Figura 14.7 ilustra la prueba estadística a realizar. Nótese que para referirse a los puntos extremos se utilizan las áreas correspondientes de acuerdo al Apéndice C. El intervalo izquierdo es $\chi_{v,1-\alpha/2}^2$ y el intervalo derecho es $\chi_{v,\alpha/2}^2$. Se acepta la hipótesis nula, es decir, se pasa la prueba si $\chi_{v,1-\alpha/2}^2 \leq \chi_0^2 \leq \chi_{v,\alpha/2}^2$. En caso contrario no se acepta la hipótesis nula y se dice que la prueba de las varianzas no se ha pasado.

Figura 14.7. Ilustración de la prueba de las varianzas utilizando una prueba de dos colas.

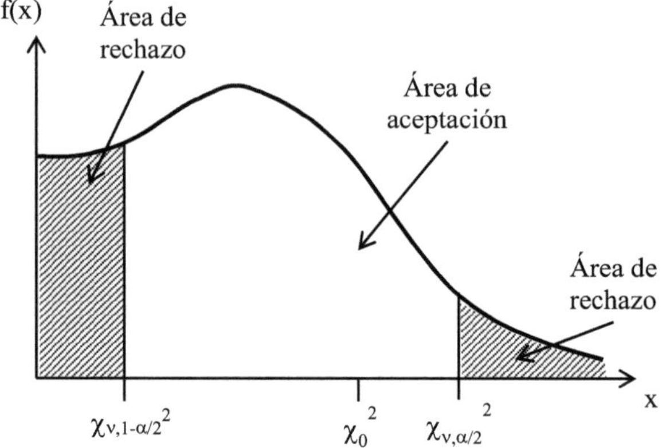

14.4.3. Ejercicio ilustrativo

Realice las pruebas estadísticas de las medias y de las varianzas al conjunto de datos de la siguiente tabla.

0.03991	0.10461	0.93716	0.16894	0.72484
0.98953	0.73271	0.25593	0.34565	0.48999
0.02345	0.67347	0.10987	0.25678	0.50502
0.71890	0.61234	0.86322	0.94134	0.39528
0.99872	0.27657	0.82345	0.12387	0.36782
0.05389	0.82474	0.52289	0.36782	0.90234

① Prueba de las medias:

El valor promedio de los datos es de $\bar{x} = 0.50504$. El valor de $z_0 = 0.09553$. El valor de tablas para una confiabilidad del 95% es de $z_{0.025} = \pm 1.96$. En consecuencia, los datos pasan la prueba de las medias.

② Prueba de las varianzas:

El valor de la varianza muestral es de $S^2 = 36.10974$. Los valores de tabla para una confiabilidad del 95% son $\chi_{29,0.025}^2 = 16.04707$ y $\chi_{29,0.975}^2 = 45.72229$. En consecuencia, los datos pasan la prueba de las varianzas.

14.5. Generación de números aleatorios con distribución de densidad de probabilidad no uniforme

Al analizar un sistema real y determinar sus elementos, nos encontramos ante la necesidad de especificar su comportamiento mediante distribuciones y realizar las simulaciones utilizando distribuciones de números aleatorios que sigan dichas distribuciones. Se debe tener algún método para poder transformar los números de distribución pseudo-aleatoria uniforme (0-1) a otro tipo de distribución.

En el caso de distribuciones continuas o discretas se pueden utilizar el método de la transformada inversa y procedimientos especiales. Nos enfocaremos primeramente al método de la transformada inversa por ser el más riguroso.

El método de la transformada inversa consiste en buscar la función inversa de la función de densidad. Supóngase una función de probabilidad cualquiera dada, ilustrada esquemáticamente en la Figura 14.8.

Figura 14.8.   Una función de densidad de probabilidad cualquiera.

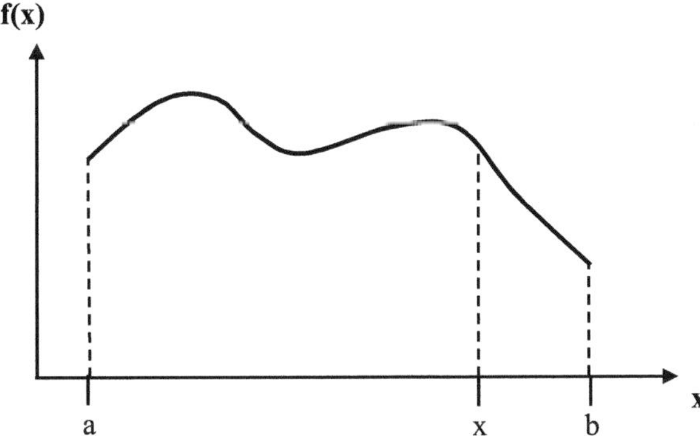

Claramente una función de densidad de probabilidad tiene que cumplir con la ecuación (14.20), es decir, su función de densidad acumulada entre los intervalos a y b debe ser igual a uno. Precisamente es la función de densidad acumulada la que se utiliza.

$$F(x) = \int_a^b f(x)dx = F(b) - F(a) = 1 \tag{14.20}$$

Lo anterior se ilustra en la Figura 14.9. Los números de la función acumulada están entre 0 y 1. Así pues se iguala la función acumulada a un número con distribución uniforme 0-1 R_i, como indica la ecuación (14.21). La ecuación (14.21) se ilustra en la Figura 14.10.

$$F(x) = \int_0^x f(x)dx = R_i, \; 0 \le R_i \le 1 \tag{14.21}$$

Si se tiene de entrada a R_i y se busca el valor de x, se obtiene la función inversa y se iguala, como indica la ecuación (14.22).

$$F(x)^{-1} = R_i \tag{14.22}$$

Figura 14.9. La función acumulada de densidad de una función de densidad cualquiera.

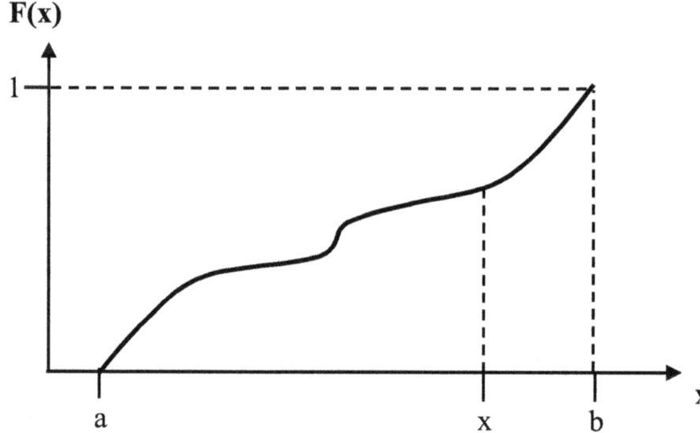

La situación anterior se ilustra en la Figura 14.10. Obsérvese que la Figura 14.9 y la Figura 14.10 son similares con la diferencia de que la función de densidad acumulada comienza en cero y se ha trasladado el origen a cero.

Figura 14.10. Uso del método de la transformada inversa.

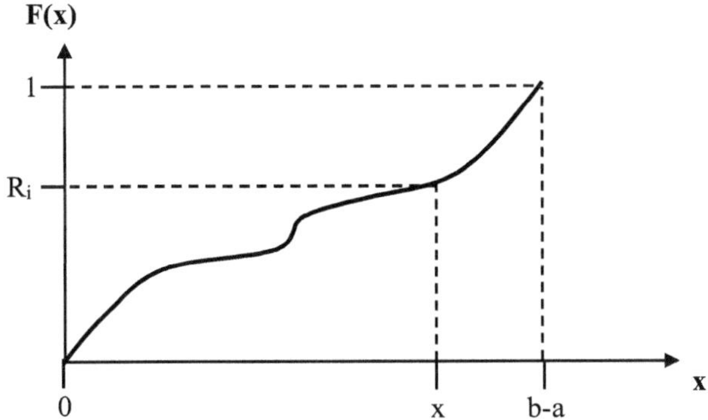

14.5.1. Distribución uniforme generalizada

Supóngase que se tiene una distribución uniforme que puede tomar cualquier valor entre dos números α y β, donde $\alpha < \beta$, de tal suerte que los números que resultan de tal distribución tienen el rango $[\alpha,\beta]$. ¿De qué manera se puede encontrar una forma de calcular números aleatorios que sigan una distribución uniforme cualquiera? Para esto, se utiliza el método de la transformada inversa. Se sabe que la función de densidad de probabilidad para una distribución uniforme de esta naturaleza está dada por la ecuación (14.23). Es fácil comprobar que la ecuación (14.23) constituye una función de densidad de probabilidad válida, pues la integral entre α y β de $f(x)$ es igual a uno.

$$f(x) = \frac{1}{\beta-\alpha}, \ \alpha < \beta \tag{14.23}$$

La función acumulada de probabilidad, $F(x)$ para $f(x)$ está dada por la ecuación (14.24).

$$F(x) = \int_\alpha^x f(x)dx = \int_\alpha^x \frac{dx}{\beta-\alpha} = \frac{1}{\beta-\alpha}\int_\alpha^x dx = \frac{1}{\beta-\alpha}x\Big|_\alpha^x = \frac{x-\alpha}{\beta-\alpha} \tag{14.24}$$

Igualando la función acumulada $F(x)$ a un número pseudoaleatorio cualquiera con distribución uniforme 0-1, R_i, resulta la ecuación (14.25).

$$F(x) = \frac{x-\alpha}{\beta-\alpha} = R_i \tag{14.25}$$

Despejando la x de la ecuación (14.25), que es una variable que sigue la distribución uniforme con función de densidad de probabilidad dada por la ecuación (14.23), se obtiene la inversa de una distribución uniforme cualquiera, lo que se indica en la ecuación (14.26).

$$X_i = \alpha+(\beta-\alpha)R_i, \text{ donde } 0 \leq R_i < 1 \text{ y } \alpha \leq X_i < \beta \tag{14.26}$$

Por ejemplo, supóngase que se quieren obtener valores siguiendo una distribución uniforme con rango [3,5]. Si $R_i = 0$, entonces $X_i = 3+(5-3)\times 0 = 3$, si $R_i = 1$, entonces $X_i = 3+(5-3)\times 1 = 3+2 = 5$. Si $R_i = 0.625$, entonces $X_i = 3+(5-3)\times 0.625 = 4.25$.

14.5.2. Distribución exponencial

La función de densidad de probabilidad para la distribución exponencial se define de acuerdo a la ecuación (14.27).

$$f(x) = \begin{cases} \alpha e^{-\alpha x}, & x \geq 0 \\ 0, & x < 0 \end{cases} \tag{14.27}$$

La función exponencial de la ecuación (14.27) se define en la Figura 14.11.

La media de la función exponencial es de $1/\alpha$ y la varianza de $1/\alpha^2$.

Así pues, es posible calcular la función acumulada correspondiente como se indica en la ecuación (14.28).

Figura 14.11. Forma de la función de densidad exponencial.

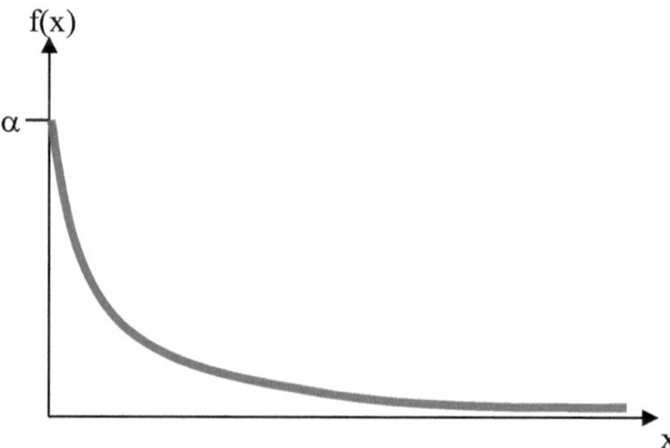

$$F(x) = \int_0^x f(x)dx = \int_0^x \alpha e^{-\alpha x}dx = \alpha \int_0^x e^{-\alpha x}dx \tag{14.28}$$

Sustituyendo en la ecuación (14.28) $u = -\alpha x$, de donde $x = -u/\alpha$ y $du = -\alpha dx$, resulta la ecuación (14.29).

$$F(x) = -\frac{\alpha}{\alpha}\int_0^x e^u du = -e^u \Big|_0^X = -e^{-\alpha x}\Big|_0^X = -e^{-\alpha x} + e^0 = 1 - e^{-\alpha x} \qquad (14.29)$$

Igualando $F(x)$ a R_i se obtiene la ecuación (14.30).

$$R_i = 1\text{-}e^{-\alpha x} \qquad (14.30)$$

De donde surge la ecuación (14.30a).

$$1\text{-}R_i = e^{-\alpha x} \qquad (14.30a)$$

Aplicando logaritmo natural a ambos lados de la ecuación (14.30a) se obtiene la ecuación (14.30b).

$$Ln(1\text{-}R_i) = Ln(e^{-\alpha x}) = \text{-}\alpha x \; \cancel{Ln(e)} = \text{-}\alpha x \qquad (14.30b)$$

Por lo que despejando x se obtiene la fórmula para funciones aleatorias con distribución exponencial, como se indica en la ecuación (14.31).

$$x_i = -\frac{1}{\alpha}Ln(1 - R_i),\, 0 \leq R_i < 1 \qquad (14.31)$$

Sea μ la media de la distribución exponencial, de forma tal que $\mu = 1/\alpha$, se obtiene la versión alternativa a la ecuación (14.31) en la ecuación (14.32).

$$x_i = -\mu Ln(1 - R_i),\, 0 \leq R_i < 1 \qquad (14.32)$$

La distribución exponencial típicamente se usa para medir el tiempo entre dos eventos.

14.5.3. Distribución normal

La función de densidad de probabilidad de una distribución normal con media μ y desviación estándar σ está dada por la ecuación (14.33).

$$f(x) = \frac{1}{\sqrt{2\pi}\sigma}e^{-\frac{1}{2}\left(\frac{x-\mu}{\sigma}\right)^2},\, \text{-}\infty < x < \infty \qquad (14.33)$$

Resulta que para integrar $f(x)$ desde un límite hasta otro es muy arduo. Por lo tanto, se recurre al teorema del límite central. En base a este teorema se puede decir que la suma de n ocurrencias de una variable aleatoria dada x_i tiende a comportarse de manera normal. Esto se indica en la expresión (14.34).

$$\sum_{i=1}^{n} X_i \sim N \qquad (14.34)$$

La N indica que se tiende a aproximar a una distribución normal con media $n\times\mu$ y varianza $n\times\sigma^2$. Para una distribución uniforme se sabe que la media, dada por la ecuación (14.12) es de ½ y la varianza, dada por la ecuación (14.14) es de 1/12. Así pues, al sumar n números uniformemente distribuidos se tiene una media de n×1/2 y una varianza de n×1/12.

Para generar números aleatorios normalmente distribuidos se sabe que la relación entre una distribución normal uniforme z y una distribución normal x de media μ y desviación estándar σ está dada por la ecuación (14.35).

$$z = \frac{x-\mu}{\sigma} \tag{14.35}$$

En consecuencia, la suma de n números aleatorios uniformemente distribuidos da una distribución normal no estándar con media n/2 y varianza n/12. Se está buscando generar una distribución normal estándar con media de cero y varianza de uno. Así pues, si se suman doce números aleatorios uniformemente distribuidos se tendrá una media de 12/2 = 6 y una varianza de 12/12 = 1, lo que se indica en la expresión (14.36).

$$\sum_{i=1}^{12} R_i \sim N(6,1),\ 0 \leq R_i < 1 \tag{14.36}$$

A efectos de que la media sea de cero manteniendo la misma varianza, al lado izquierdo de la expresión (14.36) se le resta 6, lo que resulta en la expresión (14.37), la cual se aproxima a una distribución normal estándar con media cero y varianza uno.

$$\sum_{i=1}^{12} R_i - 6 \sim N(0,1),\ 0 \leq R_i < 1 \tag{14.37}$$

Así pues, sea R_i un número de distribución aleatoria uniforme: U(0,1), z_i sería un número aleatorio con distribución normal estándar de media cero y varianza uno: N(0,1), como indica la ecuación (14.38).

$$z_i = \sum_{i=1}^{12} R_i - 6,\ 0 \leq R_i < 1 \tag{14.38}$$

Dado que z_i es un número con distribución normal estándar, es posible sustituir z_i por z en la ecuación (14.35), lo que resulta en la ecuación (14.39), donde x_i es un número con distribución normal de media μ y desviación estándar σ.

$$\sum_{i=1}^{12} R_i - 6 = \frac{x_i-\mu}{\sigma} \tag{14.39}$$

Despejando de la ecuación (14.39) resulta la ecuación (14.40) que indica cómo obtener un número de distribución normal con media μ y desviación estándar σ.

$$x_i = \mu + \sigma\left(\sum_{i=1}^{12} R_i - 6\right),\ 0 \leq R_i < 1 \tag{14.40}$$

14.6. Algunas fórmulas para la generación de números aleatorios con distribución no uniforme

De maneras alternativas se han obtenido fórmulas que permiten obtener números aleatorios que siguen diferentes tipos de distribuciones de probabilidad continuas y discretas.

14.6.1. Distribuciones continuas

Sea U_i un número aleatorio con distribución uniforme entre A y B y R_i un número que sigue una distribución de probabilidad uniforme 0-1, de forma tal que $0 \leq R_i < 1$, se ha obtenido la ecuación (14.41).

$$U_i = (B\text{-}A)R_i + A, \ 0 \leq R_i < 1 \tag{14.41}$$

Como se vió anteriormente, es posible obtener números aleatorios que sigan una distribución exponencial utilizando un número aleatorio con distribución uniforme 0-1 de acuerdo a lo indicado en la ecuación (14.42), en donde la media de la distribución exponencial es $\mu = 1/\lambda$, R_i es el número aleatorio con distribución uniforme 0-1 y E_i es un número aleatorio que sigue una distribución exponencial.

$$E_i = - \ (1/\lambda) \ \ln(1\text{-}R_i), \ 0 \leq R_i < 1 \tag{14.42}$$

También se estudió el caso de la distribución normal. La ecuación (14.43) indica cómo calcular un número aleatorio N_i que siga una distribución normal con media μ y desviación estándar σ, donde R_i es un número aleatorio con distribución uniforme 0-1.

$$N_i = \mu + \sigma\left(\textstyle\sum_{i=1}^{12} R_i - 6\right), \ 0 \leq R_i < 1 \tag{14.43}$$

Sea ERL_i un número aleatorio que sigue una distribución Erlang, con media $1/\lambda$ y k parámetros, la ecuación (14.44) indica cómo calcular dicho número aleatorio utilizando números aleatorios uniformes 0-1 indicados por R_i.

$$ERL_i = -\frac{1}{\lambda} Ln\left(\textstyle\prod_{i=1}^{k} R_i\right), \ 0 \leq R_i < 1 \tag{14.44}$$

Sea W_i un número aleatorio que sigue una distribución Weibul, con parámetro de escala α y parámetro de forma β, la ecuación (14.45) indica cómo calcular dicho número aleatorio utilizando un número uniforme 0-1 indicado por R_i.

$$W_i = \alpha\left(-Ln(1 - R_i)\right)^{1/\beta}, \ 0 \leq R_i < 1 \tag{14.45}$$

Sea χ_i^2 un número aleatorio que sigue una distribución Chi-cuadrada, donde n es el número de grados de libertad y N_i es un número aleatorio con distribución normal 0-1, la ecuación (14.46) indica cómo obtener dicho número aleatorio.

$$\chi_i^2 = \sum_{i=1}^{n} N_i^2 \qquad (14.46)$$

Finalmente, sea G_i un número aleatorio que sigue una distribución Gamma donde k es el parámetro de la distribución Gamma, $1/\lambda$ es la media de la distribución Gamma y R_i es un número aleatorio con distribución uniforme 0-1, la ecuación (14.47) muestra cómo calcular dicho número aleatorio.

$$G_i = -\frac{1}{k\lambda} Ln\left(\prod_{i=1}^{k} R_i\right), \; 0 \le R_i < 1 \qquad (14.47)$$

14.6.2. Distribuciones discretas

La primera distribución discreta a considerar es la distribución Bernoulli. Sea BE_i un número aleatorio que sigue una distribución Bernoulli, p la probabilidad de que suceda un éxito, 1-p la probabilidad de que suceda un fracaso y R_i un número aleatorio con distribución uniforme 0-1, entonces las condiciones de la expresión (14.48) se cumplen.

$$\text{Si } 0 \le R_i < 1\text{-p, entonces } BE_i = 0,$$
$$\text{Si no, si } 1\text{-p} \le R_i \le 1, \text{ entonces } BE_i = 1 \qquad (14.48)$$

La segunda y última distribución discreta a considerar es la distribución Binomial. Sea B_i un número aleatorio que sigue una distribución Binomial, BE_j un número aleatorio con distribución Bernoulli y n el número de máximos eventos de la distribución Binomial, la ecuación (14.49) indica cómo calcular dicho número aleatorio siguiendo una distribución Binomial.

$$B_i = \sum_{j=1}^{n} BE_j \qquad (14.49)$$

CUARTA PARTE: MODELOS ESTOCÁSTICOS

15. Teoría de Colas

15.1. ¿Qué es teoría de colas?

Cola: Hilera de personas o cosas que esperan algo.

En muchas situaciones de la vida real nos encontramos con la formación de colas. En varias ocasiones, al solicitar un servicio, cuando la capacidad del servicio es limitada se forman colas y el sistema no puede absorber la demanda.

Teoría de colas: Es una técnica matemática que evalúa situaciones en las que se presentan un flujo de clientes a una o más facilidades de servicio y que da lugar a un fenómeno de líneas de espera.

15.2. ¿Para qué sirve la teoría de colas?

Un ejemplo en el que la teoría de colas se puede aplicar es en un caso hipotético de inscripciones en alguna institución escolar. La situación se ilustra en la Figura 15.1.

Figura 15.1.   Situación de la inscripción hipotética.

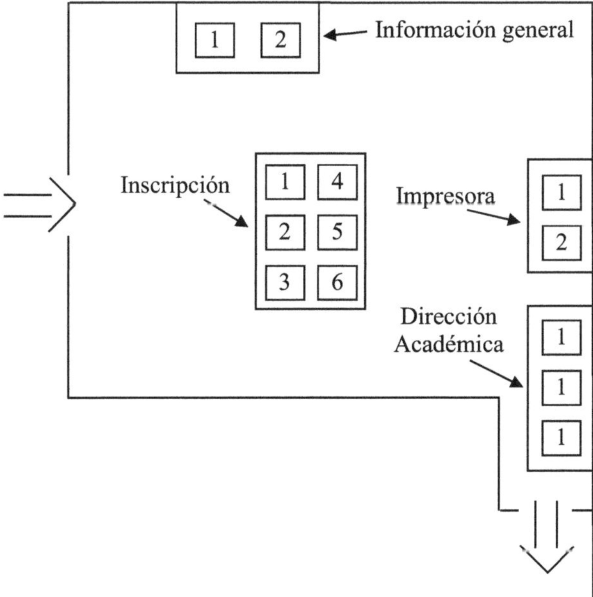

En este caso es posible que se formen colas. La teoría de colas busca dar solución a estas situaciones, evitando las colas.

Así pues, se observa que:

1) Se da un servicio a partir de ciertas facilidades.

2) Se da también una demanda del servicio para la facilidad.

Las dos situaciones posibles se ilustran en la Figura 15.2.

Figura 15.2. Extremos en el servicio de los sistemas con colas.

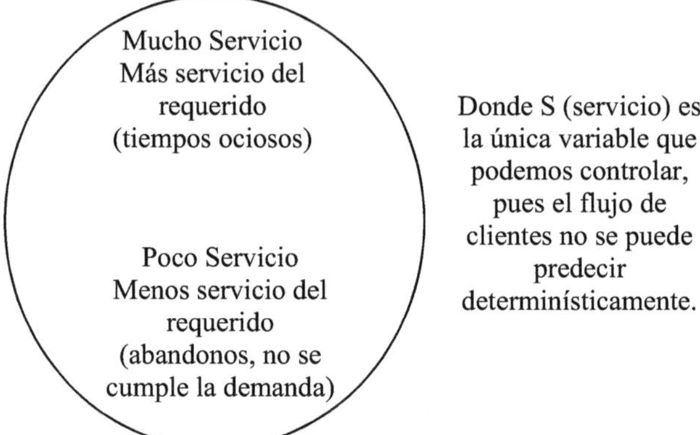

Se observa que el dar mucho servicio cuesta y el dar poco también. La teoría de colas ayuda a dar respuesta a la pregunta de ¿cómo eliminar las colas? Así, se busca un óptimo de servicio dado en la cantidad que se debe dar de éste. La teoría de colas, sin embargo, al igual que otras teorías da información, pero la decisión debe ser tomada por la persona que la aplique.

15.3. Elementos de un sistema de teoría de colas

Esquemáticamente un sistema de colas se puede ver como muestra la Figura 15.3.

Figura 15.3. Esquema de un sistema de colas.

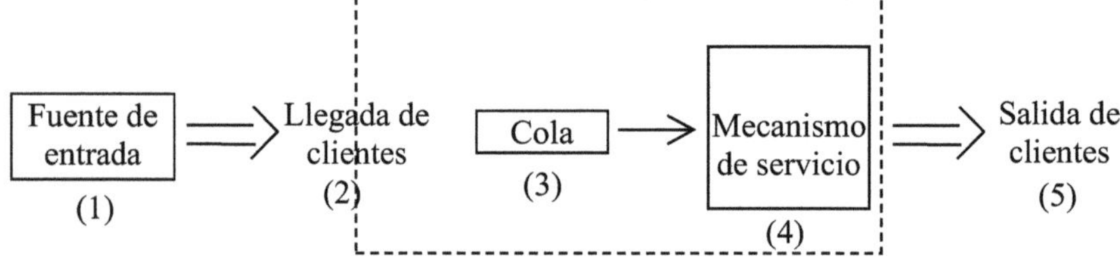

En el ejemplo de las inscripciones tenemos:

(1) Alumnos de carreras profesionales.

(2) Orden en el que los alumnos llegaban (cada 15 minutos entraban).

(3)   La cola que se formaba.

(4)   Checar datos generales (2 personas).

       Asignar materias e inscribir (6 computadora).

       Imprimir (2 impresoras).

       Dirección académica (1 de cada área).

(5)   Alumnos "satisfechos".

A continuación, se explican a más detalle cada uno de los cinco elementos de un sistema de colas.

15.3.1. Fuente de entrada (población potencial, recurso de entrada)

Se observa que se tiene un tamaño de la fuente de entrada. La característica principal es que la fuente de entrada tiene un tamaño, el cual puede ser finito o ser considerado a efectos prácticos infinito.

El tipo de población afecta el sistema. No es lo mismo una población finita (a efectos prácticos del tamaño del sistema) en donde llega un momento en el que todos han pasado.

Ejemplos de fuente de entrada finita sería el de máquinas de una empresa que serán reparadas o el de las inscripciones. Ejemplo de una fuente de entrada que a efectos prácticos se considera infinita serían un banco, una gasolinera o el sistema de correos.

15.3.2. Llegada de los clientes (razón de llegada de los clientes)

La razón de llegada de los clientes tiene una distribución de llegadas (en cuanto a aleatoriedad, tiempo, entre otros). Se observa que para dar solución al problema con teoría de colas se debe conocer la distribución de llegadas o de arribos.

Esta distribución nos la proporciona el tiempo que tarda cada cliente en llegar y puede ser:

• Distribución continua.

• Distribución discreta (#/t).

En el ejemplo la distribución era que cada 15 minutos entraba un alumno. Sin embargo, se puede tener el caso de una distribución que cambie en el tiempo, a diferentes horas de la mañana, por ejemplo.

15.3.3. Línea de espera

La línea de espera puede ser finita o a efectos prácticos ser considerada infinita. Ejemplos de líneas de espera son:

- La cola que se puede formar en el cine, que se considera infinita, pues puede continuar hasta salirse del cine y continuar por el estacionamiento hasta la calle.
- La cola de los archivos a imprimir, que se considera finita, pues existe un número máximo permitido en la cola de impresión.

15.3.4. Mecanismo de servicio

Las características del mecanismo de servicio son:

- Tiempo de servicio: Es el tiempo que se tarda en atender a alguien (#/t).
- Tamaño: Es el número de servidores en el sistema. Nótese que los servidores deben ser similares, es decir, tener la misma distribución de servicio. Además, los servidores deben estar en paralelo. Sin embargo, también se pueden tener, además de servidores en paralelo, servidores en serie. Se tiene servidores en paralelo cuando hay un número determinado de servidores, a los cuales se puede acudir indistintamente. Son independientes entre sí. Los servidores en serie son cuando se tienen algunos servidores antes de otros. Aquí la situación cambia mucho, pues el primer servidor afecta al segundo y el segundo depende del primero, así como el tercero depende del primero y segundo, siendo que el segundo afecta al tercero y el primero afecta tanto al segundo como al tercero. Un ejemplo puede ser en un banco, en el que los servidores están en paralelo, pero con diferentes distribuciones de servicio. Otro ejemplo puede ser el supermercado, en el que los servidores están en paralelo y técnicamente con la misma distribución de servicio. Un último ejemplo sería el de las inscripciones donde se tiene una combinación de servidores en serie y en paralelo.

- **Disciplina de servicio:** Es la disciplina en la cola, es decir, el orden. Se pueden tener órdenes de diferentes tipos. PEPS es Primeras Entradas, Primeras Salidas; UEPS es Últimas Entradas, Primeras Salidas; aleatorio; y de prioridades (como sería el caso de un hospital).

Viendo gráficamente la situación de las colas tenemos lo que se observa en la Figura 15.4.

Figura 15.4. Costos asociados con el servicio en un sistema de colas.

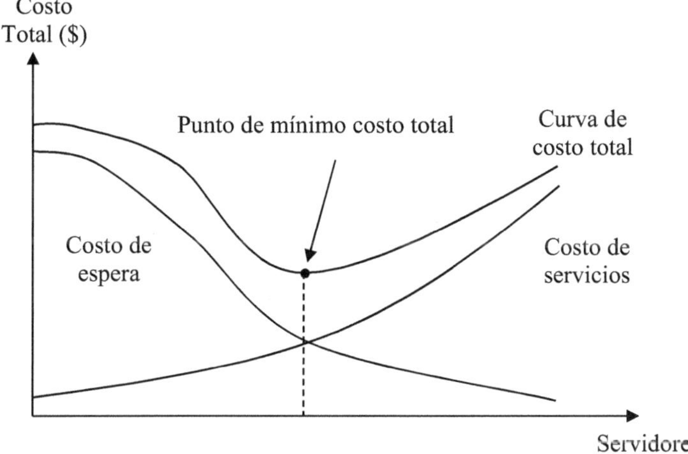

Si se tienen muchos servidores se da un costo por tiempos ociosos y si se tienen pocos servidores el costo es por una demanda en el servicio, entre otros.

15.4. Nomenclatura de teoría de colas

Para este texto de teoría de colas se va a utilizar la siguiente nomenclatura:

n: Número de clientes en el sistema. También llamado estado del sistema.

N: Número máximo de clientes que pueden encontrarse en el sistema de colas en un mismo instante. Es decir, N es la capacidad de nuestro sistema. Al hablar de teoría de colas se tiene que la situación del sistema depende del tiempo. Es decir, se tiene en realidad n(t), aunque se utiliza sólo n en estado estable del sistema.

Sistema transiente: Cuando a partir de un estado o valor inicial se va cambiando en el tiempo.

Sistema en estado estable: Cuando las variables dejan de modificarse. Las conclusiones se deben sacar en estado estable.

P_n: Probabilidad de que existan n clientes en el sistema. Este valor de P_n es el más importante, pues nos aporta las decisiones.

S: Número de servidores en un sistema de colas. Nota: Los servidores deben estar en paralelo.

λ: Tasa promedio de llegadas de clientes al sistema de colas.

μ: Tasa media de servicio de clientes del sistema.

ρ: Es el factor de utilización de los servidores que se obtiene a partir de las tres anteriores.

Así pues, la ecuación (15.1) se cumple. Esta es una ecuación que indica la razón del servicio dado.

$$\rho = \frac{\lambda}{S\mu} \tag{15.1}$$

L: Número de clientes promedio en el sistema.

L_q: Número promedio de clientes en la cola. Así, se tiene que la ecuación (15.2) se aplica.

$$L = S + L_q \tag{15.2}$$

W: Tiempo promedio de espera en el sistema.

W_q: Tiempo promedio de espera en la cola.

Las decisiones se toman basándose en los cuatro últimos. Tenemos pues que las ecuaciones (15.3) y (15.4) se aplican.

$$W = \frac{L}{\lambda} \tag{15.3}$$

$$W_q = \frac{L_q}{\lambda} \tag{15.4}$$

CT: Es el costo total de tener el sistema en operación.

CW: Es el costo de espera.

CS: Es el costo del servicio.

Tenemos pues que la ecuación (15.5) se aplica, la cual se grafica en la Figura 15.4.

$$CT = CW + CS \tag{15.5}$$

15.5. Notación de teoría de colas

Todo modelo se define en base a los parámetros A, B, C, D, E y F, como se muestra en la Figura 15.5.

Figura 15.5. Notación de teoría de colas.

$$(A/B/C)\ (D/E/F)$$

Parámetros Parámetros
propuestos agregados
por Kendall por Lee

A: Tipo de distribución de llegadas.

B: Distribución del tiempo de servicio.

Las distribuciones pueden ser:

M: Distribución exponencial.

E_k: Distribución Erlang con k parámetros.

G: Distribución general.

D: Distribución determinística o degenerada.

También pueden ser combinaciones de los anteriores.

C: Número de servidores que existen en el sistema (S).

D: Disciplina de servicio.

E: Número máximo de clientes que pueden existir en el sistema de colas (N).

F: Población potencial.

Ejemplos:

① $(M/M/1)(PEPS/\infty/\infty)$

② $(M/E_2/3)(PEPS/8/\infty)$

Donde ① es el modelo general.

15.6. Proceso de nacimientos y muertes

Es importante conocer P_n, es decir: P_0, P_1, P_2, ..., P_n. Para poder determinar las probabilidades de n clientes se utiliza el proceso de nacimientos y muertes.

Suposición: Se tiene una distribución de tipo exponencial. Se supone que los datos se van dando aleatoriamente.

Proceso de nacimiento y muerte: Proceso que describe probabilísticamente hablando cómo cambia el valor de n conforme se incrementa el tiempo. Se analiza a la luz de n con 3 acepciones.

① Dado el estado n (n clientes en el sistema), la probabilidad del tiempo restante para que el sistema pase al estado n+1 (ocurra un nacimiento) es exponencial con parámetro λ_n.

λ_n, n = 0, 1, 2, ...

② Dado el estado n, la distribución de probabilidad del tiempo restante para que el sistema pase al estado n-1 (ocurra una muerte) es exponencial con un parámetro μ_n, para n = 1, 2, …

③ Solamente puede existir un nacimiento o una muerte a la vez; esto es en términos generales del sistema.

Nacimiento: Cuando llega un cliente.
Muerte: Cuando se va un cliente.

Esto se relaciona con el concepto de límite. Dado un sistema con un estado n (o valor dado de n), se puede tener:

   ① n+1 (nace alguien)

   ② n-1 (muere alguien)

   ③ n (no pasa nada)

Ecuaciones de balance: Si el tiempo no afecta, tenemos que t → 0.

Se tiene que la ecuación (15.6) se aplica.

$$\text{Entrada} = \text{Salida} \tag{15.6}$$

Con esta condición de sistema estable se puede trabajar con un diagrama de tasas, donde la ecuación (15.7) se aplica.

$$\text{Tasa de entrada} = \text{Tasa de salida} \tag{15.7}$$

Es decir, si se tiene un sistema estable, se pueden obtener resultados también estables. Si hay n clientes en un estado n, va a haber un nacimiento a una velocidad λ_n y una muerte puede ocurrir a una velocidad μ_n. La Figura 15.6 ilustra la situación, en donde P_n es la probabilidad de que el sistema esté en un estado n. Se tiene que P_0 es la probabilidad de que existan 0 clientes en el sistema y P_n es la probabilidad de que existan n clientes.

Figura 15.6. Diagrama de proceso de nacimientos y muertes.

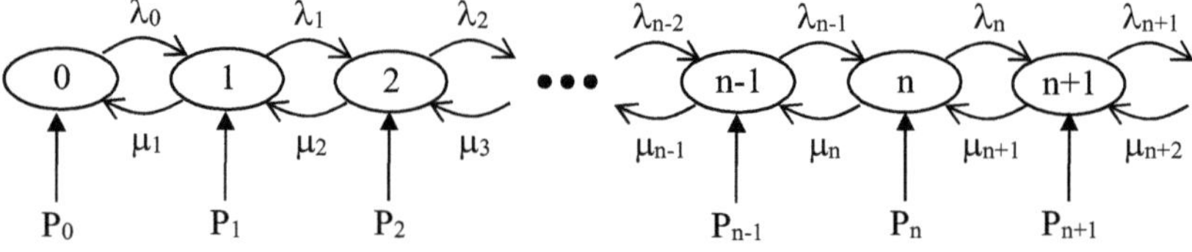

15.7. Ecuaciones de balance

Estado	Número esperado de clientes a entrar en dicho estado		Número esperado de clientes a salir de dicho estado
0	$\mu_1 P_1$	=	$\lambda_0 P_0$
1	$\mu_2 P_2 + \lambda_0 P_0$	=	$\lambda_1 P_1 + \mu_1 P_1 = (\lambda_1 + \mu_1) P_1$
2	$\mu_3 P_3 + \lambda_1 P_1$	=	$\lambda_2 P_2 + \mu_2 P_2 = (\lambda_2 + \mu_2) P_2$
$\vdots$	...		...
n	$\mu_{n+1} P_{n+1} + \lambda_{n-1} P_{n-1}$	=	$\lambda_n P_n + \mu_n P_n = (\lambda_n + \mu_n) P_n$
$\vdots$	...		...

Las velocidades se conocen tomando tiempos y escogiendo la distribución; esto determina la velocidad de nacimientos y muertes para un valor dado de n. Así, las incógnitas son las probabilidades: P_0, P_1, P_2, …, P_n.

Se debe resolver el sistema. Se dejan todas las P's en función de P_0.

Del primer estado resulta la ecuación (15.8).

$$P_1 = \frac{\lambda_0}{\mu_1} P_0 \tag{15.8}$$

Del segundo estado resulta la ecuación (15.9).

$$P_2 = \frac{(\lambda_1 + \mu_1) P_1 - \lambda_0 P_0}{\mu_2} \tag{15.9}$$

Substituyendo P_1 de la ecuación (15.8) en la ecuación (15.9) resulta la ecuación (15.9a).

$$P_2 = \frac{(\lambda_1 + \mu_1) \dfrac{\lambda_0}{\mu_1} P_0 - \lambda_0 P_0}{\mu_2} \tag{15.9a}$$

Simplificando la ecuación (15.9a) resulta la ecuación (15.9b).

$$P_2 = \frac{\left(\dfrac{\lambda_0 \lambda_1}{\mu_1} + \lambda_0 \right) P_0 - \lambda_0 P_0}{\mu_2} \tag{15.9b}$$

Simplificando nuevamente la ecuación (15.9b) resulta en la ecuación (15.9c).

$$P_2 = \frac{\lambda_0 \lambda_1}{\mu_1 \mu_2} P_0 \tag{15.9c}$$

Luego, para P_3, se tiene la ecuación (15.10).

$$P_3 = \frac{(\lambda_2 + \mu_2)P_2 - \lambda_1 P_1}{\mu_3} \tag{15.10}$$

Substituyendo P_2 de la ecuación (15.9c) y P_1 de la ecuación (15.8) en la ecuación (15.10) resulta la ecuación (15.10a).

$$P_3 = \frac{(\lambda_2 + \mu_2)\dfrac{\lambda_0 \lambda_1}{\mu_1 \mu_2}P_0 - \lambda_1 \dfrac{\lambda_0}{\mu_1}P_0}{\mu_3} \tag{15.10a}$$

Simplificando (15.10a) resulta en la ecuación (15.10b).

$$P_3 = \frac{\lambda_0 \lambda_1 \lambda_2}{\mu_1 \mu_2 \mu_3}P_0 \tag{15.10b}$$

Generalizando para P_n se tiene la ecuación (15.11).

$$P_n = \frac{\lambda_0 \lambda_1 \cdots \lambda_{n-1}}{\mu_1 \mu_2 \cdots \mu_n}P_0 \tag{15.11}$$

También se tiene que la suma de todas las probabilidades debe ser igual a 1, como se indica en la ecuación (15.12).

$$\sum_{n=0}^{\infty} P_n = 1 \tag{15.12}$$

Desarrollando la ecuación (15.12) se obtiene la ecuación (15.12a).

$$P_0 + P_1 + P_2 + \cdots + P_n + \cdots = 1 \tag{15.12a}$$

De lo anterior se deriva la ecuación (15.13).

$$P_0 = 1 - \sum_{n=1}^{\infty} P_n \tag{15.13}$$

Para simplificar lo anterior, si se define:

$$C_1 = \frac{\lambda_0}{\mu_1}$$

$$C_2 = \frac{\lambda_0 \lambda_1}{\mu_1 \mu_2}$$

$$\vdots$$

$$C_n = \frac{\lambda_0 \lambda_1 \lambda_2 \cdots \lambda_{n-1}}{\mu_1 \mu_2 \mu_3 \cdots \mu_n}$$

Así pues, tenemos que la ecuación (15.14) debe aplicarse.

$$P_n = C_n P_0 \tag{15.14}$$

De la ecuación (15.12a) se tiene que la ecuación (15.15) es su consecuencia.

$$P_0 + C_1 P_0 + C_2 P_0 + C_3 P_0 + \ldots + C_n P_0 + \ldots = 1 \tag{15.15}$$

De donde, factorizando P_0 de la ecuación (15.15) y despejándola se obtiene la ecuación (15.16).

$$P_0 = \frac{1}{1 + \sum_{n=1}^{\infty} C_n} \tag{15.16}$$

Si se conoce λ_i y μ_i es posible conocer P_0 y a partir de ahí encontrar $P_1, P_2, \ldots, P_n$. En base al resultado de estas variables podemos encontrar los cuatro valores importantes. Primero se tiene el número de clientes promedio en el sistema, L, que viene dado por la ecuación (15.17).

$$L = \sum_{n=0}^{\infty} n P_n \tag{15.17}$$

Luego se tiene el valor esperado de clientes en la cola, que viene dado por la ecuación (15.18).

$$L_q = \sum_{n=S}^{\infty} n P_n - \sum_{n=S}^{\infty} S P_n = \sum_{n=S}^{\infty} (n - S) P_n \tag{15.18}$$

Se tiene también que $\overline{\lambda}$ es el tiempo de llegadas promedio de clientes al sistema, el cual viene dado por la ecuación (15.19).

$$\overline{\lambda} = \sum_{n=0}^{\infty} \lambda_n P_n \tag{15.19}$$

El tiempo promedio de espera en el sistema, W, por lógica, viene dado por la ecuación (15.20).

$$W = \frac{L}{\overline{\lambda}} \tag{15.20}$$

También, el tiempo promedio de espera en la cola, W_q, está determinado por la ecuación (15.21).

$$W_q = \frac{L_q}{\overline{\lambda}} \tag{15.21}$$

Además, también se tiene que la ecuación (15.22) debe cumplirse.

$$W = W_q + \frac{1}{\mu} \qquad\qquad (15.22)$$

15.8. Estructura básica de una línea de espera

Una línea de espera está constituida por un **cliente** que requiere de un **servicio** (proporcionado por un **servidor**) en un determinado período. Los clientes entran **aleatoriamente** al sistema y forman una o varias **colas** (o **líneas de espera**) para ser atendidos. Si el servidor está desocupado, de acuerdo a ciertas **reglas** preestablecidas, conocidas con el nombre de **disciplina de servicio** se proporciona el servicio a los elementos de la cola. El cliente será atendido en un período determinado de tiempo, llamado **tiempo de servicio**. Al finalizar éste, el cliente abandona el sistema. Los clientes que se forman en una cola lo hacen en un **área de espera**.

Las líneas de espera se pueden clasificar de acuerdo a:

a)   El número de clientes que pueden esperar en la cola. Estas pueden ser finitas o infinitas. En la realidad sólo existen las primeras; matemáticamente se facilitan los cálculos si se supone la segunda.

b)   La **fuente** que genera la población de clientes. Esta fuente puede tener una producción **finita** o **infinita** (no confundir con la población que espera que también puede ser finita o infinita).

c)   A la manera como esperan los clientes (en una cola o en varias, con o sin opción a cambiar de cola).

d)   El tiempo transcurrido entre la llegada de un cliente y el inmediatamente anterior. Este intervalo de tiempo puede ser una **constante** o una **variable aleatoria** independiente, cuya distribución de probabilidad se puede o no conocer. El enfoque de análisis matemático de las líneas de espera, está muy bien desarrollado para el caso constante y variable, cuando la distribución de llegadas es Poisson. Para otras distribuciones se utiliza el enfoque de simulación. Cuando las llegadas no son independientes (como sería la llegada de un grupo de pacientes a un centro de emergencia, cuando éstos sufrieron el mismo accidente), se utiliza el enfoque de simulación.

e)   El tiempo de servicio. Este intervalo de tiempo puede ser una **constante** o una **variable aleatoria, dependiente** o **independiente**, cuya distribución de probabilidad se puede o no conocer. El enfoque matemático va proporcionando resultados de las líneas de espera cuando el tiempo de servicio es constante, tiene una distribución exponencial negativa o una distribución de Erlang. Para otras distribuciones se utiliza el enfoque de simulación. Se dice que el tiempo de servicio es dependiente, cuando varía (se alarga o se acorta) por factores de presión del sistema (por ejemplo, las quejas de la gente que espera); es independiente cuando la duración del servicio no se afecta por este tipo de presiones.

f) La disciplina de la cola. Puede ser PEPS (Primeras Entradas, Primeras Salidas), UEPS (Últimas Entradas, Primeras Salidas), por prioridades como en un hospital (donde se atienden desde los más críticos hasta los menos críticos) o aleatoria, donde se atiende a cualquiera.

g) El número de servidores, sea uno o más.

h) La estructura de las estaciones de servicio. Estas pueden estar en serie, en paralelo, o mixtas.

i) La estabilidad del sistema, que puede ser estable o transitorio. Aquí se cubre sólo la condición estable, y específicamente aquellos casos donde en un período determinado sólo puede ocurrir una entrada al sistema (nacimiento) y una salida del mismo (muerte). De ahí que matemáticamente se conozca a estos procesos como proceso de nacimientos y muertes.

15.9. Sistemas de teoría de colas

Existen varios arreglos de los diferentes elementos de un sistema de teoría de colas que dan origen a diferentes sistemas de teoría de colas. En la Figura 15.7 se muestra un sistema de teoría de colas de un solo servidor y una sola cola.

Figura 15.7. Una sola cola y un solo servidor.

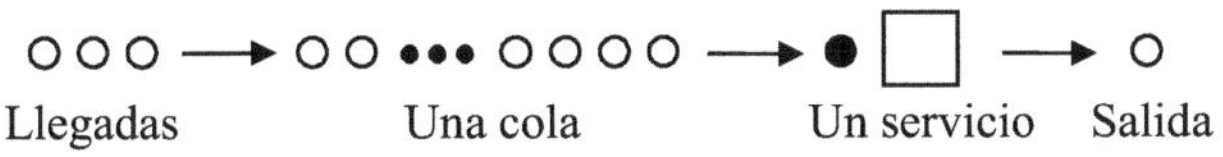

También es posible tener una sola cola y varios servidores, como se muestra en la Figura 15.8.

Figura 15.8. Una sola cola y varios servidores.

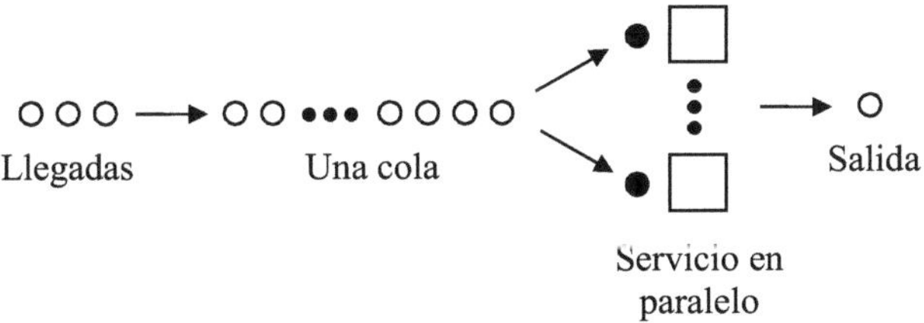

Se puede tener, además, un sistema con varias colas y varios servidores, como el mostrado en la Figura 15.9.

Figura 15.9. Varias colas y varios servidores.

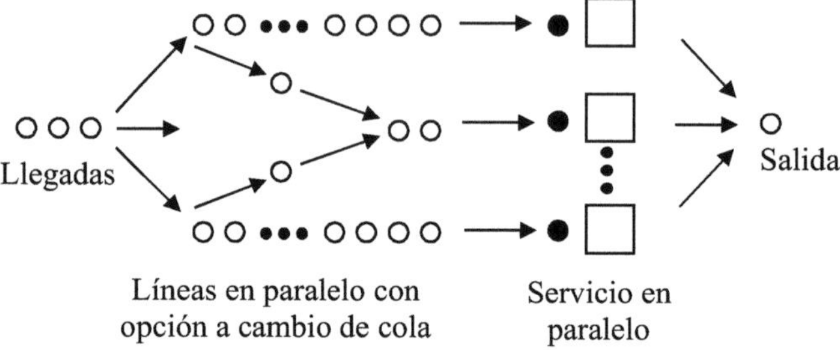

Adicionalmente, se puede tener una cola y secuencia de una serie de servidores pero en serie, como se muestra en la Figura 15.10.

Figura 15.10. Una cola y una secuencia de una serie de servidores en serie.

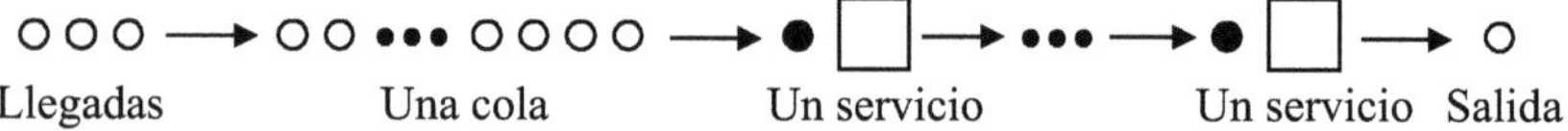

Finalmente, se puede tener líneas paralelas sin opción de cambio de cola y servicio mixto, es decir, una secuencia de servidores de paralelo acomodados en serie, como muestra la Figura 15.11.

Las preguntas a responder son:

- ¿Cuánto tiempo se tiene que esperar en la cola hasta que se proporcione el servicio (W_q)?.
- ¿Cuánto tiempo se tiene que esperar hasta que se salga del sistema (W)?
- ¿Cuánta gente está esperando en la cola (L_q)?
- ¿Cuánta gente se encuentra en el sistema (L)?

Figura 15.11. Líneas en paralelo sin opción a cambio de cola y servicio mixto.

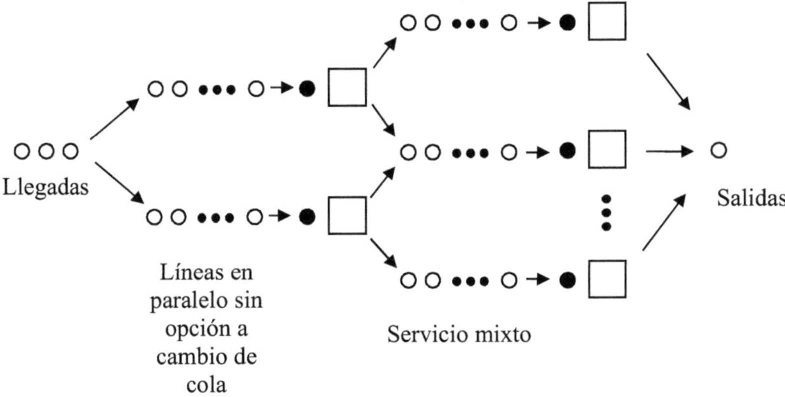

En base a lo anterior se tiene la siguiente notación de teoría de colas:

λ:	Número promedio de llegadas al sistema por unidad de tiempo.
μ:	Número promedio de servicios por unidad de tiempo.
$\rho = \lambda/\mu$:	Factor de utilización del sistema con un servidor.
S:	Número de servidores en el sistema.
$\rho = \lambda/(S\mu)$:	Factor de utilización de un sistema con servidores múltiples.
W:	Tiempo promedio de espera en el sistema (incluye cola y servidor).
W_q:	Tiempo de espera promedio en la cola.
L:	Valor esperado del número de gentes en el sistema.
L_q:	Valor esperado del número de gentes esperando en la cola y recibiendo un servicio.
$1/\lambda$:	Tiempo promedio que transcurre entre dos llegadas consecutivas.
$1/\mu$:	Tiempo promedio de servicio de un cliente.

Se observa que, para varios servidores, la ecuación (15.23) se cumple:

$$L = L_q + S \tag{15.23}$$

Para un servidor, obviamente se tiene la ecuación (15.24).

$$L = L_q + 1 \tag{15.24}$$

Para varios servidores, la ecuación (15.25) debe cumplirse.

$$W = W_q + \frac{1}{S\mu} \tag{15.25}$$

Claramente, de la ecuación (15.25) resulta la ecuación (15.22) para un solo servidor.

También se tienen las siguientes definiciones:

$P_n(t)$:	Probabilidad de que en el momento t de arribo a la cola se encuentren n personas en el sistema; S recibiendo servicio en el caso de S servidores ($S \geq 1$), y n-S formados en la cola.
$P_0(t)$:	Probabilidad de que en el momento t de arribo a la cola, el sistema se encuentre vacío.
λ_n:	Número esperado de llegadas de nuevos clientes por unidad de tiempo, cuando ya existen n en el sistema.
μ_n:	Número esperado de servicios por unidad de tiempo, cuando existen n clientes en el sistema. Representa la tasa combinada de servicios a la cual trabajan todos los servidores ocupados.

15.10. Modelos de teoría de colas

15.10.1. Modelo básico (M/M/1)(PEPS/∞/∞)

El esquema del proceso de nacimientos y muertes para este modelo básico se muestra en la Figura 15.12.

Figura 15.12. Líneas en paralelo sin opción a cambio de cola ni servicio mixto.

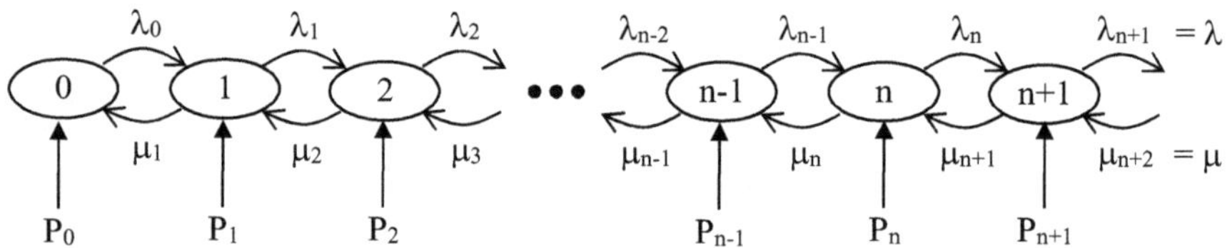

La primera suposición para este modelo es que $\lambda_0 = \lambda_1 = \lambda_2 = \ldots = \lambda_n = \lambda$. Esto es porque la población y la cola son infinitas. La segunda suposición del modelo es que $\mu_0 = \mu_1 = \mu_2 = \ldots = \mu_n = \mu$, debido a que se tiene un solo servidor, por lo que la velocidad de servicio (μ) es la misma para todos los estados.

Sea ρ definida como se muestra en la ecuación (15.26).

$$\rho = \frac{\lambda}{S\mu} = \frac{\lambda}{(1)(\mu)} = \frac{\lambda}{\mu} \tag{15.26}$$

Se tiene también que C_n está definida por la ecuación (15.27).

$$C_n = \frac{\lambda_0\lambda_1\lambda_2\cdots\lambda_{n-1}}{\mu_1\mu_2\mu_3\cdots\mu_n} = \left(\frac{\lambda}{\mu}\right)^n = \rho^n \tag{15.27}$$

P_0 viene definido por la ecuación (15.16), que, para el caso de este modelo, se traduce en la ecuación (15.28).

$$P_0 = \cfrac{1}{1+\sum_{n=1}^{\infty}C_n} = \cfrac{1}{1+\sum_{n=1}^{\infty}\left(\dfrac{\lambda}{\mu}\right)^n} = \cfrac{1}{1+\sum_{n=1}^{\infty}\rho^n} = \cfrac{1}{\sum_{n=0}^{\infty}\rho^n} \tag{15.28}$$

Sin embargo, cuando se tiene una secuencia de sumas hasta el infinito de X_j como se muestra en la ecuación (15.29), si X_j es mayor o igual a 1, la suma tiende a infinito.

$$\sum_{j=0}^{\infty}X_j \to \infty \tag{15.29}$$

Sin embargo, si X_j es menor que 1 (y en este caso tenemos $\Sigma\rho^n$) y se tiene una sumatoria como la del denominador de la ecuación (15.28), tenemos que en el límite, cuando n $\to \infty$, se aplica la ecuación (15.30). Lo anterior es porque la tasa de llegadas, λ, debe ser menor que la tasa de salidas, μ, para que el sistema no se abarrote, por lo que λ/μ = $\rho < 1$.

$$\sum_{n=0}^{\infty}\rho^n = \frac{1}{1-\rho} \tag{15.30}$$

Así pues, substituyendo la ecuación (15.30) en la ecuación (15.28) se obtiene la ecuación (15.31).

$$P_0 = \cfrac{1}{\dfrac{1}{1-\rho}} = 1-\rho \tag{15.31}$$

Luego, P_n se puede calcular de acuerdo a la ecuación (15.32), dado que C_n viene dado por la ecuación (15.27).

$$P_n = C_nP_0 = \rho^n(1-\rho) \tag{15.32}$$

Calcular el valor de L es un problema. L viene definido de acuerdo a la ecuación (15.17) como se muestra en la ecuación (15.33), en donde se substituye el valor de P_n de la ecuación (15.32).

$$L = \sum_{n=0}^{\infty}nP_n = \sum_{n=0}^{\infty}n\rho^n(1-\rho) = (1-\rho)\sum_{n=0}^{\infty}n\rho^n \tag{15.33}$$

Si descomponemos ρ^n en $\rho^{n-1}\rho$ resulta en la ecuación (15.34).

$$L = (1-\rho)\sum_{n=0}^{\infty} n\rho^{n-1}\rho = \rho(1-\rho)\sum_{n=0}^{\infty} n\rho^{n-1} \tag{15.34}$$

Si se integra y se deriva la ecuación (15.33) al mismo tiempo y se deja sólo la derivada, resulta en la ecuación (15.35).

$$L = \rho(1-\rho)\sum_{n=0}^{\infty} \frac{\partial \rho^n}{\partial \rho} = \rho(1-\rho)\frac{\partial}{\partial \rho}\sum_{n=0}^{\infty} \rho^n \tag{15.35}$$

La expresión $\Sigma\rho^n$ es igual a $1/(1-\rho)$ de acuerdo a la ecuación (15.30). De ahí, la ecuación (15.35) resulta en la ecuación (15.36), en la cual se resuelve el diferencial y se simplifica.

$$L = \rho(1-\rho)\frac{\partial \dfrac{1}{1-\rho}}{\partial \rho} = \rho(1-\rho)\frac{\partial(1-\rho)^{-1}}{\partial \rho} = \rho(1-\rho)\left(-(1-\rho)^{-2}(-1)\right) = \frac{\rho}{1-\rho} \tag{15.36}$$

Se puede concluir de lo anterior que la ecuación (15.36a) se aplica.

$$L = \frac{\rho}{1-\rho} \tag{15.36a}$$

Además, de todo el desarrollo anterior se observa que la ecuación (15.37) también se aplica.

$$\sum_{n=0}^{\infty} n\rho^n = \frac{\rho}{(1-\rho)^2} \tag{15.37}$$

Se observa pues que para que se pueda resolver el sistema y éste tenga sentido, $\rho < 1$; lo que implica que $\lambda < \mu$. Si por el contrario $\rho > 1$ y $\lambda > \mu$, el sistema irá creciendo y creciendo y se desbocará.

Para el número de clientes promedio en la cola tenemos que la ecuación (15.38) se aplica.

$$L_q = \sum_{n=0}^{\infty} (n-S)P_n \tag{15.38}$$

Dado que, para este caso en particular, $S = 1$, la ecuación (15.38) se convierte en la ecuación (15.39).

$$L_q = \sum_{n=0}^{\infty} (n-1)P_n = \sum_{n=0}^{\infty} nP_n - \sum_{n=1}^{\infty} P_n \tag{15.39}$$

Debido a que ΣnP_n es L y ΣP_n es $1-P_0$, la ecuación (15.39) se transforma en la ecuación (15.40), substituyendo L de la ecuación (15.36a) y ΣP_n de lo que se ha visto anteriormente, pues ΣP_n para n desde 1 hasta ∞ es igual a $1-P_0$; para mayor detalle ver la ecuación (15.12a) y la ecuación (15.13).

$$L_q = L - (1 - P_0) \tag{15.40}$$

De la ecuación (15.31) se tiene que $P_0 = 1-\rho$ y de la ecuación (15.36a) tenemos que el valor de $L = 1/(1-\rho)$. Así, la ecuación (15.40) resulta en la ecuación (15.41).

$$L_q = \frac{1}{1-\rho} - (1 - (1-\rho)) = \frac{1}{1-\rho} - \rho = \frac{\rho^2}{1-\rho} \tag{15.41}$$

Así pues, volviendo a expresar el resultado final de la ecuación (15.41) se tiene la ecuación (15.41a).

$$L_q = \frac{\rho^2}{1-\rho} \tag{15.41a}$$

El tiempo promedio en el sistema, W, se define de acuerdo a la ecuación (15.20) y a la ecuación (15.36a) como se muestra en la ecuación (15.42). La ecuación (15.42a) simplemente deja de lado el desarrollo matemático.

$$W = \frac{L}{\lambda} = \frac{\dfrac{\rho}{1-\rho}}{\lambda} = \frac{\rho}{\lambda(1-\rho)} \tag{15.42}$$

$$W = \frac{\rho}{\lambda(1-\rho)} \tag{15.42a}$$

El tiempo promedio de espera en la cola, W_q, se indica en la ecuación (15.43), de acuerdo a la ecuación (15.21) y a la ecuación (15.41a). La ecuación (15.43a) deja de lado el desarrollo matemático.

$$W_q = \frac{L_q}{\lambda} = \frac{\dfrac{\rho^2}{1-\rho}}{\lambda} = \frac{\rho^2}{\lambda(1-\rho)} \tag{15.43}$$

$$W_q = \frac{\rho^2}{\lambda(1-\rho)} \tag{15.43a}$$

Además, se tiene que la probabilidad de que el número de gentes en el sistema, L, sea mayor a Z viene dado por la ecuación (15.44).

$$P(L > Z) = \rho^{(Z+1)} \tag{15.44}$$

También, la probabilidad de que la espera total en la cola, W_q, sea mayor a g unidades de tiempo está dado por la ecuación (15.45).

$$P(W_q > g) = \rho e^{-\mu(1-\rho)g}; g \geq 0 \tag{15.45}$$

Finalmente, la probabilidad de que la espera total en el sistema, W, sea mayor a h unidades de tiempo está dado por la ecuación (15.46).

$$P(W > h) = e^{-\mu(1-\rho)h}; h \geq 0 \tag{15.46}$$

15.10.2. Modelo básico con varios servidores (M/M/S>1)(PEPS/∞/∞)

El esquema de proceso de nacimientos y muertes para este modelo se muestra en la Figura 15.13.

Figura 15.13. Diagrama de proceso de nacimientos y muertes para el modelo básico con varios servidores (M/M/S>1)(PEPS/∞/∞).

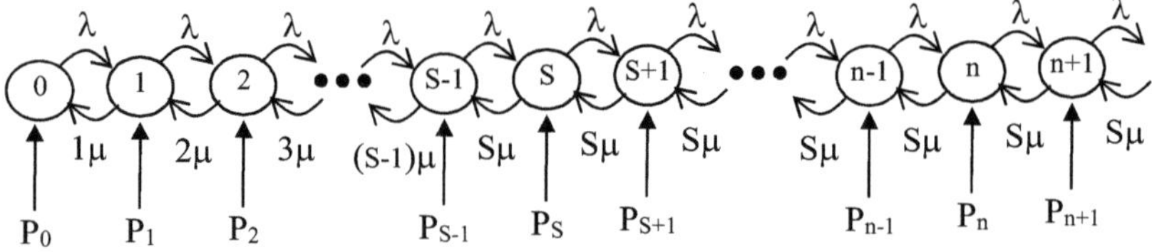

Este sistema requiere que $1 < S < n$. Además, se tiene que $\lambda = \lambda_0 = \lambda_1 = \ldots = \lambda_n$. También se tiene que $\mu_1 = 1\mu$, $\mu_2 = 2\mu$, $\mu_3 = 3\mu$, …, $\mu_{S-1} = (S-1)\mu$, $\mu_S = S\mu$, $\mu_{S+1} = S\mu$, …, $\mu_n = S\mu$.

$$C_n = \begin{cases} n \leq S & \begin{aligned} C_1 &= \frac{\lambda}{\mu} \\[2mm] C_2 &= \frac{\lambda\lambda}{\mu 2\mu} \\[2mm] C_3 &= \frac{\lambda\lambda\lambda}{\mu 2\mu 3\mu} \\[2mm] C_n &= \frac{\lambda^n}{n!\mu^n} = \frac{(\lambda/\mu)^n}{n!} \end{aligned} \\[2mm] n \geq S & \sum_{n=S}^{\infty} \frac{(\lambda/\mu)^n}{S!S^{n-S}} \end{cases} \tag{15.47}$$

Nótese que en la expresión de la ecuación (15.47), el límite superior en la sumatoria cuando $n \geq S$ es ∞, por lo que debe hacerse una aproximación. Se tiene que la ecuación (15.48) se aplica para C_n cuando $n \to \infty$.

$$C_n = \frac{(\lambda/\mu)^S}{S!}\left(\frac{1}{1-\rho}\right) \tag{15.48}$$

Así pues, la ecuación (15.48) es una aproximación de la ecuación (15.47) cuando $n \geq S$. En consecuencia, se tiene la ecuación (15.49) para el valor de P_0.

$$P_0 = \frac{1}{1 + \sum_{n=1}^{S-1}\frac{(\lambda/\mu)^n}{n!} + \frac{(\lambda/\mu)^S}{S!}\left(\frac{1}{1-\rho}\right)} \tag{15.49}$$

Además, la probabilidad de tener n clientes en el sistema, P_n, viene dada por la ecuación (15.50).

$$P_n = C_n P_0 \tag{15.50}$$

Se tiene, además, que el número de clientes en el sistema, L, viene dado por la ecuación (15.51).

$$L = \sum_{n=0}^{\infty} n P_n \tag{15.51}$$

El tamaño de la cola viene dado por la ecuación (15.52).

$$L_q = \sum_{n=S}^{\infty}(n-S)P_n \tag{15.52}$$

De acuerdo a la ecuación (15.50) y la ecuación (15.47), sustituyendo en la ecuación (15.52), se puede obtener una expresión para L_q tal como indica la ecuación (15.53).

$$L_q = \sum_{n=S}^{\infty}(n-S)\frac{(\lambda/\mu)^n}{S!S^{n-S}}P_0 \tag{15.53}$$

La ecuación (15.53) puede convertirse sucesivamente en las ecuaciones (15.53a), (15.53b) y (15.53c) mediante manipulación algebraica, teniendo en cuenta que $\rho = (\lambda/\mu)/S$.

$$L_q = \frac{(\lambda/\mu)^S}{S!}P_0\sum_{n=S}^{\infty}(n-S)\frac{(\lambda/\mu)^{n-S}}{S^{n-S}} \tag{15.53a}$$

$$L_q = \frac{(\lambda/\mu)^S}{S!}P_0\sum_{n=S}^{\infty}(n-S)\rho^{n-S} \tag{15.53b}$$

$$L_q = \frac{(\lambda/\mu)^S}{S!} P_0 \sum_{n-S=0}^{\infty} (n-S)\rho^{n-S} \tag{15.53c}$$

Debido a que la ecuación (15.54) se aplica, tenemos que la ecuación (15.53c) se convierte en la ecuación (15.55).

$$\sum_{j=0}^{\infty} j\rho^j = \frac{\rho}{(1-\rho)^2} \tag{15.54}$$

$$L_q = \frac{(\lambda/\mu)^S}{S!} P_0 \frac{\rho}{(1-\rho)^2} \tag{15.55}$$

Reacomodando términos en la ecuación (15.55) se obtiene la ecuación (15.55a).

$$L_q = \frac{(\lambda/\mu)^S}{S!} \frac{\rho}{(1-\rho)^2} P_0 \tag{15.55a}$$

También tenemos que, para el tiempo de espera en el sistema, W, se aplica la ecuación (15.56).

$$W = \frac{L}{\lambda} \tag{15.56}$$

Por inducción, a partir de la ecuación (15.56) se obtiene la ecuación (15.57), indicando el tiempo de espera en el sistema, W_q.

$$W_q = \frac{L_q}{\lambda} \tag{15.57}$$

Además, la ecuación (15.58) se aplica.

$$W = W_q + \frac{1}{\mu} \tag{15.58}$$

Sustituyendo de las ecuaciones (15.56) y (15.57) para W, y W_q, respectivamente, en la ecuación (15.58), resulta la ecuación (15.59). Por manipulación algebraica de la ecuación (15.59) se obtiene la ecuación (15.59a).

$$\frac{L}{\lambda} = \frac{L_q}{\lambda} + \frac{1}{\mu} \tag{15.59}$$

$$L = L_q + \frac{\lambda}{\mu} \tag{15.59a}$$

Donde λ/μ es la razón de servicio para un cliente o un servidor.

La fórmula para la función de densidad de probabilidad de la función exponencial se indica en la ecuación (15.60), donde la media o valor esperado, E(x), de dicha función de densidad de probabilidad es $1/\mu$.

$$f(x) = \mu e^{-\mu x} \tag{15.60}$$

La distribución exponencial mide tiempo/cliente (es decir, el tiempo que existe entre las llegadas de los clientes), mientras que la distribución Poisson mide cliente/tiempo, es decir, la probabilidad de tener cierto número de clientes dado. Estas dos distribuciones son complementarias entre sí.

Ejemplo: ¿Cuál de las dos situaciones ilustradas por la Figura 15.14 es mejor, tener una cola por cada uno de los cuatro servidores o una cola común para los cuatro servidores? Supóngase que, para el segundo caso, $\lambda = 10$ y $\mu = 3$. Para el primer caso, $\lambda = 2.5$ y $\mu = 3$.

Figura 15.14. Dos posibles casos de diferentes arreglos de las colas para cuatro servidores.

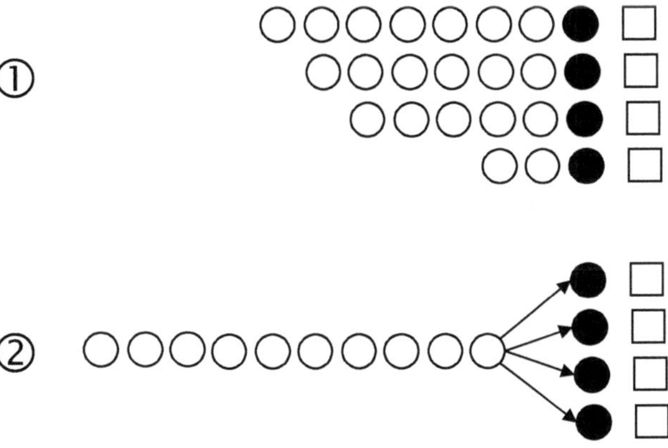

Se observa que, para el segundo caso, se requiere que $S \geq 4$ para que el sistema llegue a un estado estacionario. En el segundo caso se tiene un sistema (M/M/4), mientras que en el primer caso se tienen cuatro modelos diferentes (todos iguales desde el punto de vista teórico) del tipo (M/M/1).

Analizando primero el primer caso, se tiene que $\rho = \lambda/\mu = 2.5/3 = 0.8\bar{3} < 1$, lo que hace que el primer sistema también puede llegar a un estado estacionario. De acuerdo a la ecuación (15.31), $P_0 = 1-\rho$. Así pues, $P_0 = 1-\rho = 1-2.5/3 = 0.1\bar{6}$. P_0 es la probabilidad de que el sistema esté ocioso, es decir, el 16.6% del tiempo estará ocioso, lo que significa que el 83.3% del tiempo estará ocupado. De acuerdo a la ecuación (15.32), $P_1 = \rho^1(1-\rho) = (0.8\bar{3})(0.1\bar{6}) = (0.13\bar{8})$, es decir, el 13.8% del tiempo tendrá el sistema un cliente. De acuerdo a la ecuación (15.36a), $L = \rho/(1-\rho) = 0.8\bar{3}/0.1\bar{6} = 5$. Además, de acuerdo a la ecuación (15.41a), $L_q = \rho^2/(1-\rho) = 0.8\bar{3}^2/0.1\bar{6} = 4.1\bar{6}$. También, de acuerdo a la ecuación (15.42), $W = L/\lambda = 5/2.5 = 2$ y de acuerdo a la ecuación (15.43), $W_q = L_q/\lambda = 4.1\bar{6}/2.5 = 1.\bar{6}$.

Por el otro lado, analizando el segundo caso, se tiene que $\rho = l/(S\mu) = 10/(4\times3) = 0.8\bar{3}$. De acuerdo a la ecuación (15.49) se puede obtener el valor de P_0, que resulta ser de $P_0 = 0.02131$. Esto quiere decir que el 2.13% del tiempo el sistema está ocioso. Se puede calcular valores adicionales. Por ejemplo, de acuerdo a la ecuación (15.55a), $L_q = 3.2886$ y de acuerdo a la ecuación (15.57), $W_q = 0.32886$.

Se puede observar que el tamaño de la cola promedio y el tiempo de espera en la cola promedio son menores en el segundo caso que en el primero. Además, el tiempo en que el sistema permanece ocioso es mucho menor en el segundo caso que en el primero. Así pues, si lo que se busca son colas más cortas y tiempos de espera en la cola más cortos, así como tiempos en los que el sistema está ocioso menores, resulta mejor el segundo caso que el primero.

15.11. La pauta de llegadas

15.11.1. Llegadas regulares

La pauta físicamente más simple es aquella en la que los clientes llegan al sistema en instantes igualmente espaciados con a_1 unidades de tiempo entre sí. La frecuencia de llegadas es $\alpha = 1/a_1$. Sin embargo, matemáticamente es más difícil.

15.11.2. Llegadas completamente al azar

La pauta matemáticamente más sencilla, así como la que es generalmente más útil, es aquella en la que las llegadas son completamente al azar. La población es muy grande relativamente hablando y se puede considerar infinita a efectos prácticos.

Sea α la constante que representa la frecuencia promedio de llegadas de clientes (número de clientes/unidad de tiempo), se tiene que para un pequeño intervalo de tiempo (t,t+Δt), la probabilidad, q, de que no lleguen clientes está data por la ecuación (15.61), donde la ecuación (15.62) indica la probabilidad p de que llegue un cliente y a(Δt) es una cantidad despreciable, cuando $\Delta t \to 0$.

$$q = 1 - p = 1 - \alpha\Delta t + a(\Delta t) \tag{15.61}$$

$$p = \alpha\Delta t + a(\Delta t) \tag{15.62}$$

La probabilidad de que llegue un cliente en el intervalo de tiempo A es la misma que en el B, pues ambos son de la misma longitud (ver Figura 15.15 para mayor detalle).

Es útil disponer de la distribución de probabilidad del número de clientes que van llegando. Si se tiene un intervalo t_0 en el que llegan los clientes y si se divide a este intervalo en m períodos de longitud Δt, se tiene que la ecuación (15.63) debe cumplirse.

$$t_0 = m\Delta t \tag{15.63}$$

Figura 15.15. Llegadas probabilísticas de clientes en el tiempo t.

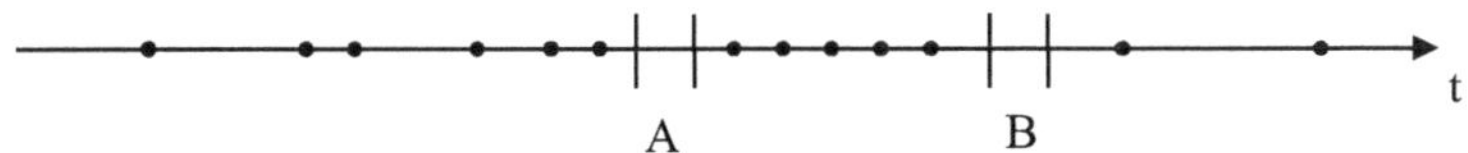

La probabilidad de que un cliente llegue en cualquiera de estos intervalos es p, dada por la ecuación (15.62) y la probabilidad de que no llegue es q = 1-p, dada por la ecuación (15.61). Los números de clientes que llegan en diferentes intervalos son estadísticamente independientes, y la probabilidad de que dos o más clientes lleguen en el mismo intervalo es a(Δt).

Así, por la ley de probabilidad binomial, la probabilidad de que exactamente r clientes lleguen en todo el período, P(A=r), está dada, en el límite, por la expresión de la ecuación (15.64).

$$P(A = r) = \lim_{\Delta t \to 0} \frac{m!}{r!(m-r)!}(\alpha\Delta t + a(\Delta t))^r (1 - \alpha\Delta t + a(\Delta t))^{m-r} \tag{15.64}$$

Dado que a(Δt) puede considerarse cero en el límite y que de acuerdo a la ecuación (15.63), $\Delta t = t_0/m$, la ecuación (15.64) se convierte en la ecuación (15.65).

$$P(A = r) = \lim_{m \to \infty} \frac{m!}{r!(m-r)!}\left(\frac{\alpha t_0}{m}\right)^r \left(1 - \frac{\alpha t_0}{m}\right)^{m-r} \tag{15.65}$$

Mediante manipulación algebraica se obtiene la ecuación (15.65a) y la ecuación (15.65b).

$$P(A = r) = \lim_{m \to \infty} \frac{m!}{r!(m-r)!}\frac{(\alpha t_0)^r}{m^r}\left(1 - \frac{\alpha t_0}{m}\right)^{m-r} \tag{15.65a}$$

$$P(A = r) = \frac{(\alpha t_0)^r}{r!} \lim_{m \to \infty} \frac{m!}{m^r(m-r)!} \lim_{m \to \infty}\left(1 - \frac{\alpha t_0}{m}\right)^{m-r} \tag{15.65b}$$

Y los límites de la ecuación (15.65b) pueden simplificarse y toda la expresión de la ecuación (15.65b) se convierte es la ecuación (15.66).

$$P(A = r) = \frac{(\alpha t_0)^r}{r!} e^{-\alpha t_0} \tag{15.66}$$

Así, si A es el número de llegadas en un período t_0, una variable aleatoria definida como en la ecuación (15.66) es la llamada distribución de Poisson, que es una de las distribuciones básicas de la teoría estocástica. El valor esperado de la variable A, E(A) es igual a αt_0. La varianza de la variable A también está dada por αt_0.

De este modo, la probabilidad de que exactamente r clientes lleguen al sistema en un intervalo de tiempo t_0 con una frecuencia de llegada α está dada por la ecuación (15.67).

$$P(X = r) = \frac{e^{-\alpha t_0}(\alpha t_0)^r}{r!} \tag{15.67}$$

Así, se puede graficar la distribución para diferentes valores del número de llegadas (r) con diferentes medias. Esta distribución (de Poisson) es discreta, pues llegan números enteros de clientes, 0, 1, 2, …, etcétera.

Además, se puede demostrar que el intervalo de tiempo entre una llegada y la siguiente está dado por una distribución exponencial, que es continua, a diferencia de la de Poisson, que es discreta. Esta función está dada por la ecuación (15.68).

$$f(x) = \begin{cases} \alpha e^{-\alpha x}; & x \geq 0 \\ 0; & x < 0 \end{cases} \tag{15.68}$$

Donde α es el intervalo de llegadas y x es el intervalo de tiempo a considerar en el que se tiene al principio la última llegada y al final la nueva llegada. La función de probabilidad acumulada viene dada por la ecuación (15.69).

$$F(x) = \int_0^x f(x)dx = \int_0^x \alpha e^{-\alpha x} dx \qquad (15.69)$$

Si u = -αx, entonces du = -αdx. Así pues, la ecuación (15.69) se transforma en la ecuación (15.69a).

$$F(x) = -\int_0^x e^u du = -e^{-\alpha x}\Big\|_0^x = -\left(e^{-\alpha x} - e^0\right) = 1 - e^{-\alpha x} \qquad (15.69a)$$

Si la función exponencial depende del tiempo, f(t) está dado por la expresión de la ecuación (15.70).

$$f(t) = \begin{cases} \alpha e^{-\alpha t}; t \geq 0 \\ 0; t < 0 \end{cases} \qquad (15.70)$$

La expresión anterior se grafica en la Figura 15.16. Si $\alpha = 1/2$ de clientes/hora, el valor recíproco que es $1/\alpha =$ es la media, que en este caso es de $1/(1/2) = 2$ horas/cliente.

Figura 15.16. Llegadas probabilísticas de clientes de acuerdo a la distribución exponencial.

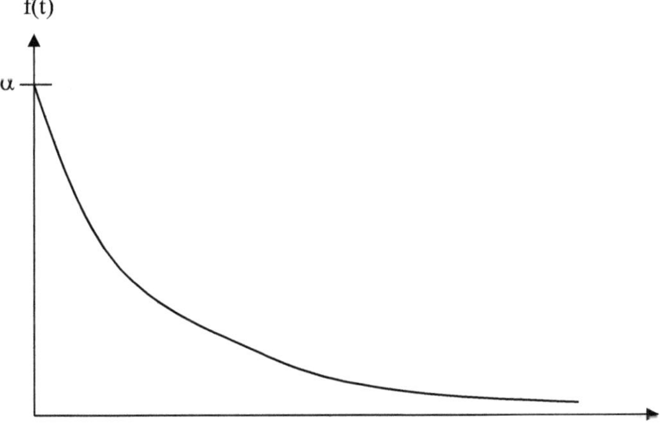

Así pues, si se quiere saber la probabilidad que existe de que entre el último cliente llegue a las 1 hrs. y el siguiente cliente llegue a las 2 hrs., se tiene la expresión P(1<t<2), la cual se resuelve en la ecuación (15.71).

$$P(1 < t < 2) = F(2) - F(1) = 1 - e^{-\frac{1}{2}2} - \left(1 - e^{-\frac{1}{2}1}\right) = e^{-\frac{1}{2}} - e^{-1} \approx 0.2387 \qquad (15.71)$$

La probabilidad de que entre las 3 hrs. y las 4 hrs. no llegue ningún cliente, o, lo que es lo mismo, que a las 3 hrs. llegue el último cliente y a las 4 hrs. llegue el nuevo cliente viene dado por la ecuación (15.72).

$$P(3 < t < 4) = F(4) - F(3) = 1 - e^{-\frac{1}{2}4} - \left(1 - e^{-\frac{1}{2}3}\right) = e^{-\frac{1}{2}3} - e^{-\frac{1}{2}4} \approx 0.0878 \qquad (15.72)$$

Se observa que a medida que transcurre el tiempo, la función va decreciendo y que los intervalos cortos son relativamente frecuentes. También se observa que la probabilidad de que no llegue ningún cliente en el intervalo entre cero, es decir, la probabilidad de que haya clientes en toda la curva es de uno y la frecuencia para un valor de cero es de α.

Así pues, tenemos que $P(a<X<b)$ es la probabilidad de que el intervalo de tiempo en el que no llegan clientes esté entre a y b.

Existen las siguientes propiedades:
a) El intervalo medio es $1/\alpha$.
b) La desviación estándar del intervalo es $1/\alpha$.
c) La ordenada de la curva de frecuencia es máxima en $X = 0$ y decrece a medida que la longitud X del intervalo aumenta. Así, los intervalos cortos son relativamente frecuentes y esto sugiere que una serie completamente al azar mostrará una considerable tendencia a amontonarse.
d) La distribución de la ecuación (15.68) se refiere al intervalo entre llegadas sucesivas o al intervalo entre un instante fijo arbitrario y la siguiente llegada. El que estas dos cosas tengan la misma distribución parece paradójico a primera vista, pero en realidad es una consecuencia natural de la suposición inicial hecha respecto de que la aparición de una llegada en un intervalo es independiente de lo que ocurra en otros intervalos. Entonces, el que el punto inicial corresponda o no a una llegada no puede tener efecto sobre las llegadas subsecuentes y en particular sobre la longitud de tiempo que pasa antes de la siguiente llegada.
e) En vista de la propiedad anterior, el intervalo entre la llegada del n-ésimo cliente y la del (n+1)-ésimo, son estadísticamente independientes. En general, los intervalos entre llegadas de clientes sucesivos son variables aleatorias mutuamente independientes, todas ellas con la misma distribución de probabilidad. Esto puede usarse como definición de un proceso completamente al azar.

Finalmente, una propiedad de esta serie que a veces se requiere es la distribución del intervalo entre un punto fijo, por ejemplo, una llegada y la k-ésima llegada siguiente. Para cuando $K > 1$, es decir, se quiere conocer la probabilidad de que en el intervalo de tiempo

X, dada una frecuencia media de α, puedan llegar K clientes está dada por la ecuación (15.73).

$$g(t) = \begin{cases} \dfrac{\alpha(\alpha X)^{K-1} e^{-\alpha X}}{(K-1)!}; & X \geq 0 \\ 0; & X < 0 \end{cases} \qquad (15.73)$$

Resumiendo, se tiene que:

1) El número de llegadas en un tiempo fijo t_0 sigue la distribución de Poisson de la ecuación (15.67).

2) Los intervalos entre llegadas sucesivas están independientemente distribuidos según la distribución exponencial de la ecuación (15.68).

3) El intervalo entre un punto dado y la K-ésima llegada posterior sigue la distribución de la ecuación (15.73).

15.11.3. Llegadas independientes generalizadas

Dada la distribución exponencial de los intervalos, tenemos que la ecuación (15.74) se cumple.

$$A(X) = 1 - e^{-\alpha X} \qquad (15.74)$$

Si en un análisis matemático se demuestra que los intervalos entre llegadas son independientes, con una distribución general A(X), se dice que las llegadas tienen la forma **independiente generalizada**.

Un ejemplo es un sistema de llegadas en la cola de tipo exponencial con m servidores. La disciplina de la cola indica que los clientes se numeran en orden de llegada y se los asigna a diversas estaciones como sigue:

Estación 1: 1, m+1, 2m+1, 3m+1, …

Estación 2: 2, m+2, 2m+2, 3m+2, …

Estación 3: 3, m+3, 2m+3, 3m+3, …

y así sucesivamente.

Así, la pauta de llegadas para una estación particular tiene la forma independiente con una distribución de intervalos obtenida substituyendo K por m en la ecuación (15.73).

15.11.4. Problemas

Problema 1: Supóngase que un sistema de colas tiene dos servidores, una distribución de tiempos entre llegadas exponencial con media de dos horas y una distribución de tiempos entre servicios exponencial con media de dos horas. Se sabe que a las 12 del día acaba de llegar un cliente.

a)   ¿Cuál es la probabilidad de que la siguiente llegada ocurra antes de la 1:00 pm? Entre la 1:00 pm y las 2:00 pm? ¿Después de las 2:00 pm?
b)   Supóngase que no llegan más clientes antes de la 1:00 pm. Ahora, ¿cuál es la probabilidad de que la siguiente llegada tenga lugar entre la 1:00 pm y las 2:00 pm?
c)   ¿Cuál es la probabilidad de que el número de llegadas entre la 1:00 pm y las 2:00 pm sea cero, uno, dos o más?
d)   Supóngase que ambos servidores están atendiendo clientes a la 1:00 pm. ¿Cuál es la probabilidad de que ningún cliente haya completado su servicio antes de las 2:00 pm? ¿Antes de las 1:10 pm? ¿Antes de las 1:01 pm?

Se tiene que S = 2, y un modelo (M/M/2)(PEPS/∞/∞), el cual se ilustra en la siguiente Figura.

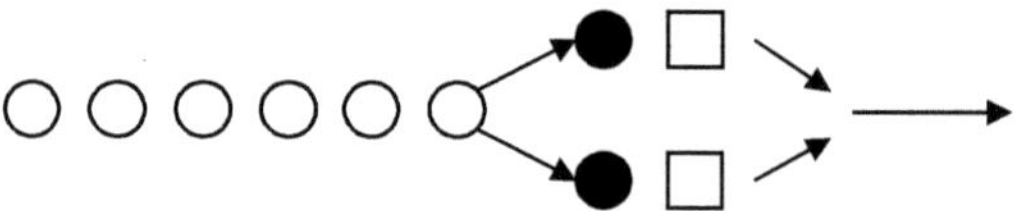

Se tiene que $1/\lambda$ = 2 clientes/hora, por lo que λ = 1/2 horas/cliente. También se tiene que $1/\mu$ = 2 clientes/hora, por lo que μ = 1/2 horas/cliente. La media de la distribución exponencial es $1/\alpha$ para la función de densidad de probabilidad indicada en la ecuación (15.68) cuando x es la variable en cuestión y la ecuación (15.70) cuando t es la variable utilizada.

a)

$F(t) = 1-e^{-\alpha t}$

Así pues, se tiene:

$P(t < 1) = 1-e^{-\frac{1}{2}(1)} \approx 0.3935$

$P(1<t<2) = F(2)-F(1) = (1-e^{-\frac{1}{2}(2)})-(1-e^{-\frac{1}{2}(1)}) \approx 0.2387$

$P(t>2) = 1-F(2) = 1-(1-e^{-\frac{1}{2}(2)}) \approx 0.3679$

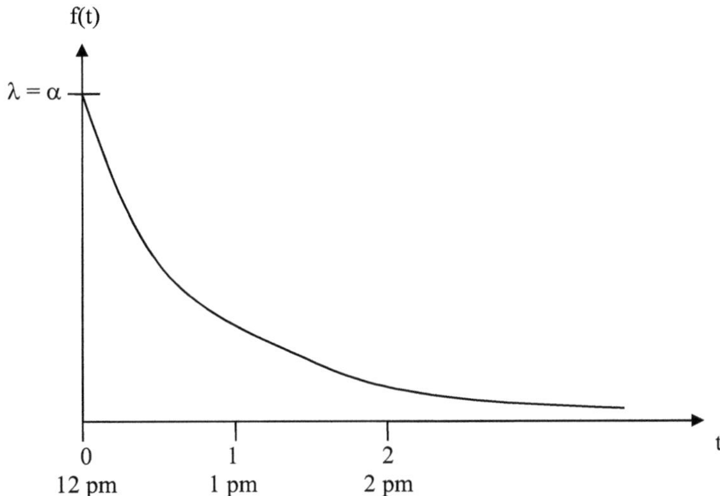

b)

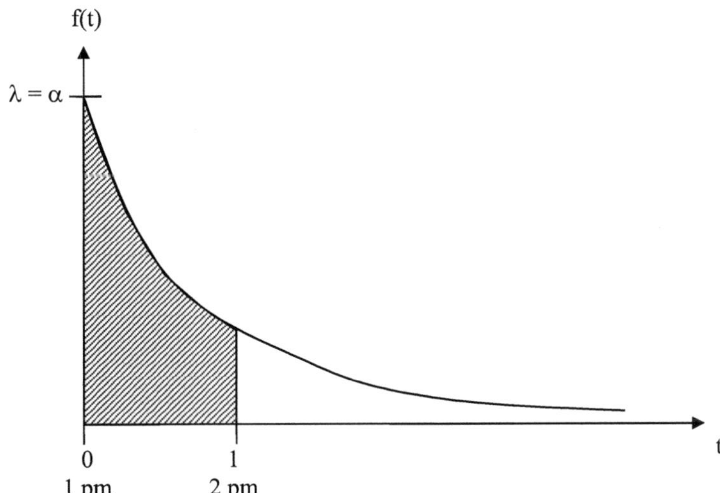

$P(t<1) = F(1) = 1 - e^{-½(1)} \approx 0.3935$

c)

Se utiliza la siguiente fórmula, correspondiente a la ecuación (15.67):

$$P(X = r) = \frac{e^{-\alpha t_0}(\alpha t_0)^r}{r!}$$

Donde: α es la frecuencia de llegada, t_0 es el intervalo de tiempo considerado y r es el número de clientes que llegan. Así pues, $\alpha = \frac{1}{2}$, $t_0 = 1$ hora. Así pues, se tiene la fórmula:

$$P(X = r) = \frac{e^{-\frac{1}{2}(1)}\left(\frac{1}{2}(1)\right)^r}{r!}$$

Entonces, se tiene:

$$P(X = 0) = \frac{e^{-\frac{1}{2}(1)}\left(\frac{1}{2}(1)\right)^0}{0!}$$

$$\approx 0.6065$$

$$P(X = 1) = \frac{e^{-\frac{1}{2}(1)}\left(\frac{1}{2}(1)\right)^1}{1!}$$

$$\approx 0.3033$$

$$P(X \geq 2) = \sum_{r=2}^{\infty} \frac{e^{-\frac{1}{2}(1)}\left(\frac{1}{2}(1)\right)^r}{r!} = e^{-\frac{1}{2}}\left(\frac{\frac{1}{2}^2}{2!} + \frac{\frac{1}{2}^3}{3!} + \frac{\frac{1}{2}^4}{4!} + \frac{\frac{1}{2}^5}{5!} + \cdots\right)$$

$$\approx (0.6065)(0.1487) \approx 0.0902$$

Alternativamente:

$$P(X \geq 2) = 1 - P(X \leq 1) = 1 - \sum_{r=0}^{1} \frac{e^{-\frac{1}{2}(1)}\left(\frac{1}{2}(1)\right)^r}{r!}$$

$$\approx 1\text{-}0.9098 \approx 0.0902$$

d) Para cada servidor se tiene la figura siguiente.

Sea:

A: Que el cliente del servidor 1 no termine su servicio.

B: Que el cliente del servidor 2 no termine su servicio.

A∩B: Que ninguno termine su servicio.

Y:

$P(A∩B) = P(A)P(B)$

$P(A) = 1\text{-}P(t<X) = 1\text{-}(1\text{-}e^{-\frac{1}{2}X}) = e^{-\frac{1}{2}X}$

* Antes de las 2:00 pm:

$P(A) = e^{-\frac{1}{2}(1)} = e^{-\frac{1}{2}} \approx 0.6065$

$P(B) = e^{-\frac{1}{2}(1)} = e^{-\frac{1}{2}} \approx 0.6065$

$P(A \cap B) = P(A)P(B) \approx (0.6065)(0.6065) \approx 0.3678$

* Antes de las 1:10 pm:

Se tiene que 1 hora es 60 minutos por lo que 10 minutos son 10/60 = 1/6 hora.

Así:

$P(A) = e^{-\frac{1}{2}(1/6)} = e^{-1/12} \approx 0.9200$

$P(B) = e^{-\frac{1}{2}(1/6)} = e^{-1/12} \approx 0.9200$

$P(A \cap B) = P(A)P(B) \approx (0.9200)(0.9200) \approx 0.8464$

* Antes de las 1:01 pm:

Se tiene que 1 hora es 60 minutos por lo que 1 minuto es 1/60 de hora.

Así:

$P(A) = e^{-\frac{1}{2}(1/60)} = e^{-1/120} \approx 0.9917$

$P(B) = e^{-\frac{1}{2}(1/60)} = e^{-1/120} \approx 0.9917$

$P(A \cap B) = P(A)P(B) \approx (0.9917)(0.9917) \approx 0.9835$

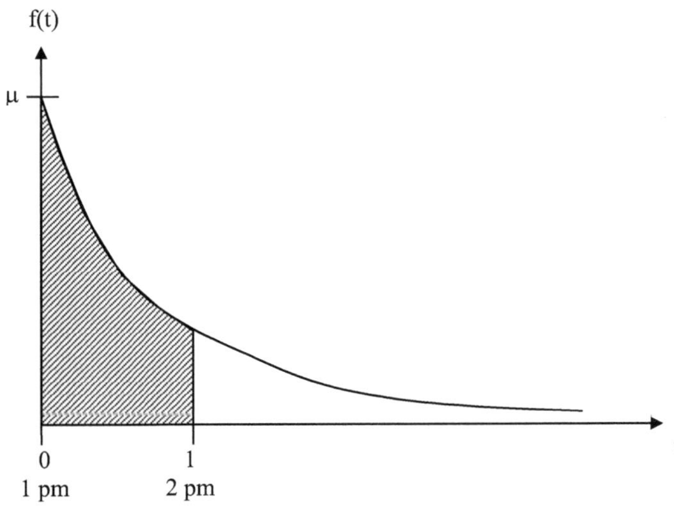

Problema 2: Los trabajos que deben realizarse en una máquina específica llegan de acuerdo a un proceso de entradas Poisson con tasa media de dos por hora. Supóngase que la máquina se descompone y su reparación tardará una hora. ¿Cuál es la probabilidad de que el número de nuevos trabajos que lleguen durante este tiempo sea: a) cero, b) dos, c) cinco o más?

Se utiliza la siguiente fórmula, correspondiente a la ecuación (15.67):

$$P(X = r) = \frac{e^{-\alpha t_0}(\alpha t_0)^r}{r!}$$

$\alpha = 2$ clientes/hora y $t_0 = 1$ hora.

Así:

$$P(X = r) = \frac{e^{-2}(2)^r}{r!}$$

* Cero:

$$P(X = 0) = \frac{e^{-2}(2)^0}{0!}$$

≈ 0.1353

* Dos:

$$P(X = 2) = \frac{e^{-2}(2)^2}{2!}$$

≈ 0.2707

* Cinco o más:

$$P(X \geq 5) = \sum_{r=5}^{\infty} \frac{e^{-2}(2)^r}{r!} = 1 - \sum_{r=0}^{4} \frac{e^{-2}(2)^r}{r!} = 1 - e^{-2}\left(\frac{2^0}{0!} + \frac{2^1}{1!} + \frac{2^2}{2!} + \frac{2^3}{3!} + \frac{2^4}{4!}\right)$$

$= 1 - e^{-2}(7) \approx 0.0527$

16. Análisis de decisión bajo incertidumbre utilizando modelos de pronósticos

Los modelos de pronósticos se utilizan cuando hay incertidumbre respecto al futuro. Se presupone que es posible predecir el futuro utilizando como base el comportamiento pasado. Esto, en algunas ocasiones, es una suposición razonable. Se supondrá, en principio, que tal es el caso, y nos enfocaremos a estudiar diferentes maneras (modelos) de pronosticar el futuro en base al comportamiento pasado. También se presentará la manera de medir qué tan fiable son estos modelos. En tales casos se pueden hacer análisis de decisión bajo incertidumbre mediante el uso de dichos modelos de pronósticos.

Se hace la aclaración, sin embargo, que los procesos verdaderamente estocásticos no son en realidad completamente predecibles. En lo general, a más tiempo en el futuro se esté considerando, más incertidumbre existirá respecto al pronóstico que pueda hacerse.

16.1. Generalidades

16.1.1. ¿Qué es pronosticar?

Pronóstico: Pronosticar es emitir un enunciado sobre lo que es probable que ocurra en el futuro, basándose en análisis y consideraciones de juicio.

El pronosticar involucra una mezcla de arte y ciencia.

16.1.2. Uso de los pronósticos

Los pronósticos son usados en el área de mercadotecnia, donde se predicen tamaños de mercados, impacto de un producto en el mercado, pronosticar promociones, entre otros.

Los pronósticos también son utilizados en producción para conocer las ventas que se pueden tener y en base a estas ventas conocer cuánto se deberá comprar de materias primas.

Además, se utilizan en finanzas para predecir cuáles serán los flujos de efectivo, cuando por ejemplo se quiere averiguar si se puede invertir o no.

En recursos humanos se utilizan los pronósticos averiguando cuánto se tendrá que producir y en base a esto determinar el volumen del personal o incluso la calidad de dicho personal.

Un área donde los pronósticos son decisivos es en **planeación estratégica**, para averiguar hacia dónde deberá dirigirse la empresa, en dónde deberán incluirse las diferentes áreas de dicha empresa, y así sucesivamente.

16.1.3. Características de los pronósticos

Existen tres características principales e inherentes a los pronósticos:

1) En todas las situaciones en las que se requieren pronósticos, se trata con el futuro y el tiempo está directamente involucrado.

2) Siempre se trata de vencer a la incertidumbre.

3) Debe de existir cierta confianza de la persona que hace el pronóstico sobre la información contenida en los datos históricos utilizados. Así, si los datos históricos son falsos o no son confiables, los pronósticos (resultados) tampoco lo serán, es decir, serán falsos.

16.1.4. Selección del método para pronósticos

Para determinar qué método de pronóstico debe utilizarse se tienen que hacer las siguientes consideraciones:

1) El contexto en el cual se desenvolverá el pronóstico.

2) La relevancia y disponibilidad de los datos históricos. Si no se tienen datos se utilizará un método cualitativo. Si se tienen datos, se utiliza un método cuantitativo.

3) Grado y exactitud deseado.

4) Período que se va a pronosticar.

5) El análisis costo/beneficio acerca del pronóstico.

6) El tiempo disponible para hacer el pronóstico.

7) El punto de vida en el que se encuentre el producto o proyecto.

La manera en la que evolucionan los productos o proyectos en cuanto a sus fases se ilustra en la Figura 16.1.

Figura 16.1. Fases típicas de un proyecto (o producto).

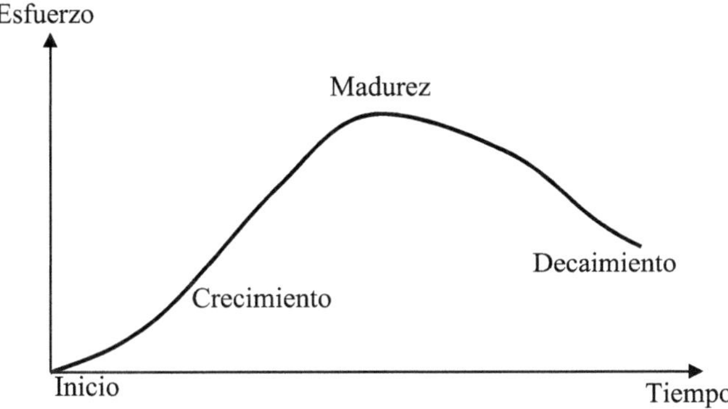

En la Figura 16.2 se esquematizan los diferentes tipos de modelos de pronósticos.

Figura 16.2. Clasificación de modelos de pronósticos.

Series de tiempo: Una serie de tiempo es un conjunto ordenado de observaciones cuantitativas tomadas en pautas sucesivas en el tiempo, y la variable independiente es el tiempo.

Para saber qué serie de tiempo se debe utilizar se debe saber qué tipo de patrón se tiene. Existen, fundamentalmente, 4 patrones, los cuales se explican e ilustran a continuación.

1) **Patrón horizontal:** Cuando los datos fluctúan alrededor de un valor constante. Por ejemplo, cuando se hacen tuercas del mismo tamaño. La Figura 16.3 ilustra esquemáticamente el caso.

2) **Patrón tendencia:** Se tiene cuando hay un aumento o decremento a lo largo del tiempo en el largo plazo. La Figura 16.4 esquematiza.

3) **Patrón estacionario:** Existe cuando una serie tiene fluctuaciones periódicas debidas a factores económicos, de mercadotecnia, o de otro tipo. Por ejemplo, sería el caso de la compra de la ropa de estación (Primavera – P, Verano – V, Otoño – O y finalmente tenemos Invierno – I). La Figura 16.5 muestra esquemáticamente tal caso.

4) **Patrón cíclico:** Existe cuando en la serie existen fluctuaciones que no ocurren en un período fijo. La Figura 16.6 muestra un ejemplo de tal posibilidad.

Para hacer los pronósticos se recomienda utilizar unidades físicas dadas (metros, kilogramos, etcétera), en lugar de unidades monetarias.

Sin embargo, si se tienen unidades monetarias se deben deflactar las mediciones a un mismo punto del tiempo, por lo general al presente con el valor presente. Es muy importante deflactar con la tasa real, lo cual es quizá algo problemático de determinar. Obsérvese que, aunque los valores monetarios están datos a tiempo presente, eso no quiere decir que dichas observaciones ocurran en el presente, sino que están valuadas considerando la misma tasa de deflación. Por ejemplo, si hay una inflación del 10% anual (tendríamos que $i = 0.10$), y hay cuatro valores consecutivos anuales dados como V_1, V_2, V_3 y V_4, dichos valores ocurren anualmente, comenzando en el año 0 y terminando en el año 3, pero si la tasa de deflación es i, los valores son $V_1/(1+i)^0$, $V_2/(1+i)^1$, $V_3/(1+i)^2$ y $V_4/(1+i)^3$.

Figura 16.3. Patrón horizontal.

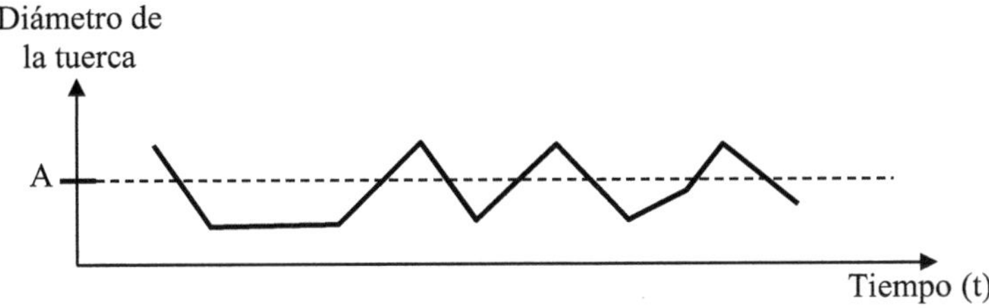

Figura 16.4. Patrón tendencia.

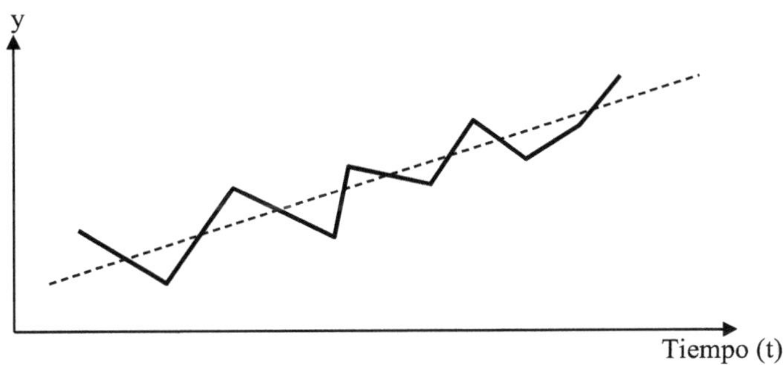

Figura 16.5. Patrón estacionario.

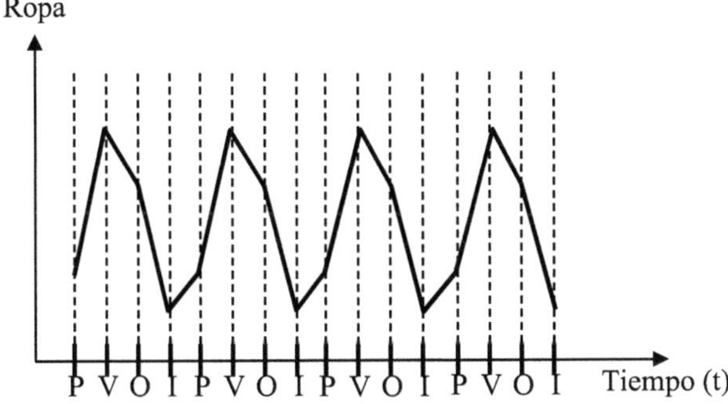

Figura 16.6. Patrón cíclico.

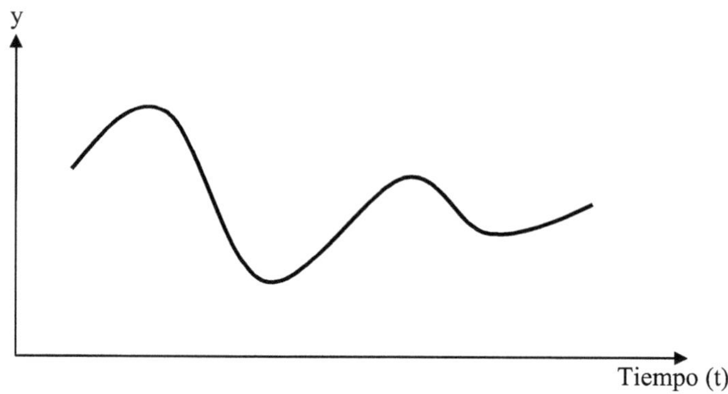

16.2. Herramienta estadística

Al aplicar un pronóstico o una serie de tiempo es necesario determinar qué tan bueno es ese pronóstico. Lo que se puede hacer es verificar qué tan bueno es el pronóstico aplicando la metodología de pronósticos seleccionada con los datos pasados. Si el modelo de pronósticos funciona adecuadamente con los datos pasados, posiblemente sea un indicador de que dicho modelo sea adecuado para pronosticar el futuro.

Básicamente, existen cuatro herramientas estadísticas que se pueden utilizar para verificar qué tan bueno es un pronóstico. Dichas herramientas vienen listadas a continuación:

1) **SSE** (*"Sum of Square Error"* o "Suma del Cuadrado del Error").
2) **MSE** (*"Mean Square Error"* o "Media del Cuadrado del Error").
3) **PE** (*"Percentage of Error"* o "Porcentaje del Error").
4) **MAPE** (*"Mean Average Percentage of Error"* o "Promedio del Porcentaje del Error").

Supongamos que tenemos una serie de n datos históricos, donde X_t es el t-ésimo dato histórico y F_t es el t-ésimo pronóstico para dicho dato histórico.

En tal caso, la ecuación (16.1) indica cómo calcular el SSE.

$$SSE = \sum_{t=1}^{n}(X_t - F_t)^2 \tag{16.1}$$

La ecuación (16.2) indica cómo calcular el MSE.

$$MSE = \frac{1}{n}\sum_{t=1}^{n}(X_t - F_t)^2 \tag{16.2}$$

Nótese que el "Error Cuadrado Promedio Aproximado" (AMSE o "*Aproximated Mean Square Error*") no es el MSE, sino la raíz cuadrada del MSE, como indica la ecuación (16.3).

$$AMSE = \sqrt{MSE} = \sqrt{\frac{1}{n}\sum_{t=1}^{n}(X_t - F_t)^2} \tag{16.3}$$

El PE_t, es decir, el PE del t-ésimo valor, se calcula de acuerdo a la ecuación (16.4).

$$PE_t = \left(\frac{X_t - F_t}{X_t}\right) \times 100\% \tag{16.4}$$

Finalmente, el MAPE se calcula de acuerdo a la ecuación (16.5).

$$MAPE = \frac{1}{n}\sum_{t=1}^{n}|PE_t| = \frac{1}{n}\sum_{t=1}^{n}\left|\left(\frac{X_t - F_t}{X_t}\right) \times 100\%\right| \tag{16.5}$$

Para ilustrar, supóngase que se tienen los datos históricos de la Tabla 16.1. Dichos datos históricos corresponden a las compras para 12 meses del año.

Tabla 16.1. Ejemplo de 12 datos históricos para las compras de algún artículo.

Período (t)	Compra (X_t)
1	9
2	8
3	9
4	12
5	9
6	12
7	11
8	7
9	13
10	9
11	11
12	10

Para ilustrar la aplicación de las herramientas estadísticas, vamos a suponer tres escenarios diferentes en los que los todos los pronósticos son iguales. En el primer escenario, $F_t = 7$, $t = 1, \ldots, 12$, En el segundo escenario, $F_t = 9$, $t = 1, \ldots, 12$. Finalmente, en el tercer escenario, $F_t = 10$, $t = 1, \ldots, 12$. Queremos ver cuál escenario ajusta mejor los datos según la herramienta estadística descrita en las ecuaciones de la (16.1) a la (16.5).

Tabla 16.2. Aplicación de la herramienta estadística a los datos de compras para los tres diferentes escenarios de pronósticos ($F_t = 7$, $F_t = 9$ y $F_t = 10$, $t = 1, \ldots, 12$).

t	X_t	F_t	$Error_t$	$Error_t^2$	PE_t	$|PE_t|$	F_t	$Error_t$	$Error_t^2$	PE_t	$|PE_t|$	F_t	$Error_t$	$Error_t^2$	PE_t	$|PE_t|$
1	9	7	2	4	22%	22%	9	0	0	0%	0%	10	-1	1	-11%	11%
2	8	7	1	1	13%	13%	9	-1	1	-13%	13%	10	-2	4	-25%	25%
3	9	7	2	4	22%	22%	9	0	0	0%	0%	10	-1	1	-11%	11%
4	12	7	5	25	42%	42%	9	3	9	25%	25%	10	2	4	17%	17%
5	9	7	2	4	22%	22%	9	0	0	0%	0%	10	-1	1	-11%	11%
6	12	7	5	25	42%	42%	9	3	9	25%	25%	10	2	4	17%	17%
7	11	7	4	16	36%	36%	9	2	4	18%	18%	10	1	1	9%	9%
8	7	7	0	0	0%	0%	9	-2	4	-29%	29%	10	-3	9	-43%	43%
9	13	7	6	36	46%	46%	9	4	16	31%	31%	10	3	9	23%	23%
10	9	7	2	4	22%	22%	9	0	0	0%	0%	10	-1	1	-11%	11%
11	11	7	4	16	36%	36%	9	2	4	18%	18%	10	1	1	9%	9%
12	10	7	3	9	30%	30%	9	1	1	10%	10%	10	0	0	0%	0%

n=	12	SSE=	144	MAPE=	27.80%		SSE=	48	MAPE=	14.02%		SSE=	36	MAPE=	15.57%	
		MSE=	12				MSE=	4				MSE=	3			
		AMSE=	3.46				AMSE=	2.00				AMSE=	1.73			

Figura 16.7. Comparación entre los datos históricos de compras y los diferentes pronósticos para los tres escenarios.

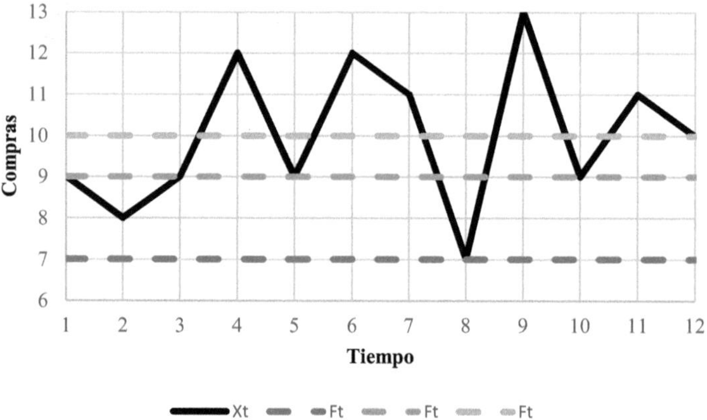

La Tabla 16.2. muestra los cálculos del SSE, MSE, AMSE y MAPE para los tres escenarios considerados ($F_t = 7$, $F_t = 9$ y $F_t = 10$, $t = 1, \ldots, 12$). Los valores importantes a considerar son el AMSE y el MAPE. Obsérvese que el AMSE es igual a 3.46, 2 y 1.73 para estos tres escenarios ($F_t = 7$, $F_t = 9$ y $F_t = 10$, $t = 1, \ldots, 12$, respectivamente). Parecería que el mejor pronóstico es el último ($F_t = 10$, $t = 1, \ldots, 12$), pues tiene un error promedio de solamente 1.73. Sin embargo, los resultados del MAPE difieren. El MAPE resultó ser de 27.80%, 14.02% y 15.57% para los tres escenarios ($F_t = 7$, $F_t = 9$ y $F_t = 10$, $t = 1, \ldots, 12$, respectivamente). Parecería, bajo esta otra consideración, que el segundo pronóstico ($F_t = 9$, $t = 1, \ldots, 12$) es el mejor. En consecuencia, ¿cuál es realmente el mejor pronóstico? ¿Qué es lo que está pasando?

Recuérdese que decíamos que el pronosticar no es solamente una ciencia, sino también un arte. Necesitamos graficar los datos y los pronósticos y ver qué está pasando. Esto se hace en la Figura 16.7. Obsérvese en la Figura 16.7 que los datos (X_t, $t = 1, \ldots, 12$) parece que fluctúan alrededor de un valor medio. Se trata pues del patrón horizontal. De los tres pronósticos, el tercero ($F_t = 10$, $t = 1, \ldots, 1$), que en la Figura 16.7 se muestra como una línea punteada gruesa gris muy claro es el mejor, pues está en el centro de los datos. La razón por la que el MAPE sale más elevado para el tercer escenario respecto al segundo es que el MAPE toma la suma de los valores absolutos de los porcentajes de los errores, y eso hace que el segundo escenario parezca mejor que el tercero, pero como vemos en la Figura 16.7, el pronóstico del tercer escenario es el que mejor ajusta los datos.

Se puede concluir de este ejercicio que el AMSE puede ser mejor indicador de ajuste que el MAPE, aunque ambos son importantes.

16.3. Pronósticos cuantitativos (series de tiempo)

16.3.1. La media como pronóstico

El modelo más básico de pronósticos es el uso de la media. Las características de este tipo de modelo son las siguientes:

1) Pronostica únicamente para un período después de la serie de datos.
2) Toma toda la información existente. A veces puede resultar tedioso calcular demasiado.
3) Requiere de mucha información para tener efectividad aceptable.
4) Se utiliza para series con tendencia o patrón horizontal.

Supóngase que se tienen n datos históricos nombrados X_t, t = 1, …, n. Sea T el
número de datos a considerar entre 1 y T, es decir, sea T en período actual, el pronóstico
para el período T+1 (F_{T+1}) está dado de acuerdo a la ecuación (16.6).

$$F_{T+1} = \frac{1}{T}\sum_{t=1}^{T} X_t \tag{16.6}$$

La Tabla 16.3 muestra los cálculos para un problema de ejemplo. La Figura 16.8
ilustra dicho ejemplo.

Tabla 16.3. Problema de ejemplo para pronósticos utilizando la media.

t	X_t	F_t	$Error_t^2$	$|PE_t|$
1	200			
2	135	200.00	4225.00	48.15%
3	195	167.50	756.25	14.10%
4	197	176.67	413.44	10.32%
5	310	181.75	16448.06	41.37%
6	175	207.40	1049.76	18.51%
7	130	202.00	5184.00	55.38%
8	220	191.71	800.08	12.86%
9	227	195.25	1008.06	13.99%
10	235	198.78	1312.05	15.41%
11		202.40		

n =	9	SSE =	31196.71
		MSE =	3466.30
		AMSE =	58.88
		MAPE =	25.57%

El primer dato (X_1) se utiliza para hacer el segundo pronóstico (F_2). El promedio del
primer dato y el segundo dato se utilizan para hacer el tercer pronóstico, y así
sucesivamente.

Obsérvese en la Figura 16.8 que los datos son esencialmente un patrón horizontal y
que los pronósticos, a medida que el valor de t va aumentando, cada vez más se asemejan a
una línea horizontal, que correspondería a tener un solo valor de la media (de todos los
datos), como pronóstico. Finalmente, véase en la Tabla 16.3 que el pronóstico para t = 11
(F_{11}) es igual al promedio de los diez valores utilizados. Nótese, sin embargo, que a efectos
de hacer los cálculos de la herramienta estadística para medir qué tan fiable son los

pronósticos, el número de datos es de 9 (n = 9), pues solamente se tienen datos y pronósticos en 9 valores (t = 2, 3, …, 10).

Figura 16.8. Datos y pronóstico utilizando la media.

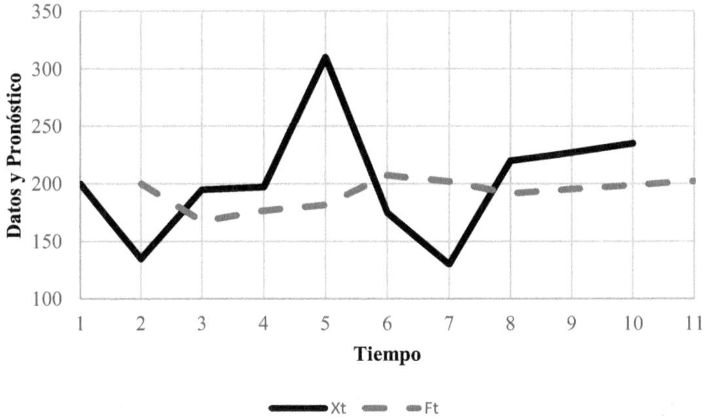

16.3.2. Método de promedios móviles

Con el método de promedios móviles se toman las últimas N observaciones y se promedian para dar como resultado el siguiente pronóstico. La Figura 16.9 ilustra el esquema para diferentes valores de N. Nótese en la Figura 16.9 que a medida que el número de promedios a considerar va aumentando, la curva del pronóstico tiende a aplanarse y se convierte en un solo valor que es la media de todos los datos.

Las características de este esquema de pronóstico son:

1) Toma en cuenta las últimas N observaciones.

2) Es utilizado en series que tienen un patrón horizontal.

3) Cada vez que se tiene una nueva observación se calcula un nuevo pronóstico eliminando la observación más antigua e incluyendo la nueva observación.

Figura 16.9. Diferentes esquemas de pronóstico mediante promedios móviles.

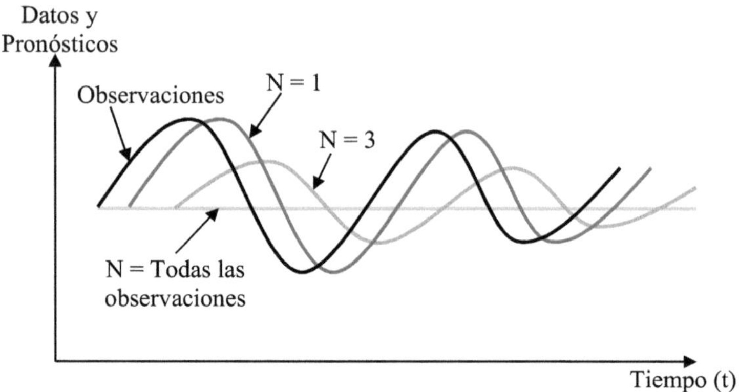

Teniendo n datos observacionales, y siendo X_t el t-ésimo dato, t = 1, 2, …, n, tenemos que el pronóstico para el tiempo T+1 se calcula en base a los últimos N datos de acuerdo a la ecuación (16.7).

$$F_{T+1} = \frac{X_T + X_{T-1} + X_{T-2} + \cdots + X_{T-N+1}}{N} = \frac{1}{N}\sum_{t=T-N+1}^{T} X_t \tag{16.7}$$

En principio, con excepción del primer pronóstico (pues no se tiene un pronóstico previo a éste), la ecuación (16.8) se aplica, de acuerdo a lo observado en la tercera característica de este modelo de pronósticos.

$$F_{T+1} = \frac{X_T}{N} - \frac{X_{T-N}}{N} + F_T \tag{16.8}$$

¿Cuáles son las desventajas de utilizar la media y los promedios móviles? A continuación, se listan dichas desventajas:

1) Se necesitan considerar todos los datos.

2) Todos estos datos se deben tener almacenados en la computadora (imaginemos, por ejemplo, tener 10,000 datos o más).

3) No existe una manera de ponderar los datos.

Existe, más aún, un problema fundamental con el uso de la media y los promedios móviles. Tal problema es que a medida que se consideran más datos para hacer el pronóstico, los pronósticos van tendiendo hacia el valor central de la serie de datos u observaciones históricos, lo que hace que típicamente puedan aplicarse de manera exitosa cuando se tiene un patrón horizontal.

Vamos a considerar un ejemplo para ilustrar el uso de los promedios móviles. Supóngase que se tienen 19 datos históricos. Para dichos datos históricos se considerarán cinco posibles escenarios (N = 1, N = 3, N = 4, N = 5 y N = 7). La Tabla 16.4 muestra los resultados de los cálculos correspondientes.

Tabla 16.4. Ejemplo de promedios móviles con variados valores de N.

t	X_t	F_t (N=1)	$Error_t^2$	$|PE_t|$	F_t (N=3)	$Error_t^2$	$|PE_t|$	F_t (N=4)	$Error_t^2$	$|PE_t|$	F_t (N=5)	$Error_t^2$	$|PE_t|$	F_t (N=7)	$Error_t^2$	$|PE_t|$
1	106															
2	103	106	9.00	2.91%												
3	102	103	1.00	0.98%												
4	100	102	4.00	2.00%	103.67	13.44	3.67%									
5	91	100	81.00	9.89%	101.67	113.78	11.72%	102.75	138.06	12.91%						
6	98	91	49.00	7.14%	97.67	0.11	0.34%	99.00	1.00	1.02%	100.40	5.76	2.45%			
7	94	98	16.00	4.26%	96.33	5.44	2.48%	97.75	14.06	3.99%	98.80	23.04	5.11%			
8	157	94	3969.00	40.13%	94.33	3927.11	39.92%	95.75	3751.56	39.01%	97.00	3600.00	38.22%	99.14	3347.45	36.85%
9	152	157	25.00	3.29%	116.33	1272.11	23.46%	110.00	1764.00	27.63%	108.00	1936.00	28.95%	106.43	2076.76	29.98%
10	149	152	9.00	2.01%	134.33	215.11	9.84%	125.25	564.06	15.94%	118.40	936.36	20.54%	113.43	1265.33	23.87%
11	149	149	0.00	0.00%	152.67	13.44	2.46%	138.00	121.00	7.38%	130.00	361.00	12.75%	120.14	832.73	19.37%
12	142	149	49.00	4.93%	150.00	64.00	5.63%	151.75	95.06	6.87%	140.20	3.24	1.27%	127.14	220.73	10.46%
13	151	142	81.00	5.96%	146.67	18.78	2.87%	148.00	9.00	1.99%	149.80	1.44	0.79%	134.43	274.61	10.97%
14	144	151	49.00	4.86%	147.33	11.11	2.31%	147.75	14.06	2.60%	148.60	21.16	3.19%	142.00	4.00	1.39%
15	152	144	64.00	5.26%	145.67	40.11	4.17%	146.50	30.25	3.62%	147.00	25.00	3.29%	149.14	8.16	1.88%
16	151	152	1.00	0.66%	149.00	4.00	1.32%	147.25	14.06	2.48%	147.60	11.56	2.25%	148.43	6.61	1.70%
17	143	151	64.00	5.59%	149.00	36.00	4.20%	149.50	42.25	4.55%	148.00	25.00	3.50%	148.29	27.94	3.70%
18	150	143	49.00	4.67%	148.67	1.78	0.89%	147.50	6.25	1.67%	148.20	3.24	1.20%	147.43	6.61	1.71%
19	153	150	9.00	1.96%	148.00	25.00	3.27%	149.00	16.00	2.61%	148.00	25.00	3.27%	147.57	29.47	3.55%
20		153			148.67			149.25			149.80			149.14		

	n =	SSE=	4529	n =	SSE=	5761	n =	SSE=	6581	n =	SSE=	6978	n =	SSE=	8100
	18	MSE=	251.61	16	MSE=	360.08	15	MSE=	438.71	14	MSE=	498.41	12	MSE=	675.03
		AMSE=	15.86		AMSE=	18.98		AMSE=	20.95		AMSE=	22.33		AMSE=	25.98
		MAPE=	5.92%		MAPE=	7.41%		MAPE=	8.95%		MAPE=	9.06%		MAPE=	12.12%

Los valores del AMSE y el MAPE son 15.86 y 5.92% para N = 1, 18.98 y 7.41% para N = 3, 20.95 y 8.95% para N = 4, 22.33 y 9.06% para N = 5 y finalmente 25.98 y 12.12%

para N = 7, respectivamente. Se observa que a medida que el número de promedios a considerar aumenta, el pronóstico es peor. ¿Qué está pasando? La Figura 16.10 ilustra los datos históricos y estos cinco escenarios de pronósticos.

Figura 16.10. Gráfica de ejemplo de promedios móviles para variados valores de N.

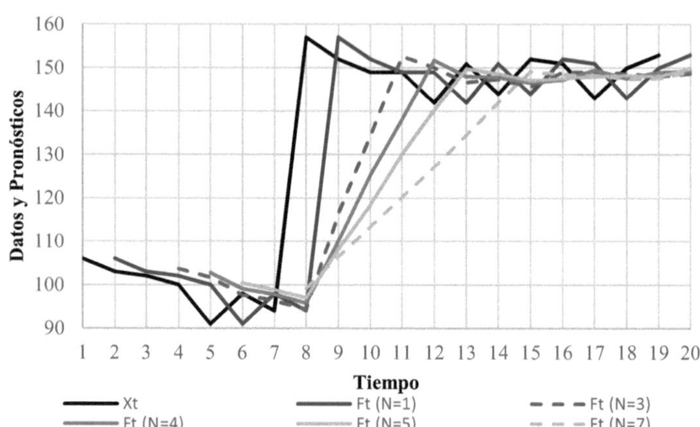

Se observa en la Tabla 16.4 que el mejor pronóstico es para N = 1, que lo único que hace es que el pronóstico del siguiente período es igual al dato inmediatamente previo. Esto simplemente traslada un período los datos históricos para obtener los pronósticos.

Vemos que los datos históricos (X_t, t = 1, 2, …, 19) no siguen un patrón horizontal, sino que hay un salto brusco ente t = 7 y t = 8. Así pues, los promedios móviles no son adecuados para pronosticar este tipo de patrón. Se debe utilizar otro tipo de modelo. Tal modelo se conoce como suavización exponencial, y se verá a continuación.

16.3.3. Suavización exponencial simple

La suavización exponencial simple es una técnica más avanzada que la media y los promedios móviles, pues permite calcular pronósticos y variar la manera en la que dichos pronósticos se ajustan a los datos. Dados n datos históricos X_t, donde t = 1, 2, …, n, el pronóstico para el tiempo t+1 (F_{t+1}) depende del dato en el tiempo t (X_t) y el pronóstico del tiempo t (F_t) afectados por un parámetro de forma llamado alfa (α). Los valores de alfa pueden variar entre 0 y 1 ($0 \leq \alpha \leq 1$). Dependiendo del valor seleccionado para α, será la manera en la que los pronósticos ajusten los datos. La ecuación (16.9) es la ecuación básica del modelo de suavización exponencial simple.

$$F_{t+1} = \alpha X_t + (1 - \alpha)F_t, t = 1, 2, \ldots, n \tag{16.9}$$

Claramente, para encontrar el pronóstico de $t = 2$ ($F_{1+1} = F_2$) se requiere el pronóstico de $t = 1$ (F_1), pero el primer pronóstico es desconocido. Así pues, siempre se hace dicho pronóstico igual al primer dato, es decir, $F_1 = X_1$.

En consecuencia, si $\alpha = 1$, $F_2 = 1 \times X_1 + (1-1) \times F_1 = F_2 = X_1 + 0 \times F_1 = X_1$. Luego, tendremos que $F_3 = 1 \times X_2 + (1-1) \times F_1 = X_2 + 0 \times F_1 = X_2$, $F_4 = X_3$, y así sucesivamente. Vemos pues que cuando $\alpha = 1$, se le da toda la importancia al dato anterior, es decir, la curva de pronósticos es igual a la curva de datos, pero desplazada una unidad de tiempo a la derecha.

¿Qué pasa si $\alpha = 0$? Para comenzar a iterar, nuevamente tendremos que $F_1 = X_1$. Luego, $F_2 = 0 \times X_1 + (1-0) \times F_1 = F_1 = X_1$. Después, $F_3 = 0 \times X_2 + (1-0) \times F_2 = F_2 = X_1$, continuando con $F_4 = F_5 = \ldots F_{n+1} = X_1$. En este otro caso extremo, todos los pronósticos son iguales al primer dato. Si el valor de α fuera ligeramente superior a 0, habría una suavización de dicha línea recta hacia la tendencia pasada de los datos.

Es posible desarrollar la ecuación (16.9) para demostrar que con valores intermedios de α, el modelo de suavización exponencial simple le da cierto peso (α) al dato inmediatamente anterior y el peso alternativo ($1-\alpha$) al pronóstico anterior, que equivale a considerar los datos anteriores.

A efectos de demostrar lo anterior, tomemos la ecuación (16.9) y escribámosla de nuevo en la ecuación (16.10).

$$F_{t+1} = \alpha X_t + (1 - \alpha)F_t \tag{16.10}$$

En principio, la ecuación (16.11) se deriva de la ecuación (16.10).

$$F_t = \alpha X_{t-1} + (1 - \alpha)F_{t-1} \tag{16.11}$$

Sustituyendo F_t de la ecuación (16.11) en la ecuación (16.10) resulta la ecuación (16.12).

$$F_{t+1} = \alpha X_t + (1 - \alpha)F_t = \alpha X_t + (1 - \alpha)(\alpha X_{t-1} + (1 - \alpha)F_{t-1}) =$$
$$= \alpha X_t + \alpha(1 - \alpha)X_{t-1} + (1 - \alpha)^2 F_{t-1} \tag{16.12}$$

Haciendo sucesivas sustituciones y generalizando, en principio, debe obtenerse la ecuación (16.13).

$$F_{t+1} = \alpha X_t + \alpha(1 - \alpha)X_{t-1} + \alpha(1 - \alpha)^2 X_{t-2} + \cdots + \alpha(1 - \alpha)^{n-1}X_{t-(n-1)} \tag{16.13}$$

La ecuación (16.13) lo que muestra es que un nuevo pronóstico siempre considera el dato anterior y luego, con cada vez menor importancia, los datos anteriores. Esta la razón por la que a este método de pronósticos se le llama de suavización y es exponencial por las sucesivas potenciaciones de $(1-\alpha)$.

La Figura 16.11 ilustra esquemáticamente lo que sucede para diferentes valores de α.

Figura 16.11. Suavización exponencial simple para diferentes valores de α.

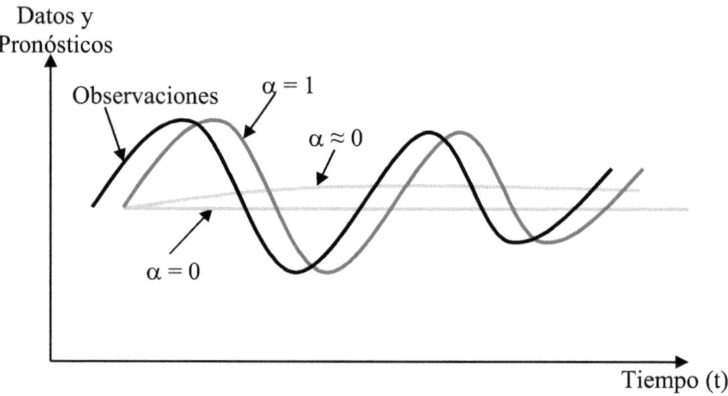

La ecuación (16.9) puede reescribirse como se indica en la ecuación (16.14).

$$F_{t+1} = \alpha X_t + (1 - \alpha)F_t = \alpha X_t + F_t - \alpha F_t = F_t + \alpha(X_t - F_t) \qquad (16.14)$$

Es decir, la ecuación (16.14) queda como indica la ecuación (16.15). Nótese que la diferencia X_t-F_t es igual al error (e_t) que tiene el pronóstico para el período t (F_t) con respecto a la observación en dicho período (X_t).

$$F_{t+1} = F_t + \alpha(X_t - F_t) \qquad (16.15)$$

En consecuencia, el nuevo pronóstico es igual al pronóstico viejo mas el error en dicho pronóstico viejo. Definiendo dicho error (e_t) como indica la ecuación (16.16), la ecuación (16.15) puede escribirse como se indica en la ecuación (16.17).

$$e_t = X_t - F_t \qquad (16.16)$$

$$F_{t+1} = F_t + \alpha e_t \qquad (16.17)$$

La ecuación (16.17) es útil a efectos de programar el modelo de suavización exponencial simple.

Vamos primero a resolver un ejemplo pequeño con siete observaciones y dos escenarios ($\alpha = 0.1$ y $\alpha = 0.9$). El primer escenario corresponde a un valor de alfa cercano a cero y el segundo a un valor de alfa cercano a uno. La Tabla 16.5 muestra los datos y los cálculos.

Tabla 16.5. Ejemplo ilustrativo de suavización exponencial simple.

		$\alpha =$	0.1		$\alpha =$	0.9	
t	X_t	$F_t(0.1)$	$Error_t^2$	$|PE_t|$	$F_t(0.9)$	$Error_t^2$	$|PE_t|$
1	50						
2	45	50.00	25.00	11.11%	50.00	25.00	11.11%
3	60	49.50	110.25	17.50%	45.50	210.25	24.17%
4	52	50.55	2.10	2.79%	58.55	42.90	12.60%
5	45	50.70	32.43	12.66%	52.66	58.60	17.01%
6	51	50.13	0.76	1.71%	45.77	27.40	10.26%
7	60	50.21	95.79	16.31%	50.48	90.70	15.87%
8		51.19			59.05		

n =		SSE =	266.34	n =	SSE =	454.85
6	MSE =		44.39	6	MSE =	75.81
	AMSE =		6.66		AMSE =	8.71
	MAPE =		10.35%		MAPE =	15.17%

En el caso de ambos escenarios, el primer pronóstico es igual siempre a la primera observación ($F_{1+1} = F_2 = X_1 = 50$). Sin embargo, después del primer pronóstico, las cosas cambian. Para el primer escenario, dado que alfa es cercana a cero ($\alpha = 0.1$), los pronósticos van a tender a ser cercanos a una suavización que se acerca a la media, aunque no del todo, pues alfa no es igual a cero, sino solamente cercana a cero. Para el segundo escenario y dado que alfa es cercana a uno ($\alpha = 0.9$), los datos tenderán a ser cercanos al dato anterior, aunque con una pequeña suavización, pues alfa no es igual a uno, sino solamente cercana a uno. La Figura 16.12 ilustra los datos y los pronósticos de estos dos escenarios. Obsérvese en la Tabla 16.5 que el mejor ajuste se logra para el primer escenario, pues los pronósticos tienden a estar en el medio de los datos. El AMSE y el

MAPE para el primer y segundo escenarios son 6.66 y 10.35% así como 8.71 y 15.17%, respectivamente. Claramente, el primer escenario es el mejor.

Figura 16.12. Graficado de datos y pronósticos para el ejemplo ilustrativo anterior.

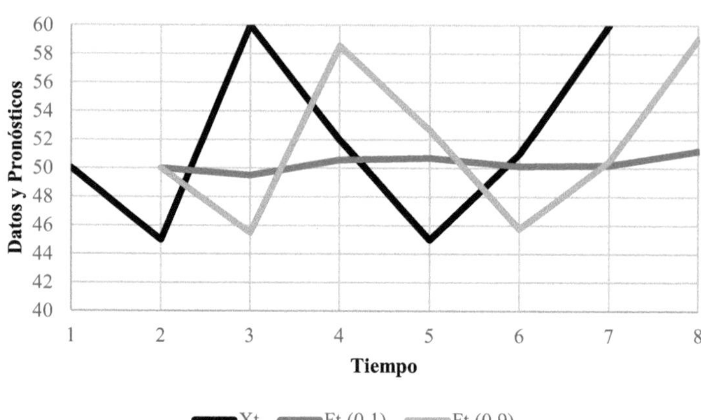

La Figura 16.12 muestra los datos con una línea negra, los pronósticos del primer escenario ($\alpha = 0.1$) con una línea gris obscuro y los pronósticos para el segundo escenario ($\alpha = 0.9$) con una línea gris claro. Se puede ver en la figura que el mejor ajuste, indicado por la herramienta estadística, corresponde al primer escenario ($\alpha = 0.1$) que tiene el mayor grado de suavización, lo cual se aprecia en la figura con una línea que es casi horizontal a partir del primer pronóstico que, como vimos anteriormente, siempre será igual al primer dato observado. Nótese que el primer pronóstico para ambos escenarios es el mismo y corresponde al valor del primer dato observado. Lo anterior es por definición, pues no es posible calcular F_2 utilizando un valor para F_1 que no existe. Se debe hacer F_2 siempre igual a X_1.

Veamos ahora un ejemplo más complicado y, a efectos de comparar la suavización exponencial simple con los promedios móviles, vamos a utilizar como datos de observación los mismos de la Tabla 16.4. En este caso, vamos a considerar cinco escenarios diferentes para la suavización exponencial simple ($\alpha = 0.01$, $\alpha = 0.2$, $\alpha = 0.7$, $\alpha = 0.9$ y $\alpha = 0.99$). La Tabla 16.6 muestra los datos y todos los cálculos.

Tabla 16.6. Ejemplo de comparación entre promedios móviles y suavización exponencial simple.

		$\alpha =$	0.01		$\alpha =$	0.2		$\alpha =$	0.7		$\alpha =$	0.9		$\alpha =$	0.99	
t	X_t	$F_t(0.01)$	$Error_t^2$	$|PE_t|$	$F_t(0.2)$	$Error_t^2$	$|PE_t|$	$F_t(0.7)$	$Error_t^2$	$|PE_t|$	$F_t(0.9)$	$Error_t^2$	$|PE_t|$	$F_t(0.99)$	$Error_t^2$	$|PE_t|$
1	106															
2	103	106.00	9.00	2.91%	106.00	9.00	2.91%	106.00	9.00	2.91%	106.00	9.00	2.91%	106.00	9.00	2.91%
3	102	105.97	15.76	3.89%	105.40	11.56	3.33%	103.90	3.61	1.86%	103.30	1.69	1.27%	103.03	1.06	1.01%
4	100	105.93	35.17	5.93%	104.72	22.28	4.72%	102.57	6.60	2.57%	102.13	4.54	2.13%	102.01	4.04	2.01%
5	91	105.87	221.15	16.34%	103.78	163.23	14.04%	100.77	95.47	10.74%	100.21	84.88	10.12%	100.02	81.36	9.91%
6	98	105.72	59.63	7.88%	101.22	10.37	3.29%	93.93	16.55	4.15%	91.92	36.95	6.20%	91.09	47.75	7.05%
7	94	105.65	135.61	12.39%	100.58	43.25	7.00%	96.78	7.73	2.96%	97.39	11.51	3.61%	97.93	15.45	4.18%
8	157	105.53	2649.30	32.78%	99.26	3333.76	36.78%	94.83	3864.63	39.60%	94.34	3926.37	39.91%	94.04	3964.05	40.10%
9	152	106.04	2112.02	30.23%	110.81	1696.69	27.10%	138.35	186.32	8.98%	150.73	1.60	0.83%	156.37	19.10	2.88%
10	149	106.50	1806.00	28.52%	119.05	897.17	20.10%	147.91	1.20	0.73%	151.87	8.26	1.93%	152.04	9.26	2.04%
11	149	106.93	1770.06	28.24%	125.04	574.19	16.08%	148.67	0.11	0.22%	149.29	0.08	0.19%	149.03	0.00	0.02%
12	142	107.35	1200.72	24.40%	129.83	148.10	8.57%	148.90	47.63	4.86%	149.03	49.40	4.95%	149.00	49.00	4.93%
13	151	107.70	1875.31	28.68%	132.26	351.03	12.41%	144.07	48.02	4.59%	142.70	68.84	5.49%	142.07	79.74	5.91%
14	144	108.13	1286.79	24.91%	136.01	63.82	5.55%	148.92	24.22	3.42%	150.17	38.07	4.28%	150.91	47.76	4.80%
15	152	108.49	1893.39	28.63%	137.61	207.10	9.47%	145.48	42.56	4.29%	144.62	54.51	4.86%	144.07	62.90	5.22%
16	151	108.92	1770.56	27.87%	140.49	110.52	6.96%	150.04	0.92	0.63%	151.26	0.07	0.17%	151.92	0.85	0.61%
17	143	109.34	1132.81	23.54%	142.59	0.17	0.29%	150.71	59.49	5.39%	151.03	64.42	5.61%	151.01	64.15	5.60%
18	150	109.68	1625.75	26.88%	142.67	53.70	4.89%	145.31	21.96	3.12%	143.80	38.41	4.13%	143.08	47.89	4.61%
19	153	110.08	1841.91	28.05%	144.14	78.54	5.79%	148.59	19.41	2.88%	149.38	13.10	2.37%	149.93	9.42	2.01%
20		110.51			145.91			151.68			152.64			152.97		

n =	SSE=	21441	n =	SSE=	7774	n =	SSE=	4455	n =	SSE=	4412	n =	SSE=	4513
18	MSE=	1191.16	18	MSE=	431.92	18	MSE=	247.52	18	MSE=	245.09	18	MSE=	250.71
	AMSE=	34.51		AMSE=	20.78		AMSE=	15.73		AMSE=	15.66		AMSE=	15.83
	MAPE=	21.23%		MAPE=	10.51%		MAPE=	5.77%		MAPE=	5.61%		MAPE=	5.88%

En este caso, se observa que el mejor ajuste no es para un valor de alfa casi igual a cero ni tampoco un valor de alfa casi igual a uno. El mejor ajuste (AMSE = 15.66, con un valor de MAPE = 5.61%) corresponde a cuarto escenario ($\alpha = 0.9$). Así pues, no es lo mejor que el pronóstico del siguiente período sea igual al dato anterior, sino casi igual, solamente un poco suavizado. Veíamos en la Tabla 16.4 que para los promedios móviles, el mejor ajuste era cuando el pronóstico del siguiente período era igual al dato anterior (N=1).

Claramente, la suavización exponencial simple es más versátil que los promedios móviles y puede darnos mejor resultado. ¿Cuál pronóstico debe entonces utilizarse? Pues la teoría indicaría que el caso para el cual la herramienta estadística arroja el mejor resultado nos debe dar el mejor pronóstico.

La Figura 16.13 grafica estos cinco escenarios de la Tabla 16.6.

Figura 16.13. Graficado de los datos y los cinco escenarios para el ejemplo comparativo de suavización exponencial simple.

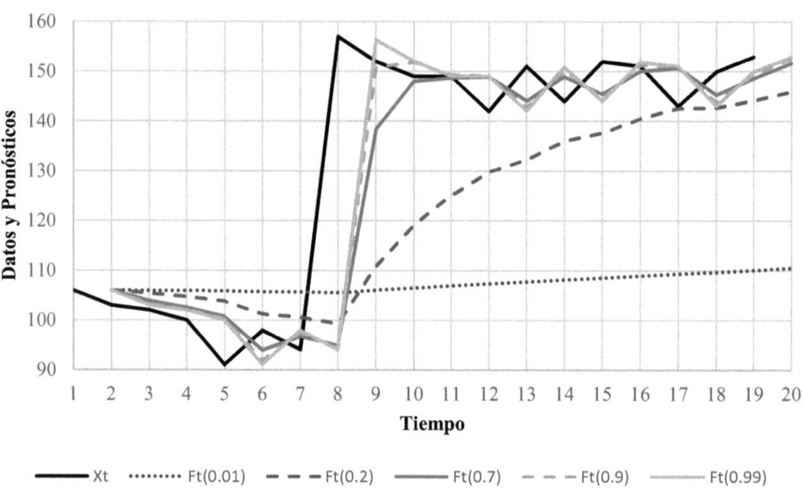

Es posible jugar con los valores de α y buscar en la hoja de cálculo de la cual se toma la Tabla 16.6 un valor de α todavía mejor que $\alpha = 0.9$. Sin embargo, tal ejercicio numérico no arroja luz teórica sobre el tema tratado. Simplemente se trataría de un trabajo rutinario que no necesariamente arroja mayor claridad sobre el tema.

16.3.4. Suavización exponencial simple con respuesta adaptativa

El hecho de que el desempeño de la suavización exponencial simple dependa de qué tan bueno sea el valor asignado para α es un problema. La suavización exponencial simple con respuesta adaptativa tiene la ventaja sobre el método de suavización exponencial simple de no requerir la especificación de α.

El método es adaptable en el sentido de que el valor de alfa (α) cambia automáticamente cuando existe una variación en el patrón de los datos.

Sea X_t un dato y observación para $t = 1, 2, \ldots, n$, donde hay n datos u observaciones (nótese que dicha n es diferente a la de los cálculos de la herramienta estadística, pues el valor de n de la herramienta estadística corresponde a los casos en los que hay tanto dato como pronóstico). Sea, además, F_t y F_{t+1} el pronóstico del tiempo t y el tiempo futuro t+1, el valor α_t es el factor de suavización exponencial simple que va cambiando (se va adaptando) a medida que t va cambiando. La ecuación (16.18) muestra las relaciones relevantes.

$$F_{t+1} = \alpha_t + (1 - \alpha_t)F_t \tag{16.18}$$

Tenemos que E_t es el error suavizado y M_t es el error absoluto suavizado. Así pues, se calcula el parámetro de forma α_{t+1} de acuerdo a la ecuación (16.19).

$$\alpha_{t+1} = \left|\frac{E_t}{M_t}\right| \tag{16.19}$$

Los parámetros E_t y M_t se calculan de acuerdo a las ecuaciones (16.20) y (16.21), respectivamente. Nótese que dichos parámetros dependen de otro factor β, del error (e_t) y del parámetro respectivo anterior. El error e_t es la diferencia entre el dato X_t y el pronóstico para dicho dato F_t como indica la ecuación (16.22).

$$E_t = \beta e_t + (1 - \beta)E_{t-1} \tag{16.20}$$

$$M_t = \beta|e_t| + (1 - \beta)M_{t-1} \tag{16.21}$$

$$e_t = X_t - F_t \tag{16.22}$$

Tenemos que β se inicializa, típicamente con un valor de 0.2, como muestra la ecuación (16.23). También hay otras inicializaciones necesarias que se muestran en las ecuaciones (16.24), (16.25) y (16.26).

$$\beta = 0.2 \tag{16.23}$$

$$F_2 = X_1 \tag{16.24}$$

$$\alpha_2 = \alpha_3 = \alpha_4 = \beta \tag{16.25}$$

$$E_1 = M_1 = 0 \tag{16.26}$$

La inicialización de la ecuación (16.24) ya la conocíamos y corresponde a la inicialización que debe hacerse en la suavización exponencial simple. Además, este método, para tener oportunidad de funcionar mínimamente, requiere de al menos cinco datos u observaciones ($n \geq 5$). La Tabla 16.7 muestra los cálculos para un ejemplo ilustrativo a fin de observar el comportamiento de las ecuaciones.

Tabla 16.7. Ejemplo ilustrativo de suavización exponencial simple (n = 10).

		$\beta =$	0.2					
t	X_t	F_t	e_t	E_t	M_t	α_t	$Error_t^2$	$|PE_t|$
1	200.0			0.0	0.0			
2	135.0	200.0	-65.0	-13.0	13.0	0.2000	4225.0	48.15%
3	195.0	187.0	8.0	-8.8	12.0	0.2000	64.0	4.10%
4	197.5	188.6	8.9	-5.3	11.4	0.2000	79.2	4.51%
5	310.0	190.4	119.6	19.7	33.0	0.4622	14308.9	38.59%
6	175.0	245.7	-70.7	1.6	40.6	0.5969	4994.3	40.38%
7	155.0	203.5	-48.5	-8.4	42.1	0.0404	2350.7	31.28%
8	130.0	201.5	-71.5	-21.0	48.0	0.1990	5115.8	55.02%
9	220.0	187.3	32.7	-10.3	45.0	0.4376	1069.8	14.87%
10	277.5	201.6	75.9	7.0	51.1	0.2284	5760.0	27.35%
11		218.9				0.1362		

n =	SSE=	37968
9	MSE=	4218.63
	AMSE=	64.95
	MAPE=	29.36%

La Figura 16.14 grafica del eje del lado izquierdo los datos y los pronósticos y del eje del lado derecho los errores en cada caso.

Figura 16.14. Graficado de datos y pronósticos, así como de errores del ejemplo ilustrativo.

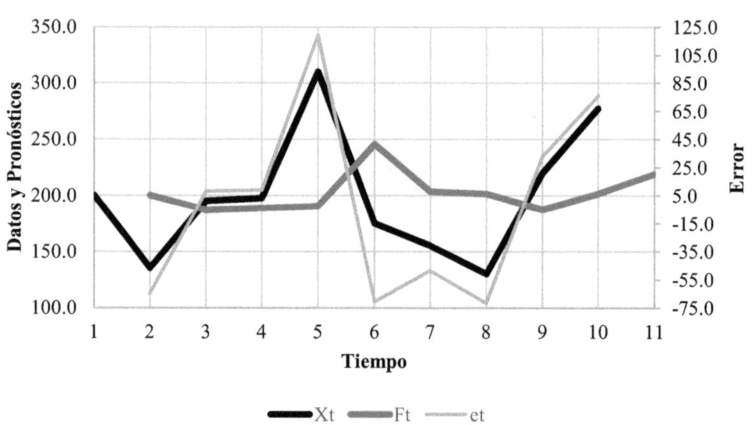

Nótese que para tener una idea de si el método de suavización exponencial simple
con respuesta adaptativa está funcionando correctamente o no, el graficado de los errores
debe aparecer como una gráfica aproximadamente aleatoria, con errores, típicamente, tanto
positivos como negativos que se vean relativamente aleatorios. Tal es el caso de la Figura
16.14 en cuanto a los errores. Sin embargo, la herramienta estadística indica que el
pronóstico no es tan bueno, pues los datos fluctúan mucho alrededor de la media. Este
método hace lo posible por irse adaptando a los datos, pero es difícil con semejante
aleatoriedad en los datos u observaciones.

La Tabla 16.8 aplica el método de suavización exponencial simple con respuesta
adaptativa a los mismos datos de la Tabla 16.4 y la Tabla 16.6. La Figura 16.15 ilustra los
datos y pronósticos graficados en el eje izquierdo y el error graficado en el eje derecho.

Figura 16.15. Graficado de los datos de la suavización exponencial simple con respuesta
adaptativa para los ejemplos de varios escenarios de promedios móviles y
suavización exponencial simple.

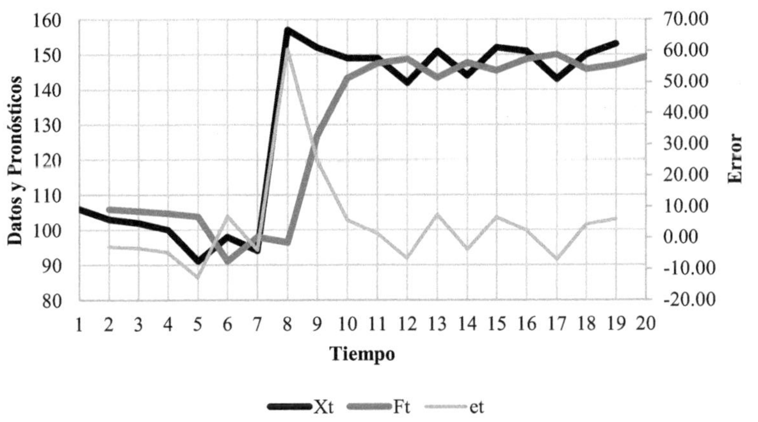

Obsérvese en la Figura 16.15 que el error sí es aproximadamente aleatorio, aunque se
dispara cuando hay el salto en los datos entre t = 7 y t = 8. La curva del método de
suavización exponencial simple tiende a seguir el comportamiento de los datos.

Tabla 16.8. Suavización exponencial simple con respuesta adaptativa para los ejemplos de varios escenarios de promedios móviles y suavización exponencial simple.

		$\beta =$	0.2					
t	X_t	F_t	e_t	E_t	M_t	α_t	$Error_t^2$	$|PE_t|$
1	106			0	0			
2	103	106.00	-3.00	-0.6	0.6	0.2000	9.00	2.91%
3	102	105.40	-3.40	-1.16	1.16	0.2000	11.56	3.33%
4	100	104.72	-4.72	-1.872	1.872	0.2000	22.28	4.72%
5	91	103.78	-12.78	-4.0528	4.0528	1.0000	163.23	14.04%
6	98	91.00	7.00	-1.8422	4.64224	1.0000	49.00	7.14%
7	94	98.00	-4.00	-2.2738	4.51379	0.3968	16.00	4.26%
8	157	96.41	60.59	10.2984	15.7285	0.5037	3670.83	38.59%
9	152	126.93	25.07	13.2521	17.5962	0.6548	628.35	16.49%
10	149	143.35	5.65	11.7325	15.2078	0.7531	31.97	3.79%
11	149	147.60	1.40	9.66518	12.4454	0.7715	1.95	0.94%
12	142	148.68	-6.68	6.39594	11.2925	0.7766	44.64	4.70%
13	151	143.49	7.51	6.61825	10.5355	0.5664	56.36	4.97%
14	144	147.74	-3.74	4.54567	9.17733	0.6282	14.02	2.60%
15	152	145.39	6.61	4.95807	8.6634	0.4953	43.66	4.35%
16	151	148.67	2.33	4.43342	7.39768	0.5723	5.45	1.55%
17	143	150.00	-7.00	2.14645	7.31843	0.5993	49.02	4.90%
18	150	145.81	4.19	2.55607	6.69365	0.2933	17.59	2.80%
19	153	147.04	5.96	3.23771	6.54778	0.3819	35.57	3.90%
20		149.31				0.4945		

n =	SSE=	4870
18	MSE=	270.58
	AMSE=	16.45
	MAPE=	7.00%

El AMSE y MAPE para este método es de 16.45 y 7.00%, respectivamente, lo cual no está mal para los mejores escenarios de los promedios móviles lineales y la suavización exponencial simple. La ventaja de este método es que no requiere conocer el valor del parámetro de forma (α), pues éste se va actualizando de manera automática. El valor de β típicamente se hace igual a 0.2 y, aunque podría, en principio variar, se recomienda utilizar, en lo general, este valor.

Este método es muy útil cuando no se sabe el comportamiento aproximado y cualitativo de la serie. Lo que se recomienda es graficar la serie y luego escoger el método más apropiado.

Otro aspecto importante es graficar los errores. Si tienen una distribución al azar, significa que el método funciona. En caso contrario, significa que el modelo escogido está mal. Lo que se busca es que los errores estén al azar (arriba y abajo, sin ton ni son) y con un rango de variación lo menor posible.

16.4. Pronósticos cuantitativos (modelos causales)

16.4.1. Análisis de regresión y correlación

Con las series de tiempo se utilizaron métodos para pronosticar el valor de una variable basándose en su comportamiento en el pasado y haciendo una extrapolación hacia el futuro.

En los modelos causales, el pronóstico se expresará como función de cierto número de factores, los cuales determinan el resultado. El pronóstico no necesariamente dependerá del tiempo. El desarrollar un modelo explicativo o causal facilita un mejor entendimiento de la situación y permite hacer experimentación con diferentes valores de las variables de entrada y estudiar su efecto sobre el pronóstico.

Puesto que el efecto de muchas decisiones sobre las variables independientes no es evidente durante algún tiempo, los métodos causales son más apropiados para hacer pronósticos para horizontes más lejanos (de 3 meses a 1 año).

En forma general la relación funcional entre 2 variables se expresa de acuerdo a la ecuación (16.27).

$$y = f(x) \tag{16.27}$$

La variable del lado izquierdo de la ecuación (16.27) se acostumbra llamar la variable dependiente (y), y la variable del lado derecho de la ecuación la variable independiente (x). Nótese que $f(x)$ simplemente indica que "y" es una función de "x".

Un ejemplo de esto puede ser: Ventas = f(Precio).

El objetivo de los modelos causales es predecir la variable dependiente descubriendo cómo está relacionada con la variable independiente. Aunque en principio es posible tener más de una variable independiente, en este texto nos limitaremos al caso de una sola variable independiente (x).

Las relaciones encontradas por la regresión son relaciones de **asociación**, pero **no necesariamente** relaciones de causa-efecto. Una vez que se ha supuesto que existe relación entre la variable dependiente y la variable independiente, deben seguirse tres pasos para hacer el pronóstico:

1)   Determinar la forma de la relación entre las variables.

2)   Estimar los parámetros de la relación.

3)   Probar que la relación encontrada con sus parámetros correspondientes se ajusta a los datos observados.

Los pasos 1) y 2) constituyen el **análisis de regresión**. Esto equivale a decir que se calcula una ecuación de regresión. Aunque la relación funcional puede ser cualquiera (lineal, exponencial, cuadrática, etcétera), el análisis de regresión exige que la relación sea lineal, lo que no es limitante, pues se pueden hacer algunas transformaciones para convertir en lineal una relación que no lo es. El paso 3) es conocido como el **análisis de correlación**.

16.4.2. Modelo de regresión lineal simple

El modelo de regresión lineal simple general está dado por la ecuación (16.28).

$$y_i = f(x_i) + e_i \qquad (16.28)$$

En la ecuación (16.28), $f(x_i)$ es lo que nos proporciona el modelo al relacionar la variable x_i con la variable y_i, donde $i = 1, 2, \ldots, n$, mientras que e_i es el error entre y_i y $f(x_i)$.

Debido a que se trata de un modelo lineal, solamente nos interesa la ordenada al origen (b_0) y la pendiente (b_1) de una ecuación lineal. El modelo general de esta regresión lineal simple se indica en la ecuación (16.29), en donde e_i es el error de la relación lineal entre $b_0 + b_1 x_i$ con y_i.

$$y_i = b_0 + b_1 x_i + e_i \qquad (16.29)$$

El valor de b_0 es la ordenada al origen, es decir, el valor de y en donde la ecuación (16.29), sin considerar al error, cruza al eje vertical de las "y". El parámetro b_1 es la pendiente de la ecuación lineal.

¿Cómo calcular b_0 y b_1? Teniendo n pares ordenados de datos (x_i, y_i), en donde las "x" se grafican en el eje horizontal mientras que las "y" se grafican en el eje vertical, los valores de b_0 y b_1 se calculan de acuerdo a las ecuaciones (16.30) y (16.31), respectivamente. Es posible demostrar tales ecuaciones, pero tal ejercicio no tiene caso para los efectos de este texto.

$$b_0 = \frac{\sum_{i=1}^{n} x_i^2 \sum_{i=1}^{n} y_i - \sum_{i=1}^{n} x_i \sum_{i=1}^{n} x_i y_i}{n \sum_{i=1}^{n} x_i^2 - \left(\sum_{i=1}^{n} x_i\right)^2} = \frac{\sum_{i=1}^{n} y_i}{n} - b_1 \frac{\sum_{i=1}^{n} x_i}{n} \tag{16.30}$$

$$b_1 = \frac{n \sum_{i=1}^{n} x_i y_i - \sum_{i=1}^{n} x_i \sum_{i=1}^{n} y_i}{n \sum_{i=1}^{n} x_i^2 - \left(\sum_{i=1}^{n} x_i\right)^2} \tag{16.31}$$

Tenemos que el valor pronosticado $(y=f(x_i))$ está dado en la ecuación (16.32). Nótese que el error en el pronóstico (e_i) está definido de acuerdo a la ecuación (16.33).

$$y = f(x_i) = b_0 + b_1 x_i \tag{16.32}$$

$$e_i = y_i - y = y_i - f(x_i) \tag{16.33}$$

La Tabla 16.9 muestra los cálculos de un ejemplo ilustrativo para un total de n = 7 datos. El valor pronosticado $(y=f(x_i))$ se muestra en la Tabla 16.9 al igual que el error en el pronóstico (e_i). Se calcula el Error_i^2 y el $|PE_i|$ para obtener el AMSE y MAPE de acuerdo a las ecuaciones (16.3) y (16.5), respectivamente.

Tabla 16.9. Ejemplo ilustrativo del modelo de regresión lineal simple.

i	Mano de Obra x_i	Gastos Indirectos y_i	$x_i y_i$	x_i^2	$y=f(x_i)$	e_i	Error_i^2	$|PE_i|$
1	100	40	4000	10000	40.89	-0.89	0.7972	2.23%
2	200	50	10000	40000	46.79	3.21	10.3316	6.43%
3	300	50	15000	90000	52.68	-2.68	7.1747	5.36%
4	400	60	24000	160000	58.57	1.43	2.0408	2.38%
5	500	65	32500	250000	64.46	0.54	0.2870	0.82%
6	600	65	39000	360000	70.36	-5.36	28.6990	8.24%
7	700	80	56000	490000	76.25	3.75	14.0625	4.69%
	2800	410	180500	1400000				

n =	7	n-2 =	5	SSE=	63.39
b_1 =	0.0589			MSE=	12.68
b_0 =	35.0000	35.0000		AMSE=	3.56
				MAPE=	6.03%

La variable independiente es la Mano de Obra (x_i), mientras que los Gastos Indirectos son la variable dependiente (y_i). El último renglón de estas variables calcula Σx_i y Σy_i, respectivamente. También se tienen dos columnas adicionales: $x_i y_i$ y x_i^2 para calcular $\Sigma x_i y_i$ y Σx_i^2, respectivamente. Con estos valores y el valor de n (n = 7), es posible aplicar las ecuaciones (16.30) y (16.31) para calcular b_0 y b_1, respectivamente. Nótese que en la Tabla 16.9, b_0 se calcula dos veces, para verificar la doble igualdad de la ecuación (16.30).

Con los valores de b_0 y b_1 es ya posible calcular los pronósticos ($y=f(x_i)$) de acuerdo a la ecuación (16.32) al igual que el error (e_i) según indica la ecuación (16.33), respectivamente. En la Tabla 16.9 también se muestra el AMSE y el MAPE, los cuales son relativamente pequeños, lo que indica que el modelo es bastante bueno. Nótese que para calcular el MSE y el MAPE se utiliza n-2 en lugar de n, porque hay dos grados de libertad en el modelo, es decir, el modelo depende de dos parámetros: b_0 y b_1.

La Figura 16.16 ilustra los datos (y_i) y pronósticos ($y=f(x_i)$) graficados en el eje vertical de la izquierda, mientras que el error (e_i) se grafica en el eje vertical de la derecha. Nótese que el error es relativamente pequeño respecto a los datos y se ve relativamente aleatorio.

Figura 16.16. Ejemplo ilustrativo del modelo de regresión lineal simple.

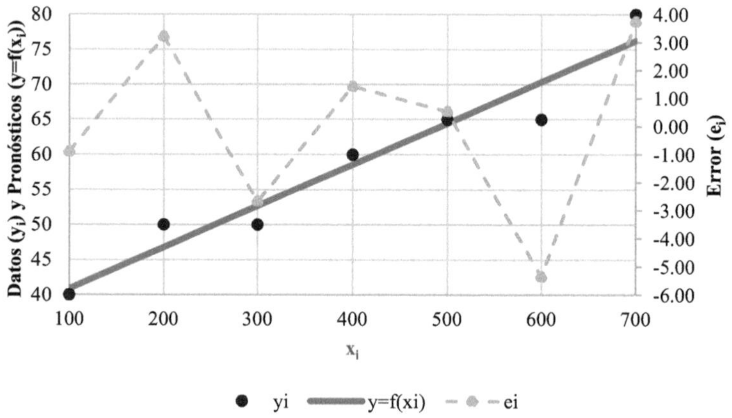

La Figura 16.16 muestra que los datos tienen una tendencia ascendente. El modelo causal ajusta bastante bien los datos, pues los errores (la línea gris claro punteada) se ven aleatorios y son relativamente pequeños comparados con los datos y pronósticos.

16.4.3. Estudio de los errores

Sean (x_i, y_i) pares de datos ordenados para $i = 1, 2, \ldots, n$, en donde x_i es la variable independiente mientras que y_i es la variable dependiente, es posible estudiar los errores mediante el **error estándar del estimado**, el **coeficiente de covarianza** y el **coeficiente de correlación**.

La ecuación (16.32) nos da la manera de calcular el pronóstico, $y = f(x_i)$. La ecuación (16.33) nos indica cómo calcular el error en dicho pronóstico (e_i). El **error estándar del estimado**, conocido en la ecuación (16.2) como **MSE**, se debe calcular al utilizar la regresión lineal simple de acuerdo a como se indica en la ecuación (16.34). Nótese que no se divide entre n, sino entre n-2. Como ya se explicó, eso se debe a que el modelo de regresión lineal simple estima dos parámetros (b_0 y b_1), por lo que se tienen dos grados de libertad, y hay que restarle a la n esos dos grados de libertad en la ecuación (16.34).

$$\text{MSE} = \frac{\sum_{i=1}^{n} e_i^2}{n-2} = \frac{\sum_{i=1}^{n}(y_i - y)^2}{n-2} \frac{\sum_{i=1}^{n}(y_i - f(x_i))^2}{n-2} \tag{16.34}$$

El **error estándar del estimado** nos indica el grado de dispersión se los datos individuales alrededor de la línea de regresión. También nos permite determinar los límites probabilísticos de estas variaciones. El AMSE se puede calcular a partir del MSE de acuerdo a la ecuación (16.3). La Tabla 16.9 muestra el cálculo de MSE según la ecuación (16.34), del AMSE según la ecuación (16.3) y del MAPE de acuerdo a la ecuación (16.5).

El **coeficiente de covarianza** es la relación entre dos conjuntos de datos. En este caso, se trataría de la relación entre x así como y (Cov_{xy}). Para calcular la covarianza entre los pares de datos (x_i, y_i) se necesitan calcular las respectivas medias. La media de x ($\bar{x}$) se calcula en la ecuación (16.35), mientras que la media de y ($\bar{y}$) se calcula en la ecuación (16.36).

$$\bar{x} = \frac{1}{n}\sum_{i=1}^{n} x_i \tag{16.35}$$

$$\bar{y} = \frac{1}{n}\sum_{i=1}^{n} y_i \tag{16.36}$$

Luego hay que calcular valores auxiliares: X_i así como Y_i. Nótese que X_i al igual que Y_i están en mayúsculas y no es minúsculas, y son diferentes de x_i así como de y_i, respectivamente. La ecuación (16.37) indica cómo calcular X_i, mientras que la ecuación (16.38) indica cómo calcular Y_i.

$$X_i = x_i - \bar{x} \tag{16.37}$$

$$Y_i = y_i - \bar{y} \tag{16.38}$$

La covarianza entre x así como y está dada de acuerdo a la ecuación (16.39).

$$\text{Cov}_{xy} = \frac{1}{n}\sum_{i=1}^{n} X_i Y_i = \frac{1}{n}\sum_{i=1}^{n}(x_i - \bar{x})(y_i - \bar{y}) \tag{16.39}$$

La **varianza** (poblacional) para x ($\text{Var}_x = \text{Cov}_{xx}$) así como para y ($\text{Var}_y = \text{Cov}_{yy}$) están dadas de acuerdo a las ecuaciones (16.40) y (16.41), respectivamente.

$$\text{Var}_x = \text{Cov}_{xx} = \frac{1}{n}\sum_{i=1}^{n} X_i^2 = \frac{1}{n}\sum_{i=1}^{n}(x_i - \bar{x})^2 \tag{16.40}$$

$$\text{Var}_y = \text{Cov}_{yy} = \frac{1}{n}\sum_{i=1}^{n} Y_i^2 = \frac{1}{n}\sum_{i=1}^{n}(y_i - \bar{y})^2 \tag{16.41}$$

El **coeficiente de correlación** (r) está dado de acuerdo a la ecuación (16.42). Nótese que los factores $1/n$ de las respectivas covarianzas se cancelan al utilizar la ecuación (16.42).

$$r = \frac{\text{Cov}_{xy}}{\sqrt{\text{Cov}_{xx}\text{Cov}_{yy}}} = \frac{\sum_{i=1}^{n} X_i Y_i}{\sqrt{\sum_{i=1}^{n} X_i^2 \sum_{i=1}^{n} Y_i^2}} = \frac{\sum_{i=1}^{n}(x_i-\bar{x})(y_i-\bar{y})}{\sqrt{\sum_{i=1}^{n}(x_i-\bar{x})^2 \sum_{i=1}^{n}(y_i-\bar{y})^2}} \tag{16.42}$$

El coeficiente de correlación nos sirve para determinar si los valores de la variable independiente y dependiente están relacionados entre sí. El valor de r oscila entre -1 y 1, es decir, $-1 \leq r \leq 1$. Un valor de $r = 0$ indicaría que no hay ninguna correlación de ningún tipo entre los pares de datos (x_i,y_i). Un valor de $r = -1$ indicaría que hay una correlación perfecta con pendiente negativa entre los pares de datos. Un valor de $r = 1$ indicaría una correlación perfecta con pendiente positiva para los pares de datos. Una correlación perfecta se da cuando los datos están alineados exactamente a lo largo de una línea recta.

La Tabla 16.10 muestra los cálculos del coeficiente de correlación (r) para los mismos datos del ejemplo ilustrativo de la Tabla 16.9 Nótese que dicho coeficiente de correlación es positivo y muy cercano a uno ($r = 0.9195$), por lo que la correlación entre los datos es muy fuerte y con pendiente positiva (recuérdese que b_1 salió positivo). Obsérvese, además, que el cálculo de r se hace con $\Sigma X_i Y_i$, la ΣX_i^2 y la ΣY_i^2, aunque toda la tabla es necesaria para hacer los cálculos pertinentes.

Tabla 16.10. Cálculo del coeficiente de correlación para el ejemplo ilustrativo de la Tabla 16.9.

i	x_i	y_i	X_i	Y_i	X_iY_i	X_i^2	Y_i^2
1	100	40	-300	-20	6000	90000	400
2	200	50	-200	-10	2000	40000	100
3	300	50	-100	-10	1000	10000	100
4	400	70	0	10	0	0	100
5	500	65	100	5	500	10000	25
6	600	65	200	5	1000	40000	25
7	700	80	300	20	6000	90000	400
	2800	420			16500	280000	1150

n =	Media X =	Media Y =		r =	0.9195
7	400	60			

REFERENCIAS Y APÉNDICES

Referencias

Anderson, David R., Sweeney, Dennis J. & Williams, Thomas A. (1992). *Quantitative Methods for Business*. West Publishing Company.

Birge, John R. & Louveaux, François. (1997). *Introduction to Stochastic Programming*. Springer.

Copertari, Luis F. (2002). *Time, Cost and Performance Tradeoffs in Project Management*. McMaster University Doctoral Thesis.

Coss Bu, Raúl. (1991). *Simulación: Un enfoque práctico*. Editorial Limusa.

Elsayed, E. A. & Boucher, T. O. (1994). *Analysis and Control of Production Systems*. Prentice Hall International.

Fogarty, Donald W., Hoffmann, Thomas R. & Stonebraker, Peter W. (1989). *Production and Operations Management*. South-Western Publishing Co.

Hastings, N. A. J. & Peacock, J. B. (1975). *Statistical Distributions*. John Wiley & Sons.

Haupt, Randy L. & Haupt, Sue Ellen. (2004). *Practical Genetic Algorithms*. John Wiley & Sons.

Hillier, Frederick S. & Lieberman, Gerald J. (1986). *Introducción a la Investigación de Operaciones*. McGraw-Hill.

Hillier, Frederick S. & Lieberman, Gerald J. (1997). *Introducción a la Investigación de Operaciones*. McGraw-Hill.

Malcolm, D. G., Roseboom, J. H., Clark, C. E. & Fazar, W. (1959). "Application of a Technique for Research and Development Program Evaluation", *Operations Research, 7*, 646-669.

Meredith, Jack R. & Mantel, Samuel J, Jr. (1995). *Project Management: A Managerial Approach*. John Wiley & Sons.

Ockham, William. (1990). *Philosophical Writings: A Selection*. Hackett Pub. Co.

Render, Barry & Stair, Ralph M., Jr. (1997). *Quantitative Analysis for Management*. Prentice-Hall Inc.

Riggs, James L. (1990). *Sistemas de producción: planeación, análisis y control*. Editorial Limusa.

Schroeder, Roger G. (1992). *Administración de Operaciones: Toma de decisiones en la función de operaciones*. McGraw-Hill.

Stevenson, William J. (1993). *Production/Operations Management*. Richard D. Irwin, Inc.

Vanderbei, Robert J. (2008). *Linear Programming: Foundations and Extensions*. Springer.

Winston, Wayne L. & Albright, S. Christian. (1997). *Practical Management Science: Spreadsheet Modeling and Applications*. Wadsworth Publishing Company.

Winston, Wayne L. (1994). *Operations Research: Applications and Algorithm*. Duxbury Press.

Apéndice A: Tabla de probabilidades acumuladas de la distribución normal

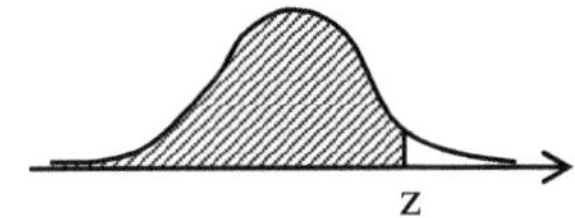

z	0.00	-0.01	-0.02	-0.03	-0.04	-0.05	-0.06	-0.07	-0.08	-0.09
-3.0	0.0013	0.0013	0.0013	0.0012	0.0012	0.0011	0.0011	0.0011	0.0010	0.0010
-2.9	0.0019	0.0018	0.0018	0.0017	0.0016	0.0016	0.0015	0.0015	0.0014	0.0014
-2.8	0.0026	0.0025	0.0024	0.0023	0.0023	0.0022	0.0021	0.0021	0.0020	0.0019
-2.7	0.0035	0.0034	0.0033	0.0032	0.0031	0.0030	0.0029	0.0028	0.0027	0.0026
-2.6	0.0047	0.0045	0.0044	0.0043	0.0041	0.0040	0.0039	0.0038	0.0037	0.0036
-2.5	0.0062	0.0060	0.0059	0.0057	0.0055	0.0054	0.0052	0.0051	0.0049	0.0048
-2.4	0.0082	0.0080	0.0078	0.0075	0.0073	0.0071	0.0069	0.0068	0.0066	0.0064
-2.3	0.0107	0.0104	0.0102	0.0099	0.0096	0.0094	0.0091	0.0089	0.0087	0.0084
-2.2	0.0139	0.0136	0.0132	0.0129	0.0125	0.0122	0.0119	0.0116	0.0113	0.0110
-2.1	0.0179	0.0174	0.0170	0.0166	0.0162	0.0158	0.0154	0.0150	0.0146	0.0143
-2.0	0.0228	0.0222	0.0217	0.0212	0.0207	0.0202	0.0197	0.0192	0.0188	0.0183
-1.9	0.0287	0.0281	0.0274	0.0268	0.0262	0.0256	0.0250	0.0244	0.0239	0.0233
-1.8	0.0359	0.0351	0.0344	0.0336	0.0329	0.0322	0.0314	0.0307	0.0301	0.0294
-1.7	0.0446	0.0436	0.0427	0.0418	0.0409	0.0401	0.0392	0.0384	0.0375	0.0367
-1.6	0.0548	0.0537	0.0526	0.0516	0.0505	0.0495	0.0485	0.0475	0.0465	0.0455
-1.5	0.0668	0.0655	0.0643	0.0630	0.0618	0.0606	0.0594	0.0582	0.0571	0.0559
-1.4	0.0808	0.0793	0.0778	0.0764	0.0749	0.0735	0.0721	0.0708	0.0694	0.0681
-1.3	0.0968	0.0951	0.0934	0.0918	0.0901	0.0885	0.0869	0.0853	0.0838	0.0823
-1.2	0.1151	0.1131	0.1112	0.1093	0.1075	0.1056	0.1038	0.1020	0.1003	0.0985
-1.1	0.1357	0.1335	0.1314	0.1292	0.1271	0.1251	0.1230	0.1210	0.1190	0.1170
-1.0	0.1587	0.1562	0.1539	0.1515	0.1492	0.1469	0.1446	0.1423	0.1401	0.1379
-0.9	0.1841	0.1814	0.1788	0.1762	0.1736	0.1711	0.1685	0.1660	0.1635	0.1611
-0.8	0.2119	0.2090	0.2061	0.2033	0.2005	0.1977	0.1949	0.1922	0.1894	0.1867
-0.7	0.2420	0.2389	0.2358	0.2327	0.2296	0.2266	0.2236	0.2206	0.2177	0.2148
-0.6	0.2743	0.2709	0.2676	0.2643	0.2611	0.2578	0.2546	0.2514	0.2483	0.2451
-0.5	0.3085	0.3050	0.3015	0.2981	0.2946	0.2912	0.2877	0.2843	0.2810	0.2776
-0.4	0.3446	0.3409	0.3372	0.3336	0.3300	0.3264	0.3228	0.3192	0.3156	0.3121
-0.3	0.3821	0.3783	0.3745	0.3707	0.3669	0.3632	0.3594	0.3557	0.3520	0.3483
-0.2	0.4207	0.4168	0.4129	0.4090	0.4052	0.4013	0.3974	0.3936	0.3897	0.3859
-0.1	0.4602	0.4562	0.4522	0.4483	0.4443	0.4404	0.4364	0.4325	0.4286	0.4247
0.0	0.5000	0.4960	0.4920	0.4880	0.4840	0.4801	0.4761	0.4721	0.4681	0.4641

z	0.00	0.01	0.02	0.03	0.04	0.05	0.06	0.07	0.08	0.09
0.0	0.5000	0.5040	0.5080	0.5120	0.5160	0.5199	0.5239	0.5279	0.5319	0.5359
0.1	0.5398	0.5438	0.5478	0.5517	0.5557	0.5596	0.5636	0.5675	0.5714	0.5753
0.2	0.5793	0.5832	0.5871	0.5910	0.5948	0.5987	0.6026	0.6064	0.6103	0.6141
0.3	0.6179	0.6217	0.6255	0.6293	0.6331	0.6368	0.6406	0.6443	0.6480	0.6517
0.4	0.6554	0.6591	0.6628	0.6664	0.6700	0.6736	0.6772	0.6808	0.6844	0.6879
0.5	0.6915	0.6950	0.6985	0.7019	0.7054	0.7088	0.7123	0.7157	0.7190	0.7224
0.6	0.7257	0.7291	0.7324	0.7357	0.7389	0.7422	0.7454	0.7486	0.7517	0.7549
0.7	0.7580	0.7611	0.7642	0.7673	0.7704	0.7734	0.7764	0.7794	0.7823	0.7852
0.8	0.7881	0.7910	0.7939	0.7967	0.7995	0.8023	0.8051	0.8078	0.8106	0.8133
0.9	0.8159	0.8186	0.8212	0.8238	0.8264	0.8289	0.8315	0.8340	0.8365	0.8389
1.0	0.8413	0.8438	0.8461	0.8485	0.8508	0.8531	0.8554	0.8577	0.8599	0.8621
1.1	0.8643	0.8665	0.8686	0.8708	0.8729	0.8749	0.8770	0.8790	0.8810	0.8830
1.2	0.8849	0.8869	0.8888	0.8907	0.8925	0.8944	0.8962	0.8980	0.8997	0.9015
1.3	0.9032	0.9049	0.9066	0.9082	0.9099	0.9115	0.9131	0.9147	0.9162	0.9177
1.4	0.9192	0.9207	0.9222	0.9236	0.9251	0.9265	0.9279	0.9292	0.9306	0.9319
1.5	0.9332	0.9345	0.9357	0.9370	0.9382	0.9394	0.9406	0.9418	0.9429	0.9441
1.6	0.9452	0.9463	0.9474	0.9484	0.9495	0.9505	0.9515	0.9525	0.9535	0.9545
1.7	0.9554	0.9564	0.9573	0.9582	0.9591	0.9599	0.9608	0.9616	0.9625	0.9633
1.8	0.9641	0.9649	0.9656	0.9664	0.9671	0.9678	0.9686	0.9693	0.9699	0.9706
1.9	0.9713	0.9719	0.9726	0.9732	0.9738	0.9744	0.9750	0.9756	0.9761	0.9767
2.0	0.9772	0.9778	0.9783	0.9788	0.9793	0.9798	0.9803	0.9808	0.9812	0.9817
2.1	0.9821	0.9826	0.9830	0.9834	0.9838	0.9842	0.9846	0.9850	0.9854	0.9857
2.2	0.9861	0.9864	0.9868	0.9871	0.9875	0.9878	0.9881	0.9884	0.9887	0.9890
2.3	0.9893	0.9896	0.9898	0.9901	0.9904	0.9906	0.9909	0.9911	0.9913	0.9916
2.4	0.9918	0.9920	0.9922	0.9925	0.9927	0.9929	0.9931	0.9932	0.9934	0.9936
2.5	0.9938	0.9940	0.9941	0.9943	0.9945	0.9946	0.9948	0.9949	0.9951	0.9952
2.6	0.9953	0.9955	0.9956	0.9957	0.9959	0.9960	0.9961	0.9962	0.9963	0.9964
2.7	0.9965	0.9966	0.9967	0.9968	0.9969	0.9970	0.9971	0.9972	0.9973	0.9974
2.8	0.9974	0.9975	0.9976	0.9977	0.9977	0.9978	0.9979	0.9979	0.9980	0.9981
2.9	0.9981	0.9982	0.9982	0.9983	0.9984	0.9984	0.9985	0.9985	0.9986	0.9986
3.0	0.9987	0.9987	0.9987	0.9988	0.9988	0.9989	0.9989	0.9989	0.9990	0.9990

Apéndice B: Archivo de Maple 7 para despejar los parámetros de forma de la distribución beta en función de la media y varianza

```
> restart;
> eqns := {mu = (a*beta+b*alpha)/(alpha+beta), sigma^2=(b-
a)^2*alpha*beta/((alpha+beta)^2*(alpha+beta+1))};
```

$$eqns := \{\mu = \frac{a\,\beta + b\,\alpha}{\alpha + \beta},\ \sigma^2 = \frac{(b-a)^2\,\alpha\,\beta}{(\alpha+\beta)^2\,(\alpha+\beta+1)}\}$$

```
> solve(eqns, {alpha, beta});
```

$$\{\beta = -\frac{-\mu\,b^2 + b^2\,a + b\,\sigma^2 + 2\,b\,\mu^2 - 2\,b\,\mu\,a - \sigma^2\,\mu + a\,\mu^2 - \mu^3}{(b-a)\,\sigma^2},$$

$$\alpha = \frac{(-\mu+a)\,(-b\,\mu + b\,a + \sigma^2 + \mu^2 - \mu\,a)}{(b-a)\,\sigma^2}\}$$

```
>
```

Apéndice C: Tabla de probabilidades acumuladas de la distribución χ^2 (ji cuadrada)

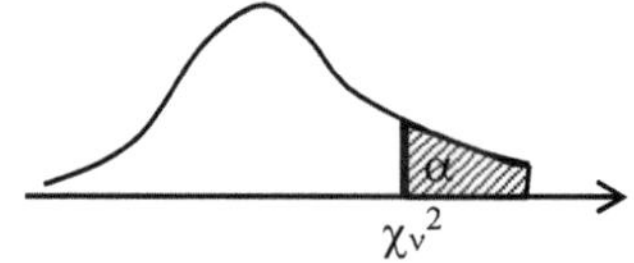

α

ν	0.995	0.99	0.98	0.975	0.95	0.9
1	0.00004	0.00016	0.00063	0.00098	0.00393	0.01579
2	0.01003	0.02010	0.04041	0.05064	0.10259	0.21072
3	0.07172	0.11483	0.18483	0.21580	0.35185	0.58437
4	0.20699	0.29711	0.42940	0.48442	0.71072	1.06362
5	0.41174	0.55430	0.75189	0.83121	1.14548	1.61031
6	0.67573	0.87209	1.13442	1.23734	1.63538	2.20413
7	0.98926	1.23904	1.56429	1.68987	2.16735	2.83311
8	1.34441	1.64650	2.03248	2.17973	2.73264	3.48954
9	1.73493	2.08790	2.53238	2.70039	3.32511	4.16816
10	2.15586	2.55821	3.05905	3.24697	3.94030	4.86518
11	2.60322	3.05348	3.60869	3.81575	4.57481	5.57778
12	3.07382	3.57057	4.17829	4.40379	5.22603	6.30380
13	3.56503	4.10692	4.76545	5.00875	5.89186	7.04150
14	4.07467	4.66043	5.36820	5.62873	6.57063	7.78953
15	4.60092	5.22935	5.98492	6.26214	7.26094	8.54676
16	5.14221	5.81221	6.61424	6.90766	7.96165	9.31224
17	5.69722	6.40776	7.25500	7.56419	8.67176	10.08519
18	6.26480	7.01491	7.90622	8.23075	9.39046	10.86494
19	6.84397	7.63273	8.56704	8.90652	10.11701	11.65091
20	7.43384	8.26040	9.23670	9.59078	10.85081	12.44261
21	8.03365	8.89720	9.91456	10.28290	11.59131	13.23960
22	8.64272	9.54249	10.60003	10.98232	12.33801	14.04149
23	9.26042	10.19572	11.29260	11.68855	13.09051	14.84796
24	9.88623	10.85636	11.99182	12.40115	13.84843	15.65868
25	10.51965	11.52398	12.69727	13.11972	14.61141	16.47341
26	11.16024	12.19815	13.40858	13.84390	15.37916	17.29188
27	11.80759	12.87850	14.12542	14.57338	16.15140	18.11390
28	12.46134	13.56471	14.84748	15.30786	16.92788	18.93924
29	13.12115	14.25645	15.57448	16.04707	17.70837	19.76774
30	13.78672	14.95346	16.30617	16.79077	18.49266	20.59923

α

ν	0.8	0.7	0.5	0.4	0.3	0.1
1	0.06418	0.14847	0.45494	0.70833	1.07419	2.70554
2	0.44629	0.71335	1.38629	1.83258	2.40795	4.60517
3	1.00517	1.42365	2.36597	2.94617	3.66487	6.25139
4	1.64878	2.19470	3.35669	4.04463	4.87843	7.77944
5	2.34253	2.99991	4.35146	5.13187	6.06443	9.23636
6	3.07009	3.82755	5.34812	6.21076	7.23114	10.64464
7	3.82232	4.67133	6.34581	7.28321	8.38343	12.01704
8	4.59357	5.52742	7.34412	8.35053	9.52446	13.36157
9	5.38005	6.39331	8.34283	9.41364	10.65637	14.68366
10	6.17908	7.26722	9.34182	10.47324	11.78072	15.98718
11	6.98867	8.14787	10.34100	11.52983	12.89867	17.27501
12	7.80733	9.03428	11.34032	12.58384	14.01110	18.54935
13	8.63386	9.92568	12.33976	13.63557	15.11872	19.81193
14	9.46733	10.82148	13.33927	14.68529	16.22210	21.06414
15	10.30696	11.72117	14.33886	15.73322	17.32169	22.30713
16	11.15212	12.62435	15.33850	16.77954	18.41789	23.54183
17	12.00227	13.53068	16.33818	17.82439	19.51102	24.76904
18	12.85695	14.43986	17.33790	18.86790	20.60135	25.98942
19	13.71579	15.35166	18.33765	19.91020	21.68913	27.20357
20	14.57844	16.26586	19.33743	20.95137	22.77455	28.41198
21	15.44461	17.18227	20.33723	21.99150	23.85779	29.61509
22	16.31404	18.10072	21.33704	23.03066	24.93902	30.81328
23	17.18651	19.02109	22.33688	24.06892	26.01837	32.00690
24	18.06180	19.94323	23.33673	25.10635	27.09596	33.19624
25	18.93975	20.86703	24.33659	26.14298	28.17192	34.38159
26	19.82019	21.79240	25.33646	27.17888	29.24633	35.56317
27	20.70298	22.71924	26.33634	28.21408	30.31929	36.74122
28	21.58797	23.64746	27.33623	29.24862	31.39088	37.91592
29	22.47505	24.57699	28.33613	30.28254	32.46117	39.08747
30	23.36411	25.50776	29.33603	31.31586	33.53023	40.25602

	α				
ν	0.05	0.025	0.01	0.005	0.001
1	3.84146	5.02389	6.63490	7.87944	10.82757
2	5.99146	7.37776	9.21034	10.59663	13.81551
3	7.81473	9.34840	11.34487	12.83816	16.26624
4	9.48773	11.14329	13.27670	14.86026	18.46683
5	11.07050	12.83250	15.08627	16.74960	20.51501
6	12.59159	14.44938	16.81189	18.54758	22.45774
7	14.06714	16.01276	18.47531	20.27774	24.32189
8	15.50731	17.53455	20.09024	21.95495	26.12448
9	16.91898	19.02277	21.66599	23.58935	27.87716
10	18.30704	20.48318	23.20925	25.18818	29.58830
11	19.67514	21.92005	24.72497	26.75685	31.26413
12	21.02607	23.33666	26.21697	28.29952	32.90949
13	22.36203	24.73560	27.68825	29.81947	34.52818
14	23.68479	26.11895	29.14124	31.31935	36.12327
15	24.99579	27.48839	30.57791	32.80132	37.69730
16	26.29623	28.84535	31.99993	34.26719	39.25235
17	27.58711	30.19101	33.40866	35.71847	40.79022
18	28.86930	31.52638	34.80531	37.15645	42.31240
19	30.14353	32.85233	36.19087	38.58226	43.82020
20	31.41043	34.16961	37.56623	39.99685	45.31475
21	32.67057	35.47888	38.93217	41.40106	46.79704
22	33.92444	36.78071	40.28936	42.79565	48.26794
23	35.17246	38.07563	41.63840	44.18128	49.72823
24	36.41503	39.36408	42.97982	45.55851	51.17860
25	37.65248	40.64647	44.31410	46.92789	52.61966
26	38.88514	41.92317	45.64168	48.28988	54.05196
27	40.11327	43.19451	46.96294	49.64492	55.47602
28	41.33714	44.46079	48.27824	50.99338	56.89229
29	42.55697	45.72229	49.58788	52.33562	58.30117
30	43.77297	46.97924	50.89218	53.67196	59.70306

α

ν	0.995	0.99	0.98	0.975	0.95	0.9
31	14.45777	15.65546	17.04232	17.53874	19.28057	21.43356
32	15.13403	16.36222	17.78271	18.29076	20.07191	22.27059
33	15.81527	17.07351	18.52714	19.04666	20.86653	23.11020
34	16.50127	17.78915	19.27544	19.80625	21.66428	23.95225
35	17.19182	18.50893	20.02743	20.56938	22.46502	24.79665
36	17.88673	19.23268	20.78294	21.33588	23.26861	25.64330
37	18.58581	19.96023	21.54185	22.10563	24.07494	26.49209
38	19.28891	20.69144	22.30401	22.87848	24.88390	27.34295
39	19.99587	21.42616	23.06929	23.65432	25.69539	28.19579
40	20.70654	22.16426	23.83757	24.43304	26.50930	29.05052
41	21.42078	22.90561	24.60875	25.21452	27.32555	29.90709
42	22.13846	23.65009	25.38271	25.99866	28.14405	30.76542
43	22.85947	24.39760	26.15935	26.78537	28.96472	31.62545
44	23.58369	25.14803	26.93859	27.57457	29.78748	32.48713
45	24.31101	25.90127	27.72034	28.36615	30.61226	33.35038
46	25.04133	26.65724	28.50450	29.16005	31.43900	34.21517
47	25.77456	27.41585	29.29101	29.95620	32.26762	35.08143
48	26.51059	28.17701	30.07979	30.75451	33.09808	35.94913
49	27.24935	28.94065	30.87076	31.55492	33.93031	36.81822
50	27.99075	29.70668	31.66386	32.35736	34.76425	37.68865
60	35.53449	37.48485	39.69942	40.48175	43.18796	46.45889
70	43.27518	45.44172	47.89344	48.75756	51.73928	55.32894
80	51.17193	53.54008	56.21284	57.15317	60.39148	64.27784
90	59.19630	61.75408	64.63466	65.64662	69.12603	73.29109
100	67.32756	70.06489	73.14218	74.22193	77.92947	82.35814
110	75.55004	78.45831	81.72281	82.86705	86.79163	91.47104
120	83.85157	86.92328	90.36674	91.57264	95.70464	100.62363
130	92.22246	95.45102	99.06620	100.33126	104.66223	109.81102
140	100.65484	104.03441	107.81489	109.13687	113.65934	119.02925
150	109.14225	112.66758	116.60759	117.98452	122.69178	128.27505
160	117.67926	121.34563	125.43998	126.87005	131.75606	137.54569
170	126.26130	130.06440	134.30837	135.78996	140.84923	146.83887
180	134.88445	138.82036	143.20963	144.74126	149.96877	156.15263
190	143.54533	147.61043	152.14105	153.72135	159.11251	165.48525
200	152.24099	156.43197	161.10028	162.72798	168.27855	174.83527

α

ν	0.8	0.7	0.5	0.4	0.3	0.1
31	24.25506	26.43971	30.33594	32.34863	34.59813	41.42174
32	25.14779	27.37277	31.33586	33.38086	35.66492	42.58475
33	26.04222	28.30691	32.33578	34.41259	36.73065	43.74518
34	26.93827	29.24205	33.33571	35.44383	37.79538	44.90316
35	27.83587	30.17817	34.33564	36.47461	38.85914	46.05879
36	28.73496	31.11522	35.33557	37.50494	39.92198	47.21217
37	29.63547	32.05315	36.33551	38.53485	40.98394	48.36341
38	30.53734	32.99194	37.33545	39.56435	42.04505	49.51258
39	31.44052	33.93155	38.33540	40.59346	43.10535	50.65977
40	32.34495	34.87194	39.33534	41.62219	44.16487	51.80506
41	33.25060	35.81309	40.33529	42.65056	45.22363	52.94851
42	34.15740	36.75496	41.33525	43.67859	46.28168	54.09020
43	35.06534	37.69754	42.33520	44.70627	47.33902	55.23019
44	35.97435	38.64079	43.33516	45.73364	48.39569	56.36854
45	36.88441	39.58470	44.33512	46.76069	49.45171	57.50530
46	37.79548	40.52924	45.33508	47.78743	50.50711	58.64054
47	38.70752	41.47439	46.33504	48.81389	51.56189	59.77429
48	39.62051	42.42013	47.33500	49.84006	52.61609	60.90661
49	40.53442	43.36644	48.33497	50.86595	53.66972	62.03754
50	41.44921	44.31331	49.33494	51.89158	54.72279	63.16712
60	50.64062	53.80913	59.33467	62.13484	65.22651	74.39701
70	59.89781	63.34602	69.33447	72.35835	75.68928	85.52704
80	69.20694	72.91534	79.33433	82.56625	86.11971	96.57820
90	78.55843	82.51110	89.33422	92.76142	96.52376	107.56501
100	87.94534	92.12894	99.33413	102.94594	106.90576	118.49800
110	97.36241	101.76561	109.33406	113.12139	117.26896	129.38514
120	106.80561	111.41857	119.33400	123.28899	127.61590	140.23257
130	116.27169	121.08581	129.33394	133.44970	137.94858	151.04520
140	125.75805	130.76569	139.33390	143.60430	148.26862	161.82699
150	135.26254	140.45688	149.33386	153.75346	158.57737	172.58121
160	144.78337	150.15825	159.33383	163.89769	168.87594	183.31058
170	154.31902	159.86886	169.33380	174.03747	179.16527	194.01742
180	163.86819	169.58791	179.33377	184.17318	189.44618	204.70367
190	173.42977	179.31469	189.33375	194.30515	199.71936	215.37106
200	183.00279	189.04860	199.33373	204.43368	209.98542	226.02105

α

ν	0.05	0.025	0.01	0.005	0.001
31	44.98534	48.23189	52.19139	55.00270	61.09831
32	46.19426	49.48044	53.48577	56.32811	62.48722
33	47.39988	50.72508	54.77554	57.64845	63.87010
34	48.60237	51.96600	56.06091	58.96393	65.24722
35	49.80185	53.20335	57.34207	60.27477	66.61883
36	50.99846	54.43729	58.61921	61.58118	67.98517
37	52.19232	55.66797	59.89250	62.88334	69.34645
38	53.38354	56.89552	61.16209	64.18141	70.70289
39	54.57223	58.12006	62.42812	65.47557	72.05466
40	55.75848	59.34171	63.69074	66.76596	73.40196
41	56.94239	60.56057	64.95007	68.05273	74.74494
42	58.12404	61.77676	66.20624	69.33600	76.08376
43	59.30351	62.99036	67.45935	70.61590	77.41858
44	60.48089	64.20146	68.70951	71.89255	78.74952
45	61.65623	65.41016	69.95683	73.16606	80.07673
46	62.82962	66.61653	71.20140	74.43654	81.40033
47	64.00111	67.82065	72.44331	75.70407	82.72042
48	65.17077	69.02259	73.68264	76.96877	84.03713
49	66.33865	70.22241	74.91947	78.23071	85.35056
50	67.50481	71.42020	76.15389	79.48998	86.66082
60	79.08194	83.29767	88.37942	91.95170	99.60723
70	90.53123	95.02318	100.42518	104.21490	112.31693
80	101.87947	106.62857	112.32879	116.32106	124.83922
90	113.14527	118.13589	124.11632	128.29894	137.20835
100	124.34211	129.56120	135.80672	140.16949	149.44925
110	135.48018	140.91657	147.41431	151.94848	161.58074
120	146.56736	152.21140	158.95017	163.64818	173.61744
130	157.60992	163.45314	170.42313	175.27834	185.57097
140	168.61295	174.64783	181.84034	186.84684	197.45077
150	179.58063	185.80045	193.20769	198.36021	209.26460
160	190.51646	196.91514	204.53009	209.82387	221.01897
170	201.42337	207.99543	215.81172	221.24242	232.71936
180	212.30391	219.04432	227.05612	232.61980	244.37047
190	223.16025	230.06439	238.26637	243.95940	255.97635
200	233.99427	241.05790	249.44512	255.26416	267.54053

I **want** morebooks!

Buy your books fast and straightforward online - at one of world's fastest growing online book stores! Environmentally sound due to Print-on-Demand technologies.

Buy your books online at

www.morebooks.shop

¡Compre sus libros rápido y directo en internet, en una de las librerías en línea con mayor crecimiento en el mundo! Producción que protege el medio ambiente a través de las tecnologías de impresión bajo demanda.

Compre sus libros online en

www.morebooks.shop

Printed by Books on Demand GmbH, Norderstedt / Germany